Thomas Brady

Zwischen Gott und Mammon

Thomas Brady

Zwischen Gott und Mammon

Protestantische Politik und deutsche Reformation

Siedler

INHALT

VORWORT

Dieses Buch handelt von Jakob Sturm, einem Magistrat der freien Stadt Straßburg und Architekten der protestantischen Koalition, die als »Schmalkaldischer Bund« bekannt wurde. Seine politische Laufbahn führte ihn aus der Welt der spätmittelalterlichen Stadt zu allen größeren Schauplätzen politischer wie militärischer Auseinandersetzungen im Heiligen Römischen Reich während der Reformationszeit. Insofern befindet sich seine Lebensgeschichte am Schnittpunkt zwischen dem späten Mittelalter, der Renaissance und der protestantischen Reformation.

Diesem Buch liegen Forschungsarbeiten eines Vierteljahrhunderts zugrunde. Es ist eine gründlich durchgesehene und gekürzte Fassung von »Protestant Politics: Jacob Sturm (1489-1553) and the German Reformation« (Atlantic Highlands, N. J., 1995), in dem die ausführlichen Verweise auf Quellen und verwendete Literatur enthalten sind. Dieser Ausgabe habe ich zwei neue Kapitel (Kapitel 2 und 3) hinzugefügt, Zitate sind nur bei direkt wörtlicher Übernahme beibehalten, und eine kurze Zusammenstellung weiterführender und empfohlener Literatur ersetzt die vollständige Bibliographie.

Das Buch beruht auf dem langjährigen Beistand, der Hilfe und Freundschaft, die mir von Kollegen und Bekannten in der deutschsprachigen Welt zuteil wurde; und es ist der Versuch, ihre Großzügigkeit und Hilfsbereitschaft mit der Interpretation eines wichtigen Abschnitts der deutschen Geschichte zu vergelten, die, obwohl zugegebenermaßen von einem amerikanischen Standpunkt aus geschrieben, in hohem Maße den uns von den emigrierten Wissenschaftlern überbrachten Traditionen des historischen Denkens geschuldet ist.

Mein Dank gilt Keith Ashfield, Direktor der Humanities Press International und Verleger von »Protestant Politics«, sowie Wolf Jobst Siedler und seinen Mitarbeitern im Siedler Verlag für ihre freundliche Ermutigung und Anleitung. Drei teuren Freunden – Peter Blickle, Hans-Christoph Rublack und Heiko A. Oberman –, die das Manuskript dieser Übersetzung durchgesehen haben, schulde ich ebenfalls meinen herzlichsten Dank. Meiner wundervollen Frau und treuen Begleiterin, Katherine G. Brady, verdanke ich mehr, als ich mit Worten ausdrücken kann.

Dieser Band ist unseren zahlreichen Freunden in allen deutschsprachigen Ländern gewidmet.

EINLEITUNG

Geschichte und Identität

Identität ist weitgehend eine Angelegenheit der Erinnerung – so lautet ein weitverbreiteter Gemeinplatz. Historische Gruppen konstituieren sich durch ihre Erinnerungen und ihre Fähigkeit, aus der Erinnerung Geschichten über die eigene Vergangenheit zu weben; diese Fähigkeit kann nun ihrerseits vom historischen Gedächtnis gefördert oder behindert werden. »Handlungsfähig ist ein Volk erst«, so heißt es in einer Äußerung aus dem Jahre 1979, »wenn es in der Lage ist, seine Geschichte zu erzählen und sich mit ihr und durch sie zu identifizieren. Die Deutschen können heute diesen notwendigen Prozeß nicht oder nur unter großen Schwierigkeiten vollziehen. Ihre Identität ist damit gefährdet.«[1] Dieser Zustand ist zumindest in einer Hinsicht problematisch: Er insistiert, daß ein Volk eine Identität durch »seine Geschichte« (im Singular) findet. Gewiß ist es zutreffend, daß die neuere deutsche Geschichte durch viele Einschnitte gekennzeichnet ist – 1813, 1848, 1871, 1918, 1945, 1949 und 1989 bis 1990 – und daß jeder dieser Brüche die Geschichte in verschiedene miteinander konkurrierende »Geschichten« gespaltet hat. Im Gegensatz jedoch zu der allgemeinen Auffassung in Deutschland und auch im Ausland stellt der gemeinsame Besitz einer Vielzahl von Geschichten keine speziell deutsche Erfahrung dar. Die meisten Völker finden ihre jeweiligen Identitäten nicht in einer einzelnen Geschichte, sondern in mehreren Geschichten und in der unterschiedlichen Art und Weise, die Geschichte zu betrachten. Bestenfalls ist die Vorstellung, solch eine Vielzahl von Vergangenheiten könne politisches Handeln in der Gegenwart verhindern, eine Täuschung.

Die Vergangenheit ist keine beständige und unveränderliche Geschichte. Mit dieser Aussage beziehe ich mich nicht auf die Schlußfolgerungen von Historikern, die zeigen, daß diese oder jene Ansicht über die Geschichte auf falschen Prämissen beruht, sondern auf die wechselnden Erfahrungen, die gleichsam die Linse bilden, durch die die Vergangenheit wahrgenommen wird. So gesehen, verändert die Gegenwart tatsächlich die Vergangenheit. Ein anschauliches Beispiel dieses Vorganges bietet die deutsche Reformation. Vor nicht allzu langer Zeit ehrte die etablierte deutsche Geschichtsschreibung ein Jahr, das weiter zurück in der Vergangenheit liegt als eines der oben angeführten, als einen wichtigen Wendepunkt in der deutschen Geschichte. Gemeint ist das Jahr 1517, das die Anfänge von Martin Luthers Reformation kennzeichnete. Ungefähr 150 Jahre lang glaubten viele Deutsche, besonders die Protestanten unter ihnen, dieses Jahr markiere die geistige Geburtsstunde eines Deutschlands, das 1871 schließlich seine endgültige politische Gestalt fand. Entstanden unter einer protestantischen Dynastie und geformt durch die herrschende protestantische Klasse, um einer protestantischen Mehrheit ein Staatsgebiet zu geben, galt dieses neue Deutschland als die verspätete Erfüllung von Martin Luthers Reformation. Der grundlegende Begriff des sogenannten »Kulturprotestantismus« in Deutschland erinnert uns daran, daß, gerade so wie amerikanische Vorstellungen von Nation sich an einem Rassebegriff orientieren, die religiöse Identität, die Konfession, die meisten modernen Konzepte von Nation geprägt hat. Tatsächlich hat die Reformation im Verlauf der neueren Geschichte – wie der amerikanische protestantische Theologe Jaroslav Pelikan es ausdrückt – »eine Position« eingenommen, die »in mancher Hinsicht der Rolle des Bürgerkrieges in der amerikanischen Geschichtsschreibung entspricht, nämlich als das entscheidende und (in einem ganz wörtlichen Sinn) epochemachende Ereignis, durch welches das Wesen einer ganzen Nation und ihrer Geschichte definiert wurde«.[2] Die nationale Erinnerung in Deutschland an die Reformation, einfach formuliert, hielt dafür, daß Bismarcks Reich das Versprechen von Luthers Reformation an die Nation erfüllt hatte. Die sich daraus ergebende Folgerung, ein ganzer Deutscher in der modernen Zeit zu sein bedeute Protestant zu sein, stammte noch aus der Periode vor Bismarck. Sie nahm Gestalt an zu einem Zeitpunkt, als der französische Imperialismus in den Deutschen ein neues Streben nach nationaler Einigung weckte. Für gebildete Protestanten der Epoche Goethes war ein Zusammenhang zwischen Luthers Reformation und der deutschen Identität keineswegs offenkundig. Johann Gottfried Herder (1744-1803) beispielsweise nannte Luther »Lehrer der Deutschen Nation«, aber auch »Mitreformator des ganzen jetzt aufgeklärten Europa«.[3] Goethe selbst bemerkte 1817, »unter uns gesagt, ist an der ganzen Sache [der Reformation] nichts interessant als Luthers Charakter, und es ist auch das einzige, was einer Menge wirklich imponiert. Alles übrige ist ein verworrener Quark, wie er uns noch täglich zur Last fällt.«[4] Spätestens zu dieser Zeit jedoch gab es eine Verbindung zwischen protstantischem Bekenntnis und deutscher Identität draußen im Lande. 1809, drei Jahre nach Napoleons vollständigem Sieg über Preußen, verkündete der Theologe Friedrich Daniel Ernst Schleiermacher, die Deutschen sollten ihre religiöse Spaltung überwinden. »Luther hat sie nicht gewollt und hat sie auch nicht hervorgebracht«, schrieb er, »nur von Rom ist sie ausgegangen und Luthern aufgedrungen.« Es war eine Tragödie, so meinte er, daß die Reformation sich nicht weiter ausgebreitet hatte, »denn es wäre ihr zugekommen, sich auf alle germanischen Kirchen im Gegensaze gegen die romanischen zu verbreiten, wie wir denn auch ohne das gegen die germanischen katholischen Völker ganz anders gesinnt, als gegen die romanischen.« Die protestantische Konfession, so fuhr er fort, kann »auch mit gutem Gewissen fortbestehen auf den Grund dieser ihrer Entstehung, wenn sie nur fortfährt, den Katholicismus für die romanischen Völker neben sich bestehen zu lassen, und auch mit gutem Gewissen dahin streben die Reformation über alle germanischen Völker als die ihnen eigentliche angemessene Form des Christenthums zu verbreiten«.[5]

Schleiermachers Gleichsetzung von deutsch und protestantisch nahm im Geschichtswerk Leopold von Rankes (1795-1886) Gestalt an. Geboren in Thüringen ein Jahr nach dem Sturz Robespierres, wählte der junge Ranke die Geschichte des Papsttums als sein erstes großes Thema. Seine Darstellung des römischen Papsttums als die Verkörperung des Anspruchs des Christentums auf Allgemeingültigkeit, gestand er ein, veranlaßte ihn, die deutsche Nation neu zu definieren, in Leonard Kriegers Worten, als »den anderen Aspekt des [historischen] Prozesses – die Weise, in der einzelne Nationen den universalen [christlichen] Geist sich aneigneten«.[6] Dies verwirklichte er in den vierziger Jahren des 19. Jahrhunderts in einem Werk, das kanonisch wurde – *Deutsche Geschichte im Zeitalter der Reformation.* Rankes Ziel war es, zu zeigen, daß Luthers Reformation trotz ihres rein religiösen Ursprungs sich auch gewandt hatte an »das Bedürfnis der [deutschen] Nation, sich in sich selber zu einer gewissen Einheit abzuschließen«. Dabei »nahm [d.h. das Bedürfnis] eine Richtung gegen das Ansehen des römischen Hofes« im Sinne einer verjüngten christlichen Religion.[7] Dieser Prozeß entsprang einer religiösen Bewegung, deren Wesen darin bestand, »daß der in die Tiefe des germanischen Wesens gesenkte Geist des Christentums allmählich zu dem Bewußtsein seines von allen zufälligen Formen unabhängigen Selbst gereift war, sich nach seinem Ursprung zurückwandte, zu jenen Urkunden, in welchen sich der ewige Bund der Gottheit mit dem menschlichen Geschlecht unvermittelt ausgesprochen hat«.[8] Niemals zuvor, schwärmte Ranke von der Lage im Jahre 1524, »gab es für die Einheit der Nation, für die Fortentwicklung der Deutschen auf dem einmal eingeschlagenen Wege eine großartigere Aussicht«.[9]

An diesem Punkt sank das Schiff der Reformation, denn kaum war sie richtig in Fahrt gekommen, da begannen Rom und seine deutschen Anhänger ihren ganzen Mut wiederzuerlangen. »Noch ehe an irgendeine Staatsbildung im evangelischen Sinne zu denken war, tritt uns hier eine entgegengesetzte Organisation zur Aufrechterhaltung des katholischen Prinzips entgegen, die für die Geschicke unseres Vaterlandes von der größten Bedeutung gewesen ist.«[10] Hier, so glaubte er, »ist der Ursprung der Spaltung, die seitdem noch nicht wieder hat beigelegt werden können, immer zufolge desselben auswärtigen Einflusses, der sie damals hervorrief. Höchst merkwürdig, daß sich schon in jener Zeit alle die Hinneigungen offenbarten, die hernach Jahrhunderte lang ausgehalten.«[11] Mit diesem Urteil, daß Rom drei Jahrhunderte lang die Einigung der deutschen Nation verhindert habe, verkündete Rankes Geschichtswerk die Botschaft Schleiermachers, daß ein modernes Deutschland eine protestantische Nation sein müsse.

Rankes literarische Schöpfung, die das erzählerische Meisterwerk unter den Darstellungen der Reformationsepoche werden sollte, war damit ebenso konfessionell wie national ausgerichtet. Der Historiker war dabei nicht blind in seinem Konfessionalismus, aber er identifizierte nachdrücklich die protestantische Religion mit kulturellem Fortschritt sowie den nationalen Bestrebungen aller Deutschen und den Katholizismus mit spiritueller Oberflächlichkeit und politischer Entfremdung. Protestant zu sein bedeutete in Rankes Augen wahrhaft und vollständig ein Deutscher zu sein, denn die Reformation war »das Werk des eigentümlichen deutschen Genius, der jetzt zuerst auf den Gebieten des selbstbewußten Geistes schöpferisch eintrat ... Eben darin liegt die Eigentümlichkeit der ganzen Bewegung, daß sie das Konventionelle, Abgestorbene oder doch nicht zu weiterem Leben zu Entwickelnde von sich stieß und dagegen die lebensfähigen Momente der überlieferten Kultur unter dem Anhauch eines frischen Geistes, der nach wirklicher Erkenntnis strebte, zu weiterer Entfaltung brachte. Dadurch ward sie selbst ein wesentliches Glied des universalhistorischen Fortschritts, der die Jahrhunderte und Nationen miteinander verbindet.«[12]

Für Ranke war also die deutsche Nationalgeschichte ein mächtiger Strom gewesen, der von Rom eingedämmt worden war. Die Überwindung dieser ausweglosen Lage zeichnete sich erst ab, als die europäischen Revolutionen von 1848 ihm offenbarten, daß die Nation, wie Friedrich Meinecke schrieb, nicht auf freier Selbstbestimmung, sondern auf Determination beruhe.[13] Meinecke wollte sagen, was Ranke intuitiv erkannt hatte, daß die determinierte Form der deutschen Nation der preußische Staat war. Die Ereignisse von 1870-1871 verwandelten das intuitive Wissen des Meisters in den Glauben der Schüler und inspirierte sie, die ganze deutsche Geschichte unter der Überschrift »Von Luther zu Bismarck« zusammenzufassen.

Das Herzstück dieser historischen Vision war der Traum von einer deutschen Nation, vereint unter der preußischen Monarchie im protestantischen Glauben. Ihren Höhepunkt erreichte sie im Jubiläumsjahr der Reformation 1883, als Rankes Schüler den Katholizismus für eine zum Untergang verurteilte Religion hielten, zumindest in Deutschland, vielleicht sogar überall. In diesem Jahr verkündete Heinrich von Treitschke: »In so reicher Zeit soll kein guter Protestant die Hoffnung aufgeben, daß dereinst noch schönere Tage kommen werden, da unser gesamtes Volk in Martin Luther seinen Helden und Lehrer verehren wird.« Die Reformation des sechzehnten Jahrhunderts, bemerkte er, erfuhr nur »einen halben Erfolg«, denn die deutschen Protestanten dieser Tage hatten nicht »jenen Geist menschlicher weitherziger Duldung, der heute im deutschen Leben überwiegt«. Jedoch: »Die Tage, da die Kirchenspaltung Segen brachte, gehen zu Ende. Seit die römische Kirche mit der Unfehlbarkeit des Papstes ihr letztes Wort gesprochen hat, empfinden wir schmerzlicher denn je, welche Kluft die Glieder unseres Volkes trennt. Diese Kluft zu schließen, das evangelische Christenthum wieder also zu beleben, daß es fähig wird unsere ganze Nation zu beherrschen – das ist die Aufgabe, welche wir erkennen und spätere Geschlechter dereinst lösen sollen.«[14] Nicht weniger eifrig, aber vielleicht weniger siegesgewiß war ein anderer von Ranke maßgeblich beeinflußter Professor in Berlin, Max Lenz (1850-1932). »Ob und wie jemals die Kluft, die [die Reformation] riß, ausgefüllt werden wird«, schrieb er, »liegt heute, wie vor vier Jahrhunderten, im Dunkel der Zukunft, und nur der Glaube, die überzeugende Kraft des Gewissens, vermag heute, wie damals, die Gewißheit des rechten Weges und dereinst des Sieges zu geben.«[15]

Der Glaube an Rankes national-protestantische Geschichtsversion wurde während des Ersten Weltkriegs tief erschüttert. Bereits in den vorangegangenen Jahrzehnten war das protestantische Deutschland politisch infolge der Abwanderung vieler evangelischer Christen zur Sozialdemokratie und intellektuell durch die Angriffe von Theologen auf die Autorität der Bibel geschwächt worden. Dann unterminierte der lange Krieg das Vertrauen der Anhänger Rankes in dessen Vision. Die verheerenden Wirkungen offenbaren sich deutlich in einer Ansprache des Historikers Erich Marcks (1861-1938) von 1917, einem anderen Jubiläumsjahr. Damals, im tiefsten Kriegsjahr, wandte Marcks sich von der Vision eines Schleiermacher, Ranke und Treitschke ab. »Die innere Abweichung der Bekenntnisse besteht auch heute«, sagte er, »und wird bleiben«, aber nach dem Krieg sollen die Konfessionen, »diese beiden alten, großen, vielleicht größten« spirituellen Parteien, die »das dauernde Nebeneinander und Gegeneinander zweier Geistesrichtungen« repräsentieren, fortbestehen »innerhalb eines Ganzen, das sie heute gebieterisch und großartig zusammenschließt: Volk und Vaterland. Kräfte des Kampfes sind sie dort stets gewesen, aber auch Kräfte der Lebendigkeit. So bleibe es in unserer Zukunft gegen- und neben- und miteinander zugleich!«[16]

Der Zusammenbruch des von Bismarck gegründeten Reiches versetzte der alten Vision einen schweren Schlag, von dem sie sich nicht mehr erholen sollte. Ihre Trümmer sind spürbar in einer schrillen Formulierung Gerhard Ritters, mit Leib und Seele ein Historiker der Neo-Rankeschen Schule, der 1926 mit Blick auf Luther ausrief: »Er ist uns selber – der ewig Deutsche.«[17] Wenige Jahre später, als die Nationalsozialisten und ihre Anhänger sich der alten Vision – »Von Luther zu Hitler« – bemächtigen, war sie nur noch ein zerbrochenes Werkzeug, und die vollständige Niederlage des Deutschen Reiches im Jahre 1945 vollendete den Ruin dieser Vorstellung. Die Historiker der Nachkriegszeit mieden die Auseinandersetzung mit Luther und der Reformation, so daß schon in den frühen sechziger Jahren Bernd Moeller darüber klagte, die Reformationsgeschichte werde zu einer rein »antiquarischen Übung«.[18] Wie auch immer man »die Geschichte« der deutschen Nation nach 1945 liest, weder Luther noch die Reformation spielten eine Rolle in ihr.

Grundlagen eines neuen Zugangs zur Epoche der Reformation

Ausgangspunkt dieses Buches ist die Annahme, daß die nationalprotestantische Interpretation der deutschen Reformation, deren Urheber Ranke ist, endgültig der Vergangenheit angehört. Zentrales Anliegen der folgenden Kapitel ist es, einen Weg zu weisen, auf dem diese Epoche in eine erzählerische Darstellung der deutschen Geschichte wieder integriert werden könnte. Dabei stützt sich das Buch auf zwei wichtige neue Forschungsrichtungen auf dem Gebiet der deutschen Geschichte zwischen dem Ende des Mittelalters und der Französischen Revolution. Die eine Richtung wollte den Nachweis erbringen, daß die Reformation eine soziale Bewegung war. Diese Entdeckung begann in den sechziger Jahren mit Arbeiten zu den Städten, insbesondere den Freien Reichsstädten, die den englischen Historiker A.G. Dickens im Jahr 1974 zu der Äußerung veranlaßte, die Reformation sei ein städtisches Ereignis gewesen.[19] Forschungen in derselben Richtung zu den Bauernkriegen folgten während der siebziger Jahre. Der deutsche Historiker Hans-Christoph Rublack wiederum schrieb 1987, daß »die Reformation ... auch viel mehr als ein städtisches Ereignis war«.[20] Der Schlußpunkt wurde von Peter Blickle gesetzt, der die städtischen und ländlichen Bewegungen unter der Rubrik »Gemeindereform« zusammenfaßte. Jede dieser Revisionen legte dieselbe Schlußfolgerung nahe, daß nämlich die entscheidende Kraft, die Luthers Reformation zu einer deutschen Reformation machte, weder der Gehalt seiner Botschaft noch sein Bündnis mit den Fürsten, sondern die kurze und entscheidende Beteiligung der einfachen Bürger und des Landvolkes war.

Die zweite Forschungsrichtung hat offenbart, daß das Heilige Römische Reich, weithin verachtet als ein politisches Ungeheuer – nach Pufendorfs berühmtem Bonmot –, in Wirklichkeit für eine sehr lange Zeit eine widerstandsfähige, vergleichsweise effektive Regierungsstruktur darstellte, und daß »Deutschlands Lage in Zentraleuropa die politische Lösung, aus der das Alte Reich bestand, alles andere als ungeeignet erscheinen läßt«.[21] Frei von anachronistischen politischen Vorstellungen, wie zum Beispiel der Staatssouveränität und der Unterscheidung zwischen Staat und Gesellschaft, wird das Alte Reich nun nach seinen eigenen Voraussetzungen verstanden als ein weites Netz von verstreuten Autoritäts- und Machtstrukturen mit vielen Mittelpunkten und vielen Schichten. Anders als die zentralisierten Königreiche Westeuropas »ruhte es nicht auf einer im Innern entwickelten Gewalt, sondern auf einem bemerkenswerten Mechanismus der Beschränkung und Begrenzung der Macht; seine Stabilität rührte von der ständigen Zerschlagung zerstörerischer Energien und aggressiver Macht«.[22] Das unverwechselbare Merkmal des Reiches war das lange Überleben kleiner und winziger Einheiten sowie parlamentarischer und anderer verstreuter Institutionen innerhalb dieser Einheiten. Sein »charakteristischer Genius«, so schrieb der amerikanische Historiker Mack Walter, »bestand darin – sowohl in der Praxis als auch nach dem Gesetz –, daß der Schutz der Machtlosen zugleich die Verteidigung der eigenen Interessen und die Bewahrung der Reichsverfassung bedeutete.«[23] Das Reich hatte weder einen Souverän noch ein Zentrum, seine Regierungsform war auf vielen Ebenen und in verschiedenen Konfigurationen wirksam, so daß sich seine Geschichte immer als eine Erzählung entfaltet, die sich zusammensetzt aus Geschichten, Ereignissen und Figuren auf der Reichs-, Territorial- sowie der lokalen Ebene.

Angesichts dieser Perspektiven eröffnen sich zwei Prinzipien für eine Geschichte der deutschen Reformation nach Ranke. Zum einen waren die Schauplätze dieser Geschichte zugleich das Reich, die Regionen, die Provinzen und die Orte. Dabei bezeichnen diese Begriffe unterschiedliche Ebenen: »das Reich« bezieht sich auf das Heilige Römische Reich als Staat und Land, »die Regionen« bedeuten die ausgedehnten Landesteile des Südens und Nordens, die – grob gesagt – der Main voneinander trennt, »die Provinzen« beziehen sich auf solche Teilregionen wie Bayern, Schwaben, Elsaß, Sachsen und den Niederrhein, und »die Orte« stehen für Städte und deren Umgebung, in denen Menschen einander kennen konnten. Keine dieser Ebenen war mehr oder weniger »deutsch« oder »national« als irgendeine andere; nichts spricht für eine Analyse des politischen Lebens dieser Epoche in Begriffen des nationalen Interesses oder der Entwicklung hin zur Nation. Die Ziele der Habsburger Kaiser waren nicht »ausländisch«, weil sie österreichisch und dynastisch waren, noch waren die Bestrebungen der Fürsten in irgendeiner Hinsicht »nationaler«, als es der deutsche Protestantismus mehr oder weniger im Vergleich mit dem deutschen Katholizismus gewesen war.

Das zweite Prinzip besteht darin, daß in jener Zeit das einfache Volk auf besonders intensive Weise präsent war. Der eigenartige Charakter und das besondere Schicksal der deutschen Reformation – verglichen mit anderen reformatorischen Bewegungen – waren weitgehend geprägt durch einen sehr hohen Grad der Beteiligung des Volkes am politischen Leben; sie war größer als in irgendeinem anderen großen Land Europas oder in einem früheren Zeitalter. Die Möglichkeit zu einer solchen Partizipation ergab sich aus der Verteilung der Autorität im spätmittelalterlichen Reich und aus der vollkommen neuen Gelegenheit, die öffentliche Meinung mit Hilfe des Buchdrucks zu mobilisieren. Diese Faktoren ermöglichten in dem einen oder anderen Forum einigen der einfachen Leute des Reiches politische Mitsprache. In der Gestalt des »gemeinen Mannes« erhoben sie – zumeist Männer, die keine Macht und keinen Status hatten – unter gewissen Umständen Anspruch auf politische Meinungsäußerung. Sie gaben diesem Anspruch oft Ausdruck auf der lokalen oder Provinzebene, aber in den städtischen Reformbewegungen der frühen zwanziger Jahre des 16. Jahrhunderts und im Bauernkrieg von 1524 bis 1525 taten sie es in einer Weise, die sich auf das ganze Reich auswirkte. Mehr als irgendein früheres Ereignis in der europäischen Geschichte kam die deutsche Reformation »von unten«, sowohl in dem Sinne, daß sie nur wegen des Engagements und der Hingabe sehr einfacher Männer und Frauen überdauerte und ihre Blütezeit erlebte, als auch im Hinblick darauf, daß die Bewegung auf der lokalen Ebene ausgelöst wurde, bevor sie auf die regionale und Reichsebene übergriff. Eine Generation lang veränderte sie die Beziehungen zwischen den Ebenen des politischen Lebens im Reich, aber sie vermochte nicht, sie auf Dauer zu ändern. Diese Erschütterung des Gleichgewichts war unter diesen Bedingungen nichtsdestoweniger ausreichend, um es der reformatorischen Bewegung zu ermöglichen, dauerhafte Zentren innerhalb des Reichssystems zu schaffen, die es nicht dominieren konnte. Wäre eine zentralisierte Monarchie nach westeuropäischem Vorbild im Reich vor 1519 errichtet worden, so hätte vermutlich die deutsche Reformation ein Schicksal ereilt, das dem der Französischen Revolution geglichen hätte – eine hoffnungslose Herausforderung der Krone durch ein Bündnis des Klerus und der Adligen, die für Reformen aufgeschlossen waren. Die folgenden Kapitel werden zeigen, daß es dem deutschen Protestantismus an mobilisierenden Kräften fehlte, einen neuen Typus der politischen Gemeinschaft zu schaffen, der das Reich in eine neue Art von Staat hätte umformen können.

Das sind die Prinzipien eines Buches, das versucht, einen Beitrag zu einer neuen politischen Geschichte der deutschen Reformation zu leisten. Die Perspektive dieses Buches ist die einer umgekehrten Pyramide, die sich mit ihrer Spitze auf Straßburg stützt und in jeweils größeren Schichten – Unterelsaß, Oberrhein, Süddeutschland und Schmalkaldischer Bund – auf das Reich hin wächst. Die Spitze ist fester verankert als die anderen Schichten, denn die Dokumente, die Straßburgs politische Beziehungen in dieser Epoche betreffen, sind auf einzigartige Art zugänglich. Viele Einzelheiten der Geschichte des Schmalkaldischen Bundes bleiben im dunkeln, doch die Fortschritte bei der Veröffentlichung der Reichstagsakten haben den Abschluß dieses Buches zu einer weniger entmutigenden Aufgabe gemacht, als es anfänglich vor einem Vierteljahrhundert schien. Unter der Hand wurde es zu einem Beitrag zur Geschichte der gegenseitigen Beeinflussung von Reich – verstanden als ein weites, aus vielen Schichten bestehendes System von Autorität und Macht – und der Bewegung für eine religiöse Reform, »der Reformation«. Es ist der Frage gewidmet, wie diese Bewegung nur zeitweilig die Kommunikation zwischen den verschiedenen Ebenen veränderte, ihrerseits verändert und schließlich von ihnen gezähmt wurde. Im Grunde geht es darum, zu zeigen, wie die deutsche Reformation das Reich veränderte und warum es ihr nicht gelang, eine neue politische Ordnung zu schaffen oder mehr zu tun, als die des Spätmittelalters zu festigen.

Der Zusammenhang zwischen der deutschen Reformation und den »Geschichten« des Reiches und seiner deutschsprachigen Menschen ist daher viel komplexer, als Ranke und seine Schüler in ihrer unbefangenen national-protestantischen Darstellung annahmen; er war wichtiger im Innern des Reiches als außerhalb. Die deutsche Reformation hatte vermutlich kaum direkten Einfluß auf die Entstehung eines Systems der Großmächte im Europa der frühen Neuzeit oder auf die Rivalität der Häuser Habsburg und Valois, die im Zentrum des Systems lagen. Innerhalb des Reiches jedoch half die Reformation die Strukturen der dezentralisierten Regierung – der herkömmliche Ausdruck ist »Partikularismus« – zu festigen und zu bewahren, die das Heilige Römische Reich bis zu seinem Ende im Jahre 1803 charakterisieren sollte. Deshalb muß seine Geschichte auf eine Weise erzählt werden, die die vielen Ebenen – der Orte, Regionen, Konfessionen und des Reiches – vereint, ohne irgendeine von ihnen ineinanderfließen zu lassen. Dieses Buch versucht, dieser Einsicht treu zu bleiben, indem es die Geschichte erzählt nicht etwa anhand des Lebens eines Kaisers oder eines großen Territorialfürsten, sondern eines lokalen Ratsherrn, der zu einer bedeutenden staatsmännischen Persönlichkeit im Reich wurde. Die Geschichte beginnt innerhalb der Mauern der freien Reichsstadt Straßburg und endet außerhalb derselben.

ERSTES KAPITEL

Das Heilige Römische Reich um 1500

Die politischen Strukturen: Der deutsche Partikularismus

»Ich bin der König der Könige«, scherzte Kaiser Maximilian I. einmal, »denn in meinem Reich tut jeder Fürst, was er will; der König von Frankreich hingegen ist ein König der Tiere, die ihm widerspruchslos zu folgen haben.«[1] Diese launige Bemerkung charakterisiert – zumindest aus der Sicht des Kaisers – auf sehr prägnante und zutreffende Weise, wie es zu Beginn des sechzehnten Jahrhunderts um die Regierungsgewalt im Heiligen Römischen Reich bestellt war. Zwar hatte die Monarchie spätestens seit dem Regierungsantritt seines Vaters Friedrich III. im Jahre 1444 an Stärke gewonnen, doch die Hartnäckigkeit, mit der die Untertanen um 1500 ihre Rechte und Freiheiten verteidigten, setzten der Macht des Kaisers auch Grenzen. Natürlich kam es in anderen Königreichen ebenfalls zu derartigen Entwicklungen, im Heiligen Römischen Reich jedoch – und das war etwas, was niemand voraussehen konnte – sollte es bei dieser Begrenzung der Macht bleiben.

Maximilian bestieg den Thron 1493 – ein Jahr nachdem Kolumbus nach Asien gesegelt war und dabei Amerika entdeckt hatte, fünf Jahre bevor Vasco da Gama in Calicut auf dem indischen Subkontinent landete. Von den zwei reichsten Regionen Europas gingen gewaltige Kräfte aus, die die Neugestaltung der europäischen Kulturen bewirken sollten. Von den Niederlanden unter den Herzögen von Burgund kamen – basierend auf einer Verbindung zwischen dem Reichtum der niederländischen Städte und der aristokratischen Kultur Frankreichs – die wiederbelebten mittelalterlichen Ideale wie universales Christentum und Rittertum; von Norditalien aus verbreiteten sich – gründend auf der Verbindung zwischen dem Stolz der italienischen Stadtstaaten und der griechisch-römischen Kultur – die Ideale der Renaissance wie der souveräne Staat und der Individualismus. Das Mittelalter ging zu Ende, das Zeitalter der Renaissance wurde eingeläutet.

Nach der langen Zeit der Agonie, in der sich das spätmittelalterliche Christentum nach den fehlgeschlagenen Kreuzzügen, dem großen abendländischen Schisma, dem Schwarzen Tod und der hundert Jahre währenden wirtschaftlichen Depression befunden hatte, zeigten sich nun erste Anzeichen der Erholung und neu einsetzenden Wachstums. Seit etwa 1450 war ein Bevölkerungswachstum zu verzeichnen, und als die wirtschaftliche Produktion auf dem Lande wieder anstieg, begannen auch die Städte wieder aufzublühen und das Bevölkerungsdefizit auszugleichen. Zudem entstanden nun stärkere Regierungen, die nach einem brutalen Jahrhundert der Kriege innerhalb der Christenheit und zwischen den einzelnen Königreichen in der Lage waren, für Recht und Ordnung zu sorgen. Überall in Westeuropa traten neue oder wiedererstarkte königliche Dynastien auf den Plan – die Valois in Frankreich, die Trastámara in Spanien, die Avis in Portugal und die Tudors in England –, um eine zentralistische Königsherrschaft und damit die Grundlage für Europas paradigmatische politische Form schlechthin zu errichten, nämlich den zentralistischen Nationalstaat. Im Heiligen Römischen Reich befand sich die Dynastie der Habsburger, das Haus Österreich, in demselben Prozeß. Hier gediehen die Anstrengungen indes nur bis zu einem gewissen Punkt, an dem sie schließlich stagnierten: Die neue Epoche hatte eingesetzt, aber das Heilige Römische Reich schwelgte noch immer im goldenen Zeitalter des spätmittelalterlichen Partikularismus mit seiner Selbstverwaltung durch kleine Einheiten, denen es jedoch an völliger Legitimität mangelte. Hier hatte die Periode schwacher königlicher Herrschaft vor 1450 Europas vielfältigste Ansammlung örtlicher und territorialer Herrscher hervorgebracht: Fürsten, freie Adlige, freie Städte und andere reichsständische Formen. Diese Reichsstände erkannten den Kaiser zwar als ihren obersten Herrn an, erhoben aber zugleich den Anspruch, bei der Regierung des Reiches an seiner Autorität teilzuhaben.

Im späten fünfzehnten Jahrhundert wurde das gesamte Land zwischen Württemberg und Pommern, zwischen Österreich und Jülich-Cleve von der praktisch autonomen Herrschaft in den Städten und den übrigen Territorien geprägt. Nach dem Dahinschwinden der für das Mittelalter so bestimmenden alten persönlichen und erblichen Herrschaftsformen wurde ihr Platz von einer neuen Form des Territorialstaats eingenommen. Diese Staaten wurden mit den Instrumenten einer zweckmäßig organisierten Bürokratie, kodifizierten und von ausgebildeten Juristen umgesetzten Gesetzen, Parlamenten und ständiger Besteuerung regiert. Dieser Prozeß, in dem man sich in vielen Fällen der von den freien Städten entwickelten Verwaltungsinstrumente bediente, ging zwar weit, war aber keineswegs umfassend. Aus diesem Grund blieb viel Raum für einen Zustand, der nach westeuropäischen Maßstäben geradezu als politisches Kuriositätenkabinett anmuten mußte: reichsfreie Äbtissinnen und Fürstpröbste, Führer geistlicher Ritterorden und freie Ritter oder freie Bauern – man denke zum Beispiel an die neununddreißig freien Dörfer und Weiler auf der Leutkircher Heide in Oberschwaben, deren Einwohner noch bis 1803 ihre eigenen Amtmänner und

Richter benannten und als höchsten Herrn nur noch den Kaiser anerkannten. Es nimmt nicht wunder, daß dieses instabile Kaiserreich bei den Bewunderern der zentralistischen und absolutistischen Monarchien Westeuropas längst zur Zielscheibe des Spottes geworden war.

Für einen solchen Zustand extrem dezentralisierter Regierungsstrukturen steht der traditionelle Begriff Partikularismus. Er besagt, daß der De-facto-Autonomie kleinster Einheiten ein Fehlen rechtlicher Ansprüche auf Souveränität entgegensteht. In der Vergangenheit haben Autoren, die sich mit der deutschen Geschichte beschäftigten, den spätmittelalterlichen Partikularismus oftmals als Schwäche, ja geradezu als Absurdität und Hemmnis für die Entwicklung der Deutschen hin zur politischen Reife abgetan – »verspätet«, »auf tragische Weise unvollkommen«, ja sogar »gescheitert«, so wurde dieses Volk charakterisiert. Dieses Urteil trifft jedoch nur dann zu, wenn man die zentralistischen, »nationalen« Monarchien Westeuropas wie Frankreich oder England als Beispiel heranzieht und davon ausgeht, sie hätten die »normale« oder »progressive« Variante der Entwicklung der Herrschaftsformen dargestellt. Im Grunde aber sollte man den Partikularismus zunächst als das ansehen, was er war, nämlich die für das spätmittelalterliche Christentum typischste politische Schöpfung zu einer Zeit, in der Kriege und kaiserliches Expansionsstreben die Entwicklung des Staates nicht dominierten. Tatsächlich läßt sich zu Recht behaupten, daß der Dezentralismus, der das Heilige Römische Reich um das Jahr 1500 charakterisierte, als die erfolgreichste politische Schöpfung in der langen Geschichte der deutschsprachigen Völker bezeichnet werden kann.

Im deutschen Partikularismus kam sowohl die Schwächung der Monarchie nach 1250 zum Ausdruck als auch die Tatsache, daß das Reich während des Spätmittelalters weitgehend von größeren inneren Kriegen verschont blieb. Wo er erfolgreich war, beeinflußte er in hohem Maße die Reformation, die wiederum Rückwirkungen auf den Partikularismus zeitigte. Auf der einen Seite erlaubten diese besonderen politischen Strukturen der protestantischen Konfession, schnell tiefe Wurzeln zu schlagen, so daß sie in Deutschland nicht mehr ausgemerzt werden konnte, wie dies später in Frankreich der Fall war. Auf der anderen Seite hinderte das Fehlen einer starken zentralistischen Monarchie den Protestantismus daran, sich in Deutschland zu einer Nationalreligion zu entwickeln, wie dies etwa in England zu verzeichnen war. Die Reformation in Deutschland selbst war in einem sehr hohen Ausmaße eine religiöse Form des Partikularismus, denn sie sorgte für Bestätigung, Steigerung und – durch das große konfessionelle Netzwerk, das sie schuf – auch für den Fortbestand jenes partikularistischen Zustandes des Reiches, wie er aus dem Spätmittelalter ererbt worden war. Insofern bedeuteten diese politischen Gegebenheiten für die protestantische Reformation die Chance zum Erfolg, zugleich aber bewirkten sie, daß es ein partieller Erfolg blieb.

»Kaiser und Reich«

Um 1500 war das Heilige Römische Reich das größte und zugleich differenzierteste Staatsgefüge innerhalb der Christenheit. Seine Grenzen verliefen von der Nordseeküste aus zwischen Seeland und Flandern und trennten den Hennegau, Luxemburg, Lothringen, die Franche-Comté und Savoyen von Frankreich ab. Im Süden führte die Linie oberhalb des Kirchenstaates quer durch Italien, umfaßte sodann die Lombardei – Venedig allerdings nicht –, die Herzogtümer Kärnten und Krain im Südosten, bevor sie sich zwischen Österreich und Ungarn nach Norden bewegte. Ein letzter großer Schwung in Richtung Nordosten teilte Böhmen, Mähren, die schlesischen Fürstentümer, Brandenburg und Pommern vom Königreich Polen ab. Die Ostsee westlich von Danzig schloß den Kreis.

Innerhalb dieser Grenzen erstreckte sich das Reich vom höchst urbanisierten Norditalien über die Alpen, sodann über das agrarische Süddeutschland und die Mittelgebirge, die sich über die Mitte Deutschlands verteilen, bis hin zu den Ebenen Norddeutschlands und schließlich zum Meer. Im Nordwesten gab es eine zweite Konzentration urbaner Kultur, die Niederlande. Große Flußläufe bewegten sich vom Kernland des Reiches dessen Grenzen entgegen: die Donau, die von Südwestdeutschland durch Österreich und Ungarn fließt, der Rhein, der von den Zentralalpen aus durch die westlichen Fürstentümer den Niederlanden entgegenströmt; im Osten die Weser, die Elbe und die Oder mit derselben Zielrichtung wie der Rhein. Gemessen an den fruchtbaren Gebieten im nordwestlichen Europa waren viele Landstriche im Reich arm, soweit sie nicht direkt an den Flußläufen oder in der norddeutschen Tiefebene lagen. Jahrhunderte der Besiedelung und Bewirtschaftung hatten an der Substanz der Wälder gezehrt. Die vielen Flüsse und die doch recht geringen Höhenunterschiede ermöglichten eine relativ problemlose Reise durch das Land bis zur großen Mauer der Alpen.

Im deutschsprachigen Kernland des Reiches lebten und arbeiteten etwa siebzehn Millionen Menschen an rund einhundertdreißigtausend besiedelten Orten, darunter in etwa zweitausendachthundert größeren und kleineren Städten, Marktplätze eingeschlossen. Auf je einem Quadratkilometer lebten durchschnittlich fünfzehn bis achtzehn Menschen, im Osten war diese Zahl weitaus geringer. Bei den Einwohnern – ausgenommen die knapp einhunderttausend Juden, die eher im Süden als im Norden angesiedelt waren und in Regensburg immerhin fünfzehn Prozent der Bevölkerung ausmachten – handelte es sich meist um römisch-katholische Christen, die, auch mit einer Ausnahme, nämlich den böhmischen Schismatikern, mehr oder weniger freiwillige Mitglieder der römisch-katholischen Kirche waren. Sie beteten auf Lateinisch, aber arbeiteten und lebten in vielen anderen Sprachen: Im Kernland des Reiches gab es Dutzende Ausprägungen des Deutschen, wobei sich die Bewohner im äußersten Süden und im äußersten Norden kaum verständigen konnten. An den westlichen und südlichen Rändern entsprachen viele unterschiedliche romanische Sprachen in etwa dem heutigen Französisch und Italienisch; im Osten herrschten süd- und westslawische Sprachen vor. Das Reich war polyglott – nicht multinational, denn es beherbergte viele Völker, aber keine Nationen.

Wenn das Heilige Römische Reich nach westeuropäischem Verständnis also keine »Nation« war, so ließ die sich abzeichnende Tendenz zur Konzentration das Reich gleichwohl nicht unberührt. Im späten fünfzehnten Jahrhundert begann es auf seinen deutschsprachigen Kern hin zu schrumpfen, wodurch es schärfere Konturen gewann. Dieser Schrumpfungsprozeß, verursacht durch das Ausscheren der meist nicht deutschsprachigen Grenzgebiete aus dem politischen Leben des Reiches, wurde bereits damals wie auch später als Niedergang seiner Herrschaft begriffen. Als die Habsburger im Nordwesten die Nachfolge der Valois antraten, führte dieser Wechsel bei den Niederländern dazu, daß eher ihr Sinn für Autonomie denn ihr kaiserlicher Patriotismus gestärkt wurde. Nach dem Frieden von Thorn im Jahre 1466 kamen die von Deutschen besiedelten und vom Deutschen Orden beherrschten Gebiete unter polnische Oberhoheit. Im Süden hatte die Reichsgewalt schon lange verschwommene Formen angenommen, und nun sah sich der Kaiser gezwungen, seinen Zugriff auf die schweizerische Eidgenossenschaft zu lockern, die mit ihren freien Bünden auf dem Lande und ihren Stadtstaaten zwar weiterhin ihre Treue zum Reich bekundete, ansonsten aber tat, was ihr beliebte. Im Osten hatte sich die heikle Frage ergeben, ob das Königreich Böhmen überhaupt zum Heiligen Römischen Reich gehörte, auch wenn die Goldene Bulle von 1356 den böhmischen König zu einem der sieben Kurfürsten auserkoren hatte, die den Kaiser wählten. Nur im äußersten Südosten, zwischen Österreich und dem Königreich Ungarn, stimmten die Grenzen in Theorie und Praxis überein, wobei König Matthias Corvinus auch dort immer wieder versucht hatte, den Osten Österreichs seinem ungarischen Königreich einzuverleiben.

Mit dem Abdriften der Grenzländer Niederlande, Lothringen, Savoyen, dem kaiserlichen Italien, Böhmen und den Ostseegebieten nahm das vornehmlich deutschsprachige Kernland des Reiches eine zunehmend festgefügte Form an. Es trat nun unter einem neuen, erstmals 1486 belegten Namen in Erscheinung: Heiliges Römisches Reich Deutscher Nation. Sichtbar wird nun auch die das fünfzehnte Jahrhundert prägende Entwicklung hin zu Ständevertretungen mit einer festen Zusammensetzung, klar definierten Kompetenzen und Verfahrensweisen, ferner das Streben nach einer effektiveren Reichsregierung insbesondere im juristischen Bereich, die nach der Erfindung des Buchdrucks beschleunigte Verbreitung einer allgemein gebräuchlichen Form des Hochdeutschen, das nach und nach alle Formen des Niederdeutschen (mit Ausnahme des Niederländischen) beeinflußte, und schließlich eine gewisse Indifferenz des deutschen Adels gegenüber Entwicklungen außerhalb der Kernländer des Reiches und insbesondere gegenüber Kaiser Maximilians Plänen mit Italien.

Das Heilige Römische Reich wies kaum Ähnlichkeiten mit anderen Staaten Europas auf. Sein König, der von sieben Kurfürsten gewählt wurde – den Erzbischöfen von Mainz, Köln und Trier, den weltlichen Fürsten der Pfalz, Sachsens und Brandenburgs sowie dem böhmischen König –, wurde kraft der Krönung durch den Papst (Heiliger) Römischer Kaiser und nominell Herr über die Christenheit. Die Kriege, die das Reich im fünfzehnten Jahrhundert gegen die böhmischen Hussiten und die osmanischen Türken führte, trugen sowohl zum Wiedererstehen der Autorität des Königs als auch zur Entwicklung eines Parlamentes der Reichsstände – des Reichstags – bei. Im Verlauf dieser Entwicklung wurde das Reich zum größten parlamentarisch regierten Staat in Europa. Sein König und Kaiser herrschte de jure kraft der Gnade Gottes und de facto mit dem Einverständnis seiner wichtigsten Vasallen und anderer bedeutender Untertanen, die im Reichstag zusammentraten. Der Reichtag setzte sich aus drei Kurien zusammen: den Kurfürsten (sechs geistliche und sechs weltliche Fürsten), den Fürsten (darunter etwa fünfzig Fürstbischöfe, etwa dreißig weltliche Fürstengeschlechter sowie eine Unzahl von weiteren Grafen und Prälaten, die jedoch nur über einige kollektive Stimmen verfügten) und den Abgesandten der etwa fünfundsechzig bis siebzig freien Städte. Innerhalb der dualistischen Formel »Kaiser und Reich« stellten diese unmittelbaren Untertanen des Kaisers »das Reich« dar, und mit dem Aufkommen dieser Formel wurde zugleich der unauflösliche Dualismus offenbar, der diese monarchisch-partikulare politische Ordnung bestimmte.

Gleichwohl bewirkte die Gleichstellung auf rechtlicher Ebene keineswegs, daß kleinere Bischöfe oder freie Grafen den Oberhäuptern der mächtigen Dynastien wie etwa den bayerischen oder den pfälzischen Wittelsbachern, den sächsischen Wettinern, den braunschweigischen Welfen oder den fränkischen und brandenburgischen Hohenzollern auch in politischer Hinsicht ebenbürtig gewesen wären. Die großen Adelsgeschlechter verfügten im Reichstag über wesentlich mehr Macht, als seine Ranglisten dies glauben machen wollten, denn ihre jüngeren männlichen Nachkommen gehörten zu denjenigen, die die Weidegründe der Kirche am gierigsten abgrasten und Fürstbistümer, gefürstete Abteien sowie eine Vielzahl anderer Pfründen anhäuften. Die Tatsache, daß auch die Bischöfe und geistlichen Kurfürsten meist dem höheren Adel entstammten, ließ den Reichstag zu einer Versammlung der Reichsaristokratie werden. Die Kurfürsten und Fürsten weigerten sich lange Zeit, die Stimme des Städterates als gleichberechtigt anzuerkennen, so daß – wie der Straßburger Hans von Seckingen (gest. 1509) im Jahre 1481 grollte – die Fürsten im Rat saßen und die Höhe der Steuern bestimmten, während die Städteboten vor der Tür warteten wie streunende Hunde.[2] Da es dem Reich an einer zentralen Exekutivbehörde fehlte, konnten die vom Reichstag verfügten neuen Gesetze nur durchgesetzt, Steuern nur erhoben werden, wenn die Fürsten, Prälaten und Ratsherren, die im Reichstag saßen, selbst dafür sorgten. Schon die Versammlungen des Parlaments selbst verliefen nur sehr schleppend – in den zweiunddreißig Jahren unter Maximilian kam es überhaupt nur zu vierundzwanzig Sitzungen, in den siebenunddreißig Jahren unter Karl V. sogar nur zu sechzehn – und waren zunächst einmal von internen Verhandlungen, privaten Angelegenheiten, gegenseitigen Anfeindungen, Gerüchten, Gesuchen um Protektion, Unterstützung und immer wieder aufflammenden Streitigkeiten bestimmt.[3]

In Wahrheit sagten die langen Listen der Reichsstände wenig über die tatsächliche Funktionsweise der dualistischen Struktur von »Kaiser und Reich« aus. Dies rührt daher, daß die zwei besonders zahlreich vertretenen Stände, die Grafen und die Prälaten, als Körperschaft überhaupt nur eine Stimme hatten (Kuriatstimme) und sich zudem nicht durch großes Engagement auszeichneten. Hinzu kam schließlich, daß sich die gesamte Regierungsstruktur deutlich auf den Süden des Reiches konzentrierte. Die alten kaiserlichen Kerngebiete im Süden und im Westen – insbesondere die Länder an Rhein und Donau – hatten im politischen Leben des Reiches schon von jeher eine führendere Rolle gespielt als die weitaus dünner besiedelten und weniger städtisch geprägten Länder der norddeutschen Ebene und des kolonisierten Ostens. Die Reichsreform des späten fünfzehnten und frühen sechzehnten Jahrhunderts verlieh der kaiserlichen Herrschaft nun einen ganz neuen Grad der Konzentration auf den Süden. Normalerweise trat der Reichstag in süddeutschen Städten zusammen – nur drei der vierundzwanzig Reichstage unter Maximilian versammelten sich im Norden –, und auch die neuen Institutionen der Reichsregierung waren allesamt in süddeutschen Städten wie Nürnberg, Esslingen oder Speyer angesiedelt worden. In gewisser Hinsicht spiegelte diese Konzentration auf den Süden die Tatsache wider, daß das Haus Habsburg die kaiserliche Krone innehatte, zugleich aber basierte sie auf dem größeren Reichtum der süddeutschen Fürstendynastien und der Ansammlung freier Städte im Süden. Daher ist es nicht verwunderlich, daß jemand, der von den östlichen Gebieten wie etwa Sachsen in den Westen fuhr, für gewöhnlich sagte, er reise »ins Reich«.[4]

Wirtschaftlicher Aufschwung und soziale Veränderungen

Um 1500 gestalteten mächtige soziale Kräfte das Kernland des Heiligen Römischen Reiches um. Mitte des fünfzehnten Jahrhunderts war mit der Zunahme der Bevölkerung, der Produktion sowie des Handels die spätmittelalterliche Depression beendet worden, waren die alten Institutionen ins Schwanken geraten und hatten neuen Platz gemacht. Das demographische Wachstum, das seinen Höhepunkt im ersten Drittel des sechzehnten Jahrhunderts erreichte, füllte die Dörfer mit Leben – im Süden und im Westen sehr viel früher und schneller als im Osten – und stärkte bei den Bauern, die etwa fünfundachtzig Prozent der Bevölkerung im Reich ausmachten, das Verlangen nach Land. Um 1450 gab es in den fünfzehn Dörfern in der Umgebung des sächsischen Pirna etwa hundertfünfundzwanzig Haushalte; nur ein Jahrhundert später waren es bereits zweihundert. Ein solches Wachstum ließ die Unterschiede zwischen erbenden und nichterbenden Bauern stärker hervortreten und trieb in der Folge immer mehr Menschen in die Dörfer, so daß Sebastian Franck (1499-1543) nach dem Bauernkrieg von 1524/25 zu dem Schluß kam, daß Südwestdeutschland »so voller Leute [steckt], daß niemand bei ihnen einkommen kann«.[5] Die steigenden Preise für Waren aller Art kamen manchem Wohlhabenden zugute, führten jedoch zugleich zu einem Wiederaufleben von Leibeigenschaftsverpflichtungen angesichts konkurrierender Ansprüche zwischen den jeweiligen Herren und den Territorialregierungen auf die Abgaben der Bauern. Diese Veränderungen brachten neue Belastungen für die kommunalen, auf Schultheiß und Gericht, ungeschriebenen Gewohnheitsrechten (den sogenannten »Weistümern«) und meist nur einfach ausgestatteten Gemeindeverwaltungen basierenden Institutionen mit sich, die seit dem frühen vierzehnten Jahrhundert überall in Süddeutschland entstanden waren. Angesichts des Bevölkerungswachstums mußten die Dörfer ihre jungen Männer entweder in die Fremde schicken oder aber in Kauf nehmen, daß ihre Gemeinden zunehmend unter der Spaltung zwischen den glücklichen erbenden Bauern und den weniger glücklichen ohne eigenen Landbesitz litten. In jedem Fall führte dieses Wachstum zunehmend zu Spannungen.

Manche der Glücklosen zogen in den Krieg. Kaiser Maximilian trug zu dieser Entspannung hinsichtlich der Bevölkerungszahlen auf dem Lande bei, indem er in den 1490er Jahren eine neue Waffengattung ins Leben rief, die sogenannten Landsknechte, die nach schweizerischem Vorbild ausgebildet, ausgerüstet und gegliedert wurden. Überall auf den Schlachtfeldern von der Toskana bis hin nach Brabant starben diese Landsknechte für Maximilian. In weit stärkerem Maße als der Krieg waren es jedoch die Städte, die die überzähligen Dörfler wegzogen. Das Kernland des Reiches verfügte im Grunde über keine echte Metropole. Um das Jahr 1500 herum zählte unter allen Städten des Abendlandes allein Köln zu den dreiundzwanzig führenden Städten mit über vierzigtausend Einwohnern; viele der tatsächlich wichtigen Städte mit fünfzehn- bis zwanzigtausend Einwohnern wie Ulm, Straßburg, Augsburg, Nürnberg, Frankfurt am Main, Braunschweig, Hamburg, Bremen oder Lübeck fielen jedoch aus diesem Raster heraus. Diese Städte waren es, die neben einer Vielzahl noch kleinerer Städte den Bevölkerungsüberhang auf dem Land absorbierten und aus Bauern Bürger machten. Der nur langsam zunehmende Anteil letzterer – um das Jahr 1600 bildeten sie gerade ein Viertel der gesamten deutschsprachigen Bevölkerung – macht gleichwohl noch nicht das Ausmaß deutlich, in dem sie der ländlichen Bevölkerung überlegen waren, denn die bürgerlichen Stände machten den weitaus größten Teil der fünf Prozent jener Deutschsprachigen aus, die über *die* Fertigkeit verfügten, die zum maßgeblichen Unterscheidungskriterium dieses Zeitalters überhaupt geworden war: Sie konnten lesen und schreiben.

Es mochte sein, daß die Stadt nicht immer Freiheit garantierte – aber immerhin bot sie eine Vielzahl von Möglichkeiten. Die aus den Dörfern und kleinen Städten Zugezogenen hatten in den größeren Produktionszentren der für den überregionalen und internationalen Handel bestimmten Güter weit mehr Chancen, Arbeit zu finden. Am Niederrhein, in Oberschwaben und in Sachsen konzentrierte sich die Tuchproduktion, die bedeutendste Branche überhaupt; Bergbau und die Verhüttung von Erzen verteilten sich hingegen über mehrere Gebiete: Eisen in der Oberpfalz, im östlichen Österreich und in Südwestfalen; Kupfer und Silber in Tirol, in Kärnten, Böhmen, Schlesien und im Harz. Der Transport der Produkte dieser und anderer, auch ausländischer Industrien ging über die Nord- und Ostsee – kontrolliert von jenem Städtebund, der als Hanse bekannt wurde – und über die Straßen, deren Knotenpunkte Augsburg, Nürnberg, Frankfurt, Leipzig und Köln bildeten. Der beschleunigte Anstieg von Handel und Produktion nach 1450 wiederum basierte maßgeblich auf dem Engagement der süddeutschen Handelshäuser in Venedig und Antwerpen, den Metropolen in den zwei reichsten städtischen Gebieten Europas und Toren zu einer Welt jenseits der Grenzen der Christenheit.

In den Städten wie auf dem Lande schien der Aufschwung eher den ohnehin Besitzenden als den »Habenitsen«, den Armen zugute zu kommen. War der Wert menschlicher Arbeit während der spätmittelalterlichen Depression gestiegen, so sank er nun. Um 1500 bedeutete Eigentum im Wert von fünfundzwanzig bis dreißig Gulden oder ein Einkommen von fünfzehn Gulden im Jahr – dieser Betrag, etwa ein Drittel des Lohnes eines Handwerksmeisters, war das absolute Existenzminimum für eine Person – ganz einfach Armut. Wer Eigentum im Wert von einhundert Gulden besaß, lebte in bescheidenem Wohlstand, wer fünfhundert Gulden sein eigen nannte, war reich, und wer mehr als fünftausend Gulden hatte, war nach spätmittelalterlichen Maßstäben Millionär. Zweihundert angesparte Gulden waren schon »recht viel Geld«.[6] Der allgemeine Preisanstieg für Waren aller Art – die Preise für Getreide hatten bereits um 1450 zu steigen begonnen – trieb die Profite ebenso wie die Armut in die Höhe. Dies galt insbesondere für die großen Produktionszentren, weniger für die alten Handelsstädte. Die unterschiedlichen Auswirkungen werden deutlich, wenn man statistische Angaben aus dem Jahre 1475 für Augsburg mit denen aus dem Jahre 1460 für Lübeck vergleicht, einem norddeutschen Umschlagplatz für Handelsgüter, der selbst kaum für den Export produzierte. Die Reichen sowie die obere Mittelklasse stellten in Augsburg 18 Prozent, in Lübeck 4,9 Prozent der Bevölkerung, die Mittelschicht 68 Prozent bzw. 27 Prozent und die Armen 14 Prozent bzw. 66 Prozent. Der Wertverfall des Münzgeldes beschleunigte den Rückgang der realen Löhne noch weiter, was dazu führte, daß viele an den Rand der Armut gedrängt wurden und in der Folge das politische Engagement der Handwerker nachließ. So nahm der Goldgehalt des weitverbreiteten rheinischen Goldguldens im Verlauf des fünfzehnten Jahrhunderts nahezu um ein Drittel ab.

Der Aufschwung führte auch in den Bergbauregionen, die sich um 1500 dem Höhepunkt ihrer Produktion näherten, zu entsprechenden sozialen Veränderungen. Die Verwaltung der Bergwerke ging zunehmend an städtische Firmen vor allem in Nürnberg und Augsburg über, was durch drei Entwicklungen gefördert wurde: durch die Einführung neuer Schmelzverfahren, die einen stark erhöhten Kapitalbedarf mit sich brachten, durch den Übergang von Abbau- und Schürfrechten – ursprünglich königliche Hoheitsrechte – an die Fürsten und schließlich durch das Fehlen von Zünften und verbindenden politischen Traditionen unter den Bergleuten. Von der Errichtung der ersten Schmelzanlagen in Thüringen (1450) und in der Umgebung von Goslar (1478) bis zur Erschließung der Silberminen im Erzgebirge in Annaberg und Schneeberg gelang es den städtischen Kapitalisten, die Kontrolle über den Bergbau zu erlangen, indem sie den untereinander gespaltenen Bergwerkssyndikaten (den sogenannten »Gewerken«) Anteile (»Kuxen«) abkauften und ihre Position durch monopolistische Verträge über die Lieferung von Metallen an die Fürsten (»Käufe«) sicherten. Dieses System funktionierte auf ähnliche Weise auch in Tirol, wo sich zwischen 1470 und 1520 die Silberproduktion verdreifacht und die Kupferproduktion mehr als verdoppelt hatte und wo die Augsburger Handelshäuser dem herrschenden Fürsten, Kaiser Maximilian, für das Monopol auf den Verkauf von Metallen und Lebensmitteln als Darlehen gigantische Summen zahlten.

Alles in allem brachte das wirtschaftliche Wachstum des späten fünfzehnten Jahrhunderts neue Belastungen für die Institutionen und Bedürfnisse des Volkes mit sich. Das führte einerseits zu einer zunehmenden sozialen Differenzierung im Innern und wirkte sich andererseits erschwerend auf die dörflichen Institutionen und die ländliche Wirtschaft aus. Diese Entwicklung trug zur Verhärtung der oligarchischen Strukturen der städtischen Regierungen, Zünfte und Gilden bei, schloß die niederen Handwerker und Handwerksgesellen vom politischen Leben aus und führte schließlich dazu, daß das Leben allenthalben schwieriger wurde.

Handwerker, Bergleute und insbesondere die Bauern stellten die drei Hauptgruppen dessen dar, was Zeitgenossen unter dem »gemeinen Mann« verstanden – eine Bezeichnung für all diejenigen, die nach Meinung der Bessergestellten nicht geeignet waren, an der Regierungsgewalt beteiligt zu werden. Der Nürnberger Dr. Christoph Scheurl formulierte die Ansichten der herrschenden Klassen, als er 1516 schrieb: »... das gemain völklein hat kainen gewalt: es steet inen auch nicht zu, dieweil aller gewalt von gott, und das wolregirn gar wenigen und allein denen so vom schöpfer aller ding und der natur mit sonderlicher weyshait begabet sein verliehen ist.«[7] Entsprechend wandten sich die städtischen Regimente von ihrer volksnahen Vergangenheit ab und dem Machtprinzip zu, indem sie mit der Behauptung, die städtische Regierung sei eine Form der Obrigkeit, der die Bürger als Untertanen gegenüberstünden, die Aristokratie geradezu nachäfften. An manchen Orten indes setzte das niedere Volk seine Bestrebungen fort, sich selbst zu regieren oder zumindest ein gewichtigeres Mitspracherecht zu erhalten; manchmal versuchten sie ihre Ansichten auch mit Waffengewalt durchzusetzen. Im deutschsprachigen Süden des Reiches flammten derartige Revolten auf dem Lande in einer fast ununterbrochenen Kette von der Bewegung des Pfeifers von Niklashausen von 1476 bis hin zum großen Bauernkrieg von 1525 auf. Auch für die Städte waren dies Jahre sporadischer Aufstände und Revolten: Zehn davon waren in den 1490er Jahren zu verzeichnen, fünf nach der Jahrhundertwende, achtzehn im zweiten und fünfundvierzig im dritten Jahrzehnt des sechzehnten Jahrhunderts. Solche Bewegungen brauchten Argumente, benötigten Überzeugungskraft, um sich legitimieren und ihren Forderungen nach mehr Mitsprache und einfacheren Lebensbedingungen Nachdruck verleihen zu können. Es ergab sich eine Situation, die immer aussichtsloser wurde, als die traditionelle Rechtfertigung der Selbsthilfe unter dem Oberbegriff des »guten alten Rechtes« angesichts eines neuen Rechts - sei es in der Form von Gesetzen, sei es in der Form des »gemeinen geschriebenen [d.h. römischen] Rechts« - zunehmend an Überzeugungskraft verlor. Unterstützt von universitär ausgebildeten Juristen, gründeten die Fürsten, städtischen Obrigkeiten und Grundherren ihren Herrschaftsanspruch zunehmend auf Urkunden und Rechtsbücher. Bald aber, spätestens um 1510 und einige Zeit bevor Luther allgemein Bekanntheit erlangte, begannen die Volksbewegungen jedoch selbst ein schriftlich niedergelegtes Regelwerk für sich zu entdecken, die Bibel, oder, um es anders zu formulieren, die Vorstellung eines »göttlichen Rechts«, von dem man glaubte, die Bibel enthalte es und drücke es aus. Das Gesetz Gottes trat in Opposition zum Gesetz der Menschen. Dieser Kampf des Wortes des Herrn gegen die Worte der Herren ist ein weiteres Anzeichen dafür, wie das geschriebene Wort in Form von Statuten, Gesetzesbüchern und auch der Bibel zunehmend die Oberhand über Gewohnheit, Traditionen und vor Ort gefundenes Recht gewann. Dies galt für den politischen Bereich ebenso wie für den religiösen.

Intensivierung des religiösen Lebens

Um 1500 setzten ein Aufwallen religiöser Gefühle und eine Intensivierung des religiösen Lebens unter den Völkern des Reiches ein. Es war vielleicht ein Höhepunkt im tausendjährigen Ringen der Kirche, jene nichteuropäische Religion, das Christentum, in diesen Ländern im Norden zu verankern. In früheren Zeiten war die städtisch geprägte Struktur des alten Christentums gezwungen worden, sich der armen, ländlichen Welt des feudalen Europa anzupassen. Waren die großen Klöster auf dem Lande das Hauptinstrument zur Durchsetzung dieser Anstrengungen gewesen, so übernahmen in späteren Jahrhunderten die Pfarreien diese Rolle. Um 1500 wurden in weit abgelegenen, armen Dörfern noch immer neue Pfarreien gegründet; manchmal geschah dies auf Initiative der dort ansässigen Bevölkerung. In den Städten, die sich zu Zentren der spätmittelalterlichen Religion entwickelt hatten, waren die Kirchgemeinden jedoch schon seit langem voll etablierte und höchst aktive Institutionen.

Die Bürgerschaft spielte eine zentrale Rolle bei der religiösen Intensivierung um 1500. Über Generationen hinweg hatte ein freigebiger Laienstand die größeren deutschsprachigen Städte zu wahren Monumenten des Glaubens gemacht, insbesondere in den geistlichen Zentren, jenen »deutschen Roms«, über deren Dächern die Kirchtürme sprießten wie die Gerste auf den Feldern: Köln hatte elf Stiftskirchen, zwanzig Ordenskonvente, neunzehn Pfarreien, vierundzwanzig eigenständige und zweiundvierzig weitere Kirchen und Kapellen sowie zweiundsechzig Häuser der Beginen und Begarden; Erfurt, die Stadt mit vielleicht den meisten Kirchen im Reich, beherbergte zwei Domkapitel, zweiundzwanzig Klöster, dreiundzwanzig andere Kirchen, sechsunddreißig Kapellen und sechs Spitäler sowie achtundzwanzig Pfarreien. Um 1500 wies nichts darauf hin, daß die Kirche an Einfluß verlieren könne. Neben dem fast endlosen Strom junger Männer, die es zur Priesterschaft drängte – Breslau zählte vierhundertvierzehn Priester an dreihundertzweiundzwanzig Altaren –, und einer geradezu begeisterten Bereitschaft, Altäre oder Retabeln zu stiften, von denen gerade einmal zwei Prozent die Zeiten überstanden, gelangten Wallfahrten zu größter Popularität. Die bekannteste dieser Wallfahrten führte die Gläubigen in die Kapelle Zur Schönen Maria in Regensburg, die man über der Synagoge errichtet hatte, nachdem die große jüdische Gemeinde Regensburgs 1519 vertrieben worden war. In dieser Kapelle wurden in nur drei Jahren 25.374 Messen gelesen, und allein im Jahre 1520 wurden 109.198 bleierne und 9.763 silberne Wallfahrtsabzeichen verkauft. In Süddeutschland und in der Schweiz kam es in ländlichen Gemeinden zu einer Gründungswelle neuer Dorfkirchen. Hand in Hand damit forderten die Gemeinden auch die Rückgabe ihrer Rechte auf den Zehnten, was lange bestehende Eigentumsrechte in Frage stellte, sowie eine völlig neue Lokalisierung der Kontrolle über das Leben in der Kirchgemeinde. Es läßt sich jedoch ohne weiteres erkennen, daß die Aufsicht über dieses religiöse Leben keineswegs allein beim Klerus lag. Die Ulmer beispielsweise waren besonders stolz darauf, daß sie dem Reichenauer Abt für das Patronatsrecht über die Pfarrgemeinde, die die gesamte Stadt umfaßte, die immense Summe von fünfundzwanzigtausend Gulden bezahlt hatten.

Die Gutbetuchten trugen erheblich dazu bei, das hochentwickelte System religiöser Institutionen zu fördern. Die reichen Bürger der Städte riefen Familienstiftungen ins Leben, der Mittelstand die Bruderschaften, vom Willen der Gemeinde bestimmte Pfarreien. Um 1350 bestanden in Lübeck über siebzig und in Köln achtzig solcher Bruderschaften, in Hamburg um 1520 neunundneunzig. Zuweilen erreichten sie eine erstaunliche Größe; so umfaßte beispielsweise die Rosenkranzbruderschaft in Ulm um 1483 viertausend Mitglieder. Die karitativen Aktivitäten der Bürger ließen den Strom von Spenden, aber auch die finanzielle Unterstützung der Spitäler und Armenhäuser, den sogenannten »Almosen«, anschwellen. Eines der bedeutendsten dieser Armenhäuser war das große Hospital zum Heiligen Geist in Köln, wo jeden Tag siebenhundert Bedürftige gespeist wurden. Viele dieser Stiftungen konnten ihren Kapitalbedarf durch Schenkungen von Bürgern decken. Der Kölner Dr. Peter Rynck etwa hinterließ im Jahre 1500 umgerechnet viertausenddreihundert Mark, die für Kleidung und Ernährung der »armen fundelings [Findelkinder], im doyme plegen sitzen as verworpen und ungeachte kinder«, bestimmt waren.[8]

Sphären der Politik: Territorialstaaten, Städte und die schweizerische Eidgenossenschaft

Es oblag den Obrigkeiten, die die Städte des Reiches regierten, für den Schutz dieser großen religiösen Einrichtungen zu sorgen. Die etwa fünfundsechzig freien Städte repräsentierten die typischste Form erfolgreicher lokaler Autorität, und mittelgroße Städte wie Konstanz oder Goslar verfügten damals über höher entwickelte politische Institutionen als etwa London oder Paris. Diese Institutionen hatten sich im Verlauf des vierzehnten und frühen fünfzehnten Jahrhunderts, als die Würdigung der menschlichen Arbeitskraft – erkennbar am Anstieg der Reallöhne – zur Übertragung politischen Einflusses an die Gilden und Zünfte führte, rasch entwickelt. Erst um 1450 erfuhr dieser Prozeß, der einige der auf breitester Basis gestützten städtischen Regierungsformen der Christenheit hervorgebracht hatte, eine Umkehrung, und in der Folge ging die wirtschaftliche Erholung mit einer erneuten Machtkonzentration in den Händen der städtischen Eliten einher. Diese Form der Konzentration – die Oligarchie – wurde für die städtische Politik der frühen Neuzeit bestimmend: Immer weniger Familien kontrollierten immer mehr Ämter, die Aufnahme als Meister in die Zünfte – wo es sie gab – gestaltete sich immer schwieriger, und die Stadträte schufen neue Formen sozialer Kontrolle, wie etwa die Zensur von Druck-

○ Freie Städte ● Andere Städte

0 50 100km

werken, städtische Armenfürsorge, städtische Schulen und Predigtstiftungen sowie die Überwachung der städtischen Kirchgemeinden und Klöster von weltlicher Seite.

Während die Möglichkeiten sozialer Mobilität der Bürger innerhalb der Städte immer mehr eingeschränkt wurden, wurden auch die Städte in ihrer Handlungsfreiheit außerhalb ihrer Mauern behindert. Die Weiterentwicklung und Konsolidierung der Territorialstaaten im Verlauf des fünfzehnten und frühen sechzehnten Jahrhunderts verringerte – und verhinderte dann sogar – die Ausdehnung der Macht der einzelnen Städte auf das Land sowie die Möglichkeit der Städte, sich zu Bündnissen gegen die Fürsten zusammenzuschließen. Im Zweiten Städtekrieg von 1449/50 erlitt der letzte große Städtebund seine Niederlage. In der Folge waren die freien Städte umsichtig genug, sich auch mit den Fürsten zu verbünden, entweder allein oder aber gemeinsam mit anderen Städten wie zum Beispiel im Schwäbischen Bund, der sich 1488 unter der Schirmherrschaft der Habsburger formierte. Im Norden konnte die mächtige Hanse die Handelsinteressen ihrer Mitglieder zwar weiterhin verteidigen, angesichts der zunehmenden Konkurrenz durch die Niederlande und der wachsenden Macht der nördlichen Königreiche den Handel im Norden jedoch keineswegs mehr dominieren. Um 1500 schien die Glanzzeit der Kleinstaaterei und des Partikularismus bis auf den äußersten Südwesten, wo die schweizerische Eidgenossenschaft weiterhin herrschte, überall im Lande zu Ende zu gehen.

Die Eidgenossenschaft war nun auf dem Höhepunkt ihres Einflusses und diente all jenen als stichhaltiges Gegenargument, die die Fähigkeit des einfachen Volkes anzweifelten, es könne sich selbst regieren. Mit dem Bundesprinzip demonstrierte sie zudem, daß es für die schwerwiegendste Anfälligkeit des Partikularismus, nämlich seine militärische Schwäche, eine Lösung gab. Die vollberechtigten Mitglieder der Eidgenossenschaft – fünf Landgemeinden und fünf Stadtstaaten – regelten gemeinsame politische, militärische und rechtliche Belange in einer Versammlung (»Tagsatzung«), in die jedes Mitglied seine Bevollmächtigten entsandte. Obgleich die Eidgenossenschaft als Staat vergleichsweise effektiv funktionierte, fehlte ihr in den Augen des Kaisers und des Adels jede Legitimität. In den Schweizern sah der Kaiser nichts anderes als Rebellen – »Bauern« nannte er sie, die bei anderen den Wunsch schürten, »selbs herren [zu] werden«.[9] Genau das aber war der entscheidende Punkt, der von den einfachen Menschen weit über die Grenzen der Eidgenossenschaft hinaus auch so verstanden wurde. Wenn »ayn kuw auf dem Schwanberg, im land zu Francken gelegen, solle stan und da [...] plarren«, so lautete ein Sprichwort, werde »mans mitten in Schweytz hore[n]«.[10] Daß die Schweizer eine so große Gefahr für die althergebrachten Herrschaftsformen bedeuteten, hing damit zusammen, daß sie ihren Haß auf die Aristokratie im allgemeinen und auf das Haus Österreich im besonderen mit einer militärischen Schlagkraft verbunden hatten, die sich mit dem Wiederaufkommen schwerer Infanterie auf den Schlachtfeldern Europas entwickelte. »Die Schweizer, von Natur aus wild, sind eher Hirten als Bauern«, schrieb der Florentiner Francesco Guicciardini (1483-1540), »und als Resultat ihrer angeborenen Wildheit und ihrer disziplinierten Organisation haben sie nicht nur ihr Land stets tapfer verteidigt, sondern sind auch für ihre militärischen Dienste in fremden Kriegen aufs höchste gepriesen worden.«[11] Guicciardinis Florentiner Landsmann Niccolò Machiavelli (1469-1527) faßte sich kürzer: »Die Schweizer übertreffen alle andern an Wahrhaftigkeit und Freiheit.«[12] Daß das einfache Volk sich selbst regieren solle, galt in der von der Aristokratie geprägten politischen Landschaft der Christenheit jedoch als große Absonderlichkeit. So bemerkte zum Beispiel Martin Luther, daß nur in der Schweiz und im Dithmarschen, einem Landstrich an der Nordseeküste, Demokratie herrsche, da dort »viel vom gemeinen Mann regieren«.[13] Die politischen Rechte der Bauern des friesischen Dithmarschen sollten jedoch nicht lange Bestand haben und wurden von den Fürsten dieser Region bald heftig attackiert. Im äußersten Südwesten hingegen begannen zwei neue, auf kommunalen Strukturen basierende Staaten im Bunde mit der Eidgenossenschaft Form anzunehmen: das aus den vereinten drei Bünden bestehende Graubünden sowie das Wallis.

Die Entstehung Graubündens und des Wallis widerspricht der Darstellung, die Entwicklung hin zur Übertragung von Regierungsgewalt auf kleinere Einheiten – und damit der Partikularismus – habe sich um 1500 erschöpft, nur scheinbar. Tatsächlich mußte auch die Eidgenossenschaft erkennen, daß sie an die Grenzen ihrer Expansionsmöglichkeiten gestoßen war, obgleich sie sich zu dieser Zeit auf der Höhe ihrer militärischen Reputation befand. Zwar konnte das eidgenössische Heer während des Schwabenkrieges von 1499 die Truppen Österreichs, des Schwäbischen Bundes und des Reiches entlang der gesamten schweizerischen Grenze von Tirol bis zum Sundgau im Oberelsaß in Schach halten, zwar fielen Basel und Schaffhausen zwei Jahre später an die Eidgenossenschaft, aber die Grenzlinie zwischen den eidgenössischen und nicht-eidgenössischen Gebieten des Reiches geriet dennoch nicht mehr in Bewegung. Nördlich und östlich dieser Linie trat vielmehr ein erneuter Umschwung zur aristokratischen Herrschaft ein, als die Reichsfürsten die Selbstverwaltung der Bürger und Bauern zunehmend unter Druck setzten und bedrohten.

Abgesehen von den Schweizer »Bauern« und den freien Städten, blieb das Reich eine aristokratische Republik unter dem Vorsitz eines gewählten Monarchen, und die Zeiten begünstigten die großen Dynastien gegenüber den kleineren aristokratischen Linien. Innerhalb der großen Territorien, wie sie um 1500 bestanden, schufen die Fürsten und ihre Beamten die grundlegenden Voraussetzungen für den »Staat« im frühneuzeitlichen Sinne des Begriffes. Dieser Prozeß läßt sich einfach beschreiben: Die Basis fürstlicher Herrschaft entwickelte sich von feudalen und grundherrlichen Rechten weg hin zu einer einheitlichen Herrschaftskonzeption (»Obrigkeit«), die sich auf Unterwerfung sowohl der Adligen wie der einfachen Leute gründete und dabei von zentral angesiedelten Verwaltungs- und Rechtsinstitutionen sowie durch Besteuerung unterstützt wurde. Der Prozeß der Konsolidierung wurde von oben in Gang gesetzt, wenngleich dies oftmals unter Mitwirkung korporativ organisierter territorialer Parlamente (den »Landständen«) geschah, die sich aus den Oberschichten – Adligen, Klerikern, Bürgern und manchmal auch Bauern – rekrutierten. Die Bildung von Staaten durch die Fürsten war nicht, wie oft behauptet worden ist, die zerstörerische, antinationale Alternative zu einem starken deutschen »Nationalstaat«, es war nichts anderes als eine mögliche – und angesichts der feudalen Vergangenheit sicherlich bevorzugte – Reaktion auf den Wunsch nach einer stärkeren Regierung.

Das grundlegende Prinzip, in dem sich die nun entstehenden Territorialstaaten von ihren feudalen Vorläufern unterschieden, bestand in der Unteilbarkeit des Staates. Sicher, manche Dynastien wie etwa die Braunschweiger Welfen verfuhren noch lange nach dem Prinzip, ihre Länder wieder und wieder zu teilen. Auch das wegen seiner Silbervorkommen reiche Sachsen, nach dem österreichischen Habsburg die größte Macht im Reich, wurde 1485 von diesem Schicksal ereilt. Hier teilten zwei Brüder aus dem Hause Wettin, Kurfürst Ernst (Regierungszeit 1464-1486) und Herzog Albrecht (Regierungszeit 1464-1500), ein erstrangiges Territorium in zwei zweitrangige Mächte, womit sie Sachsen in den Angelegenheiten des Reiches einen sehr viel schwächeren Status einhandelten, als es seiner Bevölkerungsanzahl (etwa vierhunderttausend) und seiner wirtschaftlichen Bedeutung (die Silberminen) angemessen war. Eine ähnliche Entwicklung trat in Baden ein, das aufgrund des Testaments des Markgrafen Christoph I. (Regierungszeit 1475-1515) ebenfalls geteilt und damit von einer zweitrangigen zu zwei drittrangigen Mächten degradiert wurde.

In Bayern und Österreich hingegen geschah etwas ganz Neues.

Der größte Teil Bayerns, das früher aus drei Herzogtümern bestanden hatte, wurde 1505 erneut vereinigt, und ein Jahr später führte Herzog Albrecht IV. (1465-1508), gestützt von den Ständen, das Primogeniturrecht in Bayern ein. Österreichs Herrscher, König Maximilian, vereinte die westlichen Länder Tirol, Vorarlberg und Vorderösterreich mit den fünf östlichen Herzogtümern Oberösterreich, Niederösterreich, Steiermark, Kärnten und Krain und machte Innsbruck zum zentralen Verwaltungssitz. Maximilian muß man zweifelsohne als den Schöpfer des frühneuzeitlichen Österreich bezeichnen, und seine an das Haus Burgund erinnernde Regierungsform wies Merkmale auf, die sich später in den Regimentsformen der Territorien wiederfinden lassen sollten: nach Kompetenzen unterteilte Kollegialbehörden wie Kanzlei, Schatzamt und Gerichtsverwaltung, sodann gelehrte Räte und Juristen – darunter übrigens wenig Kleriker und noch weniger Aristokraten – in den Ämtern und an den Gerichten, und schließlich eine deutliche Zunahme der Buch- und Aktenführung sowie deren Überprüfung. Bayern verfügte 1520 über ein zentralisiertes Rechtssystem, das auf römischen und damit geschriebenen Rechtsverfahren basierte; für seine Kanzlei erließ Baden 1504 erste Bestimmungen, 1509 wurde ein zentraler Gerichtshof gegründet; in Hessen wurde das Hofgericht im Jahre 1500 von Rat und Kanzlei losgelöst; in Mecklenburg schließlich schuf Herzog Magnus II. (Regierungszeit 1477-1503) eine Regierungsform, die bis ins neunzehnte Jahrhundert hinein Bestand haben sollte. Die Stände eines Territoriums, die sogenannten »Landstände«, die sich in parlamentarischen Organen, den »Landtagen«, konstituierten, unterstützten diesen Prozeß der Zentralisierung oftmals, insbesondere wenn dies dazu beitrug, die Verschuldung des jeweiligen Fürsten unter Kontrolle zu bekommen. Unterdessen setzte sich das römische Recht trotz beträchtlichen Widerstands mehr und mehr durch und wurde bald zu »des Reichs gemainen Rechten«, wie es der Reichstag zu Worms von 1495 in seiner Verfassung für einen neuen obersten Gerichtshof, das Reichskammergericht, formulierte.[14]

Veränderungen dieser Art machten Bayern oder Württemberg zweifellos zu Vorläufern des frühneuzeitlichen Typus des europäischen Staates, und bald drangen diese Neuheiten bis in die entlegensten Winkel des Reiches. Eine Ausprägung des Territorialherrschers sah sich jedoch besonderen Problemen gegenüber: die fünfzig Fürstbischöfe sowie die Reichsäbte und -äbtissinnen. In ihren Händen verband sich geistliche mit weltlicher Macht – ein Erbe des ottonischen Zeitalters –, und so stellten sie eine der größten politischen Merkwürdigkeiten innerhalb des Reiches dar. Diese kirchlichen Herrscher unterschieden sich von den weltlichen schon durch die Nichtanwendbarkeit dynastischer Prinzipien, so daß es bei Nachfolgeregelungen zu immer häufigeren und schwereren Krisen kam. Zudem wurden ihre Ländereien doppelt besteuert, nämlich von Rom und vom Reich. Vor allem aber sahen sich die geistlichen Fürsten und Prälaten besonderer Kritik ausgesetzt, nicht weil im allgemeinen ihr Lebensstil ebenso korrupt wie der ihrer aristokratischen Verwandten war, sondern weil sie nicht *weniger* korrupt waren als diese. Manche Diözesen hatten schon vergessen, was es bedeutete, einen Bischof zu haben, der seinen religiösen Pflichten Vorrang gegenüber seinen weltlichen Aufgaben einräumte. Als der Straßburger Bischof Wilhelm von Honstein (Regierungszeit 1506-1541) am 22. Juni 1508 im Straßburger Münster die Messe las, ergab sich nach intensiven Nachforschungen, daß dieser erstaunliche Akt seit »anderhalb hunder jaren von keym bischoff hye beschehen, desz halb sych des volck seer verwundert [...] wie wol es vor zitten ouch geschehen was ...«[15] Zwischen den Fürstbischöfen am Rhein und ihren Städten gab es schon seit langem böses Blut. Der Straßburger Bischof hatte seinen Amtssitz bereits seit geraumer Zeit nach Saverne (Zabern) verlegt, doch Worms und Speyer litten weiterhin unter ihren jeweiligen Bischöfen, und der Nürnberger Patrizier Willibald Pirckheimer (1470-1530) klagte: »... die freien Städte sollten doch groß an Anzahl und Macht sein, aber [...] die meisten von ihnen sind gefallen [...] und haben insbesondere unter diesem alles verzehrenden Feuer der Arroganz und Habgier der Bischöfe gelitten.«[16] Die Fürstbischöfe waren große Herren, und obgleich sich die Ära großer geistlicher Staatsmänner ihrem Ende näherte, gab es in den Jahren unter Maximilian noch so manche bedeutende Gestalt dieses für das Mittelalter charakteristischen Typus. Zu den wichtigsten Kirchenfürsten zählten Graf Berthold von Henneberg (1441/42 – 1505), der als Erzbischof und Kurfürst von Mainz die Reichsreformbewegung anführte und zum meistgehaßten Widersacher des Kaisers wurde; dann Matthäus Lang (1468-1540), der nach seiner Kindheit in Augsburg zum Fürsterzbischof von Salzburg, zum Kardinal und zum engsten Berater Maximilians aufstieg; der Walliser Matthäus Schiner (um 1469-1522), Bischof von Sitten, Kardinal und mächtigste deutschsprachige Figur in Rom; und schließlich Adriaan Floriszn (1459-1523) aus Utrecht, der Rektor der Universität von Löwen und Erzieher des jungen Karl V. wurde und als Hadrian VI. von 1522 bis 1523 Papst war.

Von der Entstehung der ersten Weltkonzerne: Die großen Handelshäuser und die Politik

Waren schon die Meinungen über die Fürsten und Fürstbischöfe geteilt, so gab es kaum etwas Gutes über die großen Handelshäuser zu sagen. Diese höchst effektive Form der Unternehmensorganisation, die langfristig planende, hochkapitalisierte Firma mit einem ausgedehnten Netz von Agenten, die sowohl mit Geld als auch mit Waren aller Art handelte, entwickelte sich im Verlauf des fünfzehnten Jahrhunderts in den süddeutschen Städten. Im Norden, in den Städten der Hanse, zogen es die Kaufleute hingegen vor, ihre Geschäfte weiterhin auf althergebrachte Art und Weise zu betreiben: Sie hielten an ihren römischen Ziffern, der einfachen Buchführung und ihren kleinen Firmen fest, mit denen sie sich auf kurzfristigere Handelsgeschäfte konzentrierten, aber nicht im Bankgeschäft tätig wurden. Bislang war diese konservative Einstellung durch die Flotten und die Diplomatie der mächtigen Hanse geschützt worden, gegen Ende des fünfzehnten Jahrhunderts jedoch mußten die hanseatischen Kaufleute gegen die Konkurrenz der Niederländer, die entlang der gesamten Linie Nowgorod-Reval-Visby-Lübeck-Hamburg-Brügge-London aktiv geworden waren, ums wirtschaftliche Überleben kämpfen. Die süddeutschen Kaufleute schufen unterdessen mächtige und über lange Zeit hinweg stabile Unternehmen, deren leitende Posten oftmals von den Mitgliedern einer Familie besetzt wurden. Die führenden Teilhaber stellten ihr Kapital und ihre Fertigkeiten im Management zur Verfügung; derartige Verträge galten in der Regel zunächst für vier bis sechs Jahre, konnten aber mehrfach verlängert werden. Die Nürnberger verfuhren auf diese Art und Weise, aber auch die Große Ravensburger Handelsgesellschaft, die 1380 von drei schwäbischen Kaufmannsfamilien gegründet worden war und von ihrer Basis, dem Bodenseegebiet, aus expandierte, bis sie das Monopol auf den gesamten Leinenhandel bis Barcelona innehatte. Die Nürnberger wiederum hatten ihre Operationen seit dem vierzehnten Jahrhundert auf ein Gebiet ausgedehnt, das in einem riesigen Bogen Rom, Sevilla, Lissabon, Toulouse, Paris, Antwerpen, London, Lübeck, Krakau, Lwów/Lemberg und Konstantinopel umschloß. Diese großen Handelshäuser übernahmen von den Italienern ganz neue Arbeitsmethoden wie etwa die doppelte Buchführung (die von Praun und von Tucher 1476 bzw. 1484 in Nürnberg eingeführt wurde) oder den Wechsel und hielten ihre Kenntnisse in Büchern fest, die ihr Vorbild in dem 1337/40 entstandenen Handbuch *La practica della mercatura* von Francesco Balducci Pegolotti hatten.

Dort, wo die Nürnberger den Weg frei gemacht hatten, folgten die Augsburger dicht auf, und von etwa 1470 an begannen die großen Augsburger Handelshäuser alle Konkurrenten aus dem Feld zu schlagen. Der mächtigste dieser Handelsherren war Jakob Fugger (1459-1525), der sein Familienunternehmen mit eiserner Hand regierte, Handels- und Finanzgeschäfte betrieb und zwischen 1484 und 1524 jährlich fünfzehn bis zwanzig Prozent Gewinn gegenüber den siebeneinhalb Prozent der Ravensburger erzielte. Um 1510, als sein Unternehmen etwa zweihundertfünfundvierzigtausend Gulden wert war, war Fugger bereits der Hahn im Korb des süddeutschen Handels- und Bankwesens. Er verband die Geschicke seiner Firma auf ganz besondere Weise mit dem Hause Österreich, indem er Herr über die Bergwerke und Schmelzanlagen in Ungarn und Tirol wurde und sich zum weitaus größten Gläubiger des verschwenderischen Königs und Kaisers Maximilian machte. Fugger unterstützte Maximilian während des furchtbaren Krieges gegen Venedig (1508-1517) und stellte ihm die gigantische Summe von mindestens neunhunderttausend rheinischen Gulden zur Verfügung, mit der der Kaiser die Nachfolge seines Enkels Karls V. (Regierungszeit 1519-1556) sicherstellen konnte. »Ich bin reich von Gottesgnaden«, sagte Fugger einmal[17] – das einfache Volk allerdinge sah in ihm eher die schlimmste jener Eiterbeulen am Körper der Gesellschaft, die man, wie Johann Geiler von Kaysersberg (1445-1510) von seiner Straßburger Kanzel herunterdonnerte, »abhauwen und dannen thun« müsse, denn ein solcher Schädling stehe »allein im Trog als ein Mor [eine Sau], die kein andre Suw hinein will lassen«.[18]

Pecunia nervus rerum

Jakob Fugger und andere große Bankiers stellten einen großen Teil der Gelder zur Verfügung, die es Maximilian erlaubten, eine Politik zu betreiben, für die die Reichsstände sich weigerten zu zahlen. »Ich bin nicht ein König des Geldes«, behauptete Maximilian in seinem halbautobiographischen Prosaroman *Der Weisskunig*, »sondern will werden ein König des Volkes und aller, die Geld haben; ein jeder König bestreitet mit dem Volk und dem Geld seine Feinde; die streitbare Regierung und die künftige Gedächtnis [Ruhm] ist mehr denn das Geld.«[19] Getreu diesem Grundsatz setzte Maximilian – eher ein Burgunder als ein Österreicher – alles, was er hatte, sich erbetteln, leihen oder rauben konnte, ein, um seinen brennendsten Wunsch zu verwirklichen: die Wiederherstellung des universalen christlichen Imperiums. Maximilian wollte Frankreich schlagen, in Rom gekrönt werden, einen Kreuzzug gegen die osmanischen Türken führen und für Frieden und Gerechtigkeit in der gesamten Christenheit sorgen.

Seit 1494 war Italien der Hauptschauplatz von Maximilians Unternehmungen, und sein dringendes Verlangen nach regelmäßiger Besteuerung und einem stehenden Heer bestimmten alle seine Verhandlungen mit den Reichsreformkräften. Dem Reichstag zu Worms von 1495 teilte Maximilian mit: »Ich will nicht, daß Italien, welches mir gehört, in andere Hände fällt.«[20] Doch der Kaiser traf auf den Widerstand der Fürsten, die wenig Interesse daran zeigten, daß ihres Königs italienische Unternehmung gelänge. Und so war der Verdacht des Königs, die Fürsten wollten ein »parlament und regirung [...] machen wider [...] seiner Majestät regiment«,[21] keineswegs von der Hand zu weisen. Aus dieser Opposition entwickelten sich die Verhandlungen – Soldaten und Geld gegen eine Reichsregierung unter dualer Kontrolle –, mit denen Maximilian und seine Stände – Kaiser und Reich – zwischen 1495 und 1512 eine Reichsverfassung schufen, die bis 1803 Bestand haben sollte.

Diese Kollision unterschiedlichster Interessen und Zielsetzungen machte es unmöglich, eine konsequente Politik innerhalb des Reiches zu betreiben. Ständig sah sich der Monarch mit Ereignissen innerhalb seines Reiches konfrontiert, was er als lästige Ablenkung von seinen eigentlichen Interessen im Ausland empfand. Eines dieser Ereignisse war der unnötige, grausame und überdies ergebnislose Schwabenkrieg von 1499 zwischen dem Reich und der Eidgenossenschaft. Der Konflikt begann im Winter 1498/99 mit einem Streit um ein hoch in den Rätischen Alpen gelegenes Kloster und weitete sich dann bis ins Rheinbecken und entlang des Oberrheins aus. Als die Tiroler- und Reichstruppen entlang der gesamten Grenze zur Eidgenossenschaft geschlagen wurden, schloß Maximilian – »Mit Schweizern wird man keine Schweizer schlagen können«, zürnte er[22] – im Jahre 1500 zu Basel voller Abscheu Frieden mit jenen »groben, bösen, schnöden Bauersleuten, denen keine Tugend, kein adeliges geblüt, keine Mäßigung, sondern nur Üppigkeit, Untreue und Haß innewohnten«.[23] Der Reichstag reagierte, indem er Maximilian eines Großteils seiner königlichen Regierungsgewalt beraubte und durch einen Rat, das sogenannte Reichsregiment, ersetzte, der von den Kurfürsten und den bedeutenden Fürsten dominiert wurde.

Wieweit die Reichsreform in eine Sackgasse geraten war, wird durch die Tatsache deutlich, daß der König weder aus Niederlagen noch aus Siegen dauerhaften politischen Nutzen ziehen konnte. Im bayerischen Krieg von 1504, der über die Nachfolge im Herzogtum Bayern-Landshut ausbrach, kämpfte der König auf der Seite der Münchener Linie der Wittelsbacher gegen die Heidelberger Linie dieser Dynastie. Maximilian führte diesen Krieg schnell, couragiert und geschickt, und nach der entscheidenden Schlacht bei Regensburg am 12. September 1504 berichtete der venezianische Botschafter seiner Republik voller Bewunderung: »Des Königs Macht im Reich ist so groß, daß ihm niemand mehr zu trotzen wagt.«[24] Nun, auf der Höhe seiner Macht, ließ er im Juni 1505 alle Beteiligten in Köln zusammenrufen; er selbst betrat die größte Stadt des Reiches zu Fuß, die Pike auf der Schulter und an der Spitze seiner geliebten Landsknechte. »Seine königliche Majestät ist nun der wahre Kaiser des Reiches und Herrscher über Deutschland«,[25] schrieb der venezianische Gesandte, und tatsächlich machte Maximilian auf höchst geschickte Weise Frieden, indem er erst die Angelegenheit unter den Wittelsbachern bereinigte und dann loszog, um mit den Ungarn abzurechnen. Die Früchte seiner Siege konnte er jedoch nicht ernten, denn trotz seines militärischen Erfolgs gegen die Ungarn bereitete ihm der Reichstag, der 1507 in Konstanz zusammentrat, immer wieder dieselben Schwierigkeiten, wenn es um Steuern ging, und wandte seine altbekannte Verzögerungstaktik an. Die Gräben zwischen Kaiser und Reich vertieften sich im Verlauf des nun folgenden Jahrzehnts mehr und mehr, das gegenseitige Mißtrauen nahm zu, das Reich stand finanziell vor dem Zusammenbruch und Österreich drohte wegen der Steuerforderungen seines Königs auszubluten. Der Krieg der Liga von Cambrai gegen Venedig zog sich hin, verstärkte Maximilians finanzielle Misere und trieb seine österreichischen Länder an den Rand des Ruins. Weitere Regierungsreformen waren somit unmöglich geworden.

In den Augen des Kaisers (Maximilians Vater Friedrich III. war der letzte vom Papst in Rom gekrönte Kaiser; Maximilian erklärte sich am 6. Februar 1508 in Trient selbst zum Kaiser) bestand das Hauptproblem darin, daß die wirtschaftliche Erholung zu einem Anstieg bei den öffentlichen Einnahmen für die Regierungen geführt hatte, der Anteil des Kaisers an diesem Wachstum, verglichen mit den reicheren Staaten West- und Südeuropas, aber gering blieb. Das reichste seiner Länder, die burgundischen Niederlande, die 1480 etwa eine Million rheinische Gulden abwarfen, verlor Maximilian 1494, so daß ihm nur die Einkünfte aus Österreich und dem Reich blieben. Das arme Österreich zahlte dabei den Löwenanteil – Summen, die von einhunderttausend rheinischen Gulden im Jahre 1480 bis 1517 etwa auf das Zehnfache anstiegen. Doch die öffentlichen Einnahmen von Maximilians ärgstem Feind in Italien, der Republik Venedig, überstiegen seine Ressourcen bei weitem. Aus dem übrigen Reich erhielt der Monarch eine Summe von durchschnittlich fünfzigtausend rheinischen Gulden im Jahr – kümmerliche Beträge, gemessen an dem, was die englischen und französischen Könige einnahmen. Wie hoch die Steuereinnahmen aus dem Reich tatsächlich hätten sein können, war kaum abzuschätzen, da die Untertanen des Kaisers, die Stände, mit ihren eigenen Untertanen unter einer Decke steckten, um ihr Eigentum vor dem Zugriff des Kaisers zu schützen. Dabei waren nach europäischen Maßstäben nicht einmal die Fürsten reich. Der reichste unter ihnen, der rheinpfälzische Kurfürst, nahm um 1500 etwa neunzigtausend rheinische Gulden im Jahr ein, sein Münchner Vetter immerhin noch fünfundsechzigtausend Gulden, während der Kurfürst von Brandenburg kaum über die Hälfte dieses Betrages verfügen konnte und damit nur wenig mehr erhielt als die freien Städte Basel (neunundzwanzigtausend rheinische Gulden) und Hamburg (einundzwanzigtausend rheinische Gulden). Die Augsburger Obrigkeit hingegen verfügte 1494 über höhere Einnahmen (einhundertsechsundsiebzigtausend rheinische Gulden) als jeder der Reichsfürsten. Diese Zahlen verdeutlichen, daß Maximilians ständige Feldzüge seinen Einfluß gegenüber den Fürsten untergruben und ihn – da er nur in seinen verhältnismäßig armen österreichischen Ländern ohne die Zustimmung der Fürsten Steuern erheben konnte – immer unentrinnbarer in die Abhängigkeit seiner Augsburger Finanziers trieben, denen er zum Zeitpunkt seines Todes etwa sechs Millionen rheinische Gulden schuldete. Maximilians italienische Abenteuer führten daher keineswegs zu einer dauerhaften Zunahme kaiserlicher Macht, sondern ganz im Gegenteil zur Stärkung der Reichsstände, zur Demütigung des Reiches im Ausland – hier war der Höhepunkt mit der schändlichen Kapitulation von Verona im Jahre 1517 erreicht, zum Aufstieg der Augsburger Bankiers und schließlich zur Verarmung Österreichs. Maximilian war sich der Tatsache, daß er seine Stammländer bluten ließ, dafür aber im Reich keine weiteren Vorteile zugestanden bekam, durchaus bewußt. »Die stende sollten billich bedencken«, tadelte er die Reichsstände, »das wir als ein herre von Osterreich und Burgundi lange iare her vil schwerer lest und burde, muhe und kosten von Frantzosen, Schweitzern, Ghelderischen, Hungern [Ungarn] und Turcken getragen und gelitten [haben].« Er habe all dies aus eigener Kraft und mit seinen eigenen finanziellen Mitteln überstanden und dabei »alle zeit bedacht und uns beflissen, unser heuser Osterreich und Burgundi zu behalten, zu bestatten zu einem schilt des reichs gegen den bemelten anstossern [Nachbarn]«.[26] Doch auch weiterhin erhielt er – über seine regulären königlichen Einkünfte aus Zöllen, Lehensgeldern sowie den Steuern auf die Juden und die freien Städte hinaus – nur spärlich und höchst widerwillig Geld aus dem Reich. »Deutschland«, schrieb Niccolò Machiavelli, »ist voll von Männern, Reichtümern und Waffen, [...] doch nimmt man all dies zusammen, so nutzt es dem Kaiser doch wenig.«[27] Die Venezianer wiederum drückten denselben Sachverhalt mit der für sie typischen Prägnanz aus, indem sie diesen Kaiser »Massimiliano pocchi denari« nannten, den »Maximilian mit den leeren Taschen«.

»Pecunia nervus belli« – so lautete ein zeitgenössisches Sprichwort; dabei hingen die militärischen Geschicke des Reiches unter Maximilian keineswegs allein von seinen Finanzen ab. In hohem Maße wurden sie auch von der im Mittelfeld angesiedelten Position des Reiches bestimmt – dies galt für die Bevölkerungsdichte, den Reichtum und die Entwicklung der öffentlichen Einrichtungen ebenso wie für die geographische Lage zwischen dem reicheren, weiter entwickelten Westen und Süden und einem ärmeren, rückständigeren Osten. Gegenüber der umfassenderen Zentralisierung und den kräftigeren Finanzen Frankreichs oder Venedigs schnitt Maximilian meist als Verlierer ab; gegenüber den östlichen Mächten wie etwa Ungarn trugen ihm seine unbestreitbaren Qualitäten als Heerführer erhebliche Erfolge ein. Man muß allerdings einräumen, daß ihm in Osteuropa die Tatsache zustatten kam, daß sich das Reich um 1500 inmitten einer vierzig Jahre währenden Atempause befand, während der die Sultane Bajezid II. (Regierungszeit 1481-1512) und Selim I. (Regierungsszeit 1512-1520) keinen Druck ausübten. Diese Zeit relativer Ruhe erlaubte es Maximilian, den stolzen ungarischen Adel zu zähmen, der den Kaiser mehr als »Türken und Teufel« fürchtete.[28]

Maximilian und die Restauration des Reiches

Die Stellung, die das Heilige Römische Reich unter den Ländern der Christenheit einnahm, veränderte sich, und ironischerweise spielte Maximilian, dem es doch allein darum ging, den Hegemonialstatus, den das Reich während der drei Jahrhunderte zwischen Otto I. und Friedrich II. innegehabt hatte, wiederherzustellen, eine Schlüsselrolle bei der Entstehung einer neuen und bislang beispiellosen politischen Ordnung: des Europas der Großmächte. Seiner Politik der Restauration des Reiches lag übrigens nicht sein österreichisches Erbe zugrunde – dieses war partikularistisch –, sondern seine Faszination angesichts des Reichtums und der politischen Kultur der wohlhabenden, aber ungeschützten Niederlande, wo er als junger Mann ein »vollendeter Burgunder«[29] geworden war. Aus dieser frühen Erfahrung erwuchs Maximilians »großer Plan«, die Niederwerfung und Vernichtung des französischen Königreichs. Natürlich war diese Politik auch durch die aggressiven Unternehmungen Ludwigs XI. gegen Burgund und die Niederlande nach dem Tod Karls des Kühnen im Jahre 1477 provoziert worden. Maximilian betrachtete seinen Kampf jedoch weniger als Politik denn als sein Lebenswerk, und abgesehen von der kurzen Unterbrechung durch den Vertrag von Blois im Jahre 1505 blieb er dem treu, was sich zum Kernstück der politischen Tagesordnung der Habsburger entwickeln sollte. Den einzigen Weg scheuend, der die Sicherheit der Niederlande gewährleistet hätte, nämlich ewiger Frieden mit Frankreich, verfolgte Maximilian seinen »großen Plan« an zwei Fronten: in den Niederlanden gemeinsam mit der Bretagne und England, in Italien im Bund mit den katholischen Königen Spaniens. Das Resultat dieser Taktik war – ganz abgesehen vom Scheitern seiner Politik in Italien – die Begründung einer neuen europäischen Ordnung, die auf der Rivalität zwischen dem schwerfälligen spanisch-österreichischen Bündnis und einem unerschütterlichen Frankreich beruhte.

Diese Veränderungen im Ordnungsgefüge der Christenheit brachten auch weitreichende innenpolitische Implikationen mit sich, die um 1500 allerdings noch kaum erkennbar waren. Durch seine enge Verbindung mit dem süddeutschen Bankhaus und durch seine bahnbrechende militärische Organisation trieb Maximilan das Reich einer neuen Welt des Geldes und der Kriege entgegen, in der die Möglichkeiten, einen Krieg zu führen, von der Kontrolle über die Bevölkerung und der Kreditwürdigkeit abhingen. In einer solchen Welt war es den kleineren Mächten von den freien Städten und kleinen Fürstentümern bis hinunter zu den Reichsgrafen und Prälaten nicht mehr möglich, ihr traditionelles Instrument, den Bund, als Gegengewicht zu den großen Fürstentümern der bedeutenden Dynastien entgegenzusetzen. Das neue Zeitalter beendete somit die spätmittelalterliche Aufteilung von Regierungsgewalt auf kleinere Einheiten. Das sechzehnte Jahrhundert läutete wenn auch nicht den Winter des Partikularismus, so doch den Anfang seines drei Jahrhunderte währenden Herbstes ein.

Nur einige der innenpolitischen Konsequenzen von Maximilians Außenpolitik wurden schon kurz nach 1500 sichtbar. Der lange Krieg gegen Venedig unterbrach die Handelsströme, überschwemmte die Lande mit ausgedienten Söldnern und brachte das politische Leben im Reich über Jahre hinweg fast gänzlich zum Erliegen. Zudem bedeutete diese Politik den Funken für eine immer hitziger geführte Debatte über die Notwendigkeit von Reformen sowohl des Reiches als auch der Kirche – zu diesem Zeitpunkt noch das Doppelziel eines gemeinsamen reformerischen Erbes. Das Bedürfnis nach einer besseren weltlichen Regierung – und damit nach Recht und Ordnung – schien besonders dringlich zu sein. Denn zum einen waren die ersten zwei Jahrzehnte des sechzehnten Jahrhunderts buchstäblich goldene Zeiten für Raubritter und andere Räuber wie etwa Cuntz Schott, der von den Nürnberger Bürgern, die er entführte, wie sie ihm gerade unterkamen, wahre Reichtümer erbeutete, oder der berüchtigte Reichsritter Götz von Berlichingen (1480-1562), der sich 1513 beklagte: »Es annth mich ebenn, alls sollt ich vonn einem krieg inn andernn wachssenn. Bin erst gesternn mit dennen vonn Nurnnberg gericht wordenn, so kombt mir nun das [gegen Mainz] auch.«[30] Noch größeren Schaden richtete Götz' Landsmann Franz von Sickingen (1481-1523) an, dessen von 1514 bis 1517 andauernde Fehde gegen Worms den Handel entlang des Rheins zum Erliegen brachte. Der Reichstag zu Worms von 1495 hatte den allgemeinen Landfrieden verkündet und das althergebrachte Fehderecht im Namen von Recht und Ordnung aufgehoben. Rechtsbrechern drohten nun drakonische Strafen – allerdings nur dann, wenn sich das neue Recht auch Geltung verschaffen konnte.

Das andere Argument für mehr Recht und Ordnung lieferten die Unruhen auf dem Lande, die immer häufiger und flächendeckender aufflammten. Im Jahre 1514, als sich in Württemberg das einfache Volk gegen neue Verbrauchssteuern auflehnte, machte der Geispeter, ein armer Mann aus dem Ort Beutelsbach, unmißverständlich klar, um was es ging, als er die neuen, gefälschten Gewichte in die Rems warf und ausrief: »Wann der Herrschaft Fürnemen recht und billich, so werden die Stain empor schwimmen; seien dann ihr, der Bauern Vorhaben recht, so werden sie zu Boden fallen und sich nicht mehr sehen laßen.«[31] Drei Jahre später erweckte Joß Fritz den »Bundschuh« zu neuem Leben, der sich von Straßburg aus bald bis in den Schwarzwald und in die Vogesen ausdehnte und die ausgedienten Landsknechte, die umherziehenden Handwerker, Bettler und Bauern in seine Reihen aufnahm. Dieser Bundschuh zeigte ein ganz neues und geradezu ominöses Profil, denn seine wirtschaftlichen und sozialen Forderungen rechtfertigte er nicht mit dem bislang üblichen Verweis auf die alten Sitten und Gebräuche, sondern mit dem religiösen Ideal des göttlichen Rechts. Die Vorstellung, christliche Normen sollten alle Bereiche des Lebens bestimmen, stellte eine erste Verbindung her zwischen dem Bedürfnis nach Recht und Ordnung sowie dem Streben nach religiösen Reformen.

Nicht nur der einzelne Christ, auch die Kirche als Ganzes bedurfte wesentlich der Reform. Um 1500 begann der Ton der reformistischen Auseinandersetzung an Schärfe zuzunehmen, obwohl religiöse Reformen auch weiterhin eine Angelegenheit blieben, über die – genau wie über das Wetter – jeder sprach, aber für die keiner etwas tat. Zumindest schien es so. Als ein Verfasser, den wir nur als den »Oberrheinischen Revolutionär« kennen, 1495 auf den Reichstag zu Worms kam, um die Mächtigen davon zu überzeugen, daß den Deutschen furchtbare Strafen drohten, falls die Oberen nicht die Monarchie stärkten, die Mißstände in Kirche und Gesellschaft beseitigten und die Menschen zu einem christlichen Leben anhielten, wurde er von Kurfürst Berthold des Platzes verwiesen. »Doch zulest«, so der unbekannte Verfasser, »lies ich ab mit mym nochreysen,

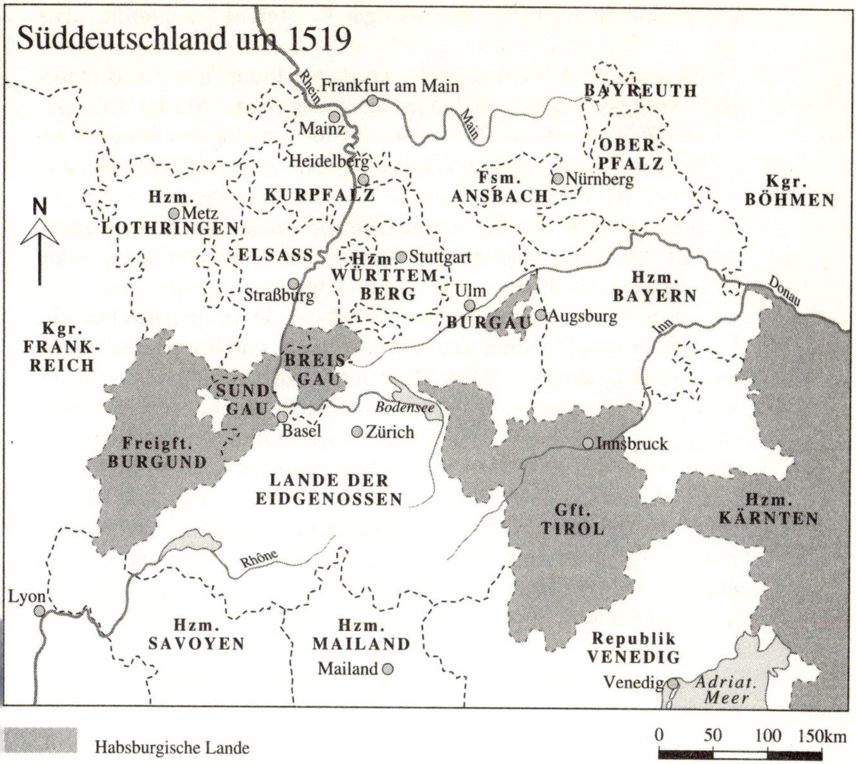

Süddeutschland um 1519
Rhein
Frankfurt am Main
Main
BAYREUTH
Mainz
OBER-
PFALZ
Heidelberg
Fsm.
ANSBACH
Nürnberg
Kgr.
BÖHMEN
Hzm.
Metz
LOTHRINGEN
KURPFALZ
N
ELSASS
Hzm.
Stuttgart
WÜRTTEM-
BERG
Straßburg
Ulm
Hzm.
BAYERN
Donau
BURGAU
Augsburg
Kgr.
FRANK-
REICH
Inn
BREIS-
GAU
SUND-
GAU
Bodensee
Basel
Zürich
Innsbruck
Freigft.
BURGUND
LANDE DER
EIDGENOSSEN
Gft.
TIROL
Hzm.
KÄRNTEN
Rhône
Lyon
Hzm.
SAVOYEN
Hzm.
MAILAND
Mailand
Republik
VENEDIG
Venedig
Adriat.
Meer
Habsburgische Lande
0 50 100 150km

wenn ich sach, das kein gewaltiger geneigt wer, den rechten weg [zu gehen].«[32]

Den »rechten Weg«, den der anonyme Reformator vom Oberrhein empfahl, hatte er in einem Werk dargelegt, von dem nur eine einzige Handschrift erhalten geblieben ist: Um 1500, dies darf man nicht vergessen, hatte die Verbreitung des gedruckten Wortes die Handschriftenkultur noch nicht revolutioniert, auch wenn der Elsässer Humanist Jakob Wimpheling (1450-1528) den Buchdruck schon zur »deutschen Kunst« erkoren hatte. »Auf keine Erfindung oder Geistesfrucht«, schrieb Wimpheling, »können wir Deutsche so stolz sein als auf die des Buchdruckes, die uns zu neuen geistigen Trägern der Lehren des Christentums, aller göttlichen und irdischen Wissenschaft und dadurch zu Wohltätern der ganzen Menschheit erhoben hat.«[33] Doch es gab durchaus auch andere Reaktionen auf die Erfindung des Buchdrucks; ein anonymer Geistlicher etwa schrieb: »Alles Volk will in yetziger Zit lesen und schriben, und es ist lobelich und geraten, wan es gute Bucher sint, aber nit lobelich, wan es sint böse, dy dich anreitzen zur Wollustigkeit und Unzucht.«[34] Um 1500 waren zwischen siebenundzwanzig- und vierzigtausend Bücher gedruckt worden, um die Nachfrage der etwa vierzigtausend des Lesens und des Schreibens Kundigen zu decken; in den meisten Fällen befaßten sich diese Werke mit weltlichen Themen.

Das komplexe Verhältnis zwischen Schrift und Kultur wurde durch die Tatsache, daß es um 1500 gleich drei Schriftkulturen gab, intensiviert: Hochdeutsch, Lateinisch und Niederdeutsch, das vom Niederrhein und Westfalen über Brandenburg bis nach Preußen und Livland noch immer eine Schriftsprache war. Zwar begann die neue linguistische Entwicklung vom Südosten her schon vor 1400, doch der Sieg des Hochdeutschen und die konsequente Normierung der Schriftkultur in zwei Bereiche, das Deutsche und das Lateinische, gelang erst mit der Reformation. Die Bezeichnung »gemeines Deutsch« wurde erstmals 1464 an der in Österreich residierenden kaiserlichen Kanzlei verwendet und verbreitete sich von dort aus in den Zentren des Buchdrucks, vor allem in Augsburg und Nürnberg, bis das im süddeutschen Raum gedruckte Deutsch um 1500 so gut wie vereinheitlicht war. Allerdings gab es weiterhin gravierende Unterschiede zwischen der im Süden gedruckten und der »Meißnischen Sprach«, wie sie in Sachsen gesprochen wurde, und obwohl es Luther gelang, die Rolle des Einigers zu übernehmen – eine Rolle, die unter Maximilian der kaiserlichen Kanzlei zukam –, mußte seine Übersetzung des Neuen Testaments für süddeutsche Leser um ein Glossar ergänzt werden. Als seine Übersetzung 1523 in Basel gedruckt wurde, wandelte sich zum Beispiel Luthers »flehen« zu »bitten«, seine »Lippe« zur »Lefze« und die »Ziege« zur »Geiß«.

Aus heutiger Sicht ist, will man sich einen Begriff von den Kulturen der damaligen Zeit machen, das Ausmaß, in dem sich das Lateinische und das Deutsche sowohl in der geschriebenen wie in der gesprochenen Sprache durchdrangen, besonders schwer zu vermitteln. Eine Vielzahl von Übersetzungen entstand, zum einen vom Lateinischen ins Deutsche, zum anderen aber auch von fachspezifischen Texten in ein leichter verständliches oder auf bestimmte Dialekte ausgerichtetes Deutsch, so daß zum Beispiel volkssprachliche Handbücher über das zivile und kanonische Recht entstanden. In jedem Fall hatte das Lateinische einen starken Einfluß auf den Wortschatz und die Syntax des geschriebenen Deutsch. Durch Übersetzungen konnten die theologischen, juristischen, philosophischen und medizinischen Werke der internationalen lateinischen Kultur denjenigen zugänglich gemacht werden, die nur Deutsch lasen, und das ständig größer werdende volkssprachliche Texte lesende Publikum eröffnete denjenigen, die beide Sprachen schreiben konnten, immer größere Kreise potentieller Abnehmer: »Latein ich vor[her] geschriben hab«, reimte Ulrich von Hutten 1520, »das war eim yeden nit bekandt. / Yetzt schrei ich an das vatterlandt / Teutsch nation in irer sprach ...«[35]

Deutsch wurde in den Schulen der Städte unterrichtet, Latein in den städtischen oder klösterlichen Lateinschulen und an den Universitäten. Die Zahl der Studenten und Graduierten an den neun Universitäten des Reiches nahm um 1500 stetig zu. Pro Jahr gab es durchschnittlich 1.820 Einschreibungen, von 455 neuen Studenten in Köln bis zu 59 in Greifswald. Der Unterricht an allen Fakultäten folgte im Prinzip den herkömmlichen akademischen Lehrplänen und Methoden, und es läßt sich keinesfalls behaupten, daß die wissenschaftliche Kultur des Reiches von Rückständigkeit geprägt gewesen wäre, wenngleich sie, typisch für alle althergebrachten Traditionen, mit unterschiedlichem Erfolg Reformanstrengungen oder auch nur kleineren Veränderungen widerstand. Um 1500 wurde diese akademische Kultur um einen anderen pädagogischen Ansatz ergänzt (aber noch nicht davon bedroht), der nicht mehr auf Logik und mittelalterlichem Latein, sondern auf Rhetorik und dem klassischem Latein basierte, wie es aus seinem Ursprungsland Italien über die Alpen kam.

Der deutsche Humanismus

Die Rezeptionsphase des Humanismus im Reich dauerte von der Mitte des fünfzehnten Jahrhunderts bis etwa 1510 und damit bis zu dem Moment an, da Desiderius Erasmus (1466/69-1536), der große niederländische Humanist, ausschlaggebenden Einfluß ausübte. Der Prozeß der Rezeption verlief langsam und indirekt, nicht zuletzt wegen der komplizierten Vorbehalte gegen Italien, durch die er gefiltert werden mußte. Italien war nicht nur Geburtsstätte des Humanismus, den viele der Gelehrten alter Prägung verachteten, es war auch Heimstatt des Papsttums, das von vielen Geistlichen im Reich, von denen die meisten Konziliaristen waren, abgelehnt wurde. Der Wiener Theologe Konrad Säldner zum Beispiel, für den die »poetae dicti idiotae«, diese »Idioten, die man Poeten nennt«, nicht akzeptabel waren, urteilte: »... ich habe jetzt in unserer Zeit seit der Verwerfung der General-Konzilien von seiten der italienischen Autoren wenig Festigung in den höheren Wissenschaften und in den Sitten zum Wachstum der Heiligen Kirche verspürt.«[36] Doch nicht alle Deutschen fühlten sich von den Italienern oder italienischer Gelehrsamkeit schockiert, angewidert oder gedemütigt – Martin Luthers Geringschätzung und Huttens unverhohlener Chauvinismus sind keineswegs typische Reaktionen –, und mancher fand dieses Land sogar sehr anregend. Der Nürnberger Maler Albrecht Dürer etwa schrieb 1505 aus Venedig: »Hier bin ich ein Herr, daheim ein Schmarotzer.«[37]

Weitaus wichtiger als Lob oder Tadel war jedoch die Aufforderung an die deutschsprachigen Gelehrten, dem Ruhm der Italiener in Sachen Gelehrsamkeit und Wissenschaften nachzueifern und so dazu beizutragen, die schlechte Reputation der Deutschen – Faulheit, Trunkenheit und Ignoranz – in Vergessenheit geraten zu lassen. Der Florentiner Gian Francesco Poggio Bracciolini hatte 1425 in Fulda die einzige noch existierende Handschrift der »Germania« des Tacitus entdeckt, und nachdem sie 1455 nach Rom gebracht worden war, verbreitete Enea Silvio Piccolomini (1405-1464) das Besondere dieses Werkes bis ins Heilige Römische Reich. Diese Wiederentdeckung gab den deutschen Gelehrten endlich eine Handhabe, ihrem Volk eine weit zurückliegende Vergangenheit zugänglich zu machen, durch die der Stolz auf die eigenen Vorfahren wachgerufen und der Wunsch geweckt werden sollte, den Italienern nachzueifern und sie gar zu übertreffen. Es war dies das eigentliche Programm des deutschen Humanismus, und es erhielt seine prägnanteste Definition durch Conrad Bickel (1459-1508) – er nannte sich später Conrad Celtis –, den Sohn eines fränkischen Weingärtners, der am 31. August 1492 in Ingolstadt eine Antrittsvorlesung hielt, in der er die Deutschen dazu aufrief, von der antiken Welt und ihrem eigenen Land zu lernen. »Schämt euch, die Geschichten der Griechen und Lateiner nicht zu kennen, aber weit mehr noch, daß ihr Flüsse, Berge, Denkmale und Völkerschaften unseres eigenen Landes nicht kennt. [...] Nehmt den Geist wieder auf, viri Germani, durch den ihr einst der Schrecken der Römer wart. Convertite vos, Germani, convertite vos ad mitiora studia! Erwerbt damit euch Unsterblichkeit und dem Vaterland Ruhm und Lob!«[38]

Patriotischer Stolz und die Reputation des einzelnen – das waren die Ideale, die die deutschen Humanisten um 1500 in der gelehrten Welt des Reiches verbreiteten. Im großen und ganzen trafen sie dabei nicht auf Widerstand, denn die humanistischen Studien fanden nach und nach ihren Platz in informellen Gruppierungen im Umfeld der Universitäten, aber auch in den literarischen Zirkeln der Bürger. Die führenden Männer der Bewegung wie etwa Celtis oder Wimpheling setzten sich für ein besseres Latein und die humanistische Wissenschaft, die »bonae litterae«, ein, griffen dabei aber nicht die akademische Lehre der Scholastik als solche an. Dazu sollte es erst um 1510 kommen, als Desiderius Erasmus allergrößten Einfluß auf die deutschsprachigen Humanisten gewann. Erst zu diesem Zeitpunkt wandten sich die Humanisten auch von der Umgangssprache ab; noch um 1500 hatten sie die einfache Sprache keineswegs verschmäht. Zu diesem Zeitpunkt herrschte noch eine recht entspannte Stimmung, die sich zudem in Übereinstimmung mit vielen Aspekten der traditionellen Kultur befand. Sebastian Brant beispielsweise, ein in Basel ausgebildeter Jurist und Humanist, der später Stadtsyndikus und Schreiber seiner Heimatstadt Straßburg wurde, hatte seinen größten Erfolg mit der auf Deutsch verfaßten und 1494 erschienenen Satire *Das Narrenschiff.* In den etwa siebentausend Versen seines Werkes stellte Brant die Torheiten seiner Welt an den Pranger und kategorisierte etwa einhundert verschiedene Typen von Narren. Brant schöpfte ausschließlich aus den volkstümlichen Traditionen, als er seine Hauptfigur, den Narren schuf, der der einheimischen Karnelvalskultur entstammte; dasselbe galt für sein Hauptmotiv, die Gegenüberstellung von Weisheit und menschlicher Torheit, womit er das Thema des von Heinrich von Wittenwillers ein Jahrhundert zuvor entstandenen Werkes *Ring* aufgriff. Der Kontrast zwischen Brant und Erasmus' 1508 erschienenem *Lob der Torheit* hätte nicht größer sein können: Auch Erasmus griff die Figuren und Motive des Straßburgers auf – und machte Brant mit einem Schlag überholt, zumindest unter den Humanisten. Der große holländische Humanist ging das Thema in elegantem Latein an und definierte die Torheit nicht als den Feind der Weisheit, sondern als deren Verkörperung. Zu diesem Zeitpunkt war Erasmus' Einfluß auf die jüngeren Humanisten des Reiches bereits überragend, und als die älteren diese Begeisterung nicht teilten, stürzten sich erstere bald in erbitterte literarische Schlachten gegen die traditionelle akademische Lehre, die Scholastik und die Bettelorden. Die Kontroverse spitzte sich mit der sogenannten »Reuchlin-Affäre« und den erfrischend bissigen *Briefen der Dunkelmänner* (1515-17) zu, in denen die scholastische Theologie, schlechtes Latein und die Ordensgeistlichen angegriffen wurden. Doch man darf die kritische Schärfe des Humanismus nicht überbewerten, weder um 1500 noch in den folgenden zwei Jahrzehnten. Die Humanisten zeigten – abgesehen von ihrer bombastischen, gegen den Papst und die Franzosen gerichteten Verteidigung deutscher Tugenden und ihrem Stolz – wenig Interesse für Politik oder praktische soziale Fragen. Diejenigen, die sich mit Themen wie Hexerei, Wucher oder dem Zehnten auseinandersetzten, waren die akademisch ausgebildeten Gelehrten an den Universitäten.

Zwischen weltlicher und geistlicher Macht – die Reichskirche

Ebensowenig war den Humanisten an den praktischen Problemen der Kirche gelegen. Folgt man den Reformschriften des fünfzehnten Jahrhunderts, so bestand die Schwierigkeit darin, die sakrale Macht, den sozialen Einfluß sowie die finanziellen Mittel der Priesterschaft so zu verteilen, daß die Laienschaft in seelsorgerischer Hinsicht effektiver hätte betreut werden können. Das Vorenthalten oder gar völlige Vereiteln dieser Form der Fürsorge, so warnte man, gefährde die Seele des einzelnen und könne die Menschen in gewalttätigen Zorn versetzen. In Worms beispielsweise, wo die Priester der Pfarrkirchen im Jahre 1519 feierlich die Stadt verließen, nachdem der Bischof ein Interdikt über Worms verhängt hatte, beklagte sich – obgleich die Mönche in der Stadt geblieben waren – der Stadtrat bitter: »Die pfaffheit [haben] understanden gemeyne Statt und Burgerschafft, Mann und frawen, Jung und Alt, auch die nugepornen unschuldigen kyndern zu berauben der Cristliche Sacrament und zu [verderben] an eren, an lybe, an gut und an selen ...«[39]

Die Verärgerung der Wormser ist verständlich, und vermutlich konnten sie gegen ihre mißliche Lage kaum etwas ausrichten, denn die Wurzel des Problems des ganz und gar nicht seelsorgerisch eingestellten Reichsepiskopats lag in der Tatsache begründet, daß die Bischöfe in einem Fünftel des Reiches zugleich die weltlichen Herrscher ihrer Schäfchen waren. Und selbst dort, wo dies nicht der Fall war, herrschten die meisten Bischöfe über ihre Besitztümer wie weltliche Herren. Ihre Ernennung schien nach exakt denselben Qualitätsmaßstäben zu erfolgen, die bei einem weltlichen Herrscher gleichen Ranges erwartet wurden. Dieser ausweglosen Situation lagen strukturelle Probleme zugrunde, die durch guten Willen allein nicht gelöst werden konnten. In den seltenen Fällen, in denen Fürstbischöfe versuchten, guter Hirte und Fürst zu sein, erreichten sie bei der Verbesserung der Seelsorge oftmals nur wenig oder gar nichts.

Der Schlüssel wäre zum einen die Reform des kirchlichen Lebens gewesen, zum anderen und noch dringlicher aber eine effektivere Verteilung des kirchlichen Vermögens zur Unterstützung der pastoralen Aufgaben des Klerus.

Die Gründe für die Unbeweglichkeit der Reichskirche lassen sich erhellen, wenn man einen Blick auf die Bedingungen wirft, wie sie in der Diözese Straßburg herrschten. Am Vorabend der Reformation verfügte diese kleine Diözese im Südwesten vermutlich über die bestausgebildete Geistlichkeit in ihrer Geschichte. Deren Kräfte wurden jedoch von der ungeheuer komplizierten Vermögensverwaltung völlig aufgebraucht, die rechtlich auf dem Pfründensystem und finanziell auf der Rolle der Geistlichkeit als Kreditgeber gegenüber den Bauern und Handwerkern beruhte. Jedes Kloster und jedes Kollegialstift innerhalb der Fürstbistümer stellte somit einen Mikrokosmos von integrierten geistlichen und weltlichen Funktionen dar, und das kanonische Recht, das die Priester, Mönche und Nonnen im Prinzip vor weltlicher Einmischung bewahrte, schützte sie auch vor ihren eigenen Bischöfen und Ordensprovinzialen. Nichts und niemand allerdings konnte die Geistlichkeit vor einem entschlossenen weltlichen Fürsten in Schutz nehmen. Die Habsburger Herrscher des fünfzehnten Jahrhunderts, wahre Plünderer, forderten der Kirche alles ab – »Pfaffenhab ist mein Kammergut«,[40] so lautete das Motto Kaiser Friedrichs III. –, und viele andere Dynastien folgten diesem Beispiel. Als beispielsweise Markgraf Albrecht Achilles von Brandenburg-Ansbach 1480 entschied, die Geistlichkeit müsse mit dazu beitragen, die Reichssteuer für den Kampf gegen die Türken aufzubringen, mußten die Bischöfe von Würzburg und Bamberg dem hilflos zusehen; sie verfügten nicht über die Macht, sich dem Markgrafen entgegenzustellen. Er sei »ein neuer Pharao«, mokierte sich ein Sprecher der Geistlichkeit über den Markgrafen, »ein neuer Sanherib, ein neuer Antiochus, ein neuer Nero, ein neuer Diokletian« – doch zahlen mußte der Klerus trotzdem.[41] Dies war allerdings nur die eine Seite der Medaille; die andere Seite trug das Abbild des Kurfürsten Friedrich von Sachsen, der trotz der Zersplitterung seiner Landeskirchen in sieben Diözesen ohne großes Aufsehen ein bescheidenes, aber wirksames Reformprogramm durchführte. Ob zum Vorteil oder zum Nachteil – die Einmischung weltlicher Mächte in die Regierung der Kirchen war die Regel, nicht die Ausnahme, und jede Bedrohung der Privilegien des Klerus provozierte Widerstand von seiten der Laien – der Adligen, Patrizier und Kaufleute –, die von dem bestehenden System profitierten.

Abgesehen von einer Revolution, durch die die Kirche ihrer sakralen Legitimität beraubt worden wäre und sie für fundamentale Veränderungen angreifbar gemacht hätte, konnte sie nur auf lokaler

Ebene reformiert werden, auf der Ebene des politischen Partikularismus. Eine solche Form der Revolution lag um 1500 in der Luft. Nur achtzehn Jahre zuvor hatte Johann Geiler von Kaysersberg die Diözesansynode von Straßburg gewarnt: »Als ich aber unsern gnaedigen bischoff, Jesus Christus, recht berichtet habe, hoere ich, so wird er andre reformatoren schicken, die es besser verstehen werden.« Er selbst werde dies nicht mehr erleben, »aber eure viel werden's sehen und erleben. Dann wird man mich gern haben wollen und folgen, aber da wird kein hülff noch rath mehr seyn.«[42] Für Geiler konnte die Spaltung zwischen Geistlichkeit und Laien natürlich nichts anderes als ein böses Omen für diesen aufziehenden Sturm bedeuten. »Ir leyen hassen uns pfaffen«, predigte er 1508, »und ist auch ein alter hass zwischen euch und uns. Waher kumpt der selb hass, dz ir uns feind seid. Ich hab dafür das es daher kum von unserm thorechten leben, daz wir so ubel leben, ouch ergerniss geben …«[43] Über viele Jahrzehnte hinweg hatten die Autoren, die sich – wie etwa der anonyme Verfasser der *Reformatio Sigismundi* von 1437 – mit Reformen auseinandersetzten, darauf hingewiesen, daß eine stärker auf Seelsorge ausgerichtete Kirche eine Trennung der weltlichen von der geistlichen Macht der Bischöfe sowie die Ablösung des Pfründensystems durch eine festbezahlte Geistlichkeit zur Voraussetzung haben müsse.

Dieser ausweglosen Situation lag das Verhältnis zugrunde, das die Kirche zu ihren Besitztümern hatte. Die kirchlichen Besitzungen untermauerten die »Freiheit der Kirche« – so die Losung der im elften Jahrhundert begonnenen gregorianischen Reform. Doch zum einen schützten die Besitztümer der Kirche und das Pfründensystem, auf dem sie basierten, die Geistlichkeit nicht mehr vor den weltlichen Führungsschichten, und zum anderen enttäuschte es die Menschen in ihrem Bedürfnis nach einer merklichen Verbesserung bei den pastoralen Verpflichtungen. Soviel zumindest war den Reformern dieser Zeit klargeworden. Weniger deutlich war, warum niemand eingriff, um die Situation tatsächlich zu ändern. »Es ist war, es hat mancher zevil under den pfaffen«, seufzte Geiler um 1508, »darum so soltu es im nicht nemen. Ich weisz nit wie es gon würd, wann man allen den nemen solt, das zevil haben. Es würd manchem leid werden, hettestu der pfaffen gut. Got geb, wie es darnach gieng.«[44] Und 1521, ein Jahr nachdem Martin Luther mit seiner Schrift *An den christlichen Adel Deutscher Nation* derartige Zweifel beiseite gewischt und die Adligen aufgefordert hatte, die Geistlichkeit zu enteignen, wiederholte Erasmus die Warnung Geilers: »Denn wenn sie glauben, es sei rechtens, Hand an das Eigentum der Priester zu legen, nur weil manche von diesen ihre Reichtümer für ein Leben im Luxus oder zu Zwecken verwenden, die unter anderen

Gesichtspunkten verabscheuungswürdig sind, so werden viele unserer Bürger und Adeligen merken, daß sie im Festhalten an ihren eigenen Besitztümern gefährdet sind.«[45] Diese Analyse – die der Bauernkrieg von 1525 bestätigen sollte – liefert eine Begründung, warum die Reformbewegung des fünfzehnten Jahrhunderts kaum Fortschritte machte und von höchsten Kreisen in Kirche und Gesellschaft zum Stillstand gebracht wurde, es sei denn, Veränderungen wurden von den herrschenden Fürsten selbst mit harter Hand durchgesetzt.

Die Stockung, zu der es an der Spitze gekommen war, verhinderte jedoch nicht überall Veränderungen weiter unten im Gefüge. In allen religiösen Orden machten sich Reformbewegungen bemerkbar, auch wenn dort nur selten die Erfolge erzielt werden konnten wie in Italien und Spanien. In vielen Teilen Süddeutschlands und der Schweiz bewog die Sorge um ihre religiösen Belange ländliche Gemeinden, Pfarrgemeinden in ihren eigenen Dörfern zu gründen und zu unterhalten. In zwei Bezirken des Fürstbistums Speyer waren beispielsweise über ein Drittel (siebzehn von sechsundvierzig) der Pfarrkirchen von den Dorfgemeinden gegründet worden. Die Kommunalisierung von Religion stellte eine Bedrohung der Eigentumsverhältnisse dar, insbesondere hinsichtlich des Zehnten, und einige wenige Pfarrgemeinden forderten bereits das Recht, ihre Priester selbst zu bestätigen oder abzusetzen. Die verhältnismäßig neue Idee vom »göttlichen Recht« rechtfertigte derartige Veränderungen, doch die historisch gewachsenen Strukturen des Pfründenwesens, des Patronatsrechts und des als Besitz angeeigneten Zehnten hinderten oder blockierten sie. Als das »göttliche Recht« neue Kraft aus dem Biblizismus der evangelischen Bewegung schöpfte, erhielt der Versuch, die örtlichen Kirchen unter kommunale Kontrolle zu bringen, eine moralische Dimension, die diesem Vorhaben adäquat war. Außer in einigen wenigen begünstigten Gegenden wie etwa Graubünden machten die Reaktionen auf den Bauernkrieg all dies jedoch zunichte, und Luther verwandte sich für das territoriale Prinzip kirchlicher Organisation, das dem kommunalen entgegenstand.

In den Jahren nach 1500 ist der neue Ton, in dem die Forderungen nach religiöser Reform vorgetragen werden, bezeichnend für die beginnende Veränderung der – sprachlich und geographisch bislang voneinander getrennten – Meinungen hin zu einer überregional verbreiteten »öffentlichen Meinung«. Ein maßgeblicher Faktor für diesen Annäherungsprozeß war der Buchdruck, obgleich die Druckereien sich erst auf religiöse Themen konzentrierten, als Luther 1517/18 die öffentliche Bühne betrat. Dann allerdings setzte eine wahre Flut von Druckerzeugnissen ein: 1518 kamen einhundertfünfzig Flugschriften in deutscher Sprache aus den Pressen, 1521 waren es bereits sechshundertzwanzig, und 1524 wurden neunhundertneunzig Ausgaben gedruckt. Ein weiteres Zeichen für die Annäherung der Meinungen war die Entscheidung des Reichstags, der 1518 in Augsburg tagte, die religiöse Reform als eigenständigen Gegenstand zu behandeln, sie von der Reichsreform abzulösen und ihren Unmut gegen Rom zu richten, indem der Reichstag einen umfangreichen Beschwerdekatalog (»gravamina«) erstellte. Die Revolution hatte begonnen, auch wenn der alte Kaiser, der im Moment ganz mit den Verhandlungen um die kaiserliche Nachfolge für seinen Enkel in Anspruch genommen war, weder Zeit noch Verständnis dafür aufbringen konnte. Viel Zeit blieb ihm nicht mehr, sein aufreibendes Leben hatte seine Spuren hinterlassen, und als Dürer ihn zur Zeit des Augsburger Reichstags malte, sah er weit älter aus als sechzig. Als der Reichstag auseinanderging, machte sich Maximilian zunächst auf den Weg nach Tirol und dann nach Schloß Wels an der Traun in Oberösterreich. Dort starb er am 12. Januar 1519. Sein Tod markierte das Ende des Mittelalters im Reich und den Beginn der Reformationszeit.

Nur allzuleicht gerät das Bild des Heiligen Römischen Reiches um 1500 zu düster. Dabei war dies – trotz der Schatten und Spannungen, der Korruption und Verbrechen, des Leids und des Elends – eine Zeit, in der das Leben ein wenig sicherer zu werden begann als während der lang anhaltenden Depression des Spätmittelalters. Nur allzuschnell vergißt man auch, daß die Kerngebiete des Reiches während der annähernd zwei Jahrhunderte zwischen den Hussitenkriegen im fünfzehnten und dem Dreißigjährigen Krieg im siebzehnten Jahrhundert nicht unter längeren oder ausgedehnten Kriegen zu leiden hatten. Diese lange Periode des Friedens umspannte fast die gesamte Zeit der wirtschaftlichen Erholung. Die Jahre um 1500 waren zudem die Zeit einer großen Blüte der volkssprachlichen Kultur des Reiches. Nach 1530 hingegen drangen aus den romanischsprachigen Ländern zunehmend von der Antike geprägte Leitideen und Modelle ins Reich ein und ließen die großen volkstümlichen Kunstwerke, die zu Beginn des Jahrhunderts entstanden waren – wie etwa Brants *Narrenschiff*, Mathias Grünewalds Gemälde oder die Werke der großen Lindenholzbildhauer –, naiv und provinziell erscheinen.

Nirgendwo sonst tritt die Vitalität dieser Zeit so zutage wie in den von Leben pulsierenden oberdeutschen Städten. Es war die Zeit des Memminger Barchents, des Konstanzer Leinens, der Augsburger Rüstungen, Straßburger Gewehre, Nürnberger Uhren und des Esslinger Silberschmucks. Es war auch die Zeit der Großen Ravensburger Handelsgesellschaft und der Fugger, der schweizerischen Reisläufer und der deutschen Landsknechte, von Dürers Gemälden und Riemenschneiders Holzskulpturen, von Hartmann Schedels *Weltchronik* und Sebastian Brants *Narrenschiff*, von Konrad Celtis' humanistischer Propaganda und Wimphelings patriotischen Schilderungen, von Geilers Predigten und den Meistersingern von Nürnberg, von Behaims Globus und Waldseemüllers Weltkarte. Zumindest in den Augen eines Zeitgenossen konnten sich jene stolzen Städte, die auf den historischen Landkarten wie rote Inselchen über das Meer der Territorien verstreut waren, mit dem Archetypus aller autonomen Städte, der reichen, mächtigen Markusrepublik, vergleichen:

> Der Veneter Macht
> der Augsburger Pracht
> der Nürnberger Witz
> der Strassburger Geschütz
> der Ulmer Geld
> regieren die Welt – sic transit gloria mundi![46]

ZWEITES KAPITEL

Straßburg um 1500

Eine Stadt am Oberrhein

Dort, wo der Rhein an Basel vorbeifließt, hat er bereits das uralte Gestein des Jura durchbrochen und nimmt nun seinen langen Weg bis zur Nordsee auf. Sieht man aus der Vogelperspektive nach Norden, erblickt man bald einen tiefen Graben, der diesen Landstrich prägt: das Oberrheintal. Er entstand, als sich die Erdkruste vor Urzeiten wölbte und dann wieder in sich zusammenfiel. Das Tal liegt zwischen zwei Bergzügen, dem rauhen Schwarzwald im Osten und den freundlicher anmutenden Vogesen im Westen. Diese natürlichen Mauern, beide jünger als der erodierte Jura, schützen das Oberrheintal, ohne es von den rauheren, kühleren und ärmeren Hochlanden zu isolieren – von Schwaben im Osten und Lothringen im Westen. Folgt man dem Strom nach Norden, erreicht man den Mittelrhein, den dichtbesiedelten Niederrhein und schließlich die Nordsee; bewegt man sich hingegen stromaufwärts, so trifft man auf ganz andersartige Landschaften: die voralpine Terrassenlandschaft der Schweiz, die Pässe der Zentralalpen und die sonnigen Ebenen der Lombardei.

Läßt man den Blick von den mit Nadelwäldern überzogenen Kämmen des Schwarzwalds oder der Vogesen über den Rhein schweifen, so erkennt man die letzten Ausläufer dieser Gebirgszüge, auf denen die Burgen der Adligen thronen, sodann die Vorberge mit ihren Wein- und Obstgärten und schließlich die Schwemmlandebene, auf der sich, dicht aneinander gedrängt, kleine Ortschaften verteilen und auf der wie Tüpfelchen kleine Städtchen und dann und wann eine größere Stadt erkennbar sind. Zu Beginn des sechzehnten Jahrhunderts war der Rhein nicht der gezähmte, kanalisierte Fluß unserer Zeit, sondern ein gewundener Strom voller Biegungen und Krümmungen. Zerstörung und Tod folgten den Frühjahrsüberschwemmungen; in anderen Jahreszeiten indes war der rasche Transport von Menschen und Gütern möglich. Entlang der Ufer reihten sich Sumpfgebiete, die damals meist noch unbesiedelt waren, während weiter oben, auf der großen Schwemmlandebene, die auf der westlichen, der elsässischen Seite größer ist, einer der fruchtbarsten Landstriche Europas liegt. Er wird von den kleineren Flüssen durchschnitten und versorgt, die dem mächtigen Rhein entgegenfließen und ihn speisen: Aus dem Schwarzwald kommen Kandel,

Dreisam, Elz, Kinzig, Rench und Murg, aus den Vogesen Ill, Fecht, Leber, Breusch, Moder und Sauer.

Die von Wasser und satten, fruchtbaren Böden gesegnete Landschaft des Oberrheins führte zur Entstehung einer vielfältigen Landwirtschaft – Getreide, Obstgärten und Weinberge –, mit der die Städte versorgt wurden, die in ihren soliden Familienbetrieben Tuch, Eisenwaren oder Bücher herstellten und auf ein ausgewogenes Verhältnis von lokalem und überregionalem Handel bedacht waren. Die Waren mußten über sichere und eingefahrene Handelswege transportiert werden, und in Straßburg kreuzten sich zwei der wichtigsten Handelsrouten dieser Region. Die Nord-Süd-Route verband die zwei reichsten Regionen Europas – Norditalien und die Niederlande – und die Ost-West-Route Süddeutschland und die mehr östlich gelegenen Länder mit Lothringen, Burgund und dem Königreich Frankreich. Vor allem auf dem großen Strom bewegte sich der Handelsverkehr. Der Rhein war ein wichtiger Transportweg und stellte keineswegs eine Grenze dar, denn zu beiden Seiten des Stromes wurde dieselbe Sprache gesprochen, das alemannische Deutsch, und weiter im Norden gehörten beide Ufer zu denselben Diözesen, nämlich zu Straßburg bzw. Speyer. Nur stromaufwärts teilte der Rhein die Diözese Konstanz von der Diözese Basel. Politisch gesehen, war der Rhein das Rückgrat des deutschen Südwestens, wo die glänzende Entwicklung des spätmittelalterlichen Partikularismus eine reiche Region geschaffen hatte, in der es keine größeren Territorialmächte gab. Die wichtigsten Fürsten der Region waren die Markgrafen von Baden, deren Länder am Ostufer des Rheins lagen, sodann die Habsburger mit Vorderösterreich, das damals vom elsässischen Ensisheim und nicht, wie später, von Freiburg im Breisgau aus regiert wurde, weiter stromabwärts das Fürstbistum von Straßburg, dessen Gebiete an beiden Ufern des Flusses lagen. Die übrigen Länder wurden von einer großen und vielschichtig zusammengesetzten Gruppierung von Reichsfürsten, Grafen, Rittern und Äbten regiert; hinzu kamen die größeren freien Städte wie Basel und Straßburg mit ihren etwa zwanzigtausend Einwohnern, die mittleren Städte Colmar, Schlettstadt, Offenburg und Hagenau, in denen zwischen viertausend und achttausend Menschen lebten, und schließlich das kleine Zell am Harmersbach mit seinen fünfundachtzig Einwohnern – die Bauern seines winzigen Hinterlandes schon mit eingerechnet. Die Verbindung all dieser oberrheinischen Städte zum Land war besonders eng, oftmals nahmen sie ganze Zünfte von Landarbeitern wie etwa Gemüsegärtner oder Winzer auf, und der niedere Adel verfügte in der Regel sowohl über Landsitze als auch Stadthäuser. Dabei war es keineswegs so, daß es zwischen Stadt und Land keine Spannungen gegeben hätte. Obwohl die gesamte Region von der allgemeinen wirtschaftlichen Erholung profitierte, begannen sich in den Dörfern erste Anzeichen eines Sturmes bemerkbar zu machen. Der Aufschwung brachte auch Unruhe mit sich, denn das seit 1470 einsetzende Bevölkerungswachstum hatte den Unmut der Bauern gegen Geistlichkeit, Landbesitzer und Juden, gegen diejenigen also, die die wirtschaftliche Kontrolle ausübten, verschärft. Deren gewohnheitsmäßige Forderungen und der Zinswucher vermittelten der ländlichen Bevölkerung das Gefühl, sie müßte sich dieses feindlichen Zugriffs erwehren. Beim Unmut blieb es nicht, bald trat man in Aktion, und am Westufer des Oberrheins kam es 1493 zur ersten größeren ländlichen Verschwörung dieser Zeit und damit zur Entstehung des »Bundschuhs«, benannt nach dem mit einem Riemen zusammengehaltenen Schnürstiefel der Bauern. Dies war erst der Anfang, denn die Bauern sahen im Ansteigen der Getreidepreise neue Möglichkeiten und erkannten in ihren Nachbarn weiter im Süden, wo »aus Bauern Schweizer« geworden waren, die nun »ihre eigenen Herren« waren, ein Modell, sich politisch durchzusetzen.

In vieler Hinsicht schien das Oberrheintal um 1500 die – sicherlich reichere und vielleicht auch gesetztere – Entsprechung zur Eidgenossenschaft zu sein, denn seit dem Zusammenbruch königlicher Macht um 1250 hatten sich die Menschen der beiden politischen Landschaften daran gewöhnt, selbst für Recht und Ordnung zu sorgen. Ihr Hauptinstrument dabei war der Zusammenschluß kleinerer Mächte, denn ebenso wie in der Schweiz gab es am Oberrhein keine alles beherrschenden Fürsten, und die mächtigen Nachbarn wie der pfälzische Kurfürst oder die Grafen von Lothringen und Württemberg setzten ihre Interessen in der Region durch, bestimmten dabei aber nicht das politische Leben. Das galt ebenso für das Haus Österreich, das den Süden der Region auf beiden Seiten des Rheins regierte. Tatsächlich war den Menschen nur eine Macht in lebendiger Erinnerung geblieben, die die stark ausgeprägte regionale Freiheit bedroht hatte. Es handelte sich um Karl den Kühnen (Regierungszeit 1467-1477), den letzten Herzog von Burgund aus dem Hause Valois, der in den 1470er Jahren versucht hatte, Lothringen und den Oberrhein an sich zu reißen, um so die Lücke zwischen seinen burgundischen und niederländischen Ländern zu füllen. Explosionsartig schlug ihm jedoch der Widerstand der gesamten Region entgegen. Die oberrheinischen Mächte mobilisierten ihre »Niedere Vereinigung« und schlossen sich mit der »Oberen Vereinigung«, d.h. der Eidgenossenschaft, zusammen. Gemeinsam nahmen die Verbündeten den burgundischen Statthalter fest, hielten Gericht über ihn und exekutierten ihn schließlich. Sie vernichteten drei burgundische Armeen, und im Januar 1477 ließen sie den nackten, erfrorenen Körper des Herzogs Karl auf dem Schlachtfeld von Nancy zurück. Während des burgundischen Krieges erreichten Partikularismus und lokale Autonomie einen ihrer glanzvollsten Höhepunkte, denn auf dem Schlachtfeld wehte der schwarze Stier von Uri neben dem rot-weißen Banner Straßburgs, die blau-weiße Fahne Zürichs neben dem Reichsadler Hagenaus, die gekreuzte rote Fahne von Schwyz neben dem schwarz-weißen Bischofsstab Basels. Gemeinsam bekämpften und schlugen die Verbündeten – Bauern, Bürger und Ritter – die vordringende »lateinische Tyrannei« des burgundischen Staates. Es war dies die wichtigste, glänzendste Selbstbehauptung lokaler Autonomie und damit des Partikularismus.

Die Metropole – über Handel, Politik und Gesellschaft um 1500

Die relative Schwäche der Fürstenhäuser am Oberrhein verstärkte den Einfluß der Städte, insbesondere Straßburgs und Basels. Straßburg, die größere dieser beiden Städte, war die eigentliche Metropole des Oberrheins. Es liegt inmitten einer Ebene, knapp unterhalb der Stelle, wo die Ill, die Lebensader des Elsaß, in die Breusch einmündet, bevor beide Flüsse dem Rhein entgegenströmen. Die Stadt befand sich zudem an der Kreuzung der Ill-Route und der großen Ost-West-Route, die über die Rheinbrücke nach Straßburg führte. Diese Brücke war Eigentum der Stadt, wurde von ihr instand gehalten und bewacht. Die Stadtmauern, zuletzt 1441 erweitert, umfaßten etwa zweihundertfünfzig Hektar und boten Schutz für rund zwanzigtausend Einwohner, von denen annähernd dreitausend vollberechtigte Bürger waren – männliche, erwachsene Haushaltsvorstände, die die vollen Bürgerrechte ererbt, durch Heirat erhalten oder aber käuflich erworben hatten. Ihre Stadt wurde durch einen gewaltigen Ring von Mauern geschützt, die mit Türmen und Wehranlagen besetzt und mit zehn mächtigen Toren sowie einem massiv befestigten Wasserdurchlaß versehen waren, durch den die Ill in die unzähligen, geschäftig dahingluckernden Kanäle der Stadt floß. Straßburgs Silhouette wurde von den Kirchtürmen bestimmt: dem wunderbaren Münster aus dem dreizehnten Jahrhundert mit seiner charakteristischen Doppelturmfassade und dem hochaufragenden Glockenturm, dem höchsten in Europa; dann den sechs weiteren Kirchen, die zumeist von Stiftskapiteln unterhalten wurden; den Häusern und Kirchen von neun Orden für Männer und neun Konventen für Frauen (von denen zwei Doppelklöster waren); und schließlich von mehreren Dutzend Kapellen. Zur Fürsorge der Bürger, aber auch der Fremden trugen das große, 1315 gegründete Spital, mehrere andere

Spitäler, ein Spital für Syphilitiker, ein Aussätzigenspital, ein Armenhaus, ein Waisenhaus und über ein Dutzend öffentliche Badehäuser bei. Überall herrschte sowohl die weltliche als auch die geistliche Obrigkeit gleichermaßen, die Räte und der Bischof.

Die Verwaltung Straßburgs, in ihrer Gesamtheit »Der Rat und die XXI« genannt, setzte sich aus einundfünfzig oder zweiundfünfzig Männern zusammen – ein Drittel davon Adlige, zwei Drittel Vertreter der Zünfte. Manche waren Ratsherren mit einer Amtszeit von zwei Jahren, andere waren Geheime Räte auf Lebenszeit. Die Räte regierten über eine Bürgerschaft, die sich in zwei Adelsgesellschaften (»Constoflen«) und zwanzig Zünften organisiert hatte. Das gesamte wirtschaftliche Leben der Stadt wurde unter den wachsamen Augen eines Geheimen Rates, des sogenannten »Rats der XV«, geregelt. Ein weiterer Rat, die sogenannten »XIII«, die man auch »die alten Herren« nannte, überwachte die auswärtige Politik der Stadt.

Männliche Bürger konnten sich – wenn sie verheiratet waren – mit fünfundzwanzig Jahren in den Magistrat wählen lassen; waren sie unverheiratet, mußten sie mindestens dreißig Jahre alt sein. Die meisten von ihnen entstammten entweder Adelsfamilien – denen es nur selten gelang, das ihnen zustehende Drittel an Sitzen im Magistrat zu besetzen – oder vermögenden Kaufmannsfamilien der reicheren Zünfte. Seit 1450 etwa hatte sich eine starke Solidarität zwischen diesen beiden gesellschaftlichen Gruppen entwickelt, die durch häufiges Einheiraten, gemeinsame Interessen als Besitzer von Eigentum und schließlich eine gemeinsame Kultur zementiert wurde. Die gemischte Herrschaftsschicht Straßburgs mit ihren Adligen und Kaufleuten war für Süddeutschland typisch; sie unterschied sich in ihrer Zusammensetzung jedoch deutlich von dem von Renten lebenden Patriziertum der frankophonen freien Städte im Westen wie Metz und Besançon und den ausnahmslos aus Handelsfamilien stammenden Eliten der hanseatischen Städte im Norden.

Der Fürstbischof Straßburgs, dessen Residenz schon vor langer Zeit von seinen Vorgängern nach Saverne am Fuß der Vogesen verlegt worden war, regierte die Stadt schon längst nicht mehr; gleichwohl aber war er weiterhin Oberhaupt der Straßburger Kirchen, und viele Teile der Diözesanverwaltung (»Offizialat«) waren nach wie vor in Straßburg ansässig. Das Domkapitel, das von der zivilen Rechtsprechung völlig unabhängig war, bestand aus vierundzwanzig verpfründeten adligen Stiftsherren, deren religiöse Pflichten von bezahlten Stellvertretern übernommen wurden. Auch die drei wichtigsten der übrigen Kirchen der Stadt, nämlich Sankt Thomas, Alt-St. Peter und Jung-St. Peter, waren Stiftskirchen mit eigenen Pfarrgemeinden. Die meisten dieser verpfründeten Stiftsherren waren keine Straßburger, viele stammten nicht einmal vom Oberrhein. Zum einen stellte das Münsterkapitel derart hohe Anforderungen in bezug auf die Herkunft seiner Stiftsherren, daß Erasmus einmal scherzte, Jesus wäre sicherlich nicht aufgenommen worden. Aber auch die Kanonikate der anderen Stiftskirchen und Klöster – mit Ausnahme der Bettelschwestern – wurden zunehmend von Auswärtigen, vor allem Schwaben, besetzt, die aus den ärmeren Diözesen in der näheren Umgebung nach Straßburg geströmt waren. Diese klerikale Invasion begünstigte die zunehmende Entfremdung zwischen Laien und Geistlichkeit und sollte sich – noch nicht sofort, aber bald – auch entzweiend auswirken.

Das gemeinsame Fundament von Kirche und weltlicher Gemeinde stellten Straßburgs Haushalte dar, mehrere Tausend an der Zahl, die geschäftlich oder nachbarschaftlich, durch die Zünfte, Kirchgemeinden oder Bruderschaften miteinander verbunden waren. Die meisten männlichen Haushaltsvorstände gehörten zu den dreitausend Mitgliedern der zwanzig Zünfte; sechshundert Mitglieder zählte allein die große Gärtnerzunft. Zwar standen manchen Haushalten auch Frauen vor, und dasselbe traf auf einige Geschäfte oder Werkstätten zu, die von den Witwen verstorbener Meister weitergeführt wurden, die Frauen gehörten in Straßburg jedoch nicht zu den Mitgliedern der Zünfte. Ebensowenig gab es reine Frauengilden, wie dies etwa in Köln der Fall war. Die Frauen litten zudem unter dem um 1500 zunehmenden Bestreben, sie durch Vormundschaften stärker zu kontrollieren. Der Münsterprediger Johann Geiler von Kaysersberg protestierte vergeblich, daß das Gesetz von 1501, das von allen alleinstehenden Frauen verlangte, sie müßten einen männlichen Vormund haben, allen Konventionen widerspreche. Selbstverständlich gehörten viele der Frauen zur arbeitenden Bevölkerung, und viele der obrigkeitlichen Verordnungen und Bestimmungen betrafen sie unmittelbar, doch die Gesetze wurden ausschließlich von Männern ausgearbeitet und in Kraft gesetzt.

In den Augen der Bürgerschaft war der ideale Haushaltsvorstand ein Mann, der für »Feuer und Rauch« sorgte, der für sich selbst, seine Frau, seine Kinder und sein Gesinde aufkommen konnte – also für durchschnittlich sechs bis sieben Personen. Nach der Aufnahme in eine der Zünfte wurde ein Haushaltsvorstand zum vollberechtigten, aktiven Mitglied der Gemeinde und war verpflichtet, Steuern zu zahlen, bei der Bewachung der Mauern zu helfen und in der Bürgerwehr der einzelnen Zünfte zu dienen, einer Einrichtung, die mit dem Aufkommen der Landsknechte überholt war. Die Gemeinde als politische Verkörperung Straßburgs trat einmal im Jahr zusammen, am sogenannten »Schwörtag«, dem ersten Dienstag im Januar, an dem sich die Bürger versammelten, um der Einsetzung neuer Magistratsmitglieder beizuwohnen und den Bürgereid zu erneuern, der die Rechte und Pflichten untereinander bestimmte. Wer die Gemeinde beobachtete, wie sie sich am »Schwörtag« versammelte, sah die Stadt so, wie die regierenden Magistratsmitglieder wünschten, die ganze Welt möge sie so sehen. Im kalten Licht der frühen Morgenstunden versammelten sich die Bürger an den Sitzen ihrer jeweiligen Vereinigungen – die etwa fünfzig bis achtzig männlichen Patrizier in ihren zwei Gesellschaften Zum Mühlstein und Zum Hohen Steg, die Angehörigen der Zünfte in ihren jeweiligen Zunfthäusern, die über die gesamte Stadt verstreut lagen. Die Mitglieder der einzelnen Zünfte stellten sich hinter ihrem Oberhaupt (dem »Oberherrn«) und den vierzehn weiteren offiziellen Vertretern (den »Schöffen«) auf und marschierten zu ihrem inmitten der Stadt gelegenen Münster, der Zierde des Oberrheins. Auf dem Münsterplatz, unter dem mächtigen einzelnen Turm der Doppelturmfassade mit ihrem eindrucksvollen Rosettenfenster über dem großen Westportal und dem in Stein gehauenen Glaubensbekenntnis war eine hölzerne Tribüne errichtet worden. Hier fand sich der Magistrat ein, während die Mitglieder der Zünfte und des Adelsstandes zu ihren angestammten Plätzen auf dem Platz strömten, um von dort aus die Einsetzung der neuen Magistratsmitglieder zu verfolgen und ihren Bürgereid zu erneuern. Bei der Gemeinde, die sich hier versammelte, handelte es sich nicht um die ganze Stadt, sondern um ihre offizielle Verkörperung, die, auch wenn sie die Jungen, die Frauen, die Handwerksgesellen und Nicht-Bürger aus ihren Reihen ausschloß, alle repräsentieren sollte, denn die Gemeinde bestand nicht aus Einzelpersonen, sondern aus Haushalten. Der kollektive Charakter dieser Stadt umfaßte so alle, die ihren Schutz genossen und die Lasten mittrugen.

Straßburg im Jahre 1500 war ein prägnantes und sehr erfolgreiches Beispiel für den auf dem Gildensystem basierenden Stadtstaat im spätmittelalterlichen Süddeutschland. Seine politische Stabilität beruhte auf Vertrauen in zwei Bereichen. Zum einen herrschte ein solches Vertrauen zwischen den Adligen und den führenden Familien der einzelnen Zünfte. Nach den Kämpfen von 1420 hatten sich die Adelsgeschlechter dazu durchgerungen, die Macht mit den Zünften zu teilen, Mischehen mit Bürgerlichen zu akzeptieren und sogar auf wirtschaftlicher Ebene mit den Kaufleuten zusammenzuarbeiten. Im Gegenzug dafür konnten sie ein Drittel der Sitze im Magistrat und damit einen Anteil beanspruchen, der es der Gemeinde erlaubte, vom Reichtum, von der Lebensweise sowie den militärischen und Regierungserfahrungen dieses Standes zu profitieren, ohne dabei das Risiko einzugehen, die politische Vorherrschaft des Adels wiederherzustellen. Es war dies ein erträgliches Arrangement, denn in der Stadt waren nur etwa zwanzig Adelsgeschlechter verblieben, die in jeder Generation höchstens achtzig männliche Nachkommen stellen durften, um der Gemeinde »mit Rat und Tat« zu dienen – in Friedenszeiten durch ihre Ratschläge und diplomatischen Dienste, im Krieg mit ihren Schwertern.

Vertrauen herrschte aber auch zwischen den Angehörigen des Magistrats und den gewöhnlichen Mitgliedern der Zünfte. Beide Institutionen waren sichtlich miteinander verknüpft. Dies wurde zum einen durch die Mittlerdienste der dreihundert Schöffen bewirkt, fünfzehn aus jeder Zunft, die den recht selten konsultierten Großen Rat bzw. die Gemeindeversammlung bildeten und darüber hinaus unter ihren »Oberherren« (die wiederum natürlich dem Magistrat angehörten) auch ihre jeweiligen Zünfte lenkten. Auch die militärische Macht der Gemeinde, die mit Waffen aus den Arsenalen der Stadt ausgerüsteten Wehren der Zünfte, resultierte um 1500 noch aus dieser Struktur. Die wohlhabendsten Mitglieder aller Zünfte waren zudem verpflichtet, den Gemeindestallungen Pferde zur Verfügung zu stellen und, zusammen mit den Adligen, in der Reiterei zu dienen. Diesem System lag die soziale Tatsache zugrunde, daß die Verteilung des Reichtums unter der Steuer zahlenden Bürgerschaft nicht einer Pyramide ähnelte, wie dies in der modernen Klassengesellschaft der Fall ist, sondern eher einem Turban oder einer Zwiebel, wo die Schichtung in der Mitte am dichtesten ist. In Straßburg wie in allen Stadtstaaten hingen politische Stabilität und Einigkeit unter der Bürgerschaft vom Vertrauen zwischen der Führungselite und eben der bürgerlichen Mittelschicht ab. Unter allen Umständen mußte zudem verhindert werden, daß sich die starke Mittelschicht nach unten, zu der viel kleineren Klasse der ärmeren Bürger orientierte oder gar für sie Partei ergriff. Daß dies zumindest unter normalen Umständen gelang, veranschaulicht das Steuersystem Straßburgs. Eine direkte Steuer, das »Stallgeld«, wurde vom Vermögen erhoben, soweit es nicht ausdrücklich steuerfrei war. Der Steuersatz wurde von der Regierung festgelegt, doch letztlich führten die Steuerzahler ihre Veranlagung selbst durch, und über die eingegangenen Zahlungen wurden keine Bücher geführt. Es war den drei Steuereinnehmern, den »Stallherren«, sogar verboten, entsprechende Aufzeichnungen anzufertigen, und dies ist der Grund, warum aus Straßburg – im Gegensatz zu anderen Städten wie Augsburg oder Konstanz – keine Hebelisten überliefert sind. Straßburgs Steuersystem läßt vermuten, daß dort ein hohes Maß an Bereitschaft existierte, Steuerforderungen zu akzeptieren, anderenfalls hätte die Stadt bald vor dem Bankrott gestanden. Und dies wiederum zeigt, daß zwischen dem Regime und den maßgeblichen Bürgern ein relativ stark ausgeprägtes Vertrauensverhältnis herrschte.

Diese solide Struktur erhielt 1482 ihre endgültige Form, als

Ammeister Peter Schott (1427-1504) den Vorsitz bei der letzten Revision des »Schwörbriefs« führte, der Verfassung Straßburgs und Gegenstand des alljährlich erneuerten Bürgerschwurs. In Straßburg ergänzten sich Verfassung und Wirtschaftsleben recht gut, denn die von Handel und Handwerk bestimmte Wirtschaft hatte ihre tiefen Wurzeln im reichen Hinterland, während es hier genau die Sorte alles bestimmender Exportindustrie nicht gab, die andernorts – beispielsweise in Augsburg – einige wenige Zünfte auf Kosten anderer zu großem Reichtum kommen ließ und die Kluft zwischen Arm und Reich vertiefte. Natürlich waren auch in Straßburg wichtige Handelsfirmen ansässig, aber keine hätte mit der Großen Ravensburger Handelsgesellschaft oder den Nürnberger Häusern in Konkurrenz treten können und schon gar nicht mit den Augsburger Fuggern oder den Welsern. Und obgleich die Stadt einige Güter produzierte, die wie etwa ihre Kanonen auch außerhalb ihrer Mauern Anerkennung fanden, gab es kein Exportprodukt, das dem Barchent aus Memmingen, dem Leinen aus Konstanz oder den Lodenstoffen aus Nördlingen ebenbürtig gewesen wäre. Straßburgs Tuch, das sogenannte »graue Straßburger«, war derb und kräftig, aber keineswegs fein.

Sein großes Spektrum unterschiedlichster Handelsaktivitäten machte Straßburg zu einem der wichtigsten Zentren der Handwerksorganisationen sowohl der Meister als auch der Gesellen. So war die Stadt beispielsweise Sitz einer Steinmetzvereinigung mit Mitgliedern in der gesamten südlichen Hälfte des Heiligen Römischen Reiches. Straßburgs Gesellenorganisation war für ihre Macht und die Entschlossenheit bekannt, mit der sie sich für die Verteidigung ihrer Rechte einsetzte. Zudem führten die Verbindungen der Stadt zu ihrem reichen, dichtbevölkerten Hinterland auch zu einem florierenden Lebensmittelhandel, von dem vor allem die Gemüsegärtner, Metzger und Bäcker profitierten. Das immense Aufkommen an Transitwaren trug dazu bei, daß die öffentlichen Kassen gefüllt wurden und eine Vielzahl von Einzelhändlern und Dienstleistern ihr Auskommen hatten. Alles in allem förderte die Vielschichtigkeit der zivilen Wirtschaft das Gleichgewicht zwischen den verschiedenen Branchen – und damit auch zwischen den Zünften – und sorgte für einen verhältnismäßig schmalen Graben zwischen den Extremen Reichtum und Armut. Der Stadt mangelte es dabei keineswegs an armen und glücklosen Menschen: Die Zunahme der Bevölkerungszahlen und der allgemeine wirtschaftliche Aufschwung trieb auch die Zahl der Armen in die Höhe, die sich nun allerorten bemerkbar machten. Eine Untersuchung aus dem Jahre 1523 nimmt Bezug auf etwa vierhundert notleidende Personen, und die Kluft zwischen deren Existenzminimum, für das jährlich 2.311 Gulden veranschlagt wurden, und dem Einkommen des Wohltätigkeitsfonds, nämlich 419 Gulden, veranlaßte die Mitglieder des Magistrats, ein neues System der städtischen Armenfürsorge ins Leben zu rufen. Zudem verboten sie das Betteln in der Öffentlichkeit, »... nochdem sich bitzhar ein grosse menige des bettels zu Straßburg ernert und von vil landen hargezogen, uf den bettel sich verburgert hat und das almusen von vilen ungötlichen [unerlaubterweise] genommen worden, sich lichtvertig und sündlich gehalten, ire kinder uf den bettel gezogen und den bös exempel vorgetragen, ouch etwan sie und ire kinder winterzit vor den kirchen erfroren und zu armen dürftigen geworden ...«[1]

Die Angst vor zügelloser Bettelei verstärkte sich noch mit der Verbreitung einer neuen Krankheit, der Syphilis, die in Straßburg erstmals 1495 auftrat und dort unter der »französischen Krankheit«, »'s Französel«, schnell zum vorrangigen Gegenstand öffentlicher Besorgnis wurde. Die Anzahl der Opfer überstieg bald alle Unterbringungsmöglichkeiten, und ihr Elend erregte einen derartigen Schrecken, daß sogar die Leprakranken, die selbst größtenteils in dem außerhalb der Stadtmauern gelegenen »Gutleuthaus« abgesondert lebten, nichts mit ihnen zu tun haben wollten. Die Häuser, die man den Syphilitikern zugewiesen hatte, waren bald überfüllt, und zu ihrer Behandlung standen so wenige Ärzte zur Verfügung, daß Geiler 1501 klagte, die Betreuung der Kranken sei völlig unzureichend. Die Lösung des Magistrats bestand zunächst darin, daß sie Caspar Hoffmeister (ca. 1466-1523), einen gutherzigen Kaufmann, zum Schutzherrn über die Opfer der Syphilis ernannten. Geld stellte ihm der Magistrat allerdings nicht zur Verfügung, so daß seine Krankenstationen nur mit Hilfe mildtätiger Gaben unterhalten werden konnten. Der gute Kaufmann selbst erwarb ein Haus im Finkweiler-Viertel und renovierte es auf eigene Kosten. Die Anerkennung für die Einrichtung eines Spitals für diese Kranken, das sogenannte »Blatterhaus«, gebührt insofern nicht dem Magistrat, sondern Hoffmeister und seinem Mentor, dem Prediger Geiler.

Die deutlichen Unterschiede zwischen seinem wirtschaftlichen Hinterland und seinem eigentlichen Stadtgebiet ließen Straßburg genau wie alle Stadtstaaten ein scharfes Auge auf seine äußeren Beziehungen haben. Die traditionelle Außenpolitik Straßburgs ruhte auf zwei Pfeilern: auf den freundschaftlichen Beziehungen zur Eidgenossenschaft im Süden und zum rheinpfälzischen Kurfürsten im Norden. Während der burgundischen Kriege hatte dieses Gefüge seine glänzendsten Erfolge erringen können – Peter Schott der Ältere hatte den Schlachtruf gegen Burgund angestimmt, und die Straßburger kämpften und starben Seite an Seite mit ihren Verbündeten. Im Schwabenkrieg von 1499 ging die Freundschaft mit der Eidgenossenschaft jedoch in die Brüche. In der Schlacht von Dornach trieben die Schweizer ihre vormaligen Bündnispartner in die Flucht, und im bayerischen Krieg von 1504 wurde die Macht des Pfalzgrafen gebrochen und die Opposition der deutschen Fürsten gegen den König ihrer Führung beraubt. Nun wurde das Erstarken österreichischer Macht unter Maximilian selbst an den westlichen Rändern des Reiches spürbar. Diese neue Situation wurde den Straßburgern im Sommer 1504 auf dramatische Weise bewußt, als der König, der mit seiner Armee von Schwaben aus nach Westen vorrückte, um seinen Krieg gegen den rheinpfälzischen Kurfürsten zu führen, eines Nachts im Scheine der Fackeln in die Stadt einzog und damit seine Präsenz in dieser Metropole deutlich machte. Er nahm Quartier bei den Johannitern, erhielt viel Lob und Geschenke, besichtigte Schatzkammer und Waffenarsenale – die *arcana imperii* der freien Stadt – und zog weiter, um die letzten pfalzgräflichen Befestigungen in der Umgebung zu beseitigen. Als dieser Krieg beendet und der König auf der Höhe seiner Macht war, ergriff der österreichische Einfluß auch vom Oberrhein zunehmend Besitz, um die Mächte auch dieser Region unter »die Fittiche des Adlers« zu bringen. Für kurze Zeit trat Straßburg sogar dem Schwäbischen Bund bei.

Zu dieser Zeit fanden die neuen Lehren, die wir heute mit dem Überbegriff »Humanismus« bezeichnen, bereits am Oberrhein Verbreitung, und ihre lokale Anhängerschaft, zu der auch der Straßburger Stadtsyndikus und Schreiber Sebastian Brant gehörte, wandte sich bald vom Lob der alten Freunde wie etwa Basel, das 1501 zu den Schweizern abfiel, ab und konzentrierte sich auf die neuen Freunde, auf das Haus Österreich und Maximilian, deren Schützlinge viele von ihnen wurden. Die Freigebigkeit des Königs bewirkte bei dieser ersten Generation elsässischer Humanisten, daß sie sich einer pro-österreichischen Propaganda verschrieben. Sie verteidigten den berechtigten Anspruch der deutschen Monarchie auf das römische *imperium* und wandten sich zähneknirschend gegen die »Lateiner«, insbesondere die Franzosen. Das Tempo gab Jakob Wimpheling aus Schlettstadt an, der seine Professur in Heidelberg der Gönnerschaft des Pfalzgrafen verdankt hatte, bevor der 1501 nach Straßburg übersiedelte, um dort mit der Unterrichtung von Knaben der Oberschicht seinen Lebensunterhalt zu bestreiten. Seinen humanistischen Ingrimm schleuderte Wimpheling den früheren französischen wie den schweizerischen Freunden gleichermaßen entgegen und attackierte letztere als Rebellen, die sich gegen ihre »natürlichen Herren« (*dominos naturales*) wendeten.[2] Dieser Gefühlsumschwung in Straßburg zugunsten der Österreicher lief den politischen Traditionen der Stadt – Partikularismus und Föderalismus, pro-schweizerisch und pro-pfalzgräflich – gänzlich zuwider.

Maximilians offizielle Besuche in Straßburg - 1504 und noch einmal 1507 -, das über viele Jahrzehnte keinen regierenden König innerhalb seiner Mauern gesehen hatte, erinnerte die Straßburger an die Mächte, von denen die Welt außerhalb der Grenzen des Oberrheins regiert wurde. Obgleich die freien Städte einschließlich Straßburgs dem König treuer zur Seite standen als die Fürsten und Adligen, konstatierten sie doch mit großem Argwohn, daß Maximilian mit dem Wormser Reichstag von 1495 begonnen hatte, dem Reich eine effektivere - und auch sehr viel teurere - zentrale Regierung zu geben. Einerseits verlangten die Kaufleute nach mehr Recht und Ordnung, zum anderen aber standen die freien Städte einer stärkeren königlichen Regierung unter der Kontrolle der Reichsstände sehr wachsam gegenüber, denn dies hätte höhere Steuern und neue Zölle mit sich gebracht. Die Städte zogen es vor, dem Reich zu dienen, indem sie dem König dienten - mit Krediten, Geld, Truppen, Waffen, Beamten und Gastfreundschaft. Straßburg stellte hier keine Ausnahme dar, auch wenn es aufgrund seiner Wirtschaft, seiner allgemeinen Situation und seiner Traditionen einen deutlicheren Eindruck von Unabhängigkeit vermitteln konnte als etwa Augsburg oder Nürnberg.

Die Unterstützung von seiten der freien Städte und die insgesamt günstige Situation nach dem bayerischen Krieg bedeuteten eine Möglichkeit zur Konsolidierung des Oberrheintals unter österreichischer Herrschaft. Maximilians Ambitionen aber gingen in eine ganz andere Richtung, nach Ungarn und Italien, und so war er bereit, den Westen mehr oder weniger sich selbst zu überlassen. Die Stadt erhielt den Beweis für diese huldvolle königliche Einstellung bei der nächsten Bischofswahl. Der 1506 verstorbene Bischof Albrecht war ein Wittelsbacher Fürst der Heidelberger Linie gewesen, was auch auf seinen Vorgänger und Vetter ersten Grades, Bischof Robert (Amtszeit 1439-1478), zutraf. Pfalzgraf Philipp versuchte 1506, der dritte Wittelsbacher Bischof in Folge zu werden, und trotz des desaströsen Abschneidens seines Hauses im Krieg von 1504 fehlte ihm schließlich nur eine Stimme. Der siegreiche Kandidat, der thüringische Graf Wilhelm von Honstein, war ein Schützling der Henneberger, deren Oberhaupt, Kurfürst Berthold von Mainz (Regierungszeit 1484-1504), die Opposition gegen Maximilian in Fragen der Reichsverfassung geführt hatte. Wilhelm von Honstein war also sicherlich kein Parteigänger der Österreicher; in jedem Fall aber war er neutral, und für seine Weihung zum Bischof wählte er den Sonntag Laetare des Jahres 1507. Die Weihung sollte in seiner eigenen Kathedrale, dem Straßburger Münster, stattfinden und damit an einem Ort, wo seit 1353, vermutlich aber schon seit 1260 kein Bischof mehr geweiht worden war. Noch merkwürdiger war, daß er die Priesterweihe höchstpersönlich vornahm und die Heilige Messe las, was seine Vorgänger nie getan hatten. Als die Einsegnungsmesse beim Gloria angelangt war, ereignete sich eine Sensation: Der königliche Kaplan unterbrach die Messe, und eine Stunde später hielt Maximilian höchstpersönlich Einzug in das Münster, ganz in Schwarz gekleidet, da sein Sohn und Erbe Philipp der Schöne im vergangenen September (1506) in Spanien gestorben war, und den Orden vom Goldenen Vlies am Wams. Der König hatte Straßburg oft besucht, denn er hatte dort viele Gefolgsleute, aber auch viele Schulden, doch dieser Besuch war eine große Überraschung. Nach der Messe nahm er den jungen Bischof kurzerhand zum Essen mit und ließ die eigentlichen Gäste Wilhelm von Honsteins, die Mitglieder des Magistrats, einfach stehen. Sie durften sich erst am Abend wieder versammeln, und nachdem Stettmeister Ott Sturm (gestorben 1518) die Glückwünsche und Geschenke der Stadt übermittelt hatte, »erpoth sich [der Bischof] gegen der statt gar vil, wie er ir guter nachpaur und freund sein wolt«.[3] Tatsächlich teilte Wilhelm dem Rat und den XXI nur wenige Wochen später mit, es »wer seyn bitt und beger« – so vermerkte es der Stadtschreiber Sebastian Brant – »ein ersamer rath wolt im laszen die stifft geistlich und weltlich, auch seyn land und leuth bevolhen seyn, und die selben trewlich beschirmen. Deszgleichen ob sich etwas begeb die statt betreffen, so wolt er seinen leib, land und leuth einer statt auch susetzen.« Und Brant bemerkte dazu: »Sic lingua, sed contrarium pectus volebat.«[4]

Nichts bestätigte und offenbarte Straßburgs ungetrübte Sicherheit am Oberrhein mehr als seine Beziehungen zu seinem neuen Bischof. Wilhelm war am 9. September 1506 von den durchweg adligen Stiftsherren des Münsters gewählt worden, die sich im Chor unter den Augen des Magistrats versammelt hatten. Die Obrigkeit war auf ihrem angestammten Platz über dem Lettner zusammengekommen, der den düsteren romanischen Chorraum, die Kathedrale der Geistlichkeit, von dem lichtdurchfluteten gotischen Hauptschiff, der Kirche der Bürger, trennte. Die Türwachen ließen »gar vil leut inn den chor« hinein,[5] und über zweihundert Menschen strömten in das angrenzende Kartäuserkloster. Nach der Messe zogen sich die Stiftsherren zurück, um der einzigen Aufgabe nachzukommen, wegen der sie unentbehrlich waren: der Wahl des nächsten Bischofs der Diözese und Herrschers über die gesamte Region zwischen den Höhenzügen der Vogesen und den Gipfeln des Schwarzwaldes, von Colmar bis fast an die Nordgrenze des Elsaß. Kurz nach Mittag begleiteten die Stiftsherren ihren Gewählten, Graf Wilhelm von Honstein, in das Münster, um ihn, wie dies Brauch war, auf den Hochaltar zu heben, damit er von allen gesehen werden könne. Da aber der neugewählte Bischof »ein geradner herr was, da hupfft er selbs hinuff«.[6] Nach dem Tedeum, die Wachen waren bereits weggetreten, nahm der Ammeister zusammen mit seinen Kollegen in seinem Gildenhaus das Mittagsmahl ein, und wenig später war hier und da die übliche Geräuschkulisse eines Straßburger Spätsommernachmittags zu hören: das Schnarchen derjenigen, die ihr Verdauungsschläfchen hielten. Als der designierte Bischof aus der Stadt ritt, »sagten ein theil er hett gesprochen, er wollt als bald nit khommen«.[7] Er kam jedoch – und zwar an jenem 4. Oktober 1507 –, um seinen würdevollen Einzug und seine Einsetzung als Bischof zu feiern.

Am frühen Morgen des 4. Oktober sammelte sich die Bürgereskorte am Kronenburger Tor: sechzig berittene und bewaffnete Adlige und reiche Mitglieder der Zünfte, angeführt von zwei adligen Stettmeistern und zwei Ammeistern aus den führenden Kaufmannsfamilien. Am Roßmarkt warteten unterdessen der regierende Stettmeister und der regierende Ammeister in Begleitung von siebzig weiteren Magistratsmitgliedern und Patriziern darauf, daß der Bischof die Stadt betrat – eine Stadt, die nur dem Namen nach seine Hauptstadt sein würde. »Und was allethalben«, schrieb Sebastian Brant, »ein grosz wunder [erstaunlich viel] von volck zu sehen, dann wie wol vil leut im harnesch und an den letzten [an den Wehren] was, so lagen doch durch usz und usz all häuser und fenster voll leut. So gingen und stunden all gaszen voll leut, denn es unsäglich vil landtvolck von allen enden uff den morgen inn die die statt kam das eerlich wesen [ehrenvollen Einzug] zu sehen.«[8]

Ein ehrenvoller Einzug sollte dies in der Tat werden, denn Bischof Wilhelm wurde von sechshundert berittenen Würdenträgern und alles in allem tausend Pferden begleitet. Doch der Magistrat verbot dem Bischof, die Stadt zu betreten, bevor er nicht geschworen hatte, die Rechte Straßburgs zu respektieren. Eine ganze Reihe von Schutzmaßnahmen war gleichwohl getroffen worden. So hatte man dem Bischof beispielsweise die Route durch die Stadt vorgeschrieben – durch das Kronenburger Tor auf die Kronenburger Straße bis zum Burgtor und auf den Weinmarkt, sodann ostwärts über den Hohen Steg zum Kleinen Roßmarkt bis zum Roßmarkt, wo er von einer offiziellen Abordnung der Bürger begrüßt wurde, dann schließlich südwärts durch die Münstergasse bis zu dem großen Platz um die Kathedrale. Alle anderen Stadttore waren verschlossen und wurden bewacht. Innerhalb der Stadt war fast die Hälfte aller Zunftmitglieder aufgeboten worden und in zwei Abteilungen angetreten. Die einen, etwa fünfhundertdreißig Männer, hatten »guten harnesch und geweren es sey spiesz, hellenparten oder handtbüchsen« erhalten,[9] die anderen neunhundertachtzig Männer waren mit dem ausgerüstet worden, was in den Arsenalen übriggeblieben war. Begleitet wurden sie von fünfhundert bewaffneten Bauern, die im Landgebiet der Stadt und von den Landbesitzungen der Patrizier rekrutiert worden waren. Als diese Dorfbewohner am Vorabend des bischöflichen Einzugs in der Stadt angekommen waren, hatten sie bei den Bürgern einen tiefen Eindruck hinterlassen. »Und hatt mengklich ein grosz gefallen dorab«, überliefert Sebastian Brant, »das die frommen leut inn einer so ilenden uffwünschung ein ferren weg [in so kurzer Zeit und von so weither] gezogen, und sich so redlich und wol gerüstet hetten, und so willig und gehorsam gewesen werent, deszhalb ein statt Straszburg billich gest me hertz und vertruwens zu innen setzen mag und soll.«[10] Dabei kamen manche dieser »willigen und gehorsamen« Bauern aus Dörfern, die sich nach 1493 der Bundschuh-Bewegung angeschlossen hatten, »domit allemeglich zugeloffen [kämen] und underston, Meister im Lande zu werden«[11]. An diesem Tag nun hinterließen die Bauern einen guten Eindruck, insbesondere die Kentzinger und Ettenheimer von der anderen Rheinseite, die vor dem Metzgertor gelandet und zum Takt ihrer Trommeln durch dieses Tor eingezogen waren. Sie marschierten über die Henkerbrücke, passierten die Große Metzig, das Schlachthaus, und erreichten schließlich das Zunfthaus Zur Möhrin. Auch die anderen Bauern türmten ihre Waffen vor den ihnen zugewiesenen drei Gildenhäusern, erhielten ihre Mahlzeit und richteten sich für die Nacht ein.

Am Morgen des bischöflichen Einzugs teilte sich die bewaffnete Bürgerschaft – insgesamt 2.071 Männer – in sechs Gruppen auf, die von Mitgliedern des Magistrats kommandiert wurden. Einer von ihnen, der alte Bartholomäus Barpfennig (gestorben 1518), war schon einmal, dreißig Jahre zuvor, marschiert, um gegen die Burgunder ins Feld zu ziehen. Jede Abteilung wurde noch durch Gewehrschützen verstärkt. Unter ihren Bannern, die die Schutzpatrone der Stadt, die Jungfrau und das Kind zeigten, bewachten die Gruppen die verwundbaren Punkte, insbesondere die Kanalbrücken, wo die bischöflichen Reiter möglicherweise ausbrechen und nach Süden ins Herz der Stadt vorstoßen konnten.

Straßburgs Geistlichkeit ließ sich erst blicken, als die Münsterglocken das Herannahen des Bischofs verkündeten. Sie strömte aus der Kathedrale hinaus in die Münstergasse, die vom Münster aus nach Norden zum Roßmarkt führte. Als sich die Geistlichen von den ihnen zugewiesenen Plätzen entfernten, um sich unter die Bürger zu mischen, geriet der Ammeister in Rage, »aber im besten liesz man es uff disz zeit, irrungen zu vermeyden, am nechsten bleyben, doch das man inn künftigen doran gedecht, und den grendell [Absperrung] nit mher uffthet, sonnder den pfaffen sagt was sie thun, und das sie es bey alter ordnung [...] und by der statt harkhommen bleiben laszen sollten.«[12] So war das in Straßburg: Man sagte den Priestern, was sie zu tun und zu lassen hatten. Dieses Mal aber ließ man sie gewähren, und so strömten sie durch die Münstergasse und über die Steinerne Brücke, begierig, ihren neuen Herrn zu sehen. Allen voran eilten, mit Kreuzen und Bannern, die Stiftsherren der drei wichtigsten Stiftskirchen Alt-St. Peter, Jung-St. Peter und St. Thomas. Auch wenn sie nicht von derselben edlen Herkunft waren wie die Stiftsherren des Münsterkapitels, stellten sie doch die Elite der Geistlichkeit Straßburgs dar. Unter ihnen befand sich mancher Sohn prominenter Bürger, und andere waren solide, wenngleich selten namhafte Gelehrte. Ihnen folgten die Schüler – Straßburg besaß zu dieser Zeit noch keine städtischen Schulen – und die Ritter der aristokratischen Orden wie der Johanniter, der Deutschordensritter, der Bettelmönche und der Wilhelmiter. Unter dem Westportal des Münsters wartete der Weihbischof der Diözese zusammen mit den Stiftsherren des Münsters, den Vikaren und Kaplänen sowie den Äbten und Prälaten, die zu diesem Ereignis angereist waren. Städtische Beamte bewachten die Türen zum Chor des Münsters, und erst als die nahenden Würdenträger in die Kirche und an ihre Plätze gelangt waren, schwangen die großen Westportale auf »und jedermann [wurde] inn das münster gelaszen«[13]. Der Einzugsritus hatte eine ganze Reihe von Empfindlichkeiten zu berücksichtigen – königliche, fürstliche, bischöfliche, geistliche und städtische!

Es war fast zehn Uhr, als der Bischof mit seinem Gefolge endlich vor dem Kronenburger Tor angelangt war, und Ott Sturm stieg von seinem Pferd ab, um Straßburgs Titularherrn im Namen der wahren Herren der Stadt zu begrüßen: »Hochwürdiger fürst, gnediger herr, E[uer] F[ürstliche] G[naden] empfahen meister und rath der statt Straszburgk demütigklich und sindt E. G. zukunfft zumal fro, und sagent E. F. G. iren willigen dienst.«[14] Dann bestiegen Sturm und seine Begleiter wieder ihre Pferde, um die Besucher durch das Kronenburger Tor in die Stadt zu geleiten. Der Zug passierte die alte Vorstadt in der Steinstraße und erreichte das Burgtor – mehr als tausend Reiter bewegten sich an den dichten Reihen bewehrter und bewaffneter Männer vorbei. Am Weinmarkt wandte sich der Zug nach dem Armenspital, dem »Almosen«, nach links und ritt, den Gerbergraben zur Rechten, nach Osten. Kurz darauf wurde der Hohensteg erreicht, dann eine der ältesten Adelsgesellschaften Straßburgs, Zum Hohen Steg, zu der auch Sturm und andere Adelsgeschlechter gehörten, und schließlich die Pfennigturmbrücke, an deren Südende die Schatzkammer lag, der Pfennigturm. Als der Zug auf den Roßmarkt einbog, traf Straßburgs Eskorte mit der Abordnung des Ammeisters zusammen, um nun eine dichte Formation von etwa einhundervierzig bewehrten Reitern zu bilden, die erhobenen Lanzen auf den Sattelbögen abgestützt. Vor ihnen saß ihr berittener Bischof, ein stolzer, hochaufgerichter junger Mann in einem langen schwarzen Mantel und einem weißen Chorhemd, auf dem Haupte ein schwarzes Barett. Es war dies weniger ein Aufeinandertreffen von Kirche und Staat; hier standen sich plötzlich Reichsadel und Stadtstaat gegenüber, und an der Seite Wilhelms ritten die Beamten und Verwalter seines Territoriums – die Grafen von Hanau-Lichtenberg, Bitsch und Fürstenberg –, der Reichslandvogt und ein Vertreter des Mainzer Erzbischofs.

Gegenüber diesen hohen Herren zogen der Ammeister, der Stettmeister und die übrigen Vertreter der Stadt, die seit etwa vier Stunden warteten, ihre Hüte, um dem Bischof ihre Ehre zu erweisen; ebenso schnell aber bedeckten sie ihre Häupter auch wieder. Als sich der Bischof mit seinem Gefolge nach rechts wandte, um über die Steinerne Brücke zu reiten, begannen überall in der Stadt die Glocken zu läuten. Bald hatte er den Münsterplatz und das große Westportal der Kathedrale erreicht. Wilhelm stieg ab und zog die Mütze und den Umhang der Chorherren an, um so seine Metamorphose vom Fürsten zum Bischof deutlich zu machen. Unterdessen zog die Geistlichkeit in das Münster ein, gefolgt von ihrem Bischof, der nun Mitra und Stab trug. Gleichzeitig gaben der Ammeister und einige andere Ratsmitglieder, die ihm gefolgt waren, am Nordportal das Paßwort – »St. Anne« – und schlüpften in die Kirche, um ihre Plätze über dem Lettner einzunehmen.

Während sich die bewaffneten Bürger und Dörfler zum Essen zurückzogen, intonierte die große Orgel im Münster »Komm, Heil'ger Geist«, und der Dekan des Münsterkapitels geleitete Wilhelm in den festlich geschmückten Chorraum. Dann, nach einem Tedeum in Begleitung aller Glocken der Stadt, begann die Messe. Es wäre an Johann Geiler gewesen, von der großen, steinernen Kanzel aus, die eigens für ihn errichtet worden war, die Predigt zu halten, denn dieses Recht stand ihm zu, doch statt dessen ging die Messe ohne Predigt zu Ende, und Bischof Wilhelm von Honstein verließ die Kathedrale, ohne überhaupt den Segen zu erteilen.

Das Bankett, zu dem der Bischof die führenden Mitglieder des Magistrats nach der Messe einlud, war eine einzige Katastrophe. Essenszeremonien wurden von der deutschen Gesellschaft äußerst ernst genommen, und derartige Bankette »auf die deutsche Art« konnten bis zu sieben oder acht Stunden andauern. Hier aber ging alles schief. Die Speisen waren noch nicht fertig, und als sie endlich auf den Tisch kamen, waren sie, wie Sebastian Brant uns berichtet, »zum mheren theil kalt und ungeschmackt«. Es habe viele Gerichte gegeben, die man höchstens habe ansehen können (»schauweszen«), nur wenige, die man auch habe essen können (»dauweszen«) und, so scherzte er, überhaupt keine, oh weh, die man hätte vernaschen können (»frouwenweszen«) – und damit konnte er nur Frauen gemeint haben. »Und warlich«, Brant kehrte mit Schaudern zum Ernst der Angelegenheit zurück, »wann man an eim fürstenmal hett es mit vleisz gewöllt eim ubell bieten, oder schandtlich zu eszen geben, so möcht man es kum mitt beszerer geschickt gethon haben.«[15] Manche der Magistratsmitglieder entschuldigten sich ganz einfach und gingen woanders hin, um zu einem guten Essen zu kommen, und am nächsten Tag erschienen – als ob sie es ihrem Bischof mit gleicher Münze heimzahlen wollten – nur zwei Adlige auf dem Roßmarkt, um ein Turnier zu Wilhelms Ehren zu bestreiten.

Bevor er die Stadt verließ, beklagte sich der gerade inthronisierte Bischof bei der Regierung der Stadt, dem Rat und den XXI, daß es nie seine Absicht gewesen sei, bewaffnete Soldaten in die Stadt mitzubringen. Er sei sehr überrascht gewesen, als er »einer so groszen uffrüstung der burger im harnesch und beschriben der landtleut gesehen und befunden hett, das doch seinet halben on alle not gewesen [...]. Wer ouch fürsten und Herren so mitt ime ingeritten als landsäsz [als Vasallen] grosze uneere, das sie sich etwas unfreundtlichs gehalten [verdächtigt], des sie nie inn willens gewesen.« Man fühle sich angesichts dieser Beschwerden »befremdt« – so die eisige Antwort des Magistrats. »Darzu so hett ein rath der statt Straszburg inn ir statt zu ordnen, zu rüsten, zu setzen und entsetzen nach irem guten gefallen, dabey liesz man es bleiben.« So ritt der Bischof also von dannen und hinterließ einen miserablen Eindruck. Schließlich war er alles in allem ein Fremder, ein »hergloffner« auf gut Alemannisch, »und wie er wol mher dann einest mit worten sich mercken liesz, er wolt ein guter nochpur sein«, bermerkte Brant, »so geturst man doch seiner geschwinden art [listigen Wesen] als eim Türinger nit sonnders vertrewen«[16]. Die erschöpften Milizionäre gaben ihre Waffen ab und gingen nach Hause, um in ihren eigenen Betten zu schlafen, das Landvolk kehrte in seine Dörfer zurück, der Magistrat wandte sich wieder seinen alltäglichen Geschäften zu und hatte ein Auge auf Gauner, lose Zungen, Metzger, die mit falschen Gewichten arbeiteten, und Bürger, die ihren Abfall auf die Straßen warfen. Der Einzug des Bischofs hatte die Stadtkämmerei siebenhundert Pfund gekostet, die schwere Arbeit der Senatoren beim nachmittäglichen Verdauen nicht einmal eingerechnet – aber man hatte dem neuen Bischof eine zweihundertfünfzig Jahre alte Lehre erteilt: Innerhalb der Mauern Straßburgs waren sie die Herren, nicht er.

Es zeigte sich, daß der neue Bischof voller Überraschungen steckte. Am 22. Juni 1508, am Fronleichnamstag, zelebrierte er zum Erstaunen aller in seiner Kathedrale die Messe. So etwas war, wie Brants Nachforschungen ergaben, seit Johann von Lichtenberg

(Amtszeit 1353-1365) nicht mehr geschehen, »welcher so demuetig und erschaffig an gottes dienst was das er seyn pfaffen und kirchen selbs weyhet, und annder ding so ein bischoff thun solt, selber thet, so doch gemeinigklich anndere bischöff sich eins solchen usz hochmut beherrent [weigern], und bevehen es iren suffraganien oder wyhebischöffen. Deszhalben geht es also wol bey den schöfflin Christi uff aller erden«, fuhr Brant seufzend fort, »so die rechten hirten sind zu herren worden, und den gedingten knechten ir schoff bevelhen, die doch so sy den wolff khommen sehen zu fliehen gewon sindt, das der glub [Glaube] vast uff steltzen gäht [ins Wanken gerät].«[17] Die erstaunliche Nachricht verbreitete sich landauf, landab, und der Ruffacher Priester Martern Berler (gestorben nach 1555) bemerkte, daß Wilhelms Handeln »ein grosse andacht und ein sunderen gunst und lieb der underthan zu yrem hyrten« erweckt habe. Früher sei so etwas nicht ungewöhnlich gewesen, heute aber wollten die Bischöfe »fursten syn und nitt seel sorger und hyrtten yrer schoefflin. Dar umb wurd der zorn gottes mitt der zitt uber sye kummen und erfult werden der spruch Ezechielis XXXII: we den hyrten Israhel die sich selber weiden etc. und ist zu forchten das mitt der zitt die schefflin den hyrten entlaufen werden.«[18]

Dieser weltlich gesinnte junge Bischof hatte noch weitere seelsorgerische Überraschungen auf Lager. Während der Karwoche des Jahres 1508 segnete er die Öle, am Gründonnerstag, dem 5. April 1508, geleitete er seine Beichtkinder in die Kathedrale, und am Ostersamstag erteilte er niedere und höhere kirchliche Weihen. Am Ostersonntag sang Bischof Wilhelm von Honstein das Hochamt, und er tat dies auf so angemessene (»wesenliche«) und vornehme Weise, daß es jedermann gefällig war. Vielleicht würde sich dieser junge und tatkräftige Mann, dem es so wichtig war, sich mehr als Bischof denn als Fürst darzustellen, dem Problem zuwenden, an dem seine Vorgänger in den vergangenen sechzig Jahren gescheitert waren: der Reform der Geistlichkeit in der Diözese Straßburg. Tatsächlich: Am 9. März 1509 gab Wilhelm seinen Reformerlaß bekannt, der, so hoffte er, der Ausgangspunkt für größere reformerische Anstrengungen bei der Geistlichkeit seiner Diözese sein würde. Der Erlaß zielte darauf, die finanziellen Mittel der Kirche, die noch in Pfründen, anderen Einkünften, Klöstern und Meßstiftungen gebunden waren, für die Erneuerung und Ausbildung einer Geistlichkeit zu verwenden, die den spirituellen Bedürfnissen der Laien besser gerecht werden würde. Seine beiden Wittelsbacher Vorgänger waren an dieser Aufgabe kläglich gescheitert – einer Aufgabe, die zum Herzstück jener reformerischen Programme erhoben worden war, wie sie von dem anonymen Autor der *Reformatio Sigismundi* (1437) über Nikolaus von Kues (1401-1464) bis hin zu jenem unbekannten elsässischen Priester und Verfasser des *Buches der Hundert Kapitel und der Vierzig Artikel* seit acht Jahrzehnten gefordert wurden.

Das Problem kirchlicher Reform in der Vorreformationszeit tritt in der Diözese Straßburg deutlicher zutage als irgendwo sonst im Heiligen Römischen Reich. Grundsätzlich bestand es darin, daß sich die Kirche seit Beginn der spätmittelalterlichen Agrarkrise um 1350 nicht mehr an die veränderte Situation und die Bedürfnisse der Menschen angepaßt hatte. Im Unterelsaß hatten die Kleriker, die Stiftskapitel, Klöster und Konvente auf den Niedergang der Agrarwirtschaft und die daraus resultierende Bedrohung ihrer Existenz reagiert, indem sie ihr Kapital als Darlehen in der Landwirtschaft investierten und in den Großhandel mit Getreide und Wein einstiegen. Dieser Schritt war erfolgreich, gleichwohl aber mußte ein hoher Preis dafür bezahlt werden: Zum einen waren die finanziellen Mittel der Kirche nun gebunden, zum anderen wurde der Antiklerikalismus unter den Bauern und Handwerkern geschürt. Zur gleichen Zeit beschränkten die Übergriffe der weltlichen Eliten auf die Macht der Bischöfe, Äbte und anderer Prälaten – im frühen fünfzehnten Jahrhundert versuchten die Straßburger Bankiers, die Finanzen der Diözese an sich zu reißen – die reformerischen Möglichkeiten selbst des gewissenhaftesten Bischofs, und gewissenhaft waren die Straßburger Bischöfe des fünfzehnten Jahrhunderts nicht gerade. Die florierenden Einnahmen und Geschäfte in dieser vom Reichtum gesegneten landwirtschaftlichen Region zogen geistliche Unternehmer und Viehzüchter aus ärmeren Gegenden wie Schwaben an, was die Vertrautheit zwischen Klerus und Volk schwinden ließ. Der Handel mit Pfründen erreichte einen erstaunlichen Grad an Kommerzialisierung, als der elsässische Kleriker Johann Burckhard (1450-1506) in Rom die Stelle des päpstlichen Kämmerers innehatte. Allenthalben machten sich die religiösen Häuser und Körperschaften das Vermögen der Kirche zu eigen, geschützt von den weltlichen Obrigkeiten und mächtigen Adligen, oftmals sogar mit Duldung Roms oder des Kaisers. Wenn die weltliche Gewalt den Widerstand des Klerus gegen Reformen unterstützte, wie es der Rat und die XXI von Straßburg gegen Bischof Wilhelms Reformerlaß von 1509 taten, so waren episkopale Reformen zum Scheitern verurteilt, insbesondere wenn Rom – und in diesem Fall war dem so – Seite an Seite mit den Gegnern, deren weltlichen Freunden und Helfern handelte. Die Lösung, die alle Verfasser von Reformen im fünfzehnten Jahrhundert für akzeptabel hielten – eine mit pastoralen Aufgaben betraute und festbezahlte (vielleicht sogar verheiratete) Priesterschaft sowie ausgebildete, ihrer seelsorgerischen Pflichten bewußte Bischöfe – konnte angesichts der bestehenden Eigentumsverhältnisse und der Zusammensetzung des Klerus nicht realisiert werden.

Niemand in Straßburg hatte die Situation besser erkannt oder setzte sich freimütiger dafür ein, die Mißstände zu beseitigen, als Johann Geiler, der eine Generation lang von seiner Kanzel im Münster herab die Moral der Stadt geißelte. Der in Schaffhausen geborene und im mittelelsässischen Kaysersberg aufgewachsene Geiler studierte Philosophie in Freiburg und Theologie in Basel. Bevor er nach Straßburg kam, lehrte er für kurze Zeit Theologie in Freiburg. Von Ammeister Peter Schott (1427-1504) und seinem Magistrat nach Straßburg gerufen und gefördert, glaubte Geiler, der Schlüssel zu Reformen sei bei Bischof und Klerus zu suchen. Nach 1492, als die Episkopalreform ins Stocken geriet, konzentrierte er seine unerschöpfliche Energie auf die Kritik der Moral der Bürger und ihre religiöse Unterweisung. Geiler wurde wegen seiner Urteilskraft, seiner Weisheit und seines einfachen Lebens von den Menschen aller Schichten geliebt und bewundert, und das nicht nur in Straßburg, sondern auch im Elsaß und im gesamten süddeutschen Raum.[19] Er, der von Kaiser Maximilian » von wegen synner grossen leer und heilges leben [...] seer liep gehapt [wurde]«,[20] predigte im Jahre 1504 über die drohende Gefahr: »... will pabst, bischoff, kayser, koenig nit reformiren unser geistloss, verrucht, gottlos leben«, rief Geiler, »so wird gott einen erwecken, der es thun muss und die fallene religion wider aufrichten. Ich wünsche den tag zu erleben, aber ich bin zu alt; euer viel werdens erleben.«[21]

Geilers Botschaft war typisch für den spätmittelalterlichen katholischen Erweckungseifer, für den Stellenwert des Zusammenwirkens von menschlichem Streben und Gottes Gnaden, das er in einem auf die Laienschaft zugeschnittenen mönchischen Ideal darlegte: asketisch im Geiste, aber im weltlichen Leben stehend. »...wir allesamen ein orden sein, und Christus ist unser aller apt«,[22] predigte Geiler einmal und hatte dabei die Kirche ebenso wie die weltliche Gemeinde als soziales System im Auge, in dem sich Laien und Priesterschaft gegenseitig mit materiellen und geistlichen Gütern unterstützen. In seinem Predigtzyklus *Die Ameise*, in dem er die menschliche Gesellschaft mit einem wohlgeordneten Ameisenhügel vergleicht, verweist Geiler auf die arbeitenden Menschen: »... man schickt uns den wein in den keller und das korn auch, darumb das wir unsers dings wollen warten, gots dienst volbringen und was uns zu stot. Nit gibt man uns, das wir drei oder vier huren an dem barren haben zeziehen [an unsere Futtertröge holen], also da thun die stoltzen Bacularius an dem bischoffs höffen. [...] So wir geistlichen münch pfaffen und nunnen essen euwer arbeit. Ir speisen uns, so solten wir euch das zeitlich ersetzen mitt dem geistlichen. Aber vil guts haben, rent und gült, wein und korn etc. und das geistlich nit widerumb thun, das ergert dye menschen.«[23]

Geiler wünschte sich, daß seine Zuhörer die Kirche als eine universale geistliche Gemeinschaft sähen: »Wann ein priester zu Rom mesz liset in gnaden gottes, so hast du hie [in Straßburg] nutz darvon, und wann du hie ein pater noster in gots gnaden bettest, so hat der zu Rom nutz und teil daran ...«[24] Dies war den Bürgern keineswegs ohne weiteres verständlich zu machen, denn die zunehmende lokale Autonomie und der Stolz auf die eigene Gemeinde ließen das ohnehin ferne Rom in noch weitere Ferne rücken.

Dreißig Jahre lang predigte Geiler den Menschen sein volksnahes und zugleich universelles Evangelium von Arbeit und gegenseitiger Unterstützung, und das in Straßburg, wo, ebenso wie in anderen großen Städten, die Umwandlung der finanziellen Mittel der Kirche und ihrer Angehörigen in eine mehr pastoral ausgerichtete Struktur als hoffnungsloses Unterfangen erschien, zumal es überhaupt keine revolutionären Impulse gab. Keineswegs einfacher wurde diese Aufgabe angesichts der zunehmenden Abspaltung der Geistlichkeit von der weltlichen Gesellschaft und des schwindenden Respekts unter der Laienschaft. Der junge Peter Schott, einziger Sohn des Ammeisters und selbst Priesterkandidat, war noch ein Schuljunge, als er einen bekannten elsässischen Vers ins Lateinische übertrug: »Es gibt drei Dinge, die du niemals durch deine Tür lassen darfst – einen alten Affen, einen jungen Priester und wilde Bären.«[25] Geiler, der Schotts Mentor und Freund seiner Eltern war, erkannte, daß das Gefühl von Vertrauen, von dem die gesamte Struktur abhängig war, zu schwinden drohte. Aber was konnte man da tun? Zu Geilers Zeit vermutlich nichts.

An der Oberfläche hatte sich nichts verändert. Die renommierten Familien fuhren darin fort, die Konvente mit Geld und ihren Töchtern zu versorgen, in den Kirchen entstanden weiterhin Kunstwerke wie etwa der von Veit Wagner geschaffene Petruszyklus am Hochaltar der Alt-St. Peterskirche, der demselben Bildhauer zugeschriebene Ölberg im Münster und Nikolaus von Hagenaus großer Marienaltar (der sogenannte »Fronaltar«) im Münster, und die Mitglieder des Magistrats wohnten weiterhin den wichtigen Messen wie etwa der »Brückenmesse« bei, die an den Angriff eines Bischofs auf die Rheinbrücke im Jahre 1392 erinnerte. 1513 verfügte der Magistrat, daß das wichtigste Ereignis der Stadt, der Schwörtag, mit dem Segen einer Heiliggeistmesse beginnen solle. Straßburg um 1500 wurde Zeuge unzähliger Akte privater oder öffentlicher Wohltätigkeit: Ein neues Spital für die Opfer der Syphilis entstand, und 1520 wurde mit immensen Kosten und unter großen Risiken die Marienglocke im Glockenturm des Münsters aufgehängt. Trotz der Spannungen zwischen Klerus und Laienschaft war Straßburg »der römischen Kirche immer ergeben«, und auf seinen Fahnen wie auf seinen

Münzen erschien, für alle sichtbar, der Wahlspruch der Stadt, die demütige Bitte an seine Schutzpatronin: »Heilige Jungfrau Maria, bitte deinen Sohn, unsere Stadt und sein Volk zu retten.«[26]

In den Jahren nach 1500 sonnte sich das Oberrheintal in Frieden, Sicherheit und einem selbstzufriedenen Gefallen an seinen Traditionen und den Freiheiten seiner unzähligen kleinen Mächte. Hier, vor allen anderen Regionen dieses großen Heiligen Römischen Reiches, hatte der Partikularismus seine süßesten Früchte hervorgebracht. Aber aus genau diesem Grund sollten der Oberrhein und die angrenzenden Regionen in Südwestdeutschland von den Stürmen der Reformation mit doppelter Heftigkeit erfaßt werden. Während der frühen 1520er Jahre fegten die Böen der Reformationsbewegung durch die Städte der Region, und 1524 begann der Bauernkrieg wie ein zerstörendes, zugleich aber reinigendes und hoffnungerweckendes Unwetter über das Land hereinzubrechen. Diese Ereignisse markierten den Übergang des Oberrheintals vom Zeitalter des spätmittelalterlichen Partikularismus und Christentums zum Europa der Großmächte und der Ära der Habsburger und der Valois. Alle Elemente, die diese Veränderungen markierten – Humanismus, Buchdruck, bäuerliche Aufstände und städtische Revolten, Zwinglis Militanz und Luthers Vorsicht, anabaptistische Agitation und protestantische Intoleranz, pädagogische Neuerungen und kirchliche Erneuerung, die Tradition des Reiches und der Expansionismus Frankreichs –, erfaßten Straßburg mit geballter Wucht und verwandelten es von einem regionalen Zentrum zu einer Grenzstadt. Es war das Schicksal Jakob Sturms, des berühmtesten Sohnes der Stadt, die Zeit dieses Umbruchs mitzuerleben.

DRITTES KAPITEL

Ein Mann der Stadt

Bürgerliches Erbe

Die reiche, in ihrem Gefüge gänzlich regional organisierte Welt des Oberrheintals brachte während der Reformationszeit einen Politiker hervor, der im gesamten Heiligen Römischen Reich eine hohe Stellung einnehmen sollte. Jakob Sturm kam am 10. August 1489 als zweiter Sohn der acht, vielleicht auch mehr Kinder des Martin Sturm und der Ottilia von Köllen in Straßburg zur Welt. Die Sturms waren irgendwann nach 1250 von Offenburg über den Rhein gekommen und im späten dreizehnten Jahrhundert von König Rudolf I. in den Adelsstand erhoben worden. Seit langem zählten sie zum adligen Patriziertum Straßburgs. Viele der adligen Geschlechter hatten die Stadt 1419 verlassen, aber die Sturms waren geblieben, und die männlichen Nachkommen der Familie bekräftigten diese Entscheidung immer wieder durch ihre starke Verbundenheit mit dem Gemeinwesen. Martin Sturm stellte sich zwischen 1506 und 1521 dem Geheimen Rat der XV zur Verfügung, und seine Brüder Ludwig, patrizischer Senator, und Ott, der zwischen 1484 und 1512 zwanzig einjährige Amtszeiten als Stettmeister ableistete, waren auf ähnliche Weise aktiv. Zugleich aber waren die Sturms, genau wie die meisten anderen Adelsfamilien, auch Grundherren, denn die Grenzen zwischen Stadt und Land waren am Oberrhein fließend und leicht zu überschreiten, möglicherweise viel leichter als in anderen Regionen des Reiches. Die Brüder Sturm gehörten der titellosen, aber gleichwohl grundbesitzenden Adelsschicht an. Sie nannten Lehen des Heiligen Römischen Kaisers, des Pfalzgrafen, des Straßburger Bischofs und anderer, weniger bedeutender Elsässer Fürsten ihr eigen, und ihnen gehörte die allodiale Herrschaft Breuschwickersheim, das nur ein paar Kilometer südwestlich von Straßburg lag.

Die Sturms dienten auch der Kirche. Jakobs Onkel Leonhard war Mönch in Alpirsbach, einem Benediktinerkloster an der oberen Kinzig, mitten im Hochschwarzwald, und seine Vettern Ott und Stephan, die Söhne des Onkels Ott, erhielten um 1508 beide einträgliche Pfründen in örtlichen Stiftskapiteln. Mit besonderer Zuneigung aber war die Familie den Straßburger Dominikanerinnen verbunden, deren zahlreiche Konvente sich der Gunst vieler besserer Familien erfreuten. Margarete Sturm, Martins Schwester und Jakobs

Tante, trat dem Konvent von St. Nikolaus in Undis in der Straßburger Vorstadt Krutenau bei, Jakobs Schwester Klara wurde 1508 in das Konvent St. Margarete und St. Agnes gegeben, und auch Jakobs Cousine Magdalena, die Tochter des Onkels Ott, lebte in diesem Haus. Soweit dies möglich war, wurden die Mitglieder der Familie Sturm stets in diesen Klöstern begraben.

Ihrer ehrwürdigen Herkunft, ihrer langen Tradition im Gemeinwesen und ihrer Frömmigkeit fügten die Sturms noch Reichtum hinzu. Martin verfügte über Eigentum in der Stadt und über allodialen Besitz bei Düttelnheim und Achenheim; mit seinem Bruder Ludwig teilte er sich die Herrschaft Breuschwickersheim, deren Gebäude und Einkünfte im sechzehnten Jahrhundert einen geschätzten Wert von viertausendachthundert Gulden darstellten. Insgesamt hielten sich die Sturms an die traditionellen Investitionsbereiche der Straßburger Adligen, an Grundbesitz und die Einkünfte aus Zinsen. In Straßburg gehörte ihnen eine Reihe von Häusern, doch der größte Teil ihres Reichtums erwuchs aus den Zinsen von Krediten, die sie vergaben. In der Regel handelte es sich dabei um eine Vielzahl kleiner Beträge, die sie an einfache Leute, vor allem Bauern, verliehen. Die Sturms selbst investierten nicht in Handelsgeschäfte, aber manche eng mit ihnen verbundene Familien – etwa die Wurmsers oder die Miegs – waren, genau wie Ottilia von Köllens Großeltern mütterlicherseits, die Schotts, auf diesem Sektor tätig.

Obgleich die Schotts in Straßburg so neu waren wie die Sturms alteingesessen, zählten Peter Schott und Susanna von Köllen zu den bemerkenswertesten Persönlichkeiten Straßburgs. Peter Schott der Ältere war 1449 nach Straßburg gekommen und hatte durch seine Heirat mit Susanna das Bürgerrecht erhalten. 1465 trat er in die Regierung der Stadt ein und wurde bald zum namhaftesten Staatsmann Straßburgs des fünfzehnten Jahrhunderts. Dank seiner Führung während der Burgundischen Kriege konnte Straßburgs Sicherheit in einem starken regionalen Bund, der Niederen Vereinigung, verankert werden. Während seiner Amtszeit als Ammeister zeichnete er zudem für die letzte Überarbeitung der Verfassung verantwortlich, mit der Straßburg die Aufstände der Zünfte beendete und zu innerer Ruhe kam. Die Atmosphäre von Frieden und Sicherheit, in der Jakob Sturm aufwuchs, war im wesentlichen den politischen Leistungen seines Urgroßvaters zu verdanken.

Die Schotts zählten zu den Handelsfamilien, die im Verlauf des fünfzehnten Jahrhunderts und der zunehmenden wirtschaftlichen Erholung zu Reichtum gekommen waren. Drei der Töchter von Susanna und Peter gingen gute Partien mit Adligen oder reichen Kaufleuten ein; Anna, die Deutsch und Latein lesen und schreiben konnte, lebte als Nonne im Dominikanerinnenkonvent von St. Margarete und St. Agnes, und Peter Schott der Jüngere (1460-1490) wurde Priester, Jurist und Humanist. Die Kinder wuchsen in einer häuslichen, von Gelehrsamkeit und hingebungsvoller Frömmigkeit geprägten Atmosphäre auf, die insbesondere von ihrer Mutter Susanna gefördert wurde. Diese Einflüsse gingen über das Haus der Schotts hinaus und reichten bis in die Konvente der Dominikanerinnen, denen die Schotts ebenso eng verbunden waren wie die Sturms. Peter Schott d.Ä., der die religiöse Inbrunst seiner Frau teilte, gab diese Frömmigkeit an die Gemeinde weiter. Die schlechten Predigten, die am Münster gehalten wurden, hatten ihn – so erzählte man sich – so sehr erzürnt, daß er Anfang der 1480er den großen elsässischen Prediger Johann Geiler von Kaysersberg nach Straßburg holte, um die Stelle des Münsterpredigers mit ihm zu besetzen. Die Schotts statteten diese Kanzel nicht nur mit einer Stiftung von 2.230 Gulden aus, Peter Schott ließ darüber hinaus eine prachtvolle, mit den Skulpturen von fast fünfzig Heiligen verzierte steinerne Kanzel errichten, von der aus Geiler die nächsten dreißig Jahre über die Moral der Straßburger wachte.

Jakob Sturms Erbe entsprang also zwei Quellen: Von den adligen Sturms waren ihm die Herkunft, die Bindungen zur Kirche, die Stellung als Grundherr, Reichtum und eine lange Tradition im Dienste der Stadt in die Wiege gelegt worden, während die Schotts ihm Verbindungen zum höchst aktiven Handelsleben der Stadt, ein großes politisches Prestige, enge Beziehungen zur frommen Laienschaft und die Einbindung in die neue humanistische Gelehrsamkeit verschafften. Beide Familien hatten sich in ihrer Geburtsstadt und am Oberrhein fest etabliert.

Kindheit und Jugend

Als Jakob im Sommer 1489 zur Welt kam, waren seine Eltern seit fünf Jahren verheiratet. Er und seine Geschwister – trotz ihrer chronisch schlechten Gesundheit brachte Ottilia von Köllen mindestens drei weitere Kinder zur Welt und lebte weitere zwanzig Jahre – wuchsen vermutlich in einem Haus in der Pfauengasse auf, ganz in der Nähe der St. Martinskirche und von Onkel Otts großem Wohnhaus, das den Namen Zum großen Kamel trug.

Jakobs Kindheit war durch ganz besondere Umstände geprägt. Kurz nach seiner Geburt starb sein Großonkel, Peter Schott d.J., im Alter von dreißig Jahren. Dieser gelehrte junge Priester hatte bei seinen Eltern, die ihren Sohn verehrten und für seine Ausbildung sorgten, und anderen große Hoffnungen geweckt. Mit ihm verband sich die Chance, daß die neue, aus Italien stammende Gelehrsamkeit, der

Humanismus, auch in Straßburg Fuß fassen würde. In ihrem Bestreben, einen Ersatz für diesen Verlust zu finden, übertrugen die alten Schotts, Jakobs Eltern und seine Lehrer ein idealisiertes Abbild des toten Verwandten auf den Knaben – und dieses Vorbild sollte für die nächsten dreißig Jahre der Leitstern in Jakobs Leben sein. Einer seiner Hirten war die Schwester des Verstorbenen, die gelehrte Dominikanernonne Anna, die den Zehnjährigen 1499 einen Brief ins reine schreiben ließ, in dem ihr Bruder ihr einmal einige religiöse Ratschläge erteilt hatte. Ein anderer war Johann Geiler, enger Freund der Schotts und vermutlich auch der Sturms. Der stärkste Impuls in dieser Richtung ging jedoch von einem ehemaligen Heidelberger Professor, Jakob Wimpheling, aus, der im Jahre 1501 in Straßburg eintraf und alle Beteiligten darin bekräftigte, aus Jakob Sturm einen gelehrten Kleriker zu formen. Wimpheling, geboren in Schlettstadt und bislang Professor und Rektor der Heidelberger Universität, ließ sich im Hause der Wilhelmitischen Mönche nieder und versuchte die Mitglieder des Magistrats davon zu überzeugen, eine städtische Lateinschule einzurichten. Dieser Plan scheiterte jedoch, und er verdiente sich daraufhin seinen Lebensunterhalt, indem er Knaben aus guten Familien, darunter auch die Brüder Jakob und Peter Sturm, auf die Universität vorbereitete. Wimpheling hatte von diesen beiden Knaben aus guter Familie schon vor seiner Ankunft gehört, denn er war einer der maßgeblichen Förderer Peter Schotts d.J. gewesen, dessen Schriften er nun für eine posthume Ausgabe vorbereitete und dessen Leben und Gelehrsamkeit er der Jugend Straßburgs ans Herz legte. So hatte er auch vor seiner Rückkehr von Heidelberg ins Elsaß die Brüder Sturm brieflich ermuntert, dem Beispiel ihres verstorbenen Großonkels zu folgen. Dies war auch der eigentliche Sinn eines Geschenks, das er 1499 Jakob Sturm übersandte: einen Band mit antiken und zeitgenössischen (hauptsächlich italienischen) Texten zur Pädagogik, den er mit der Widmung »Für Jakob Sturm, den Sohn des Martin Sturm« versah. In seiner eigenen Handschrift fügte Jakob Sturm – es sind dies die ersten Zeilen, die von ihm überliefert sind – unter dieser Widmung hinzu: »Dieses Buch gehört dem Großneffen des ehrwürdigsten Herren, Peter Schott, Bürger von Straßburg 1499«.[1] Schon lange bevor Wimpheling also seinen Wohnsitz in Straßburg nahm, hatte der Knabe jenen Wunsch seiner Familie verinnerlicht, daß er den »ehrwürdigsten Herren«, seinen Großonkel, ersetzen sollte. Wimpheling unterhielt enge Beziehungen zu den Eltern Martin und Ottilia, nach seinem Zeugnis Herz und Seele dieses Vorhabens, und wurde bald zu einem engen Freund. Als Jakob später in Freiburg studierte, wohnte Wimpheling im Hause der Sturms und verbrachte seine freie Zeit auf dem Landsitz der Familie in Breuschwickersheim.

Jakob Wimpheling, einer der ersten Verfechter des Humanismus in Südwestdeutschland, begeisterte seine jungen Schüler für seine eigenen Ideale, indem er ihnen für gewöhnlich Widmungsbriefe sandte, die er seinen Büchern vorausschickte. In einem dieser Briefe mit dem Datum 18. November 1501 erinnerte er Jakob Sturm an den von ihm gewählten Weg: »Du weißt«, schrieb der Mentor, »daß ich es vorziehe, daß du das Studium der Theologie ergreifst, und du weißt, daß Gott und angesehene Männer das Studium und die Ausübung der Juristerei in geringem Ansehen halten. [...] Ich bitte und ermahne dich also, dich der Liebe Gottes, der Freundschaft derer, die dich umgeben, dem hohen Ansehen und der Ehre deiner gesamten Familie und dem Heil deiner eigenen Seele zuzuwenden; dorthin wird dich das Studium der Theologie führen.« Und dann brachte er seine Ermahungen auf den Punkt: »Bedenke«, schrieb er, »daß Peter Schott, der Bruder deiner Großmutter mütterlicherseits, sehr bedauerte, daß er sich nicht bereits zu einem früheren Zeitpunkt seines Lebens der wahren Lehre [der Theologie] widmete.«[2] Immer und immer wieder bemühte sich Wimpheling, den Knaben nicht von seinem Weg abkommen zu lassen, und er tat dies stets mit denselben Argumenten. »Du hast einmal gesagt«, erinnerte er Sturm, der zu dieser Zeit bereits Theologie in Freiburg studierte, »es sei dein höchster Wunsch gewesen, das Studium der heiligen Dinge zu beginnen.« Er verstand es auch, Jakob Sturms Gefühlen entgegenzuwirken, er habe Verpflichtungen gegenüber seiner Familie: »Du hast Brüder, die, so Gott will, den Stammbaum deiner Familie weiterführen können. Du aber kannst dich dem Priestertum und dem Zölibat widmen.« Dann lobte er den jungen Mann: »Du hast dich offen dazu bekannt, dem Beispiel folgen zu wollen, das Peter Schott, der Bruder deiner Großmutter, an Keuschheit und Bescheidenheit gegeben hat, [...] und was könnte erfreulicher, was wichtiger für mich sein, als mit anzusehen, wie du auf so standhafte Weise dem ehrenvollen Wirken und der großen Gelehrsamkeit des Peter Schott nacheiferst?«[3] Jakobs Entscheidung für das Priestertum sei »der innigste Wunsch deines Vaters« und »die größte Sehnsucht deiner Mutter« gewesen.[4]

Studienjahre

Ein Anwärter auf die Laufbahn eines gelehrten Klerikers konnte seine Ausbildung bis zu einem gewissen Punkt auch zu Hause erhalten, wie dies auch bei Jakob Sturm der Fall war. Dann aber benötigte er den Schliff und das wissenschaftliche Fundament einer Universitätsausbildung, um sich später unter bedeutenden Männern bewegen zu können und, keineswegs ein nebensächlicher Aspekt, für eine einträgliche Pfründe in Frage zu kommen. In der Jugend Sturms führte der sicherste Weg, innerhalb der Kirche die Stufenleiter nach oben zu erklimmen, über die Universitäten. Die bevorzugten Hochschulen der Region waren Basel, Freiburg und Heidelberg. Auf Anraten Wimphelings wurde Jakob 1501 im Alter von zwölf Jahren zum Studium in das pfalzgräfliche Heidelberg geschickt, wo die Familie seiner Mutter Verbindungen unterhielt. Am 29. September 1501 wurde er in die sogenannte Artistenfakultät aufgenommen. Schon seit Generationen waren die Fakultäten in zwei philosophische Richtungen geteilt, und sie waren es noch immer, als Jakob Sturm in Heidelberg das Studium aufnahm. Dem sogenannten alten Weg, »Via antiqua«, der sich an Thomas von Aquin und Duns Scotus orientierte, stand der neue Weg, »Via moderna«, gegenüber, der auf Wilhelm von Ockham zurückging. Obgleich Geiler und Wimpheling zu den *moderni* zählten, schrieb sich Sturm als »Scotist«, als Anhänger Duns Scotus also, in die Via antiqua ein. Wimpheling, der sich der verführerischen Gefahren, die in dieser neuen Umgebung auf seinen Schützling lauerten, wohl bewußt war, überhäufte Sturm und seine anderen Schüler in Heidelberg mit Beschwörungen, sie sollten fleißig und tugendhaft sein. »Manche Menschen streben nach großen Reichtümern«, schrieb er im ersten Semester an Sturm, »sie starren auf das Gold, trinken aus silbernen Bechern, kleiden sich in kostbare Seide, erfreuen sich an Lustbarkeiten, lechzen nach Liebe, [...] schmachten nach den Freuden des Fleisches, verschwenden ihre Zeit beim Spiel, stinken nach Wein, eilen nach Rom, treiben sich in dieser Stadt herum und häufen Pfründen an.« Seine eigenen Schüler, so hoffte er, würden derartigen Versuchungen widerstehen und Philosophie betreiben, »weil es euer Bestreben ist, eure Zeit dem Studium der Weisheit zu widmen, den Weg der Tugend zu verfolgen und mit den humanistischen Lehren vertraut zu werden, gefällige Gewohnheiten anzunehmen und das Laster zu verabscheuen, in allen Dingen moralisch zu handeln, [...] auf guter Bildung und hohen Werten zu beharren, alle Dinge gleichmütig zu erdulden, die Leidenschaften und Gefühle der Seele zu zügeln, mit niemandem zu streiten, die Keuschheit zu lieben, Gott zu fürchten und Eltern und Freunde zu ehren, das unauslöschliche Feuer der Hölle zu fürchten und niemals die Stunde des Todes aus den Augen zu verlieren [...], auf daß euch Gott, euer Schöpfer und Erlöser, schließlich in Seinem ewigwährenden Königreich unter den Heiligen aufnehme.«[5] Ob derartige Ermahnungen zur Tugend seine Schüler davon abhielten, Singvögel zu fangen, sich zu verkleiden, heimlich in den Fischteichen des pfälzischen Kurfürsten zu angeln oder sich anderen verbotenen Freuden hinzugeben, wissen wir nicht.

Im Sommer 1504 mußte Sturm, der inzwischen an der Heidelberger Universität war, seine Studien abrupt unterbrechen. Hessische Truppen, die sich mit Maximilian gegen den pfälzischen Kurfürsten im Krieg um die Nachfolge in Bayern verbündet hatten, standen vor den Toren der Stadt. »Zu dieser Zeit«, erinnerte sich Wimpheling später, »fragten mich meine sehr guten Freunde Martin Sturm und Matthias Pawel [...], was mit ihren Söhnen wohl geschehen sollte, die sie drei Jahre zuvor auf meinen Rat hin nach Heidelberg geschickt hatten. Dann riefen sie die Knaben zurück nach Hause.«[6] Nun wurde der mittlerweile fünfzehnjährige Sturm zur Fortsetzung seines Studiums nach Freiburg geschickt, wo er sich am 27. Juli 1504 immatrikulierte. Damit verpaßte er gerade König Maximilian und Königin Bianca Maria, die am 9. August 1504 im Scheine der Fackeln in die Stadt einzogen, und er versäumte auch die Predigt Geilers, die er eine Woche darauf an die gekrönten Häupter richtete und in der der große Moralist warnte, eines Tages werde Gott einen Propheten schicken, der »die fallene religion wider aufrichten [wird]«[7].

Wimpheling besuchte Jakob in Freiburg und schickte 1506 auch Peter zum Studium in diese Stadt. Von der Wahl Freiburgs als Studienort für Jakob hielten Martin Sturms Verwandte bei den Dominikanern allerdings nicht sehr viel, sie wollten den Knaben auf die theologische Fakultät der Dominikaner zu Köln schicken. »Ich aber sagte«, bemerkte Wimpheling, »daß Jakob alles, was er in Köln lernen könnte, auch in Freiburg lernen kann.«[8] In Freiburg schrieb sich Sturm nicht für Jurisprudenz ein, wo der große Ulrich Zasius (1461-1535) überragenden Einfluß hatte, sondern bei den Theologen für den *cursus biblicus*, den fünfjährigen Vorbereitungskurs für das Theologiestudium. Als »Scotist« hielt er gleichzeitig Vorlesungen an der Artistenfakultät, wo er 1505 über Aristoteles' *De generatione animalium* und 1506/1507 sowie 1508 über die *Nikomachische Ethik* las. Die niederen Weihen erhielt er vermutlich am 6. Mai 1507, als er vor der versammelten theologischen Fakultät in der Dominikanerkirche eine lateinische Predigt hielt. Unter seinen Kommilitonen befand sich mancher, der für höchste Karrieren innerhalb des Klerus bestimmt war, so etwa der Schwabe Johannes Eck (1484-1543), drei Jahre älter als Sturm und ebenfalls ein Protegé Wimphelings, oder die beiden Elsässer Mathis Zell (1477-1548) aus Kaysersberg und Wolfgang Köpfel (Wolfgang Capito; 1478-1541) aus Hagenau. Beide Elsässer sollten zu den zukünftigen protestantischen Reformatoren in Straßburg gehören.

1508 wechselte Peter Sturm aus unbekannten Gründen nach Heidelberg und zur Juristerei über; Jakob verließ die Universität für immer. Er kehrte aus Freiburg zurück, ohne einen Abschluß in

Theologie in der Tasche zu haben, auch wenn er in späteren Jahren allenthalben als beschlagener Kenner der Bibel galt. Jakob war nun zwanzig, es war an der Zeit, eine Karriere zu beginnen, und vielleicht war er auch in der Hoffnung nach Hause gekommen, ebenso wie zwei seiner Vettern und Söhne seines Onkels Ott eine Pfründe zu erhalten. Die Welt, die er als Junge gekannt hatte, ging zu Ende. Am 10. März 1510 stand Jakob an Geilers Totenbett, und am nächsten Tag sah er, wie sich die Ratsherren und die Bürger in die Kathedrale drängten, um von dem Mann Abschied zu nehmen, der all seine Kräfte verbraucht hatte, um seine Zuhörer zu ändern.

Der Humanismus im kleinen: Jakob Wimpheling

Jakob Sturm kehrte 1508 zum rechten Zeitpunkt von Freiburg zurück, denn er war im richtigen Alter, von guter Herkunft und besaß überdies die geeignete Veranlagung, um sich in eine kulturelle Strömung einzubringen, die von der Geschichte als Humanismus bezeichnet wurde. Humanistische Ideale, die seit über einer Generation aus Italien über die Alpen nach Deutschland vorgedrungen waren, führten zu einem Wiederaufleben des antiken Latein, und später – wenngleich in geringerem Ausmaße – auch des antiken Griechisch sowie der Pflege der Rhetorik und der antiken Literatur anstelle der scholastischen Philosophie und Theologie. Vor 1510 und bevor sich der Einfluß des Erasmus im Reich bemerkbar machte, war der Humanismus weder besonders produktiv, noch trat er kämpferisch auf, und nichts lag den Absichten seiner Förderer und Anhänger ferner, als die Kirchenreform zu ihrer Sache zu machen. Die Humanisten trugen zur Lösung des Problems der steckengebliebenen Reform der Geistlichkeit nichts bei, im Gegenteil, sie verschlimmerten es, da viele von ihnen ebenfalls nach einem Plätzchen im Schoße der Kirche suchten, gierig nach einer gewissen Sicherheit und einträglichen Pfründen strebten, mit denen sie ihre kulturellen Interessen hätten finanzieren können. Der Kreis, der sich in Straßburg um Jakob Wimpheling geschart hatte, bestand, als Jakob Sturm 1508 hinzustieß, zu einem guten Teil aus Männern genau dieser Sorte.

Um die Wahrheit zu sagen: Indem Sturm diesen Lebensstil in Straßburg aufnahm, komplettierte er damit zugleich seine Karriere nach dem Vorbild des verstorbenen Peter Schott d.J., das seine Familie für ihn gewählt hatte – nun allerdings nicht mehr des Schott, wie er in der gefühlvollen Familienerinnerung fortlebte, und auch nicht des legendären Schott, des reformerischen Humanisten, der in der Blüte seines Lebens von »den Geistlichen« vergiftet worden sei.[9]

Nein, Sturm strebte nun dem realen Peter Schott nach, dem gehüteten, einzigen Sohn einer wohlhabenden Familie, dem hervorragend ausgebildeten, vornehmen Kleriker, der ein Leben der Muße führte. Nach der besten Ausbildung, die mit Geld zu kaufen war – Privatunterricht, die Lateinschule in Schlettstadt, Philosophie in Paris, Recht in Bologna –, war Schott nach Straßburg zurückgekehrt, hatte sich an der Kirche Jung-St. Peter seine Pfründe gesichert und sodann verkündet: »Sobald ich meinen Verpflichtungen gegenüber dem Kanonikat von Jung-St. Peter Genüge getan und ein Jahr dort Wohnung bezogen habe, werde ich, so Gott will, [in Paris] Theologie studieren.«[10] Offenbar war der rechte Moment, nach Paris zu gehen, nie gekommen, denn Schott führte nach diesem Jahr im Straßburger Hause seiner Eltern das Leben eines Herrn, bereiste die Bäder des Schwarzwaldes und besuchte seine Schwester Ottilia in ihrem Schloß in Wasselnheim. Er führte ein angenehmes Leben, widmete sich seiner Familie, seinen Freunden, dem gesellschaftlichen Leben und der humanistischen Wissenschaft – immer mit Unterstützung der Kirche, der Milchkuh der örtlichen Aristokratie.

Solcherart war der Lohn, nach dem die aufstrebenden jungen Männer mit guter Ausbildung, zumeist Straßburger und andere Elsässer, trachteten, und sie sammelten sich um das, was später ganz richtig als Jakob Wimphelings »mittelmäßiges Programm« des Humanismus bezeichnet wurde.[11] Dieses Programm ruhte auf zwei Pfeilern: auf einer Form der Gelehrsamkeit, die sich in vorsichtigen Ansätzen an Italien orientierte und die Wimpheling als beste Vorbereitung für die akademischen Berufe ansah, und auf moralischer Selbstdisziplin, die er seinen Schülern von frühester Jugend an einhämmerte – beginnend mit so grundlegenden Geboten, wie er sie dem jungen Peter Sturm im Jahre 1499 vorschrieb: »Liebe Gott. Ehre deine Eltern. Stehe im Morgengrauen auf. Schlage das Zeichen des Kreuzes im Namen des Vaters, des Sohnes und des Heiligen Geistes. Kleide dich an. Wasche deine Hände und trockne sie. Säubere deinen Mund, doch nimm kein Wasser, das zu kalt ist, es wird deinen Zähnen schaden.«[12] Als seine Schüler älter waren, warnte er sie – wie den elfjährigen Peter Sturm im Jahre 1501 – vor den drei Lastern, für die er seine Studenten, sicherlich nicht ohne Grund, besonders anfällig glaubte: dem Trunk, dem Spiel und der Hurerei. Auf der anderen Seite muß man Wimpheling zugestehen, daß er seinen Zöglingen eine Kombination christlicher und bürgerlicher Werte vermittelte – Genügsamkeit, Standhaftigkeit, stetiges Lernen, Tugendhaftigkeit, Gleichmut, Selbstbeherrschung, Bescheidenheit, die Liebe zu Gott, den Eltern und Freunden und die Sorge um die Unsterblichkeit der eigenen Seele. Dies sollte sie in hohe kirchliche Positionen, zu wissenschaftlichem Ruhm und zu ewigem Heil führen.

Unverkennbar basierte Wimphelings Vorgehen auf persönlichen und familiären Beziehungen, die er nutzte, um vor allem individuelle Erfolge zu erzielen; die Auswirkungen, die dies darüber hinaus für die Kirche oder das Problem der Reform des Klerus hätte haben können, zog er nicht sonderlich in Betracht. Seine eigenen Erfolge als mehr oder weniger erfolgreicher Pfründenjäger nutzte er als Argument für die Bevorzugung seiner gelehrten Schülerschaft, und so diente er ausschließlich denjenigen, die sowieso aus den besten Familien kamen.

Wimpheling war jedoch nicht der einzige Mentor des jungen Jakob, ein zweiter Mentor, Johann Geiler, versuchte dem Knaben ganz andere Ideale zu vermitteln. Während Wimpheling wie die meisten deutschsprachigen Humanisten der Überzeugung war, die finanziellen Ressourcen der Kirche müßten die Freunde der humanistischen Wissenschaft ernähren, hatte der unbeugsame alte Prediger stets darauf insistiert, daß das Leben eines Geistlichen dem Dienste an der Laienschaft gewidmet sein müsse. »Filius hominis«, so predigte er einmal, »non venit ministrari, sed ministrare. Das sollent hören alle obren, geistlich und weltlich regenten, und sollent nit schätzen, das die gemeind ir sei, sundern sie der gemeind. Nüt ist die gemeind umb irenn willen, sunder sye seind umb der gemeind willen und sein ire knechte ire diener.«[13] Das war Geilers Credo, und er hielt sich daran im Geiste der großen Reformschriften des vorangegangenen Jahrhunderts, zu denen etwa die berühmte *Reformation Kaiser Siegmunds* gehörte, die nach dem Ende des Pfründensystems rief und den Klerus dazu aufforderte, sich von Herren zu Dienern zurückzuverwandeln, sei doch die »mynst [geringste] pfarrkyrchen wirdiger dann das hochst kloster«.[14]

Als Sturm vor der Entscheidung stand, zwischen diesen beiden Formen geistlichen Lebens zu wählen – Wimphelings Weg der Gelehrsamkeit und Geilers Weg der Seelsorge –, entschied er sich für ersteres. Auf seine Ordination zum Priester kam es ihm nicht an, viel mehr jedoch auf eine Pfründe, mit der er sein Leben als gebildeter Herr bestreiten konnte. Schließlich und endlich war dies doch das Leben, auf das man ihn seit seiner frühesten Kindheit vorbereitet hatte.

Nach und nach begann sich überall eine humanistische Kultur herauszubilden, die von Freundschaften und Gesellschaften begründet und durch intensive Briefwechsel gepflegt wurde. Sturms Vorbereitung für diese Seite seines Lebens hatte schon während seiner Freiburger Zeit begonnen, als Wimpheling den Studenten mit einflußreichen Gelehrten wie dem Baseler Verleger Johannes Amerbach (um 1440-1513) und dem großen Humanisten und Hebraisten Johannes Reuchlin (1455-1522) bekannt machte, die auch Peter Schott d.J. gekannt hatten. Zurück in Straßburg, machte sich Sturm – allerdings in sehr bescheidenem Maße – nützlich, indem er beispielsweise Sebastian Brant dabei half, eines von Wimphelings Büchern für den Druck vorzubereiten. Zudem begann er an seiner eigenen Reputation als Gelehrter zu arbeiten. Als ihn ein schwäbischer Gelehrter wegen einer Augsburger Frau um Rat fragte, die offenbar seit langem keine Nahrung mehr zu sich genommen hatte, griff Sturm auf die Meinung Gianfrancesco Pico della Mirandolas (1469-1533) zurück, der Straßburg im Jahre 1505 besucht hatte, und antwortete, dies sei eher ein natürliches Phänomen als ein Wunder.

Ein besonders wichtiger Bestandteil der humanistischen Kultur war Geselligkeit, und Wimpheling und die anderen Freunde der humanistischen Wissenschaft trafen gelegentlich zusammen, um zu tafeln, zu trinken, sich gegenseitig vorzulesen und zu diskutieren. In dieser Runde war mancher begabte junge Gelehrte zu finden, so etwa der Lothringer Schullehrer Matthias Ringmann (1482-1511), genannt Philesius, der 1507 an den Vorbereitungen zum Druck der großen Weltkarte von Waldseemüller beteiligt war, aber auch einige der schwarzen Schafe des Straßburger Klerus. Zu diesen gehörte die stadtbekannte Wolf-Sippe. Ihr Oberhaupt, Thomas Wolf d.Ä. (gestorben 1511), Sohn eines reichen Eckbolsheimer Bauern und einer Straßburgerin, zählte zum herrschaftlichen Klerus und war Inhaber mehrerer Pfründen. Von seinen vier Neffen zählten zwei, nämlich Cosmas und Johann Andreas, zu den berüchtigsten Verführern junger Mädchen in Straßburg – und wohlgemerkt, beide gehörten dem Klerus an. Wimpheling, vehementer Kritiker des Konkubinats und sexueller Verfehlungen, wies die Wolfs zwar dezent zurecht, brach die Freundschaft zu ihnen aber nicht ab. Die übrigen Mitglieder in Wimphelings Kreis, den ein Zeitgenosse als »gelehrsam und edel« beschrieb, waren zwar sehr viel respektabler als die Wolfs, besonders bemerkenswerte Gelehrte waren sie gleichwohl nicht. Ein um 1514 angelegtes Verzeichnis der »Humanistensodalität der Stadt Straßburg« nennt »die vier edlen Sturms« – Jakob, Peter, ihren älteren Bruder Friedrich und entweder ihren jüngeren Bruder Stephan oder ihren Vater – sowie einige andere, die sehr viel besser zu Wimpheling paßten: ehrgeizige, gebildete Männer von einfacher Herkunft, die meist aus Provinzstädtchen stammten.[15]

Die Belustigungen, denen sich dieser Kreis hingab, waren ebenso bescheiden wie die Leistungen, mit denen sie aufwarteten. Eines dieser Zusammentreffen fand 1505 statt, als Martin Sturm Wimpheling und die Freunde auf sein Schloß nach Breuschwickersheim einlud, wo man sich daran delektierte, einen römischen Kultgegenstand zu untersuchen, den der Pflug eines Bauern zutage gefördert hatte.

Ein anderes, ebenso bescheidenes Unterfangen war die Vorbereitung eines Buches zum Gedenken an den 1504 verstorbenen Amandus Wolf, einen der bereits erwähnten Brüder. Der Band sollte die Schrift *De miseria humana* des Bologneser Humanisten – und Lehrers Peter Schotts – Giovanni Garzoni enthalten. In dieser Studie über die menschliche Existenz war es dem Italiener gelungen, den Bezug zum Christentum weitgehend auszusparen. Jakob Sturms Beitrag, ein lateinischer Vers, ist der einzige Text, den er jemals veröffentlichte.

Der große Humanismus: Erasmus von Rotterdam

In dieses Umfeld schlug der große Erasmus von Rotterdam (1466/69-1536) Mitte der 1510er Jahre wie ein Meteor ein. Das Programm des niederländischen Humanisten machte Wimphelings Vorstellungen mit einem Schlag überholt. Erasmus vertrat eine Bildungsreform durch die Rückkehr zur Antike, eine Glaubensreform durch die Rückkehr zur Heiligen Schrift und zu den Kirchenvätern sowie eine moralische Besserung der Gesellschaft durch eine Erziehungsreform. Die ersten Anzeichen seines Einflusses auf die jungen Straßburger Humanisten begannen sich bemerkbar zu machen, als diese zum ersten Mal die heidnische Antike, das klassische Latein und Griechisch zu studieren begannen. Der Weg in eine große neue Welt war frei – der Weg in die internationale Gelehrtenrepublik. Zugleich entfernten sie sich weiter von ihrer alltäglichen, über das regionale Blickfeld nicht hinausreichenden Welt, wo – so sah es Erasmus – eine ignorante und abergläubische Laienschaft an ihren alten Ritualen klebte, blind für die lehrreichen Wunder der antiken Philosophie.

Ein dramatischer Moment bei der Gewinnung von Wimphelings Kreis durch Erasmus war im August 1514 erreicht, als der berühmte Mann höchstpersönlich auf dem Wege rheinaufwärts nach Basel in Straßburg haltmachte. Ihm zu Ehren richteten die Straßburger im Hause der Johanniter ein prächtiges Bankett aus, dem Wimpheling und Brant vorsaßen und für das sich Erasmus mit dem Besten revanchierte, was er zu vergeben hatte: mit überschwenglichem und höchst elegant verpacktem Lob. In Straßburg, so schrieb er, sei er auf die Tugenden gestoßen, die alle großen Stadtstaaten so überaus berühmt gemacht hätten: auf die Moral Roms, die Weisheit Athens und die Disziplin Spartas.[16] Insbesondere ein Mann erregte seine Aufmerksamkeit, der fünfundzwanzigjährige Jakob Sturm. »Ein einzigartiger junger Mann«, schrieb Erasmus, »der seiner vornehmen Familie noch mehr Glanz verleiht, der seine Jugend mit einer Ernsthaftigkeit krönt, die auch eines reiferen Alters würdig wäre, und dessen Bescheidenheit seiner außergewöhnlichen Bildung einen großen Zauber verleiht.«[17] Auch fünfzehn Jahre später hatte Erasmus seine Meinung nicht geändert: »Unter den Adeligen ist, was Grundsätze, Lauterkeit, Aufrichtigkeit und Klugkeit angeht, Jakob Sturm an erster Stelle zu nennen, dem wegen seiner Ratschläge nicht nur die erhabene Stadt Straßburg zu Dank verpflichtet ist, sondern auch fast ganz Deutschland.«[18] Erasmus' Lob wiederum bewirkte, daß der Straßburger den Holländer sein Leben lang verehrte, und als dem großen Humanisten zu Ohren kam, Jakob Sturm habe sein Neues Testament gegenüber den Straßburger Dominikanern verteidigt, trug dies Sturm ein weiteres Lob ein. Sturm sei »ein junger Mann von ausgezeichneter Intelligenz und guter Urteilskraft, ungewöhnlich gebildet und einer meiner großen Anhänger«.[19]

Der Einfluß des Erasmus auf Jakob Sturm und seine Freunde ist nicht hoch genug einzuschätzen, denn er führte sie von Wimphelings wirrem und provinziellem Eklektizismus in eine weitere, ja internationale Gemeinschaft der Freunde der humanistischen Wissenschaft. Um 1515 lernten die jungen Männer fleißig Griechisch – die Geheimsprache, um an dieser Gemeinschaft teilhaben zu können – und suchten den Kontakt zu anderen wichtigen Männern. Jakob Sturm pflegte zum Beispiel Umgang mit dem Schlettstädter Humanisten Beatus Rhenanus (1475-1547), der ihm seine Ausgabe von János Csezmiczei überließ, Bischof von Pécs und Ungarns führender Dichter in lateinischer Sprache.

Mit Hilfe solcher Kontakte machte sich Jakob bald einen Namen, den er auf dem Schlachtfeld der literarischen Gefechte der 1510er Jahre verankerte. Die typische Waffe des Ehrgeizigen gegen den Etablierten ist die Polemik, und die geradezu ritualisierten Kämpfe, die da in den Büchern ausgefochten wurden, trugen dazu bei, daß aus den deutschsprachigen Humanisten bald eine selbstbewußte Gruppe wurde, die ein deutlich ausgeprägtes Empfinden für gemeinsame Interessen und Solidarität besaß. Der Wimpheling-Kreis ging im Verlauf dieser literarischen Gefechte in der größeren Gruppierung der Humanisten auf. Die bedeutendste dieser Auseinandersetzungen war die Reuchlin-Affäre, und sie brachte als wichtigstes Werk die *Briefe der Dunkelmänner* (1515-1517) hervor, die Reuchlin mit Spott, Übertreibung und Hohn gegen die Kölner Dominikaner verteidigten und dessen tatsächliche und angebliche Parteigänger rühmten, darunter auch »Jakob Sturm, von dem man sagt, er sei ein guter Latinist«[20].

Obgleich Sturm nichts publizierte, was diesen Ruhm hätte begründen können, bestätigen andere Hinweise seine Beteiligung am humanistischen Bildungsprogramm im erasmischen Sinne. Florenz von Venningen, Kanzler des Pfalzgrafen, holte 1522 den Rat Jakob Sturms ein, als es in Heidelberg um die Reform der Studieninhalte ging. Dessen Antwort setzte mit einer Kritik an der Ausbildung an, die er selbst in Heidelberg erhalten hatte: »Vor achtzehn Jahren, im Alter von zwölf«, schrieb er, »lernte ich dort Grammatik und Logik. Dieses Wissen ist zum Teil aus meinem Gedächtnis gestrichen, zum Teil ist es in der Zwischenzeit verbessert worden.« Die Lehrmethoden zu dieser Zeit, so klagte er, »waren höchst langweilig, altertümlich und unzureichend, und die Lehrer teilten uns absichtlich irgendwelche erfundene Aufgaben zu, mit denen Begabungen verschwendet und kostbare Stunden mißbraucht wurden.« Man habe Bücher von Aristoteles gelesen, »doch geschah dies mit einem höchst unglückseligen Lehrer, der vom Griechischen und Lateinischen so gut wie nichts verstand, so daß weder er, der las, noch irgendeiner seiner Zuhörer etwas verstand – eine große Verschwendung von Geld, Zeit und Fähigkeiten und von keinerlei Nutzen für die Studenten«[21]. Logik und Rhetorik, überlegte Sturm, sollten nicht von den alten Autoren, sondern von Georg von Trebizond, Rudolph Agricola (»dessen Asche hier in Heidelberg, im Hause der Franziskaner, ruht«) gelernt werden, auch von Aristoteles, dann aber unter Verwendung der neuen, humanistischen Übersetzungen oder der Auslegungen des französischen Humanisten Jacques Lefèvre d'Étaples. Sturm legte dem Kanzler überdies nahe, einen Professor der antiken Literaturen zu berufen, »der sowohl Griechisch als auch Latein können und in der Lage sein muß, seinen Studenten die Grundzüge der griechischen Sprache zu vermitteln«.

Sturm formulierte auch seine Vorstellungen, wie das Studium der Theologie aussehen müsse. »...obgleich ich in Heidelberg nie Theologie gehört habe, so fürchte ich doch, daß vieles so ist wie an anderen deutschen Universitäten. [...] Wenn ich an meine Erfahrungen [in Freiburg] denke, so wurde dort nichts außer diesen Scholastikern, ›Doktoren‹ genannt, gelehrt, die schrieben, nachdem die Goten und Vandalen auf ihren Invasionszügen jede Art von Wissenschaft zerstört hatten.« Die Schriften dieser ›Doktoren‹, monierte Sturm, »vernachlässigen das Alte und das Neue Testament, schätzen keinen *magister sententiarum* bis auf einen [Peter Lombard] und enthalten viele merkwürdige Dinge, die christlicher Frömmigkeit nicht förderlich sind«. Den Bettelmönchen solle die Fakultät »ihren Thomas und ihren Scotus« lassen und selbst zwei Theologen ernennen, einen für jedes Testament, die jeden Tag Vorlesungen zur Bibel halten »und dabei auch das nehmen sollen, was ihnen an den älteren griechischen und lateinischen Theologen – Origenes, Basilius, Gregor von Nazianz, Chrysostomos, Hieronymus, Hilarius und Augustinus – gut erscheint«.

Ein Vergleich der Kritik und der Vorschläge Sturms mit denen Wimphelings verdeutlicht, wie sehr der junge Straßburger mittlerweile durch den Einfluß des Erasmus außerhalb des Wirkungsbereichs seines Mentors geraten war. Obgleich Wimpheling einräumte, daß die moderne (d.h. scholastische) Theologie weder »der Ehre Gottes, der Errettung der Seelen noch dem Fortschritt der christlichen Länder« förderlich sei, obgleich er über die Rückständigkeit bei lateinischer Rede und Stil jammerte und die »Vernachlässigung der Bibel und der Kirchenväter« verdammte, scheute er sich davor, humanistische Bücher anstelle scholastischer Texte zu empfehlen.[22] Sturm hatte einen Schritt getan, den Wimpheling nie nachvollzog, jenen Schritt auf die Seite derer, die das meiste, was man ihnen beigebracht hatte und was zwischen den Invasionen der Germanen und dem vierzehnten Jahrhundert geschrieben worden war, nun mit Verachtung von sich wiesen.

Der junge geistliche Herr

Nach einem Jahrzehnt des *dolce far niente* begann der achtundzwanzigjährige Jakob Sturm seine Karriere. Im Juli 1517 wurde er Sekretär des Pfalzgrafen Heinrich, des sechsten Sohnes des früheren Kurfürsten Philipp und Bruder des regierenden Kurfürsten. Heinrich, nur zwei Jahre älter als Sturm, besaß bereits Pfründen als Propst zweier Domkapitel, und zwar in Straßburg und in Aachen, womit nur der Anfang seiner brillanten Karriere als einer der reichsten Prälaten seiner Zeit gemacht war. Als Sturm, vermutlich auf Wimphelings Empfehlung, Heinrichs Sekretär wurde, begann er sich als *clericus* zu bezeichnen – ein Zeichen dafür, daß er nun seine Karriere in Angriff genommen hatte. Tatsächlich hatte er seinen Karren vor ein starkes Pferd gespannt, denn als Propst von Straßburg verwaltete Heinrich den Reichtum des Münsterkapitels, einer so ausgeprägt aristokratischen Versammlung, daß Jesus Christus, wie Erasmus einmal scherzte, wegen seiner fehlenden adligen Vorfahren kaum Aufnahme in diesen erlauchten Kreis gefunden hätte. Mehr als sechs Jahre, von Juli 1517 bis November 1523, diente Sturm als Sekretär, kümmerte sich um die ausgedehnten Besitzungen und Einkünfte des Fürsten. In den Diensten Heinrichs reiste er zudem sehr viel, und als der Fürst 1521 oder 1522 nach Ellwangen ging, fungierte er in Straßburg als Vertreter seiner Interessen.

Jakobs neue Karriere begann in harten Zeiten. Im Winter 1516/1517 waren, nach zwei vorangegangenen schlechten Ernten im Elsaß, die Weinreben erfroren. In der Gegend von Obernai versuchte Joß Fritz, dem Bundschuh neues Leben einzuhauchen, und dieser Geheimbund machte seinen Einfluß in vielen elsässischen Dörfern geltend, darunter auch in Martin Sturms Düppigheim. Wimpheling, der 1517 in seiner Pfarrei in Sulz im Oberelsaß Wohnung genommen hatte, verlieh der gedrückten Stimmung der späten 1510er Jahre in seinem bemerkenswerten *Gebet des Volkes zu Gott* Ausdruck. Es faßte die berechtigten Klagen der Bauern in Worte: »Wir Bauern bearbeiten die Erde und nähren [...] die ganze Menschheit. [...] Arbeit und Armut wollen wir ertragen, aber uns wird alles genommen.«[23]

Unterdessen kam Jakob Sturm in seinem neuen Amt auch mit der Welt der großen Politik in Berührung – einer Welt, in der die bedeutenden deutschen Dynastien alles daransetzten, ihren Besitz zu wahren und zu mehren. Es war ein Zeichen der Zeit, daß Sturms politische Initiation just in diesem Moment und in dieser Welt stattfand und nicht mehr in der kommunal-föderativen Welt, die sein Urgroßvater gekannt hatte. Seine wichtigste Aufgabe bestand darin, Fürst Heinrich in seinem Streit um die gefürstete Propstei Ellwangen im unterschwäbischen Jagsttal zu unterstützen. Gegenüber Rom, dessen Beistand er sich versichern wollte, setzte Heinrich auf die lutherische Gefahr, vor Ort auf die emotionale Karte, um die Bürger für sich zu gewinnen. Der Sieg, den er »mit der Kraft seiner Brüder, Verwandten und Freunde« errungen hatte, machte auf seinen jungen elsässischen Sekretär großen Eindruck.[24]

Dankbare Herren belohnen ihre treuen Diener, und Heinrich versuchte, wie es sich für einen so mächtigen jungen Fürsten geziemte, Sturm eine gute Pfründe zu verschaffen. Im Gegenzug für die Rechte, die ein König oder Kaiser bei seiner Wahl erhielt, wurde stets eine große Anzahl von Pfründen verteilt, und Fürst Heinrich konnte sich bei einigen der Absprachen, die während der Verhandlungen um die Nachfolge im Heiligen Römischen Reich für Karl V. getroffen wurden, Geltung verschaffen. Eine der Pfründen, das nächste vakant werdende Kanonikat von St. Stephan zu Straßburg, hatte Heinrich für seinen Sekretär vorgesehen. Doch unglücklicherweise war Jakobs altem Freund Othmar Nachtigall, der zu diesem Zeitpunkt in Augsburg lebte, dieselbe Pfründe versprochen worden, und der nun entbrannte Streit zwischen den beiden Pfründejägern und ehemaligen Schülern Wimphelings ging bis nach Rom und dauerte bis 1523 an. Die Auseinandersetzung wurde schließlich so heftig, daß Nachtigall das Gerücht verbreiten ließ, Sturm werde das Amt ohnehin nicht ausfüllen und beabsichtige in jedem Fall, dem Klerus den Rücken zu kehren. Vielleicht verhielt es sich tatsächlich so, denn Sturm hatte schon einmal Enttäuschungen hinnehmen müssen, als er mit Hilfe des Hagenauers Wolfgang Capito, den er schon seit Freiburg kannte, versuchte, sich eine Pfründe in Mainz zu sichern. Capito, mittlerweile einer der Berater des Kurfürsten von Mainz, hatte sich um das Amt des Propstes an der Kirche von St. Thomas zu Straßburg beworben, und im Juni 1520 bat Sturm den alten Freund, er möge einen der Stiftsherren in Mainz bewegen, zu Sturms Gunsten zurückzutreten. Als Capito 1521 *in absentia* seine Ansprüche auf das Amt des Propstes geltend machte, war »Meister Jakob Sturm, Geistlicher der Diözese Straßburg« einer seiner Sachwalter. Sehr wahrscheinlich würde Capito Sturm früher oder später helfen, die Pfründe zu erhalten, die er schon so lange erstrebte. Einstweilen aber war die Jagd nach einem sicheren Auskommen noch nicht zu Ende – und sie führte Jakob Sturm geradewegs in den Tumult der ersten Jahre der Reformation in Straßburg. Dort faßte in den frühen 1520er Jahren Martin Luthers Bewegung Fuß; Predigten, Flugschriften und Geschichten über Luthers Widerstand gegen Papst und Kaiser, über seine wundersame Flucht aus dem Reichstag zu Worms kursierten. Der junge Straßburger, bislang ein unauffälliger, geistlicher Herr nach Wimphelings Gefallen, wandte seine Aufmerksamkeit den Botschaften des Reformators zu.

VIERTES KAPITEL

Reformation und Revolution

Konversion

Als sich Jakob Sturm dem ersten Wendepunkt seines Lebens näherte – er war mit seinem Zusammenprall mit der Reformationsbewegung erreicht –, ließ er zugleich die vertraute Welt seiner Kindheit weit hinter sich. In diesem Jahr, 1523, wurde er dreiunddreißig. Sein Vorbild, Peter Schott d.J., hatte er damit an Jahren überrundet, aber der Tod hatte mittlerweile auch viele seiner engsten Angehörigen hinweggerafft. Onkel Ludwig und Tante Anna von Endingen waren 1516 gestorben, Jakobs Mutter und seine Großmutter mütterlicherseits 1519, sein Vater im Oktober 1521, Onkel Ott 1522 und sein Bruder Stephan kurz darauf. Jakob waren nur noch fünf Geschwister geblieben: Anna, Klara, Veronika, Friedrich und Peter. Seine familiäre Welt hatte der Tod zerstört und seine alles andere als brillante Karriere als Kleriker stagnierte. Derart geschwächt, sah er sich plötzlich den Stürmen der Reformation gegenüber.

Was mit Diskussionen in den Häusern der Reichen und Welterfahrenen, mit vereinzelten Predigten und Flugschriften begonnen hatte, verbreitete sich 1520 und 1521 sturzflutartig in alle Gassen, Geschäfte, Schenken, Wohnungen und Zunfthäuser. Um die Jahreswende 1522/1523 begann die Reformationsbewegung bereits die religiöse Landschaft Straßburgs zu verändern. Auf Jakob Sturm brach sie gleich von zwei Seiten herein, durch Personen, die er kannte, und durch die Bücher, die er las. Alle bedeutenden Leute in seiner Umgebung waren zu Anhängern »des Gottesworts« geworden und hatten sich einer Sache verschrieben, die sich »evangelisch« nannte. Schon um 1522/1523 umfaßte dieser Kreis bedeutende Persönlichkeiten des öffentlichen Lebens der Stadt. Hans Bock von Gerstheim zählte dazu, Jakobs zukünftiger Schwiegervater, ein Adliger mit Universitätsausbildung, prominenter Stettmeister und Freund Wimphelings; sodann Vetter Daniel Mieg, der regierende Ammeister für das Jahr 1524; zwei weitere Ammeister, der hitzige Martin Herlin aus der Kürschnerzunft und Klaus Kniebis, ein mit allen Wassern gewaschener Jurist aus der Zunft der Schmiede. Auch die Geistlichen Straßburgs, unter denen mancher Freund Jakob Sturms war, bezogen ihre Positionen. Matthis Zell, Freiburger Studienkollege Sturms und mittlerweile Pfarrer der Münstergemeinde, entwickelte sich 1522 zu einem der entschiedensten Verfechter der Bewegung vor

Ort, und ein Jahr später gelang es den Evangelischen, einen hochrangigen Überläufer auf ihre Seite zu bringen, den Propst von St. Thomas und Kommilitonen Jakob Sturms aus Freiburger Zeiten, Wolfgang Capito. Capito hatte sich lange davor gescheut, sich der Bewegung anzuschließen, auch wenn er bereits sehr mit ihr sympathisierte. Vermutlich galt dies 1523 auch für Jakob Sturm. Eine Reihe von Eheschließungen von Straßburger Klerikern, die große Publizität auf sich zogen, verstärkte den Entscheidungsdruck auf Sturm. Er entschloß sich, nur wenig später als Capito, wahrscheinlich im November 1523.

Der zweite intensive Einfluß, der Sturm zum Übertritt bewog, rührte, wie er später bestätigte, von Büchern her. In Straßburg, das zu den Wiegen der neuen Kunst des Buchdrucks zählte, stieg die Anzahl der neuen Publikationen, die aus den Druckereien der Stadt kamen, um das Dreifache, und bei einem guten Teil dieser Auflagen handelte es sich um Luthers Werke in deutscher Sprache oder andere evangelische Flugschriften. Viele Jahre später bestätigte Jakob Sturm, welch bedeutende Rolle das gedruckte Wort bei seinem Übertritt zur neuen Religion gespielt habe. Als er 1540 in Worms an einem Religionsgespräch teilnahm, machte er einen Abendspaziergang und traf ganz in der Nähe des Doms auf Johannes Eck, ebenfalls ein Protegé Wimphelings und Kommilitone Sturms in Freiburg. Auf Ecks verdrießliche Sticheleien, wie sehr sich ihre Wege getrennt hätten, gab Sturm zurück: »Ich habe [damals] die Schriften beider Seiten gelesen, und ich wurde von denen meiner Seite überzeugt.«[1]

Diese neuen Impulse von Freunden auf der einen und Büchern auf der anderen Seite mochten sich zwar besonders gut ergänzen, doch Sturm ließ sich von den hitzigen Debatten ringsum keineswegs einfach mitreißen. Seinen Übertritt betrachtete er in gewisser Weise als Höhepunkt dessen, was er von seinen Lehrern gelernt hatte; er selbst hat gegenüber Jakob Wimpheling Zeugnis davon abgelegt. Der siebenundsiebzigjährige Priester, der sich für den Ruhestand nach Schlettstadt, seinem Geburtsort, zurückgezogen hatte, hielt die reformatorische Bewegung für ein Wiederaufleben der Anhänger Wycliffs, der hussitischen Häretiker also, die die Kirche ein Jahrhundert zuvor in Angst und Schrecken versetzt hatten. Insofern war die Reaktion Wimphelings verständlich, und in der ersten Hälfte der 1520er Jahre stand er damit keineswegs allein da. »Oh Schrecken«, rief er aus, als er von einer Predigt Capitos erfuhr: »Wer die muotter guotts [Straßburgs Schutzpatronin] an riefft«, hatte Capito gesagt, »und sein vertruwen setzet in sy, sy gleich alls bettet er ein hundt an.« Wimpheling beschwor Capito, er solle die alte Weisheit nicht zugunsten der Lehren der »verfluchten Anhänger Wycliffs« aufgeben.[2] Anfang November 1523 mußte der alte Lehrer noch Schlimmeres ertragen: Ein Straßburger Freund schrieb ihm, daß Wimphelings Lieblingsschüler, Jakob Sturm, »offenkundig vom Gift Wycliffs infiziert« sei. Als Wimpheling Sturm fragte, was es mit diesem Gerücht auf sich habe, erhielt er eine Antwort, die den alten Mann tief traf: »... bin ich ein ketzter, so hant ir mich zu einem gemacht.«[3]

Wie ist Sturms Antwort zu verstehen? Hatte Luther das Ei geöffnet, das von Wimpheling gelegt und von Erasmus bebrütet worden war? Sturms Ausbildung war nach dem Muster verlaufen, das unter den jungen Geistlichen seiner Generation weit verbreitet war: vom Reformprogramm des deutschen Frühhumanismus über den Erasmianismus zur Reformation. Wimphelings Pädagogik enthielt ganz sicher kritische Elemente, die bei Rom nicht mehr loyal gesinnten Personen (wie etwa Wolfgang Capito) zu einem antiklerikalen Sprengstoff werden konnten. Es war nicht Erasmus, der diese kritischen Elemente gepflanzt hatte, aber er hatte sie durch seine Ideale von geistiger Unabhängigkeit und Kulturkritik gefördert und somit Wimphelings Programm von Selbstdisziplin und Gelehrsamkeit eine schärfere Note verliehen. Sturm begann als Schüler Wimphelings, entwickelte sich weiter als Anhänger des Erasmus und wurde als Humanist und Biblizist eine der führenden Persönlichkeiten der deutschen Reformation.

In vieler Hinsicht ist Sturms Geschichte kein Einzelfall, und die Vermischung einzelner, persönlicher Elemente mit Merkmalen, wie sie für eine ganze Generation junger, gut ausgebildeter und städtischer Geistlicher zutreffen, verleiht dem Gesamtbild ein hohes Maß an Glaubwürdigkeit. In einem zentralen Punkt allerdings unterschied sich Sturm sehr deutlich von diesem Muster: in dem Handeln, das aus seinen Überzeugungen erwuchs. Allen schien klar zu sein, was innerhalb der Kirche notwendigerweise geschehen mußte: Geistlichkeit und Kirchenvermögen mußten wieder auf die pastoralen Bedürfnisse der Laienschaft ausgerichtet werden. Viele der jungen Kleriker, die zu den Protestanten übergetreten waren, zogen dann auch die Konsequenz aus ihrer Entscheidung und wurden Prediger oder Pastoren. Nicht so Jakob Sturm, dessen Reaktion darin bestand, seine Karriere als Kleriker gänzlich zu beenden. Statt dessen wurde Sturm nur wenige Monate nach seiner Konversion Mitglied des Straßburger Rats. Dort, in den Sälen von Straßburgs altem Rathaus, in denen schon so viele seiner Vorfahren und Verwandten gesessen hatten, trat Sturm ein ganz anderes familiäres Erbe an – als Diener des Gemeinwesens.

Jakob Sturm trat dem Regiment seiner Geburtsstadt am 7. Januar 1524 bei. Um dieselbe Zeit etwa – dreiunddreißigjährig, die Eltern und Onkel waren gestorben – hatte er sich entschieden zu heiraten. Seine Wahl fiel auf eine der Töchter – wir kennen ihren Namen nicht – des Hans Bock von Gerstheim und der Ursula von Fleckenstein. Seine neuen Schwiegereltern erfüllten alle Voraussetzungen des adligen Bürgertums: Sie waren von vornehmer Herkunft und verfügten über gute Beziehungen. Hans Bock war ein ehemaliger Stettmeister und Oberhaupt einer bedeutenden Patrizierfamilie, während seine Frau einer der mächtigsten Adelsfamilien des Unterelsaß entstammte. Sturms Ehe war nicht vom Glück gesegnet: Wir wissen, daß seine Frau 1529 schon nicht mehr lebte, denn in diesem Jahr erwarben Jakob und Peter Sturm ein Haus in der Brandgasse, in einem Viertel, das zu den bevorzugten Wohngebieten der großen Straßburger Familien gehörte. Hier hatte Jakobs Urahne, Gosse Sturm, einhundertachtzig Jahre zuvor versucht, das Massaker an Straßburgs Juden zu verhindern, und hier verbrachten die Brüder Sturm, zusammen mit ihren unverheirateten Geschwistern Friedrich und Veronika, den Rest ihres Lebens. Warum sich die Geschwister nicht dem immensen sozialen Druck beugten, durch Nachkommen das Fortbestehen ihrer Familie zu sichern, wird die Zeitgenossen verwundert haben, und dies gilt auch für den Historiker. Der Grund dafür ist sicherlich nicht in einem übermäßigen Respekt vor dem Zölibat zu suchen, denn 1524 holten die Brüder ihre Schwester Klara aus dem Dominikanerinnenkonvent St. Margarete und St. Anne zurück, wo sie seit 1508 gelebt hatte. Von den Geschwistern ging allein Anna eine Ehe ein, sie heiratete den hochgeachteten Zorn von Plobsheim. Die Brüder aber trugen mit ihrer Entscheidung, nicht zu heiraten, dazu bei, daß der Fortbestand ihrer Familie gefährdet war. Die Generation ihres Vaters und seiner drei Brüder hatte acht männliche Nachkommen hervorgebracht, von denen nur einer, Vetter Stephan, ebenfalls männliche Nachkommen zeugte. Wenige Generationen später, mit dem Tode des letzten männlichen Sturm im Jahre 1640, hörte die Familie auf zu existieren – vier Jahrhunderte nachdem die Sturms von Offenburg über den Rhein nach Straßburg gekommen waren. »Du hast Brüder, die, so Gott will, den Stammbaum deiner Familie weiterführen können« – mit diesen Worten hatte Wimpheling den jungen Jakob gedrängt, Priester zu werden. Er hatte sich geirrt.

Daß Jakob Sturm keine eigene Familie hatte, erklärt, warum er sich die letzten drei Jahrzehnte seines Lebens ganz und gar dem Gemeinwohl seiner Stadt widmen konnte. In Straßburg ebenso wie in anderen süddeutschen und schweizerischen Städten waren zentrale Positionen im Magistrat gleichbedeutend mit lebenslangen, unbezahlten und sehr zeitaufwendigen Verpflichtungen, denen überhaupt nur wohlhabende Bürger nachkommen konnten. Ein angesehener Handwerksmeister, der in Straßburg – im Gegensatz etwa zu Nürnberg – sehr wohl Chancen auf einen Magistratsposten hatte, konnte sich allenfalls einige wenige der zweijährigen Amtszeiten im Rat der Stadt leisten. Die Brüder Sturm hingegen verfügten aufgrund ihres beträchtlichen Vermögens über alle Möglichkeiten, zeit ihres Lebens solche öffentlichen Ämter anzunehmen. Mit den Naturalien, die sie von ihren Besitzungen um Breuschwickersheim erhielten – Weizen, Roggen, Gerste, Bohnen, Erbsen, Hühner und Wein –, konnten sie ihre Speisekammer füllen, die vielen Pachtgelder der Bauern und sonstigen Forderungen sorgten für einen prallen Geldbeutel. Die Geschwister hatten eine große Zahl von Besitzungen, Einnahmen aus Verpachtungen sowie Lehen geerbt, deren Anteile an Vetter Stephan und über ihre Schwester Anna an die Bocks von Gerstheim übergingen, während der Lehensbesitz Friedrichs und seiner kinderlosen Brüder 1559 ebenfalls an Vetter Stephan, den Sohn Onkel Otts, übertragen wurde. Es ist anzumerken, daß es sich bei diesen Lehen um eine ganz besondere Eigentumsform handelte. Sie implizierten keine der typischen Verpflichtungen von Vasallen gegenüber ihren Herren oder sonstige politische Abhängigkeiten. Die einzige formale Voraussetzung bestand darin, daß sich die Lehen im Besitz des ältesten männlichen Nachkommen der jeweiligen Generation befanden. Die Verwaltung des übrigen Eigentums der Familie Sturm war offenbar Jakobs jüngerem Bruder Peter übertragen worden. Die Brüder verfügten über gemeinsames Eigentum ebenso wie über eigenes: In einer Liste öffentlicher Kreditgeber von 1533/1534 taucht Jakobs Name zum Beispiel allein auf, und das Testament seines Bruders Friedrich nennt eine Reihe persönlicher Posten, darunter den großen Betrag von eintausendfünfhundert Gulden, den ihm Herzog Christoph von Württemberg schuldete, sowie ein bemerkenswertes Vermögen an Silbergeschirr (»meyn silberen geschierlin«), goldenen Ketten und Bargeld. Dieses Testament – und das ihres Vetters und Erben Stephan Sturm – veranschaulicht wohl nur zu deutlich, wie gesichert der Wohlstand der Sturms und wie komfortabel ihr Lebensstil war.

Die Welt der städtischen Politik

Frei von jeglichen Zwängen, für den eigenen Lebensunterhalt sorgen zu müssen, konzentrierte Jakob Sturm seine Kräfte auf seine Karriere im Rat. Seine Befähigungen ließen ihn innerhalb dreier Jahre vom Rat und den XXI zum Geheimen Rat der XV, der für die inneren Angelegenheiten der Stadt zuständig war, und schließlich in den Rat der XIII aufsteigen, dem die äußeren Angelegenheiten oblagen. Diese Position erreichte Sturm im Oktober 1526. Am 21. Dezember desselben Jahres wurde er zum Stettmeister, zum repräsentativen Oberhaupt des Stadtstaates, und damit in das höchste und würdevollste Amt gewählt.

Die »alten Herren«, wie die XIII genannt wurden, dienten auf Lebenszeit als innerster politischer Kreis des Regimes. Hier traf Sturm auf höchst unterschiedliche Männer, deren Familien und deren Geld weiß Gott woher stammten und deren Haltung während der Reformation kaum das von Ehrenmännern war. Ammeister Klaus Kniebis etwa bereicherte sich in dieser Zeit an der Säkularisation der Klöster. Diese Männer verfügten zwar über die notwendigen Finanzen, Verwaltungskenntnisse und Fremdsprachen, um eine Stadt regieren zu können, die wenigsten von ihnen hatten aber eine besondere Ausbildung vorzuweisen. Unter den einhundertundzwei Geheimen Räten in Sturms Tagen gab es zwar einige, die wie Sturm, Hans Bock oder Klaus Kniebis Universitäten besucht hatten, aber nur einen ausgebildeten Theologen, und das war Jakob Sturm selbst. Die meisten verfügten ganz einfach nicht über die Erfahrungen oder Fertigkeiten, um mit Fürsten, Bischöfen, kaiserlichen Räten, von denen nicht alle Deutsch sprachen, oder Politikern aus anderen Regionen und Städten des Reiches – etwa den Hansestädten – zu verhandeln, mit deren Sprachen und Gebräuchen man in Straßburg ebensowenig anzufangen wußte wie mit denen Venedigs, Mailands oder Lyons.

In dieser Gesellschaft fähiger, praktischer, aber keineswegs besonders gebildeter Magistratsmitglieder erschienen Jakob Sturms Fähigkeiten in besonders hellem Licht. Er sprach nicht nur Latein (allerdings kein Französisch), sondern verfügte auch über ein aristokratisches Auftreten und über eine sehr umfassende und fundierte Bildung. Als Sturm 1548 in Augsburg weilte, verblüffte er Bartholomäus Sastrow, den Bürgermeister der Ostseestadt Stralsund, mit seiner Kenntnis der Geschichte Pommerns und des Bistums Cammin – eines Landstrichs, der von Straßburg aus gesehen am äußersten Ende des Reiches lag. »... da recitierte er«, schrieb Sastrow in seinen Erinnerungen, »die Gelegenheit des Stiffts, von weme, zu wollicher Zeit es gestifftet, wer es fundiert, dotiert [...] so eigentlich unnd vollkommen, als hette ers vor achte Tage angehort.« Die Stralsunder konnten sich »nicht genuchtsam vorwundern, wie es dan in Warheitt ein furtreffentlicher, erfarner, beredter, weiser Man war, der auf vielen Reichs- Kreis- und anderen Tagen gewesen, dan der Keyser in hochwichtigen Sachen, unangesehen, daß er Evangelischer Religion, gebrauchte [...]. Dar ich woll sagen dorffte, das Keiner, wegen Erfahrnheit unnd Memorien, also hoher wahrhaftiger Weisheit [...] im gantzen Reich teutscher Nation ime gleich, zu finden gewesen.«[4] Diese profunden Kenntnisse Sturms, die bei seinen Zeitgenossen solche Bewunderung hervorriefen, werden dazu beitragen, seinen raschen, für Straßburger Verhältnisse geradezu rasend schnellen Aufstieg in der Hierarchie des Magistrats und den Einfluß zu verstehen, den er auf die führenden städtischen Politiker des Reiches gewann.

Trotz seiner Gelehrsamkeit und verheißungsvollen Begabung erlag Sturm derselben erschöpfenden Routine, der auch die anderen Geheimen Räte folgten: Abgesehen von seinen häufigen Gesandtschaften außerhalb Straßburgs, legte er an sechs Tagen den zehnminütigen Fußweg von seinem Haus in der Brandgasse zum Rathaus zurück, um den Sitzungen des Rates und der XXI oder des Geheimen Rates der XIII beizuwohnen. Zwischen den Sitzungen erledigten er und seine Kollegen Schwerstarbeit in den Ausschüssen. In ihrer Gesamtheit stellten die vielen Dutzende dieser ständigen Ausschüsse das Kontrollsystem dar, durch das Ohren, Augen und Hände des Regimes bis in die Geschäfte, Schenken, Zunfthäuser und Wohnungen reichten. Seine erste ständige Aufgabe erhielt Sturm 1524 mit dem Fürsorgeausschuß, »Almosenherren« genannt, dessen Aufgabe darin bestand, die Umsetzung des neuen Armengesetzes der Stadt zu kontrollieren. Zudem gab es eine Reihe von Sonderausschüssen, Gruppen von drei bis fünf Magistratsmitgliedern, die einzelne Sachverhalte bestimmter Angelegenheiten zu untersuchen und zu klären hatten. Diese Sonderausschüsse waren für die diplomatische Korrespondenz zuständig, prüften Petitionen und Beschwerden oder gingen Gerüchten nach. Schließlich und endlich wurde hier die Art von informellen Nachrichten gehandelt, die es so notwendig machten, die Posten der verschiedenen geheimen Ratssektionen mit Sachkundigen zu besetzen. Sturm zum Beispiel berichtete am 13. Juli von einer Unterredung mit dem Dekan der St. Thomaskirche – einem seiner Vettern aus der Wurmser-Verwandtschaft –, der ihm erklärte, er wolle nicht länger »mins hern von Straszburgs [des Bischofs] sperjecklin [Schildknappe] sein«.[5] Zu einer Zeit, da das Regime versuchte, die Macht des Bischofs über den Klerus der Stadt zu brechen, wurde diese Mitteilung natürlich mit Wohlgefallen aufgenommen.

In einer solchen Umgebung entdeckte Jakob Sturm bald, welches sein eigentliches Metier war: die äußeren Angelegenheiten der Stadt und die Diplomatie. Er trat Straßburgs Regierung in einer kritischen Zeit bei, als der Magistrat unter dem Druck der Gemeinde

Veränderungen in der religiösen Praxis billigte, die geltendem Recht ganz eindeutig widersprachen. Doch gleichzeitig hoffte man, daß irgend jemand – der Kaiser, der Reichstag oder ein Generalkonzil – bald Entscheidungen treffen würde, die den Magistrat von dem immer stärker werdenden Druck von unten nach noch mehr Veränderungen befreien würden. Diese Hoffnung war insbesondere während der ersten Monate von Sturms Amtszeit gewachsen, denn 1523 hatten die süddeutschen freien Städte Gesandte an Karl V. nach Spanien geschickt – einer von ihnen war Vetter Bernhard Wurmser von Vendenheim –, um sich für finanzielle Gegenleistungen dessen Protektion gegenüber den Fürsten zu sichern. Parallel zu dieser Politik städtischer Solidarität und Loyalität gegenüber der Krone verfolgte der Magistrat eine Angelegenheit, die insbesondere von Hans Bock vorangetrieben wurde: die Forderung, der gesamte strittige Bereich religiöser Fragen möge einem Generalkonzil vorgelegt werden. Beide Hoffnungen wurden 1524 zunichte gemacht, als der Kaiser die Durchsetzung des gegen Luther und seine Lehre gerichteten Wormser Edikts befahl und die Einberufung eines Konzils untersagte. Als das erste Amtsjahr Sturms zu Ende ging, erhob die Bevölkerung immer lautstärker Forderungen nach Veränderungen durch den Magistrat. Von außen aber war keine Hilfe in Sicht. In diesem Moment, als alle Zeichen auf die Notwendigkeit einer neuen Außenpolitik hindeuteten, brach der Sturm der Revolution über Straßburg, das Elsaß, den Oberrhein und Süddeutschland herein.

Jakob Sturms Eintritt in die Reichspolitik

Die treibende Kraft, die so starken Druck auf den Straßburger Rat ausübte, war eine evangelische Bewegung, die von örtlichen Predigern angeführt wurde. 1524, im ersten Amtsjahr Sturms, erreichte dieser Druck seinen Höhepunkt. Bis zu einem gewissen Grad bezogen diese Prediger ihre Macht aus der weitverbreiteten Erwartungshaltung und dem Kampfgeist der Menschen – zugleich aber nährten sie diese Gefühle auch. Diese Stimmung war Vorbote der großen Aufstände des kommenden Winters und Frühlings. Um ihren Forderungen nach Schutz für verheiratete Priester, nach Gottesdiensten in deutscher Sprache und nach dem Verbot der Heiligen Messe, der Heiligenverehrung und anderer Rituale Nachdruck zu verleihen, mobilisierten sie von den Kanzeln ihrer Pfarrkirchen aus immer mehr Menschen und liebäugelten ganz unverholen mit dem Umsturz. Von Luthers charismatischer Gestalt und seinen Aktionen mitgerissen, kämpften sie um die Anerkennung ihres Programms, das gegen das kanonische ebenso wie gegen das weltliche Recht verstieß, indem sie einerseits an die Idee von der Bibel als Norm für Handeln und Glauben appellierten und andererseits auf die tiefverwurzelte Tradition des sakralen Kommunalismus abzielten, d.h. auf den Glauben der Bürger an ihre kollektive Verantwortung, Gott in Ehren zu halten und für das Gemeinwohl einzutreten. Biblizismus war eine Losung der evangelischen Bewegung; Kommunalismus war ein Gemeinplatz ganzer Generationen. »Was anderes ist die Stadt«, schrieb Erasmus 1518, »als ein großes Kloster?«[6] Sein Schweizer Anhänger, der Züricher Prediger Huldrych Zwingli, entwickelte diese Vorstellung: »Das Reich Christi ist auch sichtbar«, so daß »die christliche Stadt nichts anderes als die christliche Gemeinde ist«.[7] Im Südwesten des Reiches erweckten die evangelischen Prediger dieses kommunale Ideal zu neuem Leben und verliehen ihm größere Schlagkraft. Damit gaben sie ihren Parteigängern die ideale Waffe gegen ihre Bischöfe in die Hand, zugleich aber – zumindest potentiell – auch gegen die jeweiligen Magistrate. Das geistliche und das weltliche Schwert schien in den Händen einiger weniger zu einem zu verschmelzen, doch in wessen Händen – in denen des Volkes, der Prediger oder der Obrigkeiten –, das war noch nicht entschieden. In diesem Augenblick drang das bäuerliche Hinterland Straßburgs nachhaltig darauf, ein biblisch begründetes göttliches Recht zur Geltung zu bringen und Evangelium und christlichen Gemeinnutz miteinander zu versöhnen.

Der große Bauernkrieg, der im Frühjahr 1524 in den Herrschaften im südlichen Schwarzwald ausbrach und sich im darauffolgenden Winter und Frühjahr bis auf Bayern über den gesamten Süden und die Mitte des Reiches ausdehnte, bezog seine Kraft aus diesen Idealen vom göttlichen Recht und dem Gemeinwohl. Mit diesen Vorstellungen rechtfertigte die stetig wachsende Bewegung ihre Forderungen nach Abhilfe bei einer ganzen Reihe von Mißständen, etwa bei den Steuern, den Fischereirechten oder der Kontrolle des Zehnten. Allgemeinere Reformen wurden eingefordert, so zum Beispiel die Abschaffung der Leibeigenschaft, und schließlich ging es sogar um die Reformierung der Herrschaftsorganisation nach den Vorstellungen des Volkes, das seine eigenen Repräsentanten und damit eine politische Stimme für den gemeinen Mann reklamierte. Politische Rechte sollten nicht länger ein Privileg der Besitzenden sein, die über Land und menschliche Arbeitskraft bestimmten. Diese große Bewegung, der gewaltigste Volksaufstand der vormodernen europäischen Geschichte, war die Feuertaufe für Jakob Sturms Eintritt in die Reichspolitik. Anfang 1525, als die Revolution bereits ihrem Höhepunkt zustrebte, begab er sich zu seiner ersten Mission in Sachen Außenpolitik. Er sollte Straßburgs Sitz im Reichsregiment übernehmen, einem Ausschuß der Reichsstände, der 1521 ins Leben gerufen worden war, um das Reich während der Abwesenheit des Kaisers zu regieren. Als er in Esslingen, dem Sitz des Reichsregiments, eintraf, erkannte Sturm, daß die Unruhen in Schwaben viel weiter gediehen waren als am Oberrhein. Ohne Zeit zu verlieren, entsandte das Reichsregiment Sturm sowie den sächsischen Juristen Simon Pistorius (1489-1562) über die schwäbische Alb nach Oberschwaben, wo sie die Lage sondieren und zwischen den oberschwäbischen Rebellen und dem Schwäbischen Bund vermitteln sollten. Die Männer trafen in Ulm ein, wo die Versammlung des Bundes um die Entscheidung rang, was zu tun sei, und zwischen dem 30. März und etwa dem 14. April pendelten Sturm und Pistorius als Vermittler zwischen Ulm und Memmingen, der Hauptstadt der Rebellen, hin und her. Obgleich die Vertreter der freien Städte in Schwaben auf ein friedliches Abkommen drängten, teilte man Sturm und seinem Begleiter mit, der Bund sei entschlossen, die Rebellen zu strafen und einen Waffenstillstand nicht zu akzeptieren. Noch befanden sich die Truppen des Schwäbischen Bundes in Württemberg, aber der Bund sollte seine Drohung wahr machen. Als Sturm am Sonntag, dem 2. April, die oberschwäbische Rebellenhauptstadt Memmingen verließ, brachen die aufständischen Bauern ihr Feldlager bei Baltringen ab und marschierten ihrem Verderben entgegen, das sie zwei Tage später bei Leipheim ereilen sollte:

> Die pawern wolten lernen
> von Schwyzern böse stück
> und auch selbs herren werden
> das war ir unglück:
> man must sie anderst taufen
> bei ulm in einer bach;
> welcher nit mocht entlaufen,
> gar bald man in erstach.[8]

Noch immer reisten Sturm und Pistorius zwischen Ulm und den Lagern der Rebellen hin und her. Eine der Botschaften der Rebellen lautete: »Wo uns aber das nit mocht gan, das wir bei gut oder rechten mochten bleiben und erfunden werden wie arm leut, [...] so mussen wir annehmen, die wir vermeinen uns hilflich sein, damit wir zu dem gotlichen rechten mogen kommen. Dazu treibt uns unser not und ein ganze landschaft.«[9] Doch es war alles vergeblich. Am 14. April, dem Karfreitag des Jahres 1525, wurde ein weiterer Haufen aufständischer Bauern bei Wurzach vernichtend geschlagen, und als die dritte Armee am 24. April alle Bedingungen des Bundes akzeptierte, war die Revolution in Oberschwaben zu Ende.

Zu diesem Zeitpunkt hatte sich Jakob Sturm bereits auf den Weg zu einem anderen Schauplatz der Aufstände gemacht, der freien Stadt Heilbronn im Neckartal, wo er »allerley seltzammer und unerhörter ding« bemerkte.[10] Als zwei Bauernheere vor den Toren der Stadt auftauchten, so berichtete Sturm nach Straßburg, hätte der Magistrat unter dem Druck der Bürger und »namlich der weyber« am Ostersonntag, dem 18. April, die Stadttore öffnen müssen. Am 22. April traf der Kommandant der Aufständischen, Jörg Metzler von Ballenberg, mit seinen Hauptleuten ein und machte das Rathaus zu seinem Hauptquartier. »[Sie] haben ein sonder stuben uf dem Rotthusz, dorin sy zu ratt gonde, haben die thor mit ieren leuten besetzt [...] und [tun] ine wes inen gefellt, haben alle closter und hoffe der geistlichen ingenommen, und blündern sy [...]. Die von Haylpron [müssen] alles gestatten.« Wie schon in Memmingen beobachtete Sturm auch hier, daß viele Bürger gemeinsame Sache mit den Rebellen machten. »Man hatt yetz alsz ich den brieue [Brief] schreyb«, berichtete er, »zu Heyltprun umbgeschlagen das alle burger und dinstgesellen so mytt dem huffen ziehen wollen sollen vor dem thor erscheinen, hott der rot iederman erlauben müssen, so ziehen will. Es gott auch die sag hie als ob wurtzpurg ingenommen wer von der baursammy, doch weisz ich sin nytt gewisz ...«

Während der hilflose Heilbronner Bürgermeister weinend am Tor seiner Stadt stand, strömten seine Bürger hinaus, um sich den Rebellen anzuschließen. Die Ereignisse in Heilbronn bestätigten die Lehre von Memmingen: Eine Welt geriet aus den Fugen. Sturm wurde Zeuge, wie die Gräfin von Helfenstein »uff einen wagen brocht, und ir als genommen [wurde] wes sy hatt. [...] Es khummen teglich vill vom Adel zun hauptleuten so sich mitt jn vereinigen den werden sicherheytt brieue [freies Geleit] gegeben. Die grauen [Grafen] von Leonstein haben sich auch mitt jn vertragen, dergleichen die Statt wimpffen und was also in der nehe gelegen ist.«

In dieser Welt, in der die Herren ihre Untertanen um Frieden baten – was konnten Gesandte da noch bewirken? Das hier war nur noch ein Fall für Feldherren und Henker, so daß Sturm neckaraufwärts nach Esslingen zurückritt, während sich die Truppen des Schwäbischen Bundes bereit machten, um in Franken einzumarschieren.

Sturm, dessen Mission beim Reichsregiment beendet war, kehrte irgendwann nach dem 4. Mai nach Straßburg zurück. Überall in der Umgebung der Stadt war die Revolution in vollem Gange, genährt von einer langen aufrührerischen Tradition und aufhetzenden Predigten in den Dörfern. Als der Oberkommandierende der Rebellen im Unterelsaß, Erasmus Gerber (gestorben 1525), am 13. Mai Saverne, die Residenz des Bischofs einnahm, brachte das Ausmaß des Schocks auf dem Lande selbst Straßburg zum Beben. Die gesamte Landbevölkerung befand sich im Ausstand, einschließlich der Lehensbauern der Sturms und Bocks, während eine Flut von Flüchtlingen - Priester, Herren, Damen und andere - in die Stadt strömten und dort Schutz suchten. Doch die Straßburger Bürger schlossen sich dem Aufstand nicht an, und die Schöffen der einzelnen Zünfte entschieden in Abstimmungen am 11. und 14. Mai, auf der Seite des Rates zu bleiben. Dieser Beschluß ermutigte die Ratsherren, alle Maßnahmen zu unterstützen, die dem Frieden förderlich waren, und ihre auf Ausgleich zielende Politik den beiden Fürsten - Graf Anton von Lothringen und dem pfälzischen Kurfürsten Ludwig - eindringlich vor Augen zu führen, deren Truppen sich bereits dem Unterelsaß näherten. Doch da Bischof Wilhelm in Mainz weilte und der Markgraf von Baden ohnmächtig zusehen mußte, gab es keine regionale Macht mehr, die in der Lage gewesen wäre, das Elsaß zu befrieden. Die Truppen Herzog Antons strömten über die Vogesen und vernichteten am 17. Mai in einem furchtbaren Gemetzel Gerber und seine zwölf- bis fünfzehntausend Mann starke Armee bei Saverne. Am 20. Mai schlugen die Lothringer bei Scherwiller eine weitere Rebellenarmee. »Ist es nicht eine große Plag, / Dreizehntausend in einem Tag« - so lautete ein Vers aus diesen Tagen.[11]

Doch weder an diesem Schauplatz noch weiter im Norden, wo Jakob Sturm und Mathis Pfarrer den Kurfürsten Ludwig inständig baten, er möge gegenüber der kleinen freien Stadt Weissenburg Gnade walten lassen, zeigte die Vermittlungspolitik Straßburgs auch nur den geringsten Erfolg.

Am rechten Rheinufer war der Politik mehr Glück beschieden, denn dort lagen keine fürstlichen Armeen in unmittelbarer Nähe. Straßburgs Abgesandte konnten den Haufen von achttausend Mann, der sich aus der Ortenau und den Renchtälern rekrutiert hatte, davon überzeugen, einen Waffenstillstand zu unterzeichnen. Weiter südlich allerdings plünderten die Ortenauer die Klöster und zogen in Richtung Freiburg, um sich dort mit den Breisgauern zu einer großen Rebellenarmee zu vereinen. Freiburg mußte nach achttägiger Belagerung durch den furchterregenden Hans Müller von Bulgenbach und seine Männer die Tore öffnen. Mit diesem siegreichen Hauptmann wollten Jakob Sturm und Konrad Joham, ein reicher junger Bankier und Seidenhändler aus Straßburg, über einen Waffenstillstand verhandeln, als sie vier Tage nach dem Massaker bei Zabern stromaufwärts reisten. Noch weiter im Norden, ebenfalls am rechten Rheinufer, wurde zur selben Zeit der Eröffnungszug für einen anderen Frieden auf dem Verhandlungswege gemacht: Sturms Vetter Bernhard Wurmser hatte damit begonnen, den Vertrag von

Renchen auszuhandeln, das Modell für alle weiteren Übereinkommen am Ostufer des Rheins. Nun unterstützte auch Basel die Anstrengungen Straßburgs, in Offenburg einen Frieden zu vereinbaren. Als einige Kommandeure der Breisgauer ihre Truppen nach Norden bis vor das gerade einmal achtzehn Kilometer südlich von Offenburg gelegene Lahr marschieren ließen – ganz offensichtlich ein Versuch, die Verhandlungen zu beeinflussen –, ritten Sturm, Joham und die Baseler in das Lager der Rebellen, in dem sich fünfzehntausend bewaffnete Männer befanden, um sie davon zu überzeugen, sich nach Süden zurückzuziehen. Die meisten folgten dieser Aufforderung. Es war dies Sturms vierter Besuch in einem Lager der Aufständischen oder in einer von Rebellen gehaltenen Stadt. Der Vertrag von Offenburg, den Markgraf Ernst von Baden und seine Untertanen am 13. Juni unterzeichneten, sah einen Waffenstillstand bis zur Baseler Friedenskonferenz am 18. Juli vor, erweiterte die Bestimmungen des Vertrags von Renchen auf die Untertanen des Markgrafen, stellte den Status quo ante wieder her und untersagte beiden Seiten den weiteren Einsatz von Waffen. Bei der abschließenden Versammlung in Basel am 27. August stellten Sturm und die Baseler die Zustimmung aller Beteiligten zu vierzig Artikeln sowie einem Bußgeld von fünf Gulden pro bäuerlichen Haushalt sicher. Es war dies der erfolgreichste Versuch, die Revolution nicht mit Gewalt, sondern auf dem Verhandlungswege zu beenden.

So begann Jakob Sturms Wirken in der Reichspolitik. Insgesamt verbrachte er fünf Monate an mehreren Schauplätzen der Revolution von 1525: Sturm reiste nach Oberschwaben, in das schwäbisch-fränkische Grenzgebiet im Neckartal, ins Unterelsaß und ins mittlere und südliche Baden. Während dieser Zeit eignete er sich eine intensive, umfassende und vor allem unmittelbare Kenntnis über die Rebellen an. Kein anderer Politiker seiner Zeit verfügte über derartige Erfahrungen. Belastet mit seinen vielen Identitäten – adliger Grundherr, Stadtbürger, städtischer Ratsherr und reichsständischer Beamter –, ritt er in die Städte, die vor revolutionärem Jubel und Furcht zugleich geradezu überbordeten, reiste durch Landstriche, in denen viele Klöster und Adelshäuser geplündert waren, und suchte die Lager der Rebellen oder die von ihnen besetzten Städte auf. Er sah Männer und Frauen – sie hätten zu den Lehensbauern seiner Familie in Breuschwickersheim gehören können –, die Spieße und Dreschflegel in den Händen hielten und sich gegen die Herren verschworen hatten, um sich für immer ihre Rechte zu sichern. Sturm traf auf Bürger – sie schienen den Zünftlern seines heimischen Straßburg aufs Haar zu gleichen –, die fest entschlossen waren, sich mit den Bauern zusammenzuschließen. Und er verhandelte mit rachsüchtigen Fürsten, die sicherstellen wollten, daß solche Dinge nie wieder geschehen würden. Drei Lehren zog er aus seiner Feuertaufe während der Revolution von 1525. Erstens würden die Bauern kämpfen, um ihre eigenen Herren zu werden, und soweit es ihnen möglich war, würden ihnen dabei auch viele Bürger folgen. Zweitens war die Reichsregierung viel zu schwach, um Einfluß auf den Verlauf der Ereignisse nehmen, geschweige denn ihn steuern zu können. Drittens lag die Entscheidungsgewalt bei den Fürsten. Deren Macht – sie verfügten über sichere Kredite und schlagkräftige Söldnertruppen – war so groß, daß die Rebellen dem nichts entgegensetzen konnten, und sei es nur, um ein neutralisierendes Kräftegleichgewicht zu erzielen. Kurz, 1525 lernte Sturm den Mut des gemeinen Menschen kennen, erfuhr, wie schwach das Reich und wie groß die Macht der Fürsten war. Dabei war ihm die Szenerie dieser großen Umwälzungen noch immer täuschend vertraut – der deutsche Südwesten mit dem Elsaß, dem Oberrhein, dann Schwaben und ein bißchen von Franken, im wesentlichen also die Welt des Peter Schott. Und doch stand diese Welt an der Schwelle radikaler politischer Veränderungen, war doch – nach dem Bauernkrieg als Auftakt – die Reformation wie kein Ereignis zuvor im Begriff, die Fesseln dieser alten Welt zu sprengen und die vielen Teile des Reiches zusammenzuschmieden. Dieser neue Zusammenhalt, diese neue Empfänglichkeit dafür, an einem Strang zu ziehen, basierte nicht auf den Strukturen des Oberrheins und des Reiches, sondern auf dem am wenigsten begrenzten, am ehesten universalen System von Symbolen, Vorstellungen, Werten und Gebräuchen – der christlichen Religion.

Zwischen Luther und Zwingli

Jakob Sturms Erfahrungen während des Bauernkriegs drängten geradezu nach Entscheidungen, das Evangelium mit dem christlichen Leben zu verbinden. Keine einzige Quelle überliefert uns seine eigenen religiösen Anschauungen, doch man gewinnt einen Eindruck, wenn man die vielen einzelnen, zumeist politischen Berichte und Kommentare zusammenfügt. Einer der ersten stammt vom August 1525, als die evangelischen Prediger mit verstärkter Kraft für die Abschaffung des zentralen Ritus des alten Glaubens eintraten, von dem sie sagten, er sei »nichts dann eytel menschen fünd [Erfindungen] unnd erdichtungen«.[12]

Jakob Sturm widersetzte sich den Forderungen der Prediger, die katholische Messe solle abgeschafft werden.[13] Der Ritus sei keineswegs unbiblisch, schrieb er im August 1525: »Dweil gewiss und durch schrifft bewisslich das gott in allen sprochen gelobt werden mag, kan das gesang in lateinischer sprachen, so die missbreuch, die sich mit der zeit ingerissen haben, gebessert werden, nit fur unrecht oder gottlesterig geacht werden.«[14] Das zentrale Argument der Prediger, die Messe als Opfer sei eine unwürdige Blasphemie, verfing bei Sturm nicht. Vielmehr war er der Meinung, daß mit der Veränderung oder gar Abschaffung der Messe »ein grossen voratt [viel] widerwillen, nit allein bei denen so usserhalb, sonder auch in der statt wonen«, hervorgerufen werde. Für den Augenblick sollte man »die fronmess [das Hochamt] in den stiften halten lassen«, und der Magistrat sollte die gesamte Angelegenheit noch einmal überdenken.[15] Noch bezeichnender aber für seine Einstellung zur Religion sind die deutlich harschen Worte, die er für die Prediger selbst findet: »Die prediger aber möchten das volck ermanen, was das furnemen [die Absicht] Christi in uffsetzung dis sacrament wol gewesen: Nemlich, das wir ingedenck weren, das er uns erlöst und durch in ein gleichen vatter in himmel hetten, so wir im glauben und vertrauwen wolten, und das wir, die von eim brott niessen und von eim kelch trinken, glider eins libs werden; derhalben einander die werck der lieb erzeigen sollen.«[16] Im Augenblick aber biete sich ein ganz anderes Bild. Die Prediger kümmerten sich nicht um ihre eigentlichen Aufgaben, und »durch das usserlich [Äußerlichkeiten] fallen wir in widerwillen, zanck nid und hass gegen einander, veracht ie einer den andern, als ob sin mess, sin manier, besser dan des andern wer; nennen ettlich christen [sich] evangelisch, die andern papistisch und glisner [Heuchler], dargegen die andern nennen sich die rechten, alten christen und die andern ketzerlichen Hussen etc. und dergelichen. Sind also zu beiden theilen christen, des gott erbarm.«[17] Sturm verwies auf seine jüngsten Erfahrungen in Sachen Revolution und riet: »Es weren on zweiffel vill ding in besser ordnung zu bringen, dweil aber man in allen oberkeiten und auch underthanen ein sollichen grossen missverstand noch spurt und sicht, sind noch vill ding zu tulden und ubersehen noch zur zeit, biss gott der herr ein bessern verstand verlihen wurt ...« Die Prediger hätten jedoch alle Vorsicht in den Wind geschlagen und glaubten, sie könnten »in einem jar [...] alle ding, so in vil hundert jahren in abfalle kommen, [...] bessern«.[18]

Das Hauptargument der Prediger gegen die Messe, daß sie eine blasphemische Handlung sei, die das Ansehen der Gemeinde vor Gott und damit das Gemeinwohl gefährde, machte auf Sturm keinen Eindruck, und so ist es nicht verwunderlich, daß wir ihn nicht unter den militanten, sondern den gemäßigten evangelischen Ratsherren finden. Seine Partei trug zumindest vorläufig den Sieg davon, als der Rat und die XXI am 24. September 1526 entschieden, »daß man die meß halten soll, bis daß die verordnete bottschafft von kais. Maj.

wider zu land kompt, und Ir. Maj. gemüt [Meinung] gehört werd.« Gerüchte wollten wissen, daß Jakob Sturms Stimme den Ausschlag »der messen halb« gegeben habe.[19]

War seine Abneigung gegenüber religiöser Militanz eine politische Haltung, geboren aus der nachrevolutionären Situation, oder hatte sie tiefere Gründe? Die lückenhafte Beweislage legt beide Möglichkeiten nahe. Sturm hegte einen Widerwillen gegen jegliche offenen Kontroversen über Religion. Trotz seiner theologischen Ausbildung bekannte er einmal, er sei »in puncten die religion belangen [...] nit genugsam [nicht kompetent]«, um darüber in der Öffentlichkeit zu verhandeln.[20] Mit der Zeit verabscheute er den Disput der Protestanten über die Eucharistie so sehr, daß er mehrere Jahre lang nicht mehr zum Abendmahl ging. Wie viele derjenigen, die mit den Lehren des Erasmus in Berührung gekommen waren, war auch Sturm der Überzeugung, die Praxis müsse der Theorie vorausgehen. »Wan man alle böse laster ahn den geistlichen zuvor abstelt und reformiert«, schrieb er 1530, »kunte alszdann auch die lehr hernach ahn ir selbs folgen.«[21] Sturms Einstellung zu Fragen der Religion deckte sich mehr mit der süddeutsch-schweizerischen Ausprägung evangelischer Theologie. Was die Eucharistie betraf – für die Lutheraner das Kriterium schlechthin in Sachen Rechtgläubigkeit –, so vertrat er wie Zwingli eine »spiritualistische« Auffassung, wonach Christi Gegenwart im Sakrament vom Glauben des Empfängers abhänge. Diese Position findet sich in einer Grundsatzerklärung wieder, der sogenannten Confessio Tetrapolitana, die Sturm für den Reichstag zu Augsburg von 1530 vorbereitet hatte, und dieselbe Sicht wird in seinen Anmerkungen zu den Schwabacher Artikeln erkennbar, den Bedingungen für eine protestantische Allianz, die im Sommer 1529 von den Lutheranern vorgelegt worden waren. Bei dieser Gelegenheit verwies Sturm darauf, daß die biblische Wahrheit nicht in Glaubensartikel übersetzt werden könne: »... der glaub und gaist vor dem sacrament werd und sein musz und nit erst in empfohung der sacrament, dann sollichs allain testimonium fidei und bestettigung als arrobo und sigillum sei.« Damit folgte er ganz eindeutig Zwingli und dem »Sakramentierertum«, und er machte keinen Hehl aus dem Mangel an Übereinstimmung zwischen seiner Partei und den Lutheranern. »... wie dann die schriften gegeneinander anzeigen, und sei der streit, ob do praesentia corporalis oder fidei sei, dann sie halten praesentiam fidei und die anderen corporalem.«[22] Diese und andere Kommentare dokumentieren Sturms religiöse Einstellung als die eines vollendeten Evangelischen zwinglischer Prägung: Es findet sich der erasmische Einwand gegen die Verwendung einer unbiblischen Sprache wieder, die extreme Feindseligkeit gegen das Papsttum, die Verteidigung der Kindtaufe und das Beharren auf der inneren Einstellung jedes einzelnen als Vorbedingung für die Wirksamkeit des Sakraments. Jakob Sturm war ein echter »Sakramentierer«, der ebenso wie die anderen »Zwinglianer«, wie diese süddeutschen Evangelischen genannt wurden, der Überzeugung war, daß die anderen, die »Lutheraner«, noch immer dem katholischen Irrtum verfallen waren, daß die göttliche Gegenwart in der Welt als gegeben, greifbar und konkret zu sehen war.

Auf der anderen Seite hob sich Sturms Ekklesiologie, seine Auffassung von Kirche und Gesellschaft, deutlich von der Verknüpfung weltlicher und göttlicher Gerechtigkeit beziehungsweise kommunaler und christlicher Freiheit und damit von Positionen ab, die charakteristisch für die Zwinglianer waren. Bewertet man Sturms Vorstellung von der Kirche anhand seiner seltenen Ausführungen, so ähnelt sie mehr dem typisch »spiritualistischen« Beharren auf der Kluft zwischen der wahren Kirche und der Welt. Im Jahre 1526 beispielsweise geriet Sturm, ausgelöst durch eine politische Indiskretion Wolfgang Capitos, hinsichtlich der Prediger in Rage. »Mir ist«, schrieb er, »als welicher sich underwunde, das evangelium und Christum zu predigen, der solt sich frei libs leben, er und gut bi der welt verwegen; dan je gewisz, das die welt Christum, dweil er uf erdrich gieng, nie hat liden mögen, wurt in ouch nit liden bis zu end der welt, und all die im pur und luter anhangen, vervolgen, fur schelmen und boswicht halten. [...] Dorumb welcher [...] den verum und germanum Christum prädiget, der solt sich je verwegen, das er der welt nit gefallen würde, das in ouch die welt nit tulden wurde, sonder allein ein klens hüfle der userwelten. [...] Deshalben die prädicanten nit sollten hoch uf new mer acht haben, wie es do oder dort zugieng, sich auch nit uf grosz oder vest stett verlossen; dan solichs bringt argwon, als ob sie sich mer uf ein fleischlichen arme dan uf Christum allein verliessen. [...] Dan er (Gott) hat uns christen kein zeitlichs gluckseligkeit hie (wie den juden im alten testament) zugesagt, sondern allein leid und verfolgung ...«[23] Wenn Sturm von dem kleinen Häuflein der Auserwählten sprach, die Leid und Verfolgung ertragen müßten, schien er weit eher das Echo Luthers als das Zwinglis zu sein.

Sturms Ausbruch von 1526 resultierte keineswegs aus dem Zorn eines einzigen Augenblicks, denn auch zwanzig Jahre später, am Vorabend des Schmalkaldischen Krieges, blieb er seiner Einschätzung treu. Er sei »auch E[uer] f[ürstliche] g[naden] meynung«, schrieb er an Landgraf Philipp von Hessen, »das durch dise colloquia, nationalversammlungen, reichstag oder andere ordentliche wege khein christliche, volkommene vergleichung nach zur zeit zu verhoffen sey, sonder, wie die religion bei zeiten Christi, der apostel und martyrer wider willen und gehell alles ordenlichen gewalt by juden und heiden uffgangen, also das heut das haus, morn ein anders, dan ein flecken, dan ein land zum glauben khommen«. Der Glaube werde, wie von alters her, durch Verfolgung wachsen, »und also allgemachlich in aller verfolgung uberhand genommen, also werd auch die widerbringung der wahren religion oder, wie wir es nennen, die reformation christlichs glaubens auch iren furtgang gewinnen, nit durch ordentlich wege sonder also, das heut der furst, morgen der her, dan die statt dan das land herzukomme wider der hochsten potentaten willen biß es in der verfolgung so groß und stark werde, das uberhand name (so) und sich die ordentlich oberkheyt auch von frid und nott wegen dazu begebe«.[24] Sturm sah die Reformation als eine Erneuerung der Urkirche, als die Apostel und Märtyrer ohne jeglichen Schutz, aber auch ohne Furcht auszogen, das Evangelium zu predigen. Der wahre Glaube sei stets der kostbarste Besitz des kleinen Häufleins Auserwählter gewesen, in deren Herzen der wahre Jesus Christus herrsche und zu dem sie sich bekennten. Sturm bezweifelte entschieden, daß es Gottes Absicht sei, die Welt durch seinen göttlichen Geist hin zu persönlicher Entfaltung, kommunaler Freiheit und sozialem Fortschritt zu verändern – eine Position, die Huldrych Zwingli vertrat, wenn er schrieb, ein Christ sei nichts weiter als ein guter und loyaler Bürger, die christliche Stadt nichts anderes als die christliche Gemeinde.[25] Sturm glaubte nicht daran. Seiner Sichtweise zufolge mußte zwischen der wahren Kirche – einer unauffälligen Minderheit – und der sichtbaren Kirche – als Bestandteil einer notwendigen Autoritätsstruktur in dieser Welt – eine Kluft bestehen. Damit näherte er sich sehr viel mehr Luthers Sichtweise der Kirche als Zwinglis an. Er ging nicht damit konform, daß ein Magistrat die Gesellschaft christianisieren könne, indem er moralische Gebote mit Zwang durchsetze – »Gebott«, schrieb er, »machen glißner [Heuchler]«.[26] Die soziale Aufgabe, die die Religion gegenüber der Gesellschaft zu erfüllen habe, bestehe darin, Einheit und Friede im alltäglichen Leben zu fördern. »... ir wissen us erfarnüs«, schrieb Sturm bei einer Gelegenheit, »das bei unsern zeiten kum ein sach ist, die do die gemüter der menschen meer zusammen oder von einander tribe, dan gliche oder unglichheit der religion.«[27] Sehr wahrscheinlich waren die furchtbaren Szenen, deren Zeuge er 1525 gewesen war, Ursache für seine Befürchtung, daß »die vielen unterschiedlichen Arten zu predigen das Volk, das mit solchen Dingen nicht umgehen kann, in die Irre führen werden; durch das laute Schreien mancher Prediger könnte das Volk in viele unheilvolle Parteien zersplittert werden«.[28] Diese niedrige, typisch erasmische und aristokratische Meinung von der Auffassungsgabe des gemeinen Volkes ist hilfreich bei der Erklärung, warum sich Sturm für eine einzige und etablierte Kirche unter der Kontrolle der Obrigkeit stark machte – und das trotz seiner Auffassung von der wahren Religion als Eingebung des göttlichen Geistes im Herzen der

Menschen. Er unterstützte die Zensur von Büchern, befürwortete Einheitlichkeit bei den Predigten und lenkte geschickt den Niedergang der Anabaptisten und anderer Sekten in Straßburg. In allen derartigen Angelegenheiten war er der Auffassung, Repressionen seien angesichts der Gefahr von Splittergruppen gerechtfertigt, die »unser statt in grosse not bringen« könnten.[29]

Die Furcht vor Zersplitterung und Uneinigkeit bestimmte seine Reaktion auch 1525, als es um das Verbot der heiligen Messe ging. Als der Rat und die XXI im darauffolgenden Jahr entschieden, »daß man die meß halten soll, bis daß die verordnete bottschafft von kais. Maj. wider zu land kompt, und Ir. Maj. gemüt [Meinung] gehört werd«, ging das Gerücht um, Jakob Sturms Stimme habe den Ausschlag »der messen halb« gegeben.[30] Die evangelische Geistlichkeit fuhr gleichwohl mit ihren Attacken gegen die Messe fort: »... ein kindtsmeydlin«, verkündetete Dr. Caspar Hedio (1494-1552) im Jahre 1527 von Geilers Kanzel im Münster herunter, »so die windel waescht und dem kindt den hindern wüscht, also uff sinen pfleg achtet, thut me guts dann so tusend pfaffen hüt jeder drey messen gehabt haetten.«[31] Die Prediger wußten mächtige Männer an ihrer Seite, darunter auch Sturms Vetter, den Ammeister Daniel Mieg, und im Januar 1529 entschieden der Rat und die XXI, die Schöffen sollten sich versammeln und ihre Meinung kundtun, ob man die Messe behalten oder abstellen sollte. Von den dreihundert Schöffen stimmten einhundertvierundachtzig für die Abschaffung der Messe, es sei denn, der Beweis werde erbracht, daß sie nicht im Widerspruch zur Bibel stehe, vierundneunzig Schöffen stimmten für die Beibehaltung der Messe bis nach dem Reichstag zu Speyer, und eine einzige Stimme wurde für den unbegrenzten Fortbestand der Messe abgegeben. Im Rat und den XXI fiel das Ergebnis viel knapper aus: Sturms Gegner trugen den Sieg mit einer Stimme Vorsprung davon. Am Samstag, dem 20. Februar 1529, wurden an den Stiftskirchen der Stadt die letzten erlaubten Messen der Stadt gesungen.

In ihrer Verbindung von zwinglischer Theologie und lutherischer Ekklesiologie macht Sturms Religiosität deutlich, wie vielschichtig die Reformationsbewegung war. Aus der einen Sicht war Sturm nur einer dieser jüngeren Erasmus-Anhänger, die den Übertritt zur protestantischen Bewegung vollzogen, ihren spiritualistisch-biblizistischen Glauben dabei aber gegen die harte Linie der Lutheraner bewahrt hatten. Alle seine Darlegungen zur Religion passen in dieses Muster und lassen ihn eher als »Zwinglianer« denn als »Lutheraner« erscheinen. Aus einer anderen Sicht präsentiert sich Sturm jedoch als einer jener Aristokraten auf Luthers Seite, der aufgrund seines Mißtrauens gegen das gemeine Volk durchaus einen Unterschied zwischen der christlichen und der politischen Freiheit machte; auf der Seite Zwinglis und seiner Verbindung von christlicher und politischer Freiheit ist Sturm dann nicht mehr zu finden. Betrachtet man diese Mischung lutherischer und zwinglischer Elemente, die der Bauernkrieg (als Katalysator gewissermaßen) geschaffen hatte, so wäre es ganz verfehlt, »die Reformation« als festgefügtes Ideenkonstrukt zu verstehen, das die Neugläubigen um sich sammelte, als es sich mit der Zeit entfaltete. Aus der Sicht der Zeitgenossen Sturms scheint sich die Bewegung viel eher als ein Bündel verschiedenster Einstellungen und Überzeugungen zu präsentieren, die sich von Gruppe zu Gruppe unterschieden und schließlich ganz verschiedene Glaubensströmungen hervorbrachten. Nur für einen kurzen Moment in den Jahren 1522 bis 1525 flossen alle diese Ströme vereint dahin – vereint hinter der einen Überzeugung, die alle teilten. Alle wiesen die Vorstellung von einer Kirche als universaler Gnadeninstitution mit Zentrum in Rom zurück, die Gott seit Jesu Christi Zeiten erhalten und bewahrt habe. Als höchste Instanz für den christlichen Glauben und das christliche Leben galt vielmehr die Bibel, das Evangelium. Die Glanztage der frühen Reformationsbewegung zählten zu den wenigen, ungewöhnlichen Augenblicken der Geschichte, in denen die gesamte Gesellschaft – wobei »gesamt« eher in einem repräsentativen als im wörtlichen Sinne zu verstehen ist – in der Lage war, ihre Beschwerden auf eine einzige Gruppe, die Priester, zu laden, die eindeutig als Quelle allen Übels galt. »Damit die *Revolution eines Volkes* und die *Emanzipation einer besonderen Klasse* der bürgerlichen Gesellschaft zusammenfallen, damit *ein* Stand für den Stand der gesamten Gesellschaft gelte«, schrieb Karl Marx, »dazu müssen umgekehrt alle Mängel der Gesellschaft in einer anderen Klasse konzentriert, dazu muß ein bestimmter Stand der Stand des allgemeinen Anstoßes, die Inkorporation der allgemeinen Schranke sein, dazu muß eine besondere soziale Sphäre für das *notorische Verbrechen* der ganzen Sozietät gelten, so daß die Befreiung von dieser Sphäre als die allgemeine Selbstbefreiung erscheint.«[32]

Dieses revolutionäre Moment hielt nur sehr kurz an, und daß es überhaupt gelang, lokale Reformen ohne eine Revolution durchzuführen, hing mit der Möglichkeit zusammen, die gesammelten Schuldzuweisungen vom örtlichen Klerus weg auf einen weiter entfernt wirkenden Diener Satans zu lenken, den Antichrist in Rom. Hätte sich der Haß hingegen auf der horizontalen Ebene ausgeweitet, hätte dies eine Wiederbelebung jenes Traumes aus dem fünfzehnten Jahrhundert bedeuten können – des Traums von »ein ander stat und ordnung, dye dem christenlichen stat zügehort«.[33] Nur unter diesen Bedingungen hätte sich die Reformation zu einer wirklich sozialen Revolution ausweiten können.

FÜNFTES KAPITEL

Eine neue Politik

»Geduld besiegt das Schicksal«

Die innere Harmonie von Staaten ist auf das engste mit ihrer äußeren Sicherheit verbunden, und eine Störung auf der einen Seite ruft meist Veränderungen auch auf der anderen hervor. Die Reformationsbewegung war eine solche Störung, und die Kräfte, die sie in Bewegung setzte, sowie die Veränderungen, die sie für die Städte und Territorialstaaten mit sich brachte, zwangen die Magistrate und Fürsten, neue, geeignetere Verbündete zu suchen. In Straßburg war die erste Reaktion des Rates auf die neuen Kräfte, eine außenpolitische Möglichkeit aus alten Tagen wiederzubeleben: auf die gemeinsamen Interessen des Südens mit den schweizerischen Städten zu setzen. Im August 1523 ging das Gerücht um, »Straßburg sei wirklich in geheime Verhandlungen mit der Schweiz eingetreten«.[1] Das Gerücht traf zu, waren doch die Regierungen der süddeutschen Städte durch die massiven Forderungen nach religiösen Veränderungen auf der einen und die Politik des Kaisers gegen Luther und seine Anhänger auf der anderen Seite unter wachsenden Druck geraten. Jahrelang hatten die meisten Städte eine Politik der gegenseitigen Solidarität und Loyalität gegenüber dem Kaiser verfolgt, hoffend, daß sie so der erbitterten Feindschaft, die im Reichstag zwischen den Städten und den Fürsten entstanden war, Herr werden konnten. Doch die tiefe Krise angesichts religiöser Fragen, die durch den Bauernkrieg in hohem Maße verschärft wurde, hatte die Grundlagen dieser Politik zerstört und die politischen Kontrahenten – das aufgebrachte Volk und den unnachgiebigen Kaiser – immer weiter auseinandergetrieben. Die Sorge der Magistrate bestand, wie Sturm während des Städtetages zu Speyer von 1525 erkannte, darin, »was hochverfürlichs [gefährlich] der seelenhaile auch abfalle [Apostasie], zerstörung aller oberkait und policyen menschlichen Geschöpf [sozialer Disziplin] entstee, so das heilig evangelion durch predicanten in stetten und sunst allenthalben gemeynem volk mit onglichem verstant [einander widersprechend] ußgelegt und verkunt wurt«.[2] Sturm wurde, und dies war eine erste Anerkennung seiner Fähigkeiten, gemeinsam mit dem Augsburger Conrad Peutinger dazu ausersehen, dem Erzherzog Ferdinand die Sache der Städte zu unterbreiten und auf schnelle Beendigung des Schismas zu drängen; die Mission wurde dann allerdings nicht durchgeführt.

Die Regierungen der freien Städte forderten eine Politik, die sie zum einen von dem Druck befreite, der nach dem gegen Luther gerichteten Wormser Edikt entstanden war, und zum anderen das Problem des Schismas an ein kirchliches Generalkonzil verwies. Genau dies beschloß der Reichstag zu Speyer von 1526. Jakob Sturm wohnte diesem Reichstag, seinem ersten, in Begleitung des Ammeisters Martin Herlin von der Kürschnerzunft bei. Die Männer hatten den Auftrag erhalten, eine dauerhafte Lösung der religiösen Fragen durch ein kirchliches Generalkonzil zu fordern, weil keiner, »uf welch parti er wer, des gloubens halb, so on das von im selbs fri ist und sin sol, uberzugs besorgen [Angriffe befürchten] durft«[3]. Freie Entscheidung in Glaubensfragen – das galt natürlich nur für die Herrschenden, nicht für ihre Untertanen. In Speyer herrschte eine Atmosphäre sachlicher Vernunft vor, die zum einen auf die Unruhen des vergangenen Jahres und zum anderen auf die Nachricht zurückzuführen war, die Invasion des osmanischen Sultans in Ungarn stehe kurz bevor. Erzherzog Ferdinand war verzweifelt bemüht, seinem ungarischen Schwager König Ludwig II. (Regierungszeit 1516-1526) beizustehen, und überwies die Religionsfragen an einen zwanzigköpfigen Ausschuß innerhalb des Reichstages. Als ranghöchster Abgesandter Straßburgs wurde auch Jakob Sturm als einer von zwei Repräsentanten der freien Städte in dieses Gremium entsandt. Es war dies seine erste Gelegenheit, sich in einer solchen Umgebung zu bewähren, und er nahm sie wahr, indem er den Ausschuß warnte, daß aus einer gewaltsamen Durchsetzung des Wormser Edikts »nichts anderst dan viler stend im reich und besonderlich gemeiner stett zerrittung und zersterung guten fridens, policei [Ordnung] und einigkeit folgen wurd«. Statt dessen solle ein kirchliches General- oder Reichskonzil einberufen werden.[4] Die Mehrheit des Gremiums erteilte seine Zustimmung, dasselbe galt für den Reichstag, und als Ferdinand zusagte, er wolle innerhalb von achtzehn Monaten ein solches Konzil einberufen, erklärte der Reichstag, jede Regierung wolle »für sich also zu leben, zu regieren und zu halten, wie ein jeder solches gegen Gott, und kayserl. Majestät hoffet und vertraut zu verantworten«.[5] Diese täuschend sanftmütige Formulierung rührte, wie die Stände bekannten, aus ihrer Furcht, »das sich solicher zwiespalt des glaubens cerimonien und beschwerung ie lenger ie mehr eingewurzelt und sich nichts anders dan einer gemeinen aufrur zu versehen gewest«.[6]

Daß Jakob Sturm bei seiner Rückkehr wie ein Held empfangen wurde, zeigt, welche Spannung damals in Straßburg vorherrschte. Um ihren neuen Star-Politiker zu ehren, ließen der Rat und die XXI eine Medaille prägen – ein Akt der Anerkennung, der zu dieser Zeit seinesgleichen suchte. Die Münze trug sein Abbild, seinen Namen und sein Alter – IACOBUS STURM. ANNO AETA[TIS] SUE XXXVI.[7] Das nicht besonders fein gearbeitete Porträt ist das einzige Abbild Sturms aus dieser Phase seines Lebens. Es stellt einen jungen Mann mit ausgeprägten Gesichtszügen dar, die noch nicht so voll sind wie in späteren Jahren, und einer markanten Nase. Das lockige Haar ist kurzgeschnitten, der Bart kurz gestutzt, aber voll. Die Rückseite der Medaille zeigt das Wappen der Familie Sturm und die Inschrift VICTRIX FORTUNE PATENTIA. MDXXVI – Geduld besiegt das Schicksal. Das Schicksal, in der Renaissance Gegenstand unablässiger Wißbegierde, erweist sich weder durch Waffen noch durch Gelehrsamkeit – zwei der bevorzugten Kampfmittel der Reformation –, sondern allein durch die Geduld. Das war ein perfekter Denkspruch angesichts der gedämpften nachrevolutionären Atmosphäre, die 1526 herrschte, und er paßte vortrefflich zu dem Streben der städtischen Magistrate nach innerer Harmonie und äußerer Sicherheit. Und soweit er Sturms Karriere betraf, handelte es sich um einen wahrhaft prophetischen Spruch.

Wie die protestantischen Kräfte sich bündelten – die Verteidigung der gemeinsamen Religion

Die nachrevolutionäre politische Szenerie schien mit der Zusage auf Wiederherstellung des alten Zustandes, Einheit und Abbau der Spannungen zumindest an der Oberfläche ruhig zu sein – in den Tiefen aber machten sich neue Strömungen bemerkbar, religiöse Parteien, die sich über alle sozialen Grenzen hinweg erstreckten und die Politik im Reich bald bestimmen sollten. Schon in Speyer hatte es erste Anzeichen für diese neue Bewegung gegeben, als Sturm und andere Abgesandte der Städte Ansätze von Solidarität bei den zwei höchstrangigen protestantischen Fürsten konstatierten, bei Landgraf Philipp von Hessen und bei Kurfürst Johann von Sachsen. Diese beiden Fürsten, die sich zusammengetan hatten, um ein Bündnis vorzuschlagen, das auf einer gemeinsamen Religion basieren sollte, hätten in ihrem Wesen und Auftreten kaum unterschiedlicher sein können.

Der ehrgeizige, eigensinnige und intelligente, aber nur wenig gebildete zweiundzwanzigjährige Landgraf Philipp von Hessen, genannt der Großmütige (1504-1567, Regierungszeit 1509 –1567), sollte sich zum Rammbock des deutschen Protestantismus entwickeln. Sein Land erstreckte sich quer über die deutschen Mittelgebirge und zwar sowohl nach Süden wie nach Norden. Für den Augenblick allerdings war der Blick des Landgrafen nach Süden, auf die verlockende Perlenschnur von Fürstbistümern gerichtet, auf die sogenannte »Pfaffengasse«, die sich am Main entlangzog und noch weiter, bis in das Herzogtum Württemberg reichte. Seit dessen Herzog Ulrich 1519 vom Schwäbischen Bund abgesetzt worden war, war Württemberg als Teil Österreichs zu einem bedeutenden Zentrum des katholischen Widerstands gegen die Reformation geworden, und Philipp war fest entschlossen, seinen Vetter und langjährigen Gast Herzog Ulrich wieder in seine alten Rechte und Ländereien einzusetzen. Die sich verändernde politische Situation ließ dieses Ziel vorstellbar erscheinen, wenngleich es sicherlich noch nicht in greifbarer Nähe lag.

An Hessens Ostgrenze schlossen sich die Territorien von Philipps Partner an, des Kurfürsten Johann des Beständigen von Sachsen (1468-1532, Regierungszeit 1525-1532). Als er die Nachfolge seines Bruders Friedrich des Weisen (1463-1525, Regierungszeit 1485-1515) als Kurfürst und Senior der ernestinischen Linie der Wettiner antrat, erstreckte sich Johanns Herrschaftsgebiet von Coburg im heutigen Bayern bis in die Umgebung von Berlin, und die Minen im Erzgebirge entlang der Grenze zu Böhmen ließen seine Schatzkammern von Silber überborden. Seine Handlungsfreiheit war gleichwohl durch die bittere Rivalität seiner Familie mit ihren albertinischen Vettern in Dresden eingeschränkt. Wie sein Beiname vermuten läßt, war Johann fromm, loyal und mutig, allerdings nicht sonderlich intelligent und mit Sicherheit kein ebenbürtiger Gegner seines albertinischen Vetters Herzog Georg des Bärtigen. Johann und Philipp riefen 1526 die Vereinigung von Torgau-Gotha ins Leben, um das zu verteidigen, was Herzog Georg »die lutherische Sekte« nannte. Doch ihr höchst unterschiedlicher Regierungsstil ließ sie zu einem schlechten Team werden. Philipp fungierte als sein eigener Premierminister, suchte sich seine Berater unter den Bürgern und Adligen seines Landes und herrschte mit eiserner Faust über den hessischen Klerus. Johann hingegen schwankte zwischen den von Graf Albrecht von Mansfeld geführten protestantischen Aktivisten bei Hofe und der strenggläubigen Gruppe um Kanzler Gregor Brück.

Es war Philipp, der – ein Auge immer auf Stuttgart gerichtet – auf ein breitangelegtes Bündnis mit den protestantischen Städten in Süddeutschland drängte. Doch 1526 waren die süddeutschen Städte noch nicht soweit, jenes »weitläufig Bündnis« zu diskutieren, das Philipp ihren Abgesandten vorgeschlagen hatte. Sturm aber war so beeindruckt, daß er seine Straßburger Amtskollegen um die Erlaubnis bat, das Angebot der beiden Fürsten genauer zu prüfen. Schließlich entschieden beide Seiten, die Angelegenheit während der Frankfurter Frühjahrsmesse erneut zu diskutieren, und dabei blieb es dann. Der hessische Fürst hatte Interesse an den Städten, die Städte aber, zumindest für den Augenblick, kein Interesse an dem Fürsten. Nachdem der Vertragsentwurf nach Straßburg gelangt war, beauftragte der Rat Sturm und Herlin, die Straßburger Vertreter beim Reichstag zu Regensburg vom Mai 1527, den Fürsten »eine frintliche abschlegliche antwort« zu erteilen. Da der Kaiser Krieg gegen den Papst führe, sei ein solcher Schritt »nit for nutzlich oder gut an[zu]sehen«.[8] Wenig später erhielt Sturm die Anweisung: »... wu man des verstands halb [wegen des Bündnisses] mit Sachsen und Hessen wider ersucht wurd, das man es bi vorigem beratslagten abscheid losz bleiben.«[9]

Straßburg, Nürnberg, Ulm und Augsburg, die großen unter den süddeutschen freien Städten, bestimmten die politische Diktion, und in den Jahren 1527 und 1528 suchten die Regimente dieser Städte nach Alternativen sowohl zum Schwäbischen Bund als auch zu dem protestantischen Bündnis, das die beiden Fürsten angeboten hatten. Doch es war gerade dieses Bündnis, an dem Jakob Sturm Gefallen gefunden hatte. Im Juni 1528 formulierte er seine Vorbehalte gegen einen reinen Städtebund, weil die »gemein stett in dem handel, dorus alle sorgfeltigkeit [gefährliche Lage] herfleust, der sach einander widerwertig [mißtrauisch] und nit eins sind«. Es sei besser, so glaubte er, zunächst die »nachpauren und bekanten« zu konsultieren, die »dem handel günstig und geneigt« seien.[10] Damit visierte Sturm ein Bündnis an, das nicht allein auf den Städten, sondern auch der gemeinsamen Religion basieren sollte. Ende Juli unternahm er den nächsten logischen Schritt, indem er die Auffassung verkündete, man müsse sich dem Schwäbischen Bund entgegenstellen.[11] Sturm begann die Logik einer neuen politischen Entwicklung zu begreifen, die aus dem Schisma und seiner zunehmenden Tendenz, die Reichsstände in religiöse Parteien aufzuspalten, sowie den Möglichkeiten resultierte, neue Interessengemeinschaften über die alten regionalen und sozialen Schranken hinweg zu formen. Auf diese neue Politik der religiösen Spaltung reagierte er mit einer eigenen, neuen Taktik, der protestantischen Politik der gemeinsamen Verteidigung der gemeinsamen Religion gegen den Schwäbischen Bund und das Haus Österreich. Die Logik der Situation im Reich in den späten 1520er Jahren zwang Sturm dazu, die drei Lehren, die er aus dem Bauernkrieg gezogen hatte – den Mut des gemeinen Mannes, die Schwäche des Reiches und die Macht der Fürsten –, in ihrer Konstellation zu überdenken. Er mußte nun eine vierte Erkenntnis mit berücksichtigen, die Unzulänglichkeit der Städte gerade in bezug auf deren Möglichkeiten, sich allein zu verteidigen. Die einzig richtige Konsequenz bestand darin, neue politische Wege zu gehen und nach Bündnissen zu suchen, die der Situation eher angemessen waren. Mit dieser Politik stieß er bei seinen Straßburger Kollegen keineswegs auf völlige

Ablehnung. Zum einen akzeptierte man seine Überlegungen hinsichtlich des Schwäbischen Bundes und Bollwerks des Katholizismus, so daß man den Ulmern mitteilte, man werde keiner Allianz beitreten, es sei denn, sie werde sich gegen den Schwäbischen Bund mobilisieren lassen. Zum anderen ehrte der Magistrat Sturm erneut, und zwar wegen seines brandneuen Kontakts zum hessischen Landgrafen. Ende 1528 kehrte Sturm von seinen ersten vertraulichen Verhandlungen mit Philipp zurück und überbrachte das Geschenk des Fürsten an den Rat und die XXI, einen edlen Hengst. Der Magistrat gab das schöne Tier umgehend an den erfolgreichen jungen Mann weiter. Es war dies – auch wenn sich vermutlich keiner dessen bewußt war – ein bedeutsamer Augenblick, hatten sich doch die beiden Architekten des Schmalkaldischen Bundes gerade zu einem Team zusammengetan.

Drei Lehren der Politik

Warum vollzog Jakob Sturm diese schicksalhafte und beispiellose Wendung hin zu den lutherischen Fürsten Mitteldeutschlands, zu einer Region, mit der Straßburg traditionell kaum etwas verband? Warum war er nicht mehr zu der alten »neuen« Politik zurückgekehrt, sich an jene alten Freunde und Nachbarn zu wenden, die schweizerischen Städte, deren kommunale Traditionen denjenigen Straßburgs sehr viel ähnlicher waren und die gutes Alemannisch sprachen? Das Vorrücken der Reformationsbewegung legte es Straßburg in vieler Hinsicht nahe, sich den Schweizern zuzuwenden, wie man das auch fünfzig Jahre zuvor angesichts der Bedrohung durch Burgund getan hatte. Schließlich spielten sich Straßburgs religiöse Reformen mehr oder weniger im Kielwasser Zürichs ab, und Straßburgs Prediger hatten sich im Streit um die protestantische Doktrin rückhaltlos auf die Seite Zwinglis und gegen Luther gestellt. Der Süden lag näher, wenn es darum ging, politische Verbündete zu finden, und dort begannen Sturms Kollegen auch zu suchen, als ihnen die Schöffen Mitte 1527 die Zustimmung erteilten, »ein rücken [Bündnis] zu besehen«.[12] Im April 1528 begannen die XIII, die angehalten worden waren, die Sache in die Hand zu nehmen, geheime Missionen nach Zürich zu entsenden, und so wurde am 5. Januar 1530 ein »christliches burgrecht [Bund]« zwischen Straßburg, Zürich, Basel und Bern ins Leben gerufen.

Doch Jakob Sturm folgte auch weiterhin seinen eigenen politischen Vorstellungen gemeinsamer evangelischer Interessen, und die persönlichen Erfahrungen, die er mit der schweizerischen Reformation machte, bestätigten seine Entscheidung auf das entschiedenste.

Bei drei verschiedenen Gelegenheiten zwischen November 1528 und Juni 1529 war Sturm Zeuge von innerschweizerischen Auseinandersetzungen über Fragen der Religion. Die erste Gelegenheit ergab sich Mitte November 1528, als Sturm nach Bern entsandt wurde. Dort versuchte er zwischen dem Rat und einigen seiner Untertanen im Berner Oberland zu vermitteln, die ihre protestantischen Prediger vertrieben und die Priester wieder eingesetzt hatten, die Messe erneut lesen ließen, die Zahlung des Zehnten verweigerten und erklärten, »vom alten glouben und iren frîheiten nit abzeston«.[13] Die Basler Vermittler, so berichtete Sturm, würden die Sache klären, so gut sie es könnten, und darauf hinwirken, daß den Oberländern verziehen werde.[14] Letzten Endes aber wurde den Aufständischen doch sehr deutlich kundgetan, sie sollten »die abgöttische mess uss[ze]rütten, die bilder verbrennen und zerslachen, die altaren slissen und zerstören, die messpfaffen von stund an vertriben«, sonst werde man »mit lyb und gut und mit gewaltiger that darzu thun ...«[15] Als Sturm seinen Straßburger Kollegen zwei Monate später riet, die Messe nicht mit Gewalt zu verbieten, wird er möglicherweise diese irritierende Erfahrung bedacht haben: daß das einfache Volk *für* die Messe und *für* seine Priester kämpfte.

Unerquicklich verlief auch Sturms Mission in Basel gegen Ende des Jahres 1528. Seine Aufgabe war es herauszufinden, »ob sye [Sturm und die anderen Mittler] möchten helffen do gut fryd und einigkeit under unß zu pflanzen, domit wir des gotzwortz halb [um Gottes Wort willen] in einhelligkeit kemen«.[16] Er fand eine Stadt vor, die kurz vor einer Revolte stand, und schrieb an Landgraf Philipp, »das sy [die Bürger] in der weyhenacht nacht zu beyden teylen sich mit gewerter hand versamlet« hätten, dann aber davon überzeugt werden konnten, nach Hause zu gehen und Bittschriften an den Rat zu richten. Als sich etwa zweitausend Basler auf die Seite der evangelischen Prediger und vier- bis fünftausend auf die der Priester und der Messe schlugen, erreichten der Magistrat und die Vermittler, daß beide Seiten akzeptierten, »das man hinfurther nichts anders dan das pur wort gottes, so in biblischer geschrifft, alts und news testaments, gegrundt, predigen, und, wer das nitt thete, abgestellt werden soll«. Es wurde entschieden, daß die Angelegenheit am Sonntag nach Trinitatis, dem 30. Mai, öffentlich disputiert und »alle burger by jeren conscientzen des urtheyls befragt« werden sollten, »ob die mesz bliben oder abgethon werden soll; und wes also der meertheyl erkhent, dobey soll er also bleyben«.[17] Doch schon im Januar griffen die ungeduldigen Evangelischen zur Gewalt, woraus der Magistrat die einzig richtige Lehre zog und die Messe abschaffte. In Basel wurde die Reformation von den Bürgern beschlossen, in deren Urteilsfähigkeit in Fragen der Religion Sturm so wenig Vertrauen setzte.

Sturm machte seine dritte Erfahrung mit Religionskonflikten in einem Augenblick, in dem die Eidgenossenschaft nur noch einen Schritt vom Krieg entfernt war. Im Juni 1529 reiste Sturm erneut in die Schweiz, um zwischen den evangelischen Kräften und den katholischen Regionen der Innerschweiz, den »V. Orten« Uri, Schwyz, Unterwalden, Zug und Luzern, zu vermitteln, die sich bereits bewaffneten, um gegen Zürichs Bestrebungen vorzugehen, Zwinglis Doktrin auf die gemeinsam regierten Gebiete, die sogenannten »gemeine[n] Herrschaften«, auszudehnen. Sturm und Konrad Joham passierten Basel am 14. Juni und eilten dem Kampfplatz bei Kappel entgegen, das westlich des Zürichsees auf Züricher Gebiet lag. Doch die bernische Zurückhaltung und der Regen, der die Ankunft der österreichischen Truppen verzögerte, hatte den Kampfgeist auf beiden Seiten schon ein wenig beeinträchtigt. Der Überlieferung nach ritt Sturm zwischen den aufmarschierten Kontrahenten hin und her, und Berichten aus Basel zufolge ist es zum allergrößten Teil ihm zu verdanken, daß am 25. Juni ein Friedensvertrag unterzeichnet werden konnte.[18] Wie aus einem Bericht Heinrich Bullingers hervorgeht, drückte Sturm sein Erstaunen darüber aus, wie schnell die Stimmung der beiden Parteien von Kriegslust in Friedfertigkeit umgeschlagen war. »Jr Eydgnossen«, sagte er, »sind wunderbar [merkwürdige] leuth, wenn ir schon uneins sind, so sind ir eins, und vergaessend der alten fruentschafft nit.«[19] Nach einem ausgedehnten Festmahl, bei dem sie von 726 Mitgliedern der Zünfte wie Helden gefeiert wurden, ritten Sturm und Joham über Basel zurück nach Hause. »Uf dis mol«, so Sturm, habe die Eidgenossenschaft einen Religionskrieg noch abwenden können.

Jakob Sturms drei Missionen von 1528/1529 zu den Schweizern führten ihm die unbeständigen Optionen vor Augen, die sich aus der Uneinigkeit in Sachen Religion im allgemeinen und aus dem Zusammenprall der Reformation mit dem partikularistischen Populismus im besonderen ergaben, von dem die Eidgenossenschaft ebenso wie der Oberrhein geprägt waren. Alle spätmittelalterlichen politischen Auseinandersetzungen in diesen Regionen hatten, intensiviert noch durch soziale Feindschaften, ihre Kraft aus dem Parteiengeist bezogen; kleine Gruppierungen hatten darum gekämpft, sich vor ihrer Beherrschung durch größere, reichere oder angesehenere Mächte zu schützen. Dies war der Fall, als sich Straßburgs Zünfte erhoben, und es galt ebenso, als sich das Elsaß und die Schweiz zu jener großen Allianz gegen die Macht der Burgunder zusammenschlossen. Doch während des Bauernkrieges von 1525 erschienen alle diese alten Gepflogenheiten in einem neuen – aus Sturms Sicht durchaus zweifelhaften – Licht. Als die Religion als Auslöser für die Bildung neuer Parteien – Splittergruppen nannte er sie – hinzukam, wandte sich Sturm gegen diese gesamte Tradition. Hatte er vor langen Zeiten den blutigen Krieg gegen die Burgunder gepredigt, so kam er nun, Ende der 1520er Jahre als Bote eines Religionsfriedens zu den Schweizern, eines Friedens zwischen Untertanen und Herrschern, zwischen Zünften und Magistraten und zwischen den schweizerischen Mächten selbst. Neue Zeiten, neue Politik. Die Zeit des Bauernkriegs war schließlich auch die Zeit der schweren Infanterie, als das militärische Potential des einfachen Volkes sein Gewicht auf den Schlachtfeldern Europas geltend machen konnte. Wenn sich dieses Volk im Dienste eines Kaisers, Königs, Fürsten oder einer Stadt mit Piken und Gewehren wappnete, warum sollte es das nicht auch für sich selbst tun? Insbesondere dann, wenn es vom Geist einer religiösen Partei und dem Gerechtigkeitsideal des »göttlichen Rechts« erfüllt war. In der gesamten deutschsprachigen Welt hatten die politischen Eliten längst erkannt, was das bedeutete; seit dem Ende der Hussitenkriege waren nicht einmal hundert Jahre vergangen. Die Uneinigkeit und Unsicherheit, die sich angesichts der religiösen Fragen im ganzen Reich breitmachte, war dazu angetan, die gesamte, auf kleinen, in ihren Befugnissen recht ungenau definierten und halbsouveränen Regierungen basierende politische Ordnung aus den Angeln zu heben und ihre politischen Institutionen in unversöhnliche religiöse Parteien zu zersplittern. Jakob Sturm war sich dieser Gefahr voll und ganz bewußt – seine Reaktionen auf den Bauernkrieg beweisen das –, und dieses Bewußtsein war ihm der zwingendste aller Gründe, in den mitteldeutschen protestantischen Fürsten die geeigneteren Verbündeten zu sehen als in den schweizerischen Städten.

Straßburg wird schweizerisch

Jakob Sturms Einfluß ist die Erklärung für die Entscheidung des Straßburger Rates vom Sommer 1529, nicht nur den »nachbarlich verstandt mit den Eidtgenossen […] eyfferig« zu verfolgen, sondern auch »die christliche verstandnüs zwischen dem Churfürsten von Sachsen, Brandenburg, Hessen, Nürnberg und Ulm *similiter* [gleichzeitig]«[20]. Die Gelegenheit, auf Nummer Sicher zu gehen, schien günstig, denn im April waren die protestantischen Fürsten und Städte während des Reichstags zu Speyer zusammengekommen. Vereint hatten sie gegen einen Beschluß des Reichstags zu Fragen der Religion protestiert. Dieser Reichstag, dem König Ferdinand vorsaß – er trug mittlerweile die Kronen Ungarns und Böhmens –, bereitete der Ungewißheit, die nach 1525 geherrscht hatte, ein Ende und dramatisierte erstmals die Existenz der konfessionellen Parteien. Es war dies keine erfreuliche Erfahrung. »Christus ist an Kaiphas und Pilatus ausgeliefert worden«,[21] schrieb Sturm nach Hause, als der Reichstag die Durchsetzung des Wormser Edikts empfahl. In ihrer Antwort gaben Straßburgs XIII Sturm und seinem Begleiter Pfarrer relativ freie Hand, mit »andern chur und fursten stetten und andern stenden« zu verhandeln, insbesondere mit denen, die »dem evangelio anhängig« seien, sie sollten dabei aber noch kein Bündnis eingehen.[22] Die allerletzte Gewißheit, daß eine völlig neue Situation eingetreten war, gewann man, als Sturms Vetter, der Ammeister Daniel Mieg, eintraf, um Straßburgs Sitz in dem von Esslingen nach Speyer verlegten Reichsregiment einzunehmen – und ihm dieser Sitz verweigert wurde, weil seine Regierung die Messe abgeschafft hatte. »Wan sie [Straßburg] also von des reichs sitz und stenden solten ausgeschlossen sein, darumb sie gottes ehr fürderten, schand und laster abstelten«, wies Sturm den Reichstag zornig zurecht, »durffte man auch von ihnen hinfortt kein ahnlag noch reichssteuer gewertig sein.«[23] Straßburg werde sich vielmehr an den König von Frankreich wenden, »der mit uns in Verhandlungen treten will und uns eine jährliche Unterstützung von mehreren tausend Kronen angeboten hat«, und an »unsere schweizerischen Nachbarn, die gleichermaßen bereit wären, uns in ihre Eidgenossenschaft aufzunehmen, so, wie sie vor neunundzwanzig Jahren auch Basel aufgenommen haben. Es mangelt uns ganz gewiß nicht an Freunden.«[24] Beherzte Worte – doch Frankreich und die Schweizer waren weit weg. Viel eher zur Hand waren die protestantischen Fürsten, und am 12. April schloß sich Sturm deren Politik an, die Zahlung von Steuern hinfort zu verweigern. Und noch einmal zehn Tage später unterzeichnete Sturm – entgegen den Instruktionen, die er aus Straßburg erhalten hatte – einen Vertrag über gegenseitigen militärischen Beistand im Angriffsfalle über sechs Jahre mit dem sächsischen Kurfürsten, dem hessischen Landgrafen sowie Nürnberg und Ulm.

Die neue, nach ihrem Protest gegen die Religionsentscheidung des Reichstags »Protestanten« genannte Allianz war von Anbeginn gelähmt, denn sie gründete auf der Annahme eines gemeinsamen Glaubens. Doch die Inhalte genau dieses Glaubens standen zwischen Gruppierungen zur Debatte, die von Martin Luther auf der einen und Huldrych Zwingli auf der anderen Seite personifiziert wurden. Sturm erkannte zumindest anfänglich nicht, welche Gefahren daraus für die neue protestantische Partei erwuchsen, die sich in Speyer ganz einfach als diejenige definiert hatte, die am »göttlichen Wort« festhielt. Aber war diese Definition ausreichend? Offensichtlich nicht, denn in Speyer übergab Sturm den Sachsen eine kurze Darlegung dessen, was der Straßburger für den entscheidenden Punkt hielt: das Sakrament der Eucharistie, das Abendmahl. Dieses

Schriftstück – »irthumb in solche feine geschmuckt ausgelesene Wort« gekleidet, so urteilten die Nürnberger Prediger später[25] – bestritt die leibliche Gegenwart Christi im Sakrament des Altars und bestand darauf, es solle einem jeden erlaubt sein, seine Meinung zu vertreten, solange diese den Glauben an Gott durch Jesus Christus zum Ausdruck brächte. Sturm hielt dies für ausreichend, ebenso auch der Landgraf, der berichtete, die Protestanten glaubten »ob glich nicht glicher verstand, in der hauptler einig« zu sein.[26] Nur allzubald aber behaupteten die lutherischen Theologen in Sachsen, Nürnberg und anderen Orten, daß das »Sakramentierertum« – Zwinglis Doktrin zum Abendmahl – der religiösen und politischen Rebellion à la Müntzer von 1525 Tür und Tor öffne: »Denn sie lehren«, schrieb Melanchthon, »daß der heil[ige] Geist nicht durchs Wort oder Sacrament gegeben werde, sondern werde ohne Sacrament und Wort gegeben«, und fügte hinzu: »Also lehrete auch Münzer ...«[27] – das Symbol für den Bauernkrieg schlechthin. Diese Beschuldigung, lamentierte Martin Bucer von Straßburg aus, sei die »aller ergest unnd erschrecklichest, So yemer hat mögen erdacht werdenn«.[28]

Offensichtlich glaubte – oder hoffte – Sturm, das theologische Ungewitter der Prediger werde sich bald legen, als er und seine Kollegen begannen, den neuen Kurs mit allem Nachdruck zu verfolgen. Sie sagten dem Landgrafen ihre Hilfe im Falle eines Angriffs gegen Hessen zu und forderten ihre Schweizer Freunde auf, in deren eigenem »christlichen Bund« Platz für den hessischen Fürsten zu schaffen. Dies paßte dem Landgrafen sehr gut in seinen Plan, der Luther und Zwingli im Herbst in Marburg zusammenzubringen gedachte. Genau in diesem Augenblick brach nun der lutherische Sturm über die »Sakramentarierer« im Süden herein. In Straßburg machten sich seine ersten Anzeichen Anfang Juni bemerkbar, als Mathis Pfarrer aus dem fränkischen Rodach ein neues Bündel von sächsischen Bedingungen für die Schaffung einer Allianz mitbrachte. Ein weiteres Signal erfolgte im August, als Sturm und Pfarrer zu einem Treffen in Schwabach in Franken eintrafen und erfahren mußten, daß der Kurfürst das Treffen abgesagt hatte, ohne die Teilnehmer davon zu informieren.

Trotzdem gingen in der Zwischenzeit die Vorbereitungen für das Treffen im September im hessischen Marburg weiter, wo, wie Sturm den Baslern andeutete, »velicht nit allein von dem gesprech [über die religiösen Eintracht] gehandlet, sonder etwas treffenlichs [Wichtiges] mit inen gehandlet wirt, das zu wolfart gemeiner teutscher nation dienen wurdet«.[29] Aus diesem Grund teilte Landgraf Philipp Sturm mit, er wolle ihn »sonderlich gern aus beweglichen ursachen dorbei haben«, zudem solle er »zwene schiedliche [vernünftige] unzankhafte [predicanten], die zu fride und einigkeit lust haben«, mitbringen.[30] Die schweizerische Abordnung mit Zwingli, Johannes Oecolampadius aus Basel sowie Mitgliedern der Magistrate von Zürich und Basel traf Mitte September in Straßburg ein, von wo aus sie von Sturm über mehrere Zwischenhalte bei befreundeten Personen nach Marburg in Hessen begleitet wurde. Dort sollte es zur Einigung kommen, doch statt dessen regierte der Haß. Am 3. Oktober beschwor Sturm den Landgrafen, eine Katastrophe abzuwenden. »Sein F[ürstliche] G[naden] hab ein versammlung außgeschriben in dem strittigen artickel des sacraments ein einikait durch hilff des alemchtigen gottis zu machen.« In Marburg aber habe »Doctor Martin Luther in anfang des gesprechs [...] hören lassen, man lere nit allein im sacrament, sonder auch in andern artikeln zu Straßburh unrecht, und es im [Martin Sturm] nit geburen wol, das er fur ein eintzelige unainikait vier oder funff irrung heimbringe«. Sturm bat den Landgrafen untertänigst, »das man ihrer predicanten einen [Bucer] verhoren wol und in den erzelten artickeln urtail wol, ob sie recht oder unrecht leren«.[31] Doch auch dieser Versuch erwies sich als vergeblich, denn Bucer konnte mit seiner Intervention nichts erreichen, und die »Marburger Artikel«, die von beiden Seiten unterzeichnet wurden, regelten keinen der strittigen Punkte.

Mit der anderen, der schweizerischen Seite des Bundes waren offenbar vielversprechendere Ergebnisse zu erzielen. Flankiert von Sturm und Herzog Ulrich schlug Landgraf Philipp den Schweizer Politikern in Marburg vor, der habsburgischen Bedrohung solle durch ein Bündnis entgegengetreten werden, in dem »alle oder der merteil der oberkeiten, so bishar das wort gottes by inen verkünden lassen, sich mit und gegeneinander trüwlich und von herzen meinen und fürdren und vor schaden warnen sölten«. Im Falle eines Krieges, so versicherte Philipp, werde er mit zweitausend Pferden, Artillerie und Vorräten zu Hilfe eilen.[32] Die Schweizer berichteten zu Hause vom Angebot des Fürsten, und zehn Monate später entstand tatsächlich eine – allerdings sehr kurzlebige – hessisch-straßburgisch-schweizerische Allianz.

Gerade als es weit unten im Süden zu dieser Verbindung kam, brach die lutherische Reaktion über die Köpfe der Schweizer und Oberdeutschen herein. Nur einen Monat nach Marburg erfuhr der Straßburger Rat, daß der sächsische Kurfürst einem Bündnis nur dann beitreten wolle, wenn alle Parteien eine lutherische Grundsatzerklärung unterzeichnen würden, die sogenannten Schwabacher Artikel. Der Landgraf schäumte vor Wut und rechnete dem Kurfürsten vor, er sei ein Narr, wenn er auf die Macht der Städte mit ihren vielleicht fünfzig- oder sechzigtausend Soldaten nur wegen eines einzigen strittigen Punktes verzichte. Gegenüber Jakob Sturm schüttete der Landgraf sein Herz aus: »Lieber Jacob Sturm«, schrieb er, »es ist zeit; dan verschlofen wir, das die lampen ausgebrennt sein, so wirdet uns der breutgam nit einlassen ...« – vielleicht kannte er die großartige Darstellung der klugen und der törichten Jungfrauen an der Fassade des Straßburger Münsters. Jedenfalls war er der Ansicht, die Krise lasse nur drei Möglichkeiten zu: Unterwerfung gegenüber dem Kaiser und Widerrufung der Reformen; passiver Widerstand und Hinnahme der Verfolgungen oder aber aktiver Widerstand. »Uf dem wege [der dritten Möglichkeit] stehet gluck und hofnunge, uf den andern garnichts.«[33]

Die Straßburger XIII stimmten dieser Einschätzung zu und instruierten Sturm, beim nächsten, für Ende November im thüringischen Schmalkalden geplanten Treffen kundzutun, daß man sich in Straßburg »in den houptstucken unsers woren christlichen gloubens« eins sei, nämlich »das got der almechtig umb liebe willen menschlichs geschlechts sein geliepten eingepornen sun, unsern hern Jesum Christum, in dise welt geschickt , welcher als worer got menschlich natur an sich genommen, fur uns gestorben und um unser gerechtigkeit willen uferstanden« ist.[34] Als Sturm am 28. November in Begleitung Pfarrers in Schmalkalden eintraf, teilte er den fürstlichen Abgesandten mit, man betrachte die Schwabacher Artikel für zu »witleufig und disputierlich« und es »wer zu besorgen, wo die gelerten derhalben in unglichen verstand oder haltong derhalben weren, wurd daz gegenteil zu forteil [dem Feinde zum Vorteil] etc. und also zu zertrennung furnemen«.[35] Am 2. Dezember, unterstützt von dem Ulmer Bernhard Besserer, erklärte Sturm: »Es wellind och ire herren sich kainer ander gstalt in ainich pundtnis begeben dann also, das sy by irem globen, wie sy den ain zit har gehalten und furohin mit hilf des almechtigen ze halten gedencken oder wye sy jeziten fur gut ansehent, geschutzt und geschirmt werdent.«[36] Danach ritt der Straßburger quer durch das Reich zurück nach Straßburg, wo er die Sachlage am 15. Dezember dem Rat und den XXI unterbreitete. Er bediente sich dabei genau der Worte des Landgrafen: »... in *summa* steht der handel auf drei puncten: auf gottes wolgefallen sich zu verlassen, oder Kais. Maj. gemüth zu mildern oder endern; oder daß uns Kais. Maj. ungnad zu erwarten.«[37] Drei Tage später beauftragte der Rat seine Boten, »hinuf zu den Eidgenossen zu reiten, doselbst allerlei handlung, wie e[uer] g[naden] [Landgraf Philipp] von uns vernommen, entlich abzureden und so vil moglich zu beschliessen ...«[38] Am 20. Dezember war der Vertragstext aufgesetzt, und am 29. Dezember stimmten die Schöffen darüber ab: einhundertvierundachtzig waren für den Vertrag, dreißig stimmten für weiteren Aufschub und nur vier dagegen. Am 9. Januar 1530 billigten der Rat und die XXI den Vertrag mit achtunddreißig gegen elf Stimmen, und eine Woche später teilte der Ammeister den Zünften mit, es sei »alles gutgeheißen und beschlossen worden«.[39] Straßburg war zu den Schweizern übergetreten, und wer hätte denen widersprechen wollen, die vorhersagten, dies werde genau wie bei der elsässischen Schwesternstadt Basel so bleiben?

Zur Jahreswende 1529/1530 war Straßburgs Regime »schweizerisch geworden« und hatte damit einen Schritt vollzogen, den es zuerst 1523 beabsichtigt hatte – ein Schritt, der die Rückkehr zur Politik des späten fünfzehnten Jahrhunderts bedeutete. Die ersten außenpolitischen Früchte, die die Reformation hervorbrachte, bestanden in einer Wiederherstellung des Netzwerks des politischen Partikularismus. Doch dies sollte nicht das letzte Wort sein, das in dieser Sache geprochen worden war, und es war schon gar nicht Jakob Sturms Wort.

SECHSTES KAPITEL

Der Aufbau des Protestantismus – Politik und Religion

Das Scheitern der Allianz

Zur Jahreswende 1529/1530 lag die protestantische Allianz in Trümmern. Weit unten im Süden, in Italien, traf der von Papst Clemens VII. in Bologna gerade gekrönte Kaiser Karl V. alle Vorbereitungen, um nach Augsburg aufzubrechen, wo er einen Reichstag abhalten und, so ging das Gerücht, die Entzweiung im Glauben lösen wollte. Zuvor waren Abgesandte der verschiedensten deutschen Mächte über die Alpen gereist, um sich der Gunst des Kaisers zu versichern. Unter ihnen befanden sich auch Vertreter des Kurfürsten Johann von Sachsen, der habsburgische Unterstützung gegen seine Wettiner Vettern in Dresden suchte. Mit aller Wahrscheinlichkeit war er dabei auch bereit, seine »sakramentiererischen« Freunde zu opfern, sollte sich das als notwendig erweisen. Johanns Ziele deckten sich mit denen König Ferdinands, der des Kurfürsten Stimme benötigte, um zum Römischen König und designierten Nachfolger des Kaisers gewählt zu werden, aber auch mit denen Kaiser Karls, der das Schisma beseitigen und seinen Kampf gegen die osmanische Macht fortsetzen wollte. Für all dies würde natürlich irgend jemand einen Preis zahlen müssen, und es lag nur allzu nahe, daß die Stadt Straßburg, im Moment nur durch ihr »christliches Burgrecht« mit Zürich, Bern und Basel geschützt, dies würde tun müssen.

Wie war es dazu gekommen, daß die protestantische Allianz kaum ein Jahr nach ihrem Entstehen im April 1529 in Speyer schon zerbröckelte? Möglicherweise hegten Kurfürst Johann und seine geistlichen Berater ernsthafte Zweifel an dem von den Zwinglianern offensichtlich in die Welt gesetzten Grundsatz, der Mensch habe das Recht, der Obrigkeit Widerstand zu leisten. Vermutlich spielte noch eine Reihe weiterer Motive eine Rolle, aber ausschlaggebend für die Aufkündigung der protestantischen Allianz durch die Lutheraner im Herbst 1529 war die Entschiedenheit, mit der sie das Recht auf Widerstand gegen die Obrigkeit verneinten. Die Umsetzung dieser Einstellung in ein Programm war übrigens – entgegen anderen Überlieferungen – nicht Luther selbst zu verdanken, sondern bestimmten lutherischen Parteigängern, in der Hauptsache Bürgern süddeutscher Städte, die überall verbreiteten, es bestehe die Gefahr, von schweizerischem »Sakramentierertum« und Rebellion beschmutzt zu werden. Ein Hauptverfechter dieser gegen das Widerstandsrecht gerichteten These war der Nürnberger Stadtschreiber Lazarus Spengler, der im November 1529 schrieb, »ain christ« könne sehr wohl »gegen den, die ine von dem reich Christi undter deß antichrists reich mit gewalt benötigen wollen, mit der thatt und gewalt [...] auffhalten und alles seines vermögens widersteen [...]. Aber hie ist nit die frag, was ainem menschen, sonder ainem christen, nit auß naturlichem oder menschlichem rechten, sonder auß gottes gebott, bevelch und gehaiß ordentlich zu thun gepure.« Was schließlich habe »die vinsternus mit dem liecht, die vernunft oder naturlich flaischlich weißhait mit Gottes gaist« gemeinsam?[1] Johannes Brenz (1499-1570), ein lutherischer Theologe aus Schwäbisch Hall, griff das Thema auf und konzentrierte seine Kritik gegen die Schweizer: »... so seyen die aydgnossen ain volk on ain haupt und mangeln desselben in himel und auff erden.« Sie seien »aus der ainigkeit christenlicher kirchen abgetretten«, hätten »derohalben das haupt Jhesum Christum verloren« und auch »auff erden [...] ir aigne oberkait [...] ausgetilkt«.[2] Schließlich brachte auch Philipp Melanchthon (1497-1560) – ein Kollege Luthers – die Angelegenheit auf die Formel Sakramentierer = Rebellen. Selbst wenn die Schweizer Protestanten eine rechtgläubige Linie verfolgen würden, erklärte er, wäre die protestantische Allianz wegen des Schadens, den sie der Kirche und jeglicher Regierung zufügen werde, unchristlich. Was beispielsweise würde geschehen, wenn sich Landgraf Philipp von Hessen mit den »Sakramentierern« verbünden und in Württemberg einfallen würde? Da mochte der Landgraf voller Entrüstung ausrufen: »Ach, lieber got, wie haben wir so eyn enge gewissen, wan es den schaden unser underthanen angehet und die warheyt, wans aber unser gut angehet, so haben wirs alles macht, es mocht eyner woll sagen wie Christus wider ichlich hoffertig gelerten: ir versluckt camel und seyget mücken [Mt 23, 24]«[3] Sicher, man konnte dieser Meinung sein, doch Anfang März 1530, als der Kaiser bereits auf dem Weg nach Augsburg war, um dort einen Reichstag abzuhalten, hatten die Wittenberger Theologen das Kamel verschluckt, die Mücken ausgesiebt und und sich gegen das Widerstandsrecht gestellt. »Haben daher die Juristen Recht«, erklärten sie, »daß ein Christ, nicht als ein Christ, sonder als ein Bürger oder membrum corporis politici muge widerstehen, das lassen wir geschehen. Aber dennoch ziemet uns Theologen nicht, und ist unserm Gewissen fährlich, zum Verbündnis zu raten.«[4]

Die Befürchtungen der Wittenberger Theologen waren durchaus begründet, denn tatsächlich waren Landgraf Philipp und Zwingli im Winter 1529/1530 dabei, Kriegspläne auszuhecken. Sie planten einen Feldzug im Südwesten, der von Frankreich unterstützt werden und die westlichen von den östlichen Ländern Österreichs abschneiden sollte. Jakob Sturm, der Ende Februar 1530 durch Zwingli und erneut Mitte März durch die Basler von diesen Absichten erfuhr, sah darin eine Bedrohung der Politik evangelischer Solidarität, die er mit der anstehenden Sitzung des Augsburger Reichstags wiederzubeleben trachtete. Gegenüber den lutherischen Obrigkeiten wollte Sturm das Argument ins Feld führen, daß es sich bei dem Disput um das »Sakramentierertum« doch größtenteils um Haarspalterei handele und »das man hierin niemants sin verstand [Meinung] neme, sonder hierin ein jeden loß bliben, so verr er sonst in gott per christum glaube und durch solchen glauben dye liebe des nachsten bezeige«.[5] Der Reichstag rückte immer näher, und am 22. Mai machten sich Sturm und Ammeister Mathis Pfarrer auf den Weg nach Augsburg.

Protestantische Politik am Scheideweg: »Lust, willen und liebe zu einigkeit«

Als die Abgesandten Straßburgs in der großen Stadt am Lech eintrafen, fanden sie einen wahren Hexenkessel vor, aufgeheizt von aufrührerischen Predigten und in gespannter Erwartung der Ankunft des Kaisers. Karl hatte Augsburg noch nicht erreicht; der gewaltige Reiterzug, der den Brenner bereits überwunden hatte, bereitete sich in Innsbruck auf die Reise über den Fernpaß und entlang des Lechtals nach Augsburg vor. Karl und Ferdinand erreichten die Umgebung Augsburgs am 15. Juni, begleitet von päpstlichen Legaten, Höflingen und Klerikern – darunter Spanier, Italiener, Niederländer, Deutsche, Ungarn und Böhmen – sowie eintausend Söldnern und der dreihundert Mann starken kaiserlichen Leibwache. Im Troß marschierten die kaiserlichen Köche, Ärzte und Falkner, sogar zweihundert spanische Jagdhunde wurden mitgeführt.

Das personifizierte Heilige Römische Reich begab sich vor die Mauern der Stadt, um seinen Monarchen zu empfangen: die Kurfürsten, Fürsten, Bischöfe, sodann die Bürger, die Mitglieder des Magistrats und der Bürgerwehr Augsburgs. Kurfürst Johann führte zweihundert Reiter mit sich, Kurfürst Joachim von Brandenburg einhundertfünfzig. Ihnen folgte Landgraf Philipp von Hessen mit einhundertzwanzig graugekleideten Bogenschützen, auf deren Ärmeln das Motto V.D.M.I.E. zu lesen stand: Verbum dei manet in eternum – Gottes Wort währet ewiglich. Böswillige Katholiken indes scherzten, die Abkürzung bedeute vielmehr: »Und du musst ins elend.« Als die beiden Züge aufeinandertrafen, begrüßte Augsburgs Stadtsyndikus Conrad Peutinger den Kaiser in gewähltem Latein, und alle Kanonen und Gewehre gaben Salutschüsse ab. Der große

Einzug begann. Eskortiert von den Fürsten und anderen Prinzen mit ihren Begleitern, den Abgesandten der einundsechzig freien Städte sowie den Bürgermeistern Augsburgs, die an der Spitze von eintausend Bewaffneten aus den Zünften und zweihundert gerüsteten Reitern marschierten, durchquerten die Monarchen die Flußauen und zogen in die Stadt ein. In vorderster Reihe marschierten die kaiserlichen Söldner, dann, flankiert von seinem Bruder, folgte Karl, der unter dem offiziellen rot-weiß-grünen, von sechs Magistratsmitgliedern gehaltenen Baldachin Augsburgs ritt. Der Zug bewegte sich direkt in das Zentrum der Stadt, zum Perlachturm beim alten Rathaus, wo der Bischof und der Klerus Karl in ihre Mitte nahmen und ihn in den Dom geleiteten. Nach dem Tedeum, zu dem das einfache Volk nicht zugelassen wurde, legte Karl, begleitet von seinem königlichen Bruder sowie dem Kardinallegaten und allen seinen Fürsten und Herren, den Weg zum bischöflichen Palast zu Fuß zurück. Dort residierte er dann fast vier Monate. Seine Gegenwart ehrte und bereicherte Augsburg, zugleich aber führte sie den Bürgern der Stadt vor Augen, wie sehr sie von Karl und der Welt, die er repräsentierte, abhängig waren.

Es war dies die prächtigste, glanzvollste Versammlung der gesamten Reformationszeit, eine theatralische Selbstinszenierung des Reiches. Zugleich aber begann erst jetzt, 1530, und hier, in dieser Stadt am Lech, der eigentliche Streit zwischen dem Kaiser, dem König und den religiösen Parteien, und hier, fünfunddreißg Jahre später, sollte er mit dem Augsburger Religionsfrieden von 1555 zumindest vorläufig auch enden. Nichts aber übertraf jemals den Pomp und den Glanz dieses Einzugs und dieses Reichstags von 1530 mit seiner riesigen Propagandabühne, auf der zum einen die Macht und der Glanz des Hauses Österreich und zum anderen die Potenz der großen Fürsten des Reiches in Szene gesetzt wurden. Nur aus den Reihen der Fürsten sollte wirkungsvolle Opposition gegen die Habsburger erwachsen; die Bürger hingegen würden keine bedeutende Rolle spielen, weder in den Verhandlungen, die den Reichstag vorrangig prägten, noch bei der Unmenge an Vergnügungen – den Festen, Bällen, Banketten und Jagden – mit denen die Adligen bei Laune gehalten wurden, während die Bürger auf den Fortgang der Gespräche zu warten hatten.

Jakob Sturm allerdings empfand die Atmosphäre in Augsburg als zu bedrohlich, um sich von ihr langweilen zu lassen. Die lutherischen Geistlichen des sächsischen Kurfürsten, so fand er heraus, predigten »ganz unfreuntlich gegen unser gelerten meinong«. So hieß es zum Beispiel, daß die Partei Zwinglis »mit wunderbarlichen practiken umbgienge, frembde nationen an uns zu ziehen, bistomb under uns zu teilen und in summa grosz ufrur und krieg zu erwecken …«[6] Es kam noch ärger, als die Theologen des Kurfürsten ein Grundsatzpapier entwarfen, die sogenannte Augsburger Konfession, das man Sturm und seine Freunde jedoch nicht unterzeichnen ließ: »… dweil si [die sächsischen Theologen] aber mit unsern gelerten in dem articel des sacraments nit einhellig, werden si uns hierin nit mit inen zulossen.«[7] Was war nun zu tun? Sturm hatte – in weiser Voraussicht – seine eigenen Straßburger Theologen angefordert, und nun erarbeiteten Bucer und Capito, versteckt in ihren Unterkünften, eine eigene Schrift, die sogenannte Confessio Tetrapolitana. Diese Bezeichnung sprach für sich selbst, denn nur Konstanz, Memmingen und Lindau sollten sie unterzeichnen, und sogar die loyalen Konstanzer hielten sie für zu »weitloeffig oder disputierlich«.[8] Dieser etwas blamable Vorstoß erhielt die ihm gebührende Aufmerksamkeit: Während die lutherischen Fürsten und Städte ihre Augsburger Konfession am 25. Juni in einer feierlichen Sitzung den Monarchen und zweihundert Würdenträgern unterbreiteten, übergab Sturm am 9. Juli die Confessio Tetrapolitana ohne jegliche Zeremonie der kaiserlichen Kanzlei. Und während auf die lutherische Konfession innerhalb von vier Wochen eine Antwort erteilt wurde, warteten Sturm und sein kleines Häuflein mehr als vierzehn Wochen. Dann, am 15. Oktober, standen sie drei Stunden lang vor Karl, Ferdinand und den versammelten katholischen Fürsten, Prälaten und Gesandten, während ein Sekretär eine *confutatio* verlas, eine Widerlegung, und in dieser »verlessnen schrifft werden wier [die Unterzeichner der Confessio Tetrapolitana] so vil und offt kaetzer gescholten und vil Erger dan die von chaphernum, Erger dann die Jüden und das wier minder glaubind dann der theyffell …«[9] Sturm holte zu einer Entgegnung aus. Die Widerlegung, erklärte er, »ist mit den allerscharfsten und anziehenlichsten worten gesetzt, so man hat erdencken mogen, als ketzerisch, gotslesterlich, frevenlich, mutwilliglich und derglichen […] zudem allerlei sachen und geschichten darin angezogen werden, deren wir kein wissens tragen, sonderlich das hochwurdig sakrament des leips und pluts Christi belangen, die erschrecklich und unerhort sind, auch bi den unsern nit bescheen, sunder wo sich solichs bi uns begeben hette, wurde es durch unsere freund zum hochsten bestraft.«[10] Und Hans Ehinger schrieb stolz nach Memmingen: »Es jst fierwaur, günstig lieb herren, ain hertter, schwerrer stand gewest, 5 arm guott gesellen und buorger wider und gegen aim Röm: kaisser, kurf:, fiersten und sovill stend alsdan zu stonn, red und anttwortt ze geben …«[11] Eine beherzte Tat, sicherlich, doch auch eine vergebliche.

Doch noch war nicht alles verloren. Nicht der Kaiser und seine Bischöfe erwiesen sich als das eigentliche Publikum für die Schrift der Straßburger, sondern die Lutheraner. Der clevere Sturm hatte sich entschlossen, Huldrych Zwingli höchstpersönlich davon zu überzeugen, wie wenig »zwinglianisch« die Position Straßburgs doch sei. Zu diesem Zweck sandte er dem Züricher eine Abschrift der lutherischen Schwabacher Artikel und unterbreitete folgenden Vorschlag: »Wenn *Ihr und die Euren* unterdessen eine Verteidigungsschrift an den Kaiser und die Fürsten richten würdet, in der Ihr *Euren* Glauben darlegtet, so glaube ich nicht, daß *Eure* Anstrengung vergebens wäre.«[12] Zwingli schluckte den Köder und sandte sein trotziges Glaubensbekenntnis »Ratio fidei« nach Augsburg. Dort fiel das Papier natürlich den Lutheranern in die Hände, und deren Theologen heulten nun vor Wut – über Zwingli.

Sturms gesamte Strategie stellte ein riskantes Unterfangen dar, barg es doch die Gefahr in sich, die Verhandlungen des Kaisers mit dem sächsischen Kurfürsten und seinen Vasallen könnten scheitern. Am 24. August schien es, als habe sich das Risiko gelohnt. Die Nachricht ging um, daß Bucer und Melanchthon miteinander ins Gespräch gekommen wären, und der Landgraf versuchte, Sturm ein vertrauliches Gespräch mit den Männern des Kurfürsten zu vermitteln. Als die Verhandlungen der Lutheraner mit den kaiserlichen Theologen immer lustloser verliefen, entdeckte Melanchthon sogar, »dasz Buzers meinung nit so bösz wäre wie man sie macht, und wäre ebenmäszig des Lutters meinung durchaus«.[13] Mitte September sah Sturm Licht am Ende des Tunnels, so daß er Bucer damit beauftragte, Luther und Capito in die Schweiz zu begleiten. Nun hing alles vom Kurfürsten ab, der – nur wenige Tage bevor er sich von Augsburg aus auf den Weg nach Hause machte – gegenüber Sturm geäußert hatte, »gott werde sein gnad gebenn, das wier all die protestierenden fiersten und Richstett widerum zusamen jn kiertz jn ain ainhelligen verstand wellind komen«.[14] Sturm nickte feierlich und gab zurück, daß die Straßburger »allein umb des gemeinen Mannes willen, der die newe Opinion gefaßt, ein wenig gemach thun müßten, damit sie nit einen Tumult erregten«.[15] Alles schien auf eine protestantische Allianz hinzudeuten, und so sprachen Sturm und Pfarrer am 12. und 13. Oktober mit Graf Albrecht von Mansfeld, der unter den Beratern des Kurfürsten zu den entschiedensten Befürwortern einer fortschrittlichen Politik gehörte. Sturm, der so tat, als bestünden zwischen den beiden Parteien und einem Bündnis keinerlei Hindernisse mehr, forderte Graf Albrecht auf, er möge seinen Kurfürsten bitten, »die Stat Straßburg vonn Ime nicht ausschliessen oder absundern, Besonder auf und annemen woltenn, Dann In dem glauben, souil das heilig sacrament betreff, kain unterschiedt zwuschen seinen churf[ürstlichen] g[naden] und derselben verwanten [seinen Verbündeten] und Ihnenn [den Straßburgern] were«. Natürlich sei, so gestand Sturm ein, »zwuschen Irenn predigern etlich wortlich gezenck vorgefallenn«, gleichwohl aber bestehe »Inn der substanz kain mißverstandt des wahrhafftigen leibs unnd Bluts gegenwert [Gegenwart]«. Sollte es nun also zu einem Bündnis und zu einer Verständigung zwischen dem Kurfürsten und seinen Verbündeten sowie Straßburg kommen, so werde dies sicherlich beiden Teilen zum Vorteil gereichen.[16] Graf Albrecht, der kein Narr war, fragte ohne Umschweife, ob Straßburg die Augsburger Konfession unterzeichnen werde. Sturm antwortete ausweichend. Graf Albrecht könne beruhigt sein, sagte er, »es wurde doran kain mangel [Problem] sein«. Bucer habe die Konfession gelesen »unnd offentlich gesagt, Er wußte dor Innen kain voranderung oder mangel«.[17] Am darauffolgenden Tag schmiedeten Sturm und Graf Albrecht Pläne, um die protestantischen Mächte zu bilateralen Gesprächen an einen Tisch zu bringen, »und alsdan sich zu allen teilen einer gemeinsamen rettung und hilf gegeneinander zu verglichen und zu vetrösten, und dweil die sach nit langen verzug liden mag, sovil müglich zu beschliessen«.[18] Während dieser zwei Tage in Augsburg Mitte Oktober 1530 erlebte die protestantische Allianz ihre Wiederauferstehung von den Toten.

Kurfürst Johann von Sachsen wußte sehr wohl, wie man den Schein wahrte. Anfang November informierte er Straßburg, daß »unser rethe, so wir hinter uns zu Augsburg gelassen haben, [uns] zu erkennen gegeben [haben], welcher gestalt inen von eurn geschickten, so ir auch aldo habt, des artikels halben, das hochwirdig sacrament des leips und bluts Christi belangend, als eurm bevel, bericht und anzaig bescheen, welchs wir, das numals in dem zwischen uns kain miszverstand, zu sonderlich guten und gnedigen willen vernummen«.[19] Es war dies der Moment des Umschwungs nach dem Reichstag zu Augsburg, und Sturm wußte die Ungewißheit des Augenblicks wohl zu schätzen. Auf dem Heimweg machte er in Ulm halt und erklärte dem Magistrat, nun hänge alles davon ab, »ob man ain rechte liebe zuainander hab; dann, wann man sich schon zuainander verbunden, und dieselb lieb söllt nit vorhanden sein, so were es vergebens und möcht sich ainer zur nott [in einer schwierigen Situation] wol von ainer klainfuegen ursach ausser der halfter [Verpflichtungen] ziehen«.[20] Mit der Formulierung »ain rechte liebe zuainander« meinte Sturm die Zuneigung und das Gefühl von Vertrauen. Unter den vorherrschenden Bedingungen, also der politischen Kultur des Bürgertums, könnten gemeinsame Interessen nur so in dauerhafte Zusammenschlüsse münden. Bei dieser »rechten liebe zuainander« handelte es sich um genau das, was Sturms Urgroßvater vor mehr als fünfzig Jahren den Bernern gepredigt hatte, als es gegen Burgund ging. »Soll man aber anderwaid tag [ein weiteres Treffen] besuchen«, sagte Sturm den Ulmern, »und der churfurst und ander söllen auf irer mainung verharren und zu niemant verpunden wöllen, dann die eben das, so si glauben, so werd es aber zu nichte; dann er [der Kurfürst] kundt nit achten [erwarten], das ine sein oder ander herren masz deß glaubens geben lassen werden.«[21] Genau das aber war es, was die Straßburger letzten Endes würden hinnehmen müssen.

Nun war die Zeit gekommen, Nägel mit Köpfen zu machen. Als Sturm am Abend des 22. Dezember 1530 in Schmalkalden einritt – dem Schauplatz seiner Demütigung ein Jahr zuvor –, enthielt sein Gepäck alle Vollmachten, Konstanz, Lindau und Memmingen zu vertreten, etwas eingeschränktere Befugnisse für Zürich und Bern sowie Instruktionen aus Straßburg, den Vertrag perfekt zu machen, da man nicht länger »als ain einzige person sunder mit der gmein handeln und besliessen« müsse.[22] Die Verhandlungen dauerten neun Tage an, bis die Verbündeten schließlich am letzten Tag des alten Jahres einem »christlichen verstentnus zur gegenwär und rettung gewaltigs uberzugs [gewalttätiger Angriffe]« beitraten und sich darauf einigten, dem Kaiser eine Bittschrift wegen »milterung des beschwerlichen abschids« von Augsburg zu übersenden.[23] Alle heiklen Punkte wie etwa das Widerstandsrecht waren weggefegt worden, und die neuen Verbündeten verkündeten Solidarität gegen die Exekutive des Reichskammergerichts, »bunt zu Schwaben, kayserlichen comission oder ander furnehmen«.[24] Für den Augenblick schloß dieses neuerwachte Gefühl der Gemeinsamkeit sogar die schweizerischen »Sakramentierer« mit ein: Am 31. Dezember teilte Graf Albrecht mit, daß es »gut wer, so der verstand erweitert werden mocht, und das der churfürsten und fürsten beger wer, das wir mit Zurich, Bern, Basel handeln sollten: sover si unsern artikel der confession [Confessio Tetrapolitana] auch bekennen wollten«.[25] Sturm zögerte zwar, die Schweizer fallenzulassen, fürchtete aber, wie er dem Landgrafen mitteilte, »es seien leut, die dise verglichong allein der ursach gern verhindern wollen, domit der christlich verstand, zu Schmalkalden angefengt, sin furgang och nit gewinne«.[26] Und er fuhr fort: »So man zu einigkeit lust willen und liebe hette, es were zu einem anfang solicher verglichung je genug, das man zugleich bekente, das der leib und blut Christi im nachtmol worlich zugegen, worlich dargereicht, gegessen und getrunken würde.«[27] Die Detailfragen, »ob in auch der liplich munde und der ungleubig oder gottlos esse und trinke, würde sich mit der zeit auch wol verglichen und villicht besser, dan wir es jetz gedenken mögen«.[28]

»Lust, willen und liebe zu einigkeit« – mit dieser für Sturm typischen Formulierung rührte er an den empfindlichsten Nerv des Schmalkaldischen Bundes, nämlich an die Definition seines Zusammenhalts als gemeinsame Zustimmung zu einer elaborierten Formel christlichen Glaubens. Sturm war überzeugt, nur die Hinzufügung einer moralischen Komponente, Freundschaft, zu diesem formalen Glaubensbund könne die Allianz langfristig am Leben erhalten.

Welcher Preis für diese Allianz gezahlt werden mußte, wurde ihm bald klar. Zwar gelang es ihm, Ulm und andere süddeutsche Städte zum Beitritt zum Schmalkaldischen Bund zu bewegen, die schweizerischen Städte aber sollten seiner Aufforderung nicht folgen. Für Sturm, dessen Vorfahren an der Seite ihrer Schweizer Genossen gekämpft hatten – Onkel Ott hatte sich seine Sporen im Jahre 1476 auf dem Schlachtfeld von Murten verdient –, war dies ein harter Schlag; in den unruhigen Tagen nach Schmalkalden muß ihm gleichwohl klar gewesen sein, daß er diesen Preis zahlen mußte. Als ob er Sturm die Richtigkeit seines Handelns bescheinigen wollte, schrieb Johann von Sachsen an den Straßburger. Der Fürst habe nicht versäumen wollen, Sturm als dem zu schreiben, »der uns nun fur andern bekant ist, die ding auch zu furdern weis und von den gnaden des almechtigen vor andern verstehet ...« Der Kurfürst bat Sturm, er wolle »mugelichen vleis dapei haben, domit es auch der prediger halb bei euch [...] allen vorberurts artikels halben gleichmesig gehalten muge werden.«[29] Damit war ein Standpunkt formuliert worden, und die Schweizer würden sich ihm nicht anschließen. Wenn die Lutheraner glaubten, schrieb Zwingli in einer scharfen Erwiderung an Capito und Bucer, daß Christus im Brot und im Wein gegenwärtig sei, so seien sie nichts anderes als Papisten.[30]

Mit der protestantischen Allianz wurde Straßburgs Politik um eine ganz neue Verpflichtung ergänzt, und die Entscheidung dafür wäre kaum nachzuvollziehen, ließe man die neuen Verbindungen außer acht, die durch die Reformation geknüpft worden waren. Anfänglich hatte die Reformationsbewegung den alten partikularistischen Zusammenhalt mit den Schweizern wiederbelebt; nun aber rief sie eine ganz neue und bislang beispiellose Allianz zwischen den süddeutschen freien Städten und mitteldeutschen Fürsten ins Leben. Allein mit politischen Traditionen, wirtschaftlichen Interessen oder sozialen Gemeinsamkeiten läßt sich die Entstehung des Schmalkaldischen Bundes, dieser ersten und außerordentlich eindrucksvollen Ausprägung protestantischer Politik im Reich, nicht erklären.

Die Bildung des Schmalkaldischen Bundes fiel für den Oberrhein in eine sehr schwere Zeit. Im Jahre 1529 war es zu einer furchtbaren Hungersnot gekommen, so daß die Städte von verzweifelten und notleidenden Menschen förmlich überquollen. Allein zwischen Juni 1530 und Juni 1531 wurden in Straßburg 23.548 Hungernde gespeist – mehr als die Einwohnerschaft der Stadt.[31] Auf der Straße nach Eckbolsheim, so berichtet die Stadtchronik, wurden eine Frau und zwei Kinder aufgefunden, die verhungert waren, und als die städtische Kornkammer geöffnet wurde, um billiges Mehl zu verkaufen, drängte die Menge nach vorn und trampelte ein junges Mädchen zu Tode. Natürlich mußten die Steuern erhöht werden; der Rat setzte beispielsweise die Vermögenssteuer um zwei Heller herauf, »welches die burger sehr wunder nam, dan es im selben jar ein grosze theürung was geweszen ...«[32] Es war dies ein furchtbares Jahr, ein Jahr voller schlechter Vorzeichen, und am Pfingstsonntag erschien um neun Uhr am Morgen ein neuer Stern am Himmel.

Doch ein derartiges Omen konnte der neuen protestantischen Allianz schwerlich etwas anhaben. Der Schmalkaldische Bund entwickelte sich schnell zu einer einflußreichen Macht innerhalb der Reichspolitik und leitete die Schönwetterperiode der Reformation ein. Diese Zeitspanne ungebremster Erfolge reichte vom Nürnberger Anstand von 1532, einem Religionsfrieden, der den Protestanten Schutz vor den drohenden Rechtsverfahren wegen der Rückgabe von Kirchengut gewährte, bis in die Mitte der dreißiger Jahre, als sich der Bund seine Verfassung gab (1535) und die protestantischen Theologen ihre Streitigkeiten in der Wittenberger Konkordie beilegten (1536). Diese Erfolgsserie hing weitgehend damit zusammen, daß der Dominierung der Reichspolitik durch die konfessionellen Parteien Grenzen gesetzt waren. Zum einen wollte Karl V. Aussöhnung und Frieden im Reich, weil er bei der Wahl seines Bruders zum König und bei seinem Krieg gegen die Türken und Franzosen auf die Unterstützung der Protestanten angewiesen war. Zum anderen aber wurde seine Politik der Aussöhnung durch eine vermittelnde Gruppierung aus dem katholischen Lager gestützt, die nach dem Reichstag zu Augsburg entstanden war. Diese Kurfürsten und Fürsten hielten sich mit ihren religiösen Ansichten zurück und nahmen zwischen den konfessionellen Blöcken eine neutrale Position ein. Auf diese neutralen Fürsten war Karl in hohem Maße angewiesen, saß er doch, wie Luther es ausdrückte, nach dem Augsburger Reichstag »zwischen so viel Schlangen gefangen« und konnte sich kaum dagegen sperren, mit den protestantischen Fürsten zusammenzutreffen – »Bart an Bart«, wie Ferdinand es formuliert hatte.[33] Am 8. Juli 1531 suspendierte Karl die Forderungen nach Rückgabe von Kirchengut bis zum nächsten Reichstag und beauftragte zwei der katholischen Kurfürsten, den Pfalzgrafen Ludwig sowie Albrecht von Mainz, »mit dem Kurfürsten von Sachsen, seinem Sohn [Johann Friedrich], dem Landgrafen von Hessen sowie deren Anhängern die Artikel des Glaubens betreffend« zu verhandeln.[34] Im April 1532 trafen sich die katholischen Mittler und die protestantischen Verbündeten in Schweinfurt, während Karl aus den Niederlanden herbeieilte, um in Regensburg einen Reichstag abzuhalten.

Jakob Sturm reiste nicht nach Regensburg. Trotz eines körperlichen Leidens (»leibsblödigkeit«) erklärte er sich jedoch bereit, ins fränkische Schweinfurt zu reiten, um dem Treffen zwischen den Protestanten und den vermittelnden Kurfürsten beizuwohnen. Die noch längere Reise nach Regensburg nahm Ammeister Klaus Kniebis auf sich, ein nicht gerade erfahrener Diplomat. Nachdem der Kaiser bestimmt hatte, ein Friede könne nur diejenigen einschließen, die »die Meinung und Erklärung des besagten Kurfürsten und Landgrafen sowie deren Anhänger, wie sie in der besagten Augsburger Konfession niedergelegt sind«, akzeptierten, brachte Sturm die Straßburger Prediger zu der Anerkenntnis, daß diese lutherische Konfession »unseres glaubens und verstendnüs der götlichen schrift eben und gemesz [ist], stimmet auch aller ding mit unser confession [Confessio Tetrapolitana]«.[35] Doch dieses Zugeständnis reichte nicht aus, denn Anfang April 1532 attackierten die Falken in der lutherischen Partei die Straßburger als Häretiker. Sturm wiederum beschwor die Lutheraner, es bestünden weder Streitigkeiten noch Gründe dafür, wenn man sich nur an die Sprache der Bibel hielte und insbesondere daran, daß man mit der Eucharistie den wahren Körper und das wahre Blut Christi empfange. Man solle doch alle irritierenden Begriffe wie »symbolisch«, »bildlich«, »körperlich«, »wesentlich«, »geistig« und dergleichen unberücksichtigt lassen.[36] Diesen bitteren Moment konnte auch Kardinal Albrecht von Mainz nicht versüßen, der Sturm tadelte: »...wie wellen es ugere [eure] prediger [zu Hause] verantworten, das ier jetzt bei der Sachsischen confession pliben, und si vor[her] anders gelert?« – »So unsere predicanten zuogegen«, erwiderte Sturm, »wurden sie haruf wol wissen zuo antworten; wo sie aber schon geirt und dovon abgestanden, was sie bitzhar gelert, – dan man hat in vil zuogelegt, das sie nit gepredigt oder gelert, – were inen mer zuo lob dan zuo nachteil zuo rechnen.« Nun dreht Sturm den Spieß um: »Wo wier unsern glouben abstünden«, sagte er dem Kardinal, »und uf uger [euer] gn[aden] glouben kemen, uger gn. wurd uns solichs zuo gutem haben.« – »Das wellen wier lossen pliben«, antwortete der Prälat.[37]

Die Verhandlungen in Schweinfurt gingen voran, und in Regensburg wartete der Reichstag auf das Ergebnis. Aus Ungarn trafen unterdessen von Woche zu Woche schlechtere Nachrichten ein, so daß die XIII in Straßburg entschieden, »ein ehrsamer rat [solle] seines teils zu demselben [der Türkenhilfe] gutwillig« leisten[38] – nicht zuletzt, um einen Frieden zwischen den konfessionellen Parteien nicht zu gefährden. Am 2. August 1532 schließlich setzte Karl die Forderungen nach Rückerstattung erneut und bis zur Bildung eines Generalkonzils aus. Mit diesem Schritt tolerierte der Kaiser de facto die lutherischen Mächte, die sich wiederum dazu verpflichteten, den öffentlichen Frieden aufrechtzuerhalten und zur Verteidigung Ungarns beizutragen. Dieser Frieden wurde von allen Parteien als vorläufig angesehen; tatsächlich aber stellte er einen ersten Schritt zum Augsburger Religions- und Landfrieden von 1555 und zum Westfälischen Frieden von 1648 dar, durch die das Reich zu einem Land mit zwei führenden und gleichberechtigten Religionen wurde. Mit diesem ersten Schritt – der Frieden wurde 1534 und noch einmal 1539 erneuert – gewannen die protestantischen Mächte die Zeit und die Sicherheit, die sie benötigten, um ihre Kirchen unter Kontrolle zu bekommen und mit dem religiösen Radikalismus der Anabaptisten fertig zu werden. Er war zudem ein Handel, und Sturm und die XIII hielten sich daran. Unter dem Kommando Bernhard Wurmsers von Vendenheim verließen 388 Fußsoldaten am 29. Juli 1532 Straßburg; als Zahlmeister zog Jakobs älterer Bruder Friedrich Sturm mit. Die Reiterei folgte am 12. August. Ziel der Truppen war Wien, und damit war der lebende Beweis für Straßburgs guten Glauben und seine Überzeugung erbracht, daß »solich hilf freiwilliglich und nit zwungenlich« geleistet werden müsse.[39]

Die Architekten der protestantischen Einheit: Jakob Sturm und Landgraf Philipp von Hessen

Landgraf Philipp, der mit dem Frieden von Nürnberg eine Atempause gewonnen hatte, wandte seinen Blick erneut gen Württemberg. Im Sommer 1534 fiel er mit einer gehörigen Portion Glück und Wagemut, Jakob Sturms Unterstützung, bayerischer Hilfe und französischem Gold in Württemberg ein und verhalf Herzog Ulrich wieder zur Macht in Stuttgart. Es war dies eine der wenigen Gelegenheiten, bei der die Protestanten ihre Chance erkannten und diese auch voll nutzten, und nur so konnten sie das Überleben ihrer Religion im deutschen Südwesten sichern.

Württemberg fiel beim allerersten Ansturm. Die Zeiten und der religiöse Umschwung hatten den exilierten Grafen aus einem tyrannischen und blutdürstigen Verschwender – »princeps latronum« hatte Johannes Reuchlin ihn genannt, einen »König der Diebe«[40] – in einen protestantischen Helden verwandelt, dem man Unrecht getan hatte. Die Aufmerksamkeit König Ferdinands wurde durch die Lage im Osten abgelenkt, und so leisteten auch seine österreichischen Statthalter in Stuttgart kaum Widerstand, als Landgraf Philipp mit der Unterstützung Jakob Sturms das Herzogtum Württemberg – »gleichsam das Herz Deutschlands«[41] – dem österreichischen Zugriff entriß. Natürlich geschah dies nicht ohne Hilfe von dritter Seite. Die jedoch kam nicht von den protestantischen Verbündeten; die bayerischen Fürsten, standhafte Katholiken, unterstützten Philipp ebenso wie der französische König, während das andere schmalkaldische Oberhaupt, Kurfürst Johann Friedrich (Regierungszeit 1532-1547), keinen Finger rührte. Der junge sächsische Kurfürst sei, wie der Landgraf dem bayerischen Kanzler Eck verriet, »kein kriegsmann und [...] zum kriege nit geneigt«. Er werde sicherlich »in des jungen Wirtembergs [Herzog Ulrich] sachen das mit worten geschehen kann gern helfen, aber zu täthlicher Handlung nit zu bewegen sein ...« Nach Meinung des Landgrafen würde der Kurfürst »vermüge der wal sachen [der Wahl Ferdinands zum Kaiser] hart halten, aber ein krieg deshalb anzufahen wird er schwerlich zu bewegen sein«.[42]

Ulrichs Wiedereinsetzung in Württemberg brachte die Reformation in Süddeutschland zwar faktisch voran, gleichwohl aber war sie keineswegs das Ergebnis einer neuen, protestantischen Politik, sondern vielmehr das einer wiedererwachten fürstlichen Opposition gegen das Haus Österreich, die diesmal von Frankreich unterstützt wurde. Während alle anderen schmalkaldischen Verbündeten vom Rande des Spielfelds aus mißbilligend zusahen, befürwortete allein Straßburg den dreisten Schlag des Landgrafen.

Jakob Sturm kannte Württemberg und wußte nur zu gut, was seine strategische Lage und seine Größe – achtzigtausend Quadratkilometer – für die militärische Position des Bundes in Süddeutschland bedeuteten. Im Falle eines umfassenden Krieges, teilte er Herzog Ulrich später mit, würden »der landgraf rewter [Reiterei], er herzog Ulrich knecht, und die erbarn stett geschutz« stellen müssen.[43] Der grobe und zügellose Herzog selbst war jedoch eine Sache für sich, und der Landgraf mußte Sturm erinnern: »... nun wust ir wole, was glaubens herzog Ulrich ist, und das er sonderliche neigung zu der stadt Straspurg hat, und das sein lieb euch, denen von Ulm und allen andern oberlendischen evangelischen stedten, so er wider in seinem lande were, wol were zu leiden ...«[44] Trotz dieser unwahrscheinlichen Vermutung entschied Sturm, daß seine Regierung den Landgrafen unterstützen sollte. Im April genehmigte Straßburg den Abgesandten des Landgrafen einen Kredit in Höhe von sechsundvierzigtausend Gulden, um in der Umgebung Fußtruppen und Gewehrschützen zu rekrutieren und Piken aus dem städtischen Waffenarsenal anzukaufen. Mit Straßburgs Hilfe schlug der Landgraf am 12. und 13. Mai bei Lauffen die österreichischen Regierungstruppen und marschierte drei Tage darauf in Stuttgart ein.

Der Fall Württembergs verschaffte den Straßburger Predigern die einmalige Gelegenheit, ein ganzes und direkt vor der Haustür gelegenes Herzogtum reformieren zu können, ohne sich dabei den Sachsen unterwerfen zu müssen, wie dies in Schweinfurt geschehen war. Als der Landgraf darum bat, man möge zwei »unpartheiisch[e]« Männer zur Verfügung stellen, entsandten die Straßburger zwei beinharte Zwinglianer, darunter den Konstanzer Ambrosius Blaurer (1492-1564). Doch während die Prediger Württemberg als die Gelegenheit begriffen, ihre Unabhängigkeit unter Beweis zu stellen, fürchtete Jakob Sturm ein Wiederaufflammen der Streitigkeiten mit den Lutheranern. Aus diesem Grunde wehrte er sich entschieden gegen den Vertrag von Kaaden, den Kurfürst Johann Friedrich zwischen König Ferdinand und Herzog Ulrich vermittelt hatte, weil »die sacramentirer, widerteufisch secten, auch andere newe unchristliche secten [...] hirinnen [von diesem Frieden] ausgeslossen« werden sollten.[45] Der Landgraf versuchte, Sturm in seinem Zorn zu besänftigen, doch der schoß zurück, »das uns der konig und die underhendler, – gott woll nit jemands mehrer –, mit disem wort wollen gemeint haben, und so si iren vorteil ersehen, wir wollen oder nit, uns under disem namen uberzucken [überfallen]«.[46] Diese Befürchtungen waren keineswegs unbegründet, jedenfalls nicht in diesem Sommer des Jahres 1534, als sich das Täuferreich von Münster im weit entfernten Westfalen zum Skandal ausweitete und der geistige Vater dieser Bewegung, Melchior Hoffmann, im Straßburger Gefängnis schmachtete. Letzten Endes mußte sich Sturm natürlich fügen, auch wenn er es »doch daneben nit underlassen [habe], s[eine] g[naden] [Ulrich] allerlei geferlichkeiten anzuzeigen, wo s. g. den vertrag nit ratificieren sollte ...«[47]

Sobald sich das Herzogtum wieder sicher in Ulrichs Händen befand, flammte der alte Streit erneut auf, als der lutherische Hofgeistliche Philipps, Erhard Schnepf, Ambrosius Blaurer und seine Straßburger Förderer als Fanatiker, als »schwermer« titulierte, so daß Sturm klagte, dies könne den »papisten [...] als ein declaration [dienen], wer die sacramentirer seien, die im Frieden [Vertrag von Kaaden] usgeschlossen seind«.[48] Im August 1534 schrieb er resigniert an den Landgrafen: »Solchs hat dennochten durch die gnad gottes sovil gewirkt, das bei den oberlendischen stetten itzt ein zeitlang guter fried geweszen. Nun hetten wir gehofft, so min g[nädiger] her, herzog Ulrich, wider in sein land kommen were, es sollt [...] forthin je besser worden sein. So wil es unser hergot villeicht darumb, das wir uns der victorien und glucks nit zu vil uberheben, mins bedunkens anders fugen.«[49] Im Sommer 1534 reiste Sturm des öfteren nach Stuttgart, widerstand allerdings dem Druck des Landgrafen, in den Dienst der herzoglichen Regierung zu treten. In Stuttgart riet er dem Herzog, er möge die Augsburger Konfession als Norm für das Predigen in Württemberg durchsetzen. »...wan man leret, wie [die] Sachsisch confession ustrucket«, so Sturm, »das man dan nieman uber die wort, so die schrift in sich hielt, ferner und zu meher worten tringen [zwingen] solte.«[50] In seinem Eifer, den Frieden zu wahren, entwickelte sich Sturm zu einem Befürworter der lutherischen Augsburger Konfession.

Das Vorhaben der zwinglischen Prediger, in Württemberg eine Reformation à la Zwingli durchzuführen, würde wenig Erfolg haben. Das wußte die selbstgefällige lutherische Geistlichkeit nur zu gut, und tatsächlich wählte Herzog Ulrich schließlich den vernünftigeren Weg über die Augsburger Konfession in den Schmalkaldischen Bund, in den er 1536 aufgenommen wurde. Für den Bund bedeutete diese Reformation in Württemberg, zu deren Zustandekommen er selbst nichts beigetragen hatte, einen höchst seltenen Fang, einen Gewinn ohne Risiko. So schien es zumindest, tatsächlich aber fachte dieser einfache Sieg Philipps Begeisterung für seinen alten, mit Zwingli ausgeheckten Plan eines umfassenden Krieges gegen das Haus Österreich nur noch mehr an – ein Plan, der Jakob Sturm, sehr zum Mißfallen des Landgrafen, erschaudern ließ. »Ich wolt aber«, schrieb Philipp später an Ulrich, »daß Jacob Sturm und die Städte hätten Geld darzu geben, und so sehr gerathen den König anzugreifen, als sie es widerrathen haben [...]; wäre es wohl gut gewesen zu der Zeit; [aber] sie haben Euer Lieb keinen Pfennig umsonst gegeben.«[51] Tatsächlich hatten die Bürger auch allen Grund, vorsichtig zu sein, hatte das Württemberger Abenteuer doch den alten Gefühlsausbrüchen unter den Theologen neuen Zündstoff verliehen. Als Kurfürst Johann Friedrich Ende 1534 vorschlug, die Mitglieder des Bundes sollten ihre Theologen zu einem Treffen entsenden, um Übereinstimmung bei den strittigen Punkten zu erzielen, teilte Sturm dem Landgrafen in einem vertraulichen Brief seine Vorbehalte mit. Er befürchte, schrieb Sturm, »es werde dise zusammenkunft der gelerten von etlichen dem churf[ürsten] nit dorumb geraten, das si die vergleichong suchen, sonder vil meer, das sie sich versehen [erwarten], dweil sie wissen, wie etlich gelerten gesinnet, man werd sich nit vergleichen, domit si also den churf. von disem teil gar abreissen [einen Keil zwischen den Kurfürsten und uns treiben] ...«[52] Prediger dieser Couleur sollten nicht zu einem Treffen geladen werden, riet Sturm, es sollten nur »etliche wenig von beiden teilen gelerten, die nit hartnickig und eigensinnig, sondern schidlich und fridsame weren, zusammenberuft« werden.[53]

Wenn Sturm wirklich daran geglaubt hatte, Worte allein könnten diesen »wortzanck« beilegen, so hatte er auf Sand gebaut. Von Wittenberg aus begannen nämlich die namhaftesten Kapazitäten der protestantischen Welt die Städte im Süden eine nach der anderen unter Beschuß zu nehmen. »In Augsburg«, zürnte Luther im August 1531, »tobt der Satan durch die Feinde des Sakraments [...]. Dasselbe geschieht in Ulm.«[54] Luther verdammte die Zwinglianer in Kempten, Augsburg und Frankfurt, hinter denen er stets die »zweizungige Rotte« von Straßburg erkannte, die noch immer dem alten Irrtum nachhängen würde, »das eitel wein und brod im sacrament sey« und einer Kirche diente, die »inn den sewstall [Schweinestall] gebawet« sei.[55] Mit Ulm, wo die zwinglische Geistlichkeit fast gegen die Schweinfurter Übereinkunft revoltiert hätte, verhalte es sich keineswegs besser, und Augsburgs Kirche befinde sich weiterhin in der Hand widerspenstiger zwinglischer Splittergruppen. Noch immer bewirkte der Erfolg der Protestanten in Württemberg, daß Luther auf ein Übereinkommen eingestellt war – eine Haltung, die sicherlich auch mit der alptraumhaften Vorstellung eines zwinglischen Wütens in dieser Region zusammenhing. Angetrieben von Luthers Worten, reisten Sturm und Bucer 1534 und 1535 kreuz und quer durch Süddeutschland, um den Regierungen und Predigern gut zuzureden, sich doch zu fügen und dem Bund beizutreten. Soviel er wisse, schmeichelte Sturm seinen Ulmer Freunden, seien doch deren »prediger [...] des Butzers meinong und moderation, so er in diser verglichung furgenommen«.[56] Die beiden Straßburger stürzten sich auf das Angebot des Landgrafen, als Gastgeber eines Treffens zwischen Bucer und Melanchthon zu fungieren, das für Ende 1534 in Kassel geplant wurde. Dort jedoch mußte ein weiterer Preis für ein Einvernehmen gezahlt werden. Als der Augsburger Rat – von Bucer souffliert – seine Zustimmung erteilte, einen lutherischen Prediger zu erbitten, leisteten nur die unerschüttlerlich zu Zwingli stehenden Konstanzer noch Widerstand. Es sei besser, bestimmte Differenzen in der Lehre hinzunehmen, murrten sie, als »die kirchen mit nuwen [neuen] fürgeschribnen satzungen und bedingungen zu verbessern ...«[57]

Die Lehre – das war das alltägliche Geschäft der Kleriker, und so versammelten sich die führenden Theologen in Wittenberg, wo sie am 29. Mai 1536 die Wittenberger Konkordie ratifizierten. Es war dies ein Dokument, das keine Interpretation gegen die lutherische Linie mehr zuließ. Die Schweizer würden ihm niemals zustimmen. Wenigstens machte die militärische Lähmung der Eidgenossenschaft den Verlust dieses ehemaligen Bündnispartners erträglicher, und das Kapitel des süddeutschen Zwinglianismus war endgültig abgeschlossen, als alle anderen protestantischen Mächte im Süden – Straßburg, Herzog Ulrich, Frankfurt, Augsburg, Kempten, Esslingen und, nach einigem Hin und Her, auch Ulm – die Konkordie unterzeichneten. Die Wittenberger Konkordie kittete den ein Jahrzehnt alten Riß in der protestantischen Front, wenngleich um den Preis einer ständigen Spaltung der deutschsprachigen Reformationsbewegung in einen deutschen und einen schweizerischen Flügel. Für Straßburg bedeutete dies, daß es seine politischen Bande zu seinem engsten Freund aus den Tagen des Partikularismus kappen mußte; im Gegenzug profitierte es nun von der Sicherheit, die der Schmalkaldische Bund gewährte. Dieser Wechsel folgte ganz der Logik von Jakob Sturms Politik und führte zu der höchst ungleichen Partnerschaft zwischen Sturm und Landgraf Philipp, zwischen dem Magistratsmitglied und dem Fürsten als den politischen Architekten des deutschen Protestantismus.

SIEBENTES KAPITEL

Der Schmalkaldische Bund und das Schicksal des Protestantismus

Organisation und politische Ziele

Der Schmalkaldische Bund, zu einem Teil auch Jakob Sturms Werk, füllte eine traditionelle Form – das spätmittelalterliche deutsche Bündnis (»Einung«) – mit neuen Inhalten und neuen Zielen. Sein Wirkungskreis war nicht mehr regional begrenzt wie etwa der des Schwäbischen Bundes, sondern umfaßte das gesamte Reich von Straßburg bis Pommern und von Augsburg bis Bremen. Auch die Zielsetzungen des Bundes waren neu. Man habe sich im Namen Gottes, des Allmächtigen zusammengeschlossen, »zu [seinem] lob und schuldigen eern, zu furderung und uffnemung seins hailligen worts und evangelions, auch damit wir bey dem hailigen reich als gehorsame glider deselben beleiben, auch unser undertanen, die uns von Got cristenlich zu regiern und vorzusthen bevolhen sein, bey dem, das guttlich, cristlich, erbar und billich, auch zu hail irer seelen furderlich ist, gehanthapt und vor unbillicher, unrechtlicher vergwaltigung und beschedigung uß gottes gnaden furhuet werden mögen«.[1] Im Rahmen dieser geographischen und inhaltlichen Vorgaben gelangen dem Schmalkaldischen Bund außerordentlich bemerkenswerte politische Leistungen: Er schuf sich eine recht effektive Regierung, knüpfte ein Netzwerk diplomatischer Beziehungen, das sich über ganz Europa erstreckte, zerstörte das Rechtssystem des Reiches und schützte seine Mitglieder, bis sich der neue Glaube so gefestigt hatte, daß er nicht mehr ausgerottet werden konnte. Aber auch die politischen Fehlschläge waren nicht unerheblich: Es gelang dem Bund nicht, sich rechtlich angemessen und somit erfolgreich mit dem Problem des Kircheneigentums auseinanderzusetzen, er scheiterte bei der Schaffung einer gemeinsamen Kirchenordnung, die das gemeinsame Bekenntnis ergänzt hätte, und schließlich kam ein dauerhafter *politischer* Verbund protestantischer Christen im Reich nicht zustande. Erscheinungsform und Schutzschild des frühen deutschen Protestantismus zugleich, offenbarte der Schmalkaldische Bund die Stärken und die Schwächen der politischen Welt, die ihn hatte entstehen lassen, der Welt des deutschen Partikularismus.

Die Verfassung des Schmalkaldischen Bundes wurde am 23. Dezember 1535 in Schmalkalden verabschiedet. Sie unterteilte den

Bund in zwei Bezirke, einen nördlichen unter der Führung des sächsischen Kurfürsten, den sogenannten Sächsischen Kreis, und einen südlichen, den Oberländischen Kreis, angeführt vom hessischen Landgrafen. In der Versammlung des Bundes, dem Bundestag, gab es zunächst neun Stimmen: zwei für Sachsen, zwei für Hessen, eine für die anderen Fürsten und Adligen im Norden und jeweils zwei Stimmen für die süddeutschen und norddeutschen freien Städte. Die Anzahl der Stimmen wurde 1536 auf dreizehn erhöht; auch Herzog Ulrich und die pommerschen Herzöge verfügten nun über je eine Stimme, die süddeutschen und norddeutschen freien Städte erhielten jeweils eine zusätzliche Stimme. Während der fünfzehnjährigen Geschichte des Bundes trafen die Mitglieder des Bundesrates zu sechsundzwanzig Bundestagen zusammen. Die Orte, an denen diese Versammlungen abgehalten wurden, spiegelten die geographische Struktur des Bundes wider: siebenmal in Schmalkalden, sechsmal in Frankfurt am Main, dreimal in Worms, jeweils zweimal in Braunschweig, Schweinfurt und Nürnberg und jeweils einmal in Naumburg, Arnstadt, Eisenach und Ulm. Außer einigen Sekretären, die um 1540 angestellt wurden, verfügte der Bund nicht über eine ständige Verwaltung; die Geschäfte wurden von der hessischen und kurfürstlich-sächsischen Kanzlei geführt. Zudem gab es keinen Gerichtshof, so daß Streitigkeiten unter den Mitgliedern nur auf dem Wege der Vermittlung beigelegt werden konnten. Statt dessen verfügte der Bund über einen eigenständigen Kriegsrat, der 1537 auf der Veste Coburg ins Leben gerufen und 1538 in Braunschweig bestätigt wurde – ein Abbild der politischen Struktur des Bundes, denn auch hier führte der sächsische Kurfürst das Kommando über den Norden, und Landgraf Philipp hatte den Süden unter sich. Im Falle eines sich ausweitenden Krieges sollte Herzog Ernst von Braunschweig-Lüneburg die Troika vervollständigen. Bei der Besteuerung folgte der Bund der Praxis des Reiches, indem er finanziell zum einen für den Notfall (»eilende Hilfe«) vorsorgte, um im Falle einer Bedrohung einzelner Mitglieder eingreifen zu können, zum anderen aber auch die langfristige Schlagkraft (»beharrliche Hilfe«) sicherstellte und genügend Truppen und Waffen für einen großen Feldzug unterhielt. Der Grundwert – oder »Monat« – lag bei zweitausend Pferden und zehntausend Soldaten beziehungsweise dem finanziellen Gegenwert. Dieser Basisbetrag wurde zu nahezu gleichen Teilen zwischen dem nördlichen und dem südlichen Bezirk aufgeteilt. Für das Jahr 1535 wurden die eigentlichen Steuern (die »Hauptanlage«) auf siebzigtausend Gulden pro »Monat« festgesetzt, sogenannte »Doppelmonate«; zwei Jahre später war diese Summe auf etwa einhundertfünftausend Gulden angestiegen, und am Vorabend des Schmalkaldischen Krieges von 1546 belief sie sich auf fast zweihunderttausend Gulden, von denen der Oberländische Kreis fünfundfünfzig, der Sächsische Kreis fünfundvierzig Prozent übernahm.

Die freien Städte brachten knapp über die Hälfte der Steuern auf und damit weit mehr als sie dem Schwäbischen Bund oder dem Reich zahlten. Sie hätten innerhalb des Bundes also eine gewichtige Rolle spielen müssen, doch ihre Möglichkeiten, gemeinsam zu handeln, wurden nicht nur durch die großen Entfernungen eingeschränkt – in den Städten im Süden »weitleufigkeit« genannt –, sondern auch durch das Fehlen einer politischen Kultur der Städte im Norden, die mit derjenigen der süddeutschen Städte vergleichbar gewesen wäre. Ein Straßburger Dokument aus dem Jahre 1538 warf den »Sechsischen stett« vor, sie würden »in des reichs anschlegen [Abgaben] nichts geben«, gleichzeitig aber von »friden und [...] schutz und schirm gemeiner cristenheit und teutscher nation« profitieren.[2]

Der Bund und die europäischen Mächte

Die Aussichtslosigkeit, sich zu einem staatsähnlichen Gebilde zu entwickeln, hielt den Bund nicht davon ab, eine aktive, wenngleich wenig konsequente Diplomatie auf europäischer Ebene zu betreiben. Abgesehen von Dänemark, dessen König zu den Reichsfürsten zählte, waren England und Frankreich die einzigen Mächte, mit denen der Schmalkaldische Bund wirkliche außenpolitische Kontakte unterhielt. Die Beziehungen zu den beiden Königen entwickelten sich auf sehr ähnliche Weise: Im ersten Stadium zwischen 1531 und 1535 waren sie von wachsenden Hoffnungen auf Bündnisse geprägt, die auf religiösen Gemeinsamkeiten basieren sollten; 1535 und 1536 trat eine Periode der Ernüchterung ein, gefolgt von einem Jahrzehnt sporadischer und wenig fruchtbarer Kontakte; schließlich unternahm der Bund 1545 und 1546 letzte Anstrengungen, um sich des militärischen Beistands durch die beiden Könige gegen Karl V. zu versichern. In anderer Hinsicht unterschieden sich die Beziehungen zu Frankreich und England allerdings recht deutlich voneinander. Die direkte Nachbarschaft zu Frankreich und der Reichtum seiner Könige ließen deren Gunst für die deutschen Protestanten weitaus erstrebenswerter erscheinen – man denke nur an die Unterstützung, die der französische König den Protestanten bei der Rückeroberung Württembergs hatte zukommen lassen; die Verfolgung der französischen Protestanten nach der sogenannten »Plakataffäre« vom Oktober 1534 rückte ein Einvernehmen allerdings in weite Ferne. Das Kokettieren des englischen Königs mit der protestantischen Religion ließ ein Bündnis mit England naheliegender und zweitweilig auch realistischer erscheinen. Die Unterschiede im Verhältnis zu diesen beiden Ländern lassen sich an den Grußbotschaften ablesen, die der englische und der französische Botschafter an den Bundestag zu Schmalkalden vom Dezember 1535 richteten: Am 19. Dezember behauptete Guillaume du Bellay, Herr von Langey, daß der französische König nur Rebellen verfolgen lasse, die sich nur als religiös Andersdenkende ausgäben; am 24. Dezember erklärte Edward Fox, Bischof von Hereford, sein König trete mit Inbrunst für die wahre Reformation ein und stehe Rom höchst kritisch gegenüber.

Die Hoffnungen der deutschen Protestanten auf das weitaus reizvollere, wenngleich weniger zweckmäßige Bündnis mit England schienen 1536 realistisch zu sein. Es sei die Pflicht der Protestanten, so schrieb Sturm, »die waren rechten göttlichen und christlichen religion [zu] fueren und treiben [...]. Dieweil nun des konigs us Engelland begeren am furnembsten uf dem beruwet [...], mit was fugen [auf welche Weise] möchte dann das wort gottes und evangelion Christi besser in Engelland gefurdert und ufbracht, die ehr gots mer geweitert und sein nam geheiligt werden?«[3] Doch dazu sollte es leider nie kommen, ernsthafte Verhandlungen wurden zu keinem Zeitpunkt geführt, und 1539 zwangen die Veränderungen in der englischen Religionspolitik Sturm zu der bitteren Erkenntnis, daß »der konig von Engelland wider bebstisch [papistisch] worden« sei.[4] Von nun an war Sturm der Überzeugung, daß man sich – auch wenn »Engelland unser Religion etwas näher dan Frankreich« sei – »auf beide nit hoch vertrösten [verlassen sollte]; dann wir nun vast in allen handlen befunden, das si uns nit, sonder sich selbs suchen und, so oft sich das wetter wendet, auch wenden ...«[5]

In Straßburg wurden die Beziehungen zu Frankreich natürlich mit größtem Interesse verfolgt, hatte doch das Handelsvolumen der Stadt mit Frankreich in den 1530er und 1540er Jahren deutlich zugenommen. Aus diesem Grund betrachteten Sturm und seine Kollegen den Dritten Französisch-Habsburgischen Krieg (1536-1538) mit Besorgnis. In Straßburg hielt man es für »nit thunlich«, sich an einem regionalen Verteidigungsplan zu beteiligen, weil damit »ein stat Straszburg derselben veid [Fehde] und Krieg sich algereid teilhaftig« mache. Dies sei schon deshalb nicht ratsam »wegen gemeiner burgerschaft, die ire grosze kaufmanschaft und hantierung [Handel und Geschäfte] noch zur zeit frei und sicher in Frankreich haben und treiben ...« Eine Beteiligung an diesem Konflikt sei »gemeiner stat Straszburg gar und keineswegs thunlich noch anemblich«.[6] Im Elsaß hätten zudem »die inwoner und kaufleut sich noch teglichs hinein gepruchten und dessen noch bisheer sicher gewesen«.[7] Das Elsaß wurde zu einer Grenzprovinz und Straßburg zu einer Grenzstadt in einem neuen Sinne, denn das anwachsende Handelsvolumen setzte Straßburgs politische Tradition als Verteidiger des Partikularismus und der Ehre des Reiches einer Zerreißprobe aus. Auch während des Vierten Französisch-Habsburgischen Krieges (1542-1544) wurden diese Argumente angeführt, als Jakob Sturm Straßburg davor warnte, die Zahlung der Kriegssteuern zu verweigern: »...wohin es uns reichen möcht als denen, die one das on schuld beschreit werden, als ob wir gut französisch seien, können ir lichtlich gedenken.«[8] Der neue Krieg, davon war Sturm überzeugt, werde »auch sonderlich der statt Strassburg und dem land Ellsas ganz schwerlich und verderblich sein; denn nachdem dasselbig Frankreich so nahet gelegen und demselben als vil als grenitzt [und fast daran grenzt], treibt es sein hantierung [Handel] nit allain in Frankreich, ja es hat den guten tail seiner narung [Arbeit] im land zu Lothringen«.[9]

Sturms Befürchtungen hingen zum einen mit dem regionalen Handelsverkehr mit Frankreich zusammen, zum anderen aber mit der alarmierenden Tatsache, daß sich der Konflikt zwischen den Häusern Valois und Habsburg seit 1530 vor allem auf der Nordseite der Alpen abspielte. Diese Veränderungen verliehen den wiederholten Beschuldigungen Gewicht, Sturm sei ein Parteigänger der Franzosen. Tatsächlich nutzte er selbst die Situation gelegentlich, um politischen Druck auszuüben, so etwa während des Reichstags zu Speyer von 1529, als er aus Verärgerung über den Ausschluß seines Vetters Daniel Mieg vom Reichsregiment betonte, daß der französische König »mit uns in Verhandlungen treten will und uns eine jährliche Unterstützung von mehreren tausend Kronen angeboten hat«.[10] Bei dieser Gelegenheit hätte er durchaus hinzufügen können – Herzog Heinrich von Braunschweig-Wolfenbüttel beschuldigte Sturm 1543 dieser Aussage –, »daß ihme der Frantzoß ein guter Herr oder Haupt sey«.[11] Doch vermutlich war er keineswegs so weit gegangen, denn Sturm legte gegen seinen Ruf als angeblicher Franzosenfreund entschiedenen Protest ein und behauptete, er resultiere aus einer häufigen Verwechslung mit Johannes Sturm, dem vornehmen, in hohem Maße französisierten Rektor der Lateinschule. »Ja«, seufzte Sturm, »auch ich [bin] des namens halb bi vilen verdacht worden, als [ob] ich derselb Sturm were, also das mir der her von Granvella under augen gesagt, kai. mt. hab mich im verdacht gehebt, bis das si bericht si worden, das zwen Sturmen zu Strassburg seien.«[12] Schließlich erkannte Karl V. den Irrtum und lobte Sturm für seine »Hartnäckigkeit gegen diese Franzosen«.[13]

Und doch stellte sich die Angelegenheit nicht so simpel dar, wie es scheinen mochte. Es trifft zwar zu, daß Jakob Sturm keinerlei persönliche Verbindungen zu Frankreich hatte; weder war er des Französischen mächtig, noch hegte er die geringste Sympathie für den französischen König oder die französische Kultur. Und doch wurde Straßburg unter seiner Führung zur Schaltstelle für die Kontakte zwischen dem französischen Hof und den protestantischen Mächten im Reich. Für den Schmalkaldischen Bund war Straßburg das unverzichtbare Fenster zum Westen, für Frankreich war es der Hafen, über den es sich Zugang zur Reichspolitik verschaffte. Der maßgebliche Mann, der diese Beziehungen vermittelte, war jener Namensvetter Jakob Sturms, Johannes Sturm, seit seinen Studientagen in Paris Vertrauter des Kardinals Jean du Bellay, des Kopfes der antihabsburgischen Bewegung am französischen Hof und seit kurzem Informant und Pensionär des französischen Königs. Johann Sturm, seit 1538 Rektor der Straßburger Lateinschule, war Mentor der französischsprachigen Religionsflüchtlinge in Straßburg, aus deren Reihen die Schmalkaldener Diplomaten, Dolmetscher und Gelehrte rekrutierten. Hinter diesem gesamten Netzwerk stand Jakob Sturm. Er hatte mit diesem Projekt Mitte der 1530er Jahre begonnen, als es um die Aussichten auf gute Beziehungen mit dem französischen König noch sehr rosig stand, und es gibt Hinweise, daß er die Verbindungen mit Frankreich intensiv pflegte. So schrieb beispielsweise Guillaume du Bellay am 4. Juni 1536 an seinen Bruder, den Kardinal, man könne ihn entweder in Metz oder aber »in Straßburg bei Sturm« kontaktieren.[14] Da Johannes Sturm erst zwei Jahre später nach Straßburg kam, konnte du Bellay nur Jakob Sturm gemeint haben, der also dem wichtigsten Geheimagenten Frankreichs in seinem Haus in der Brandgasse Gastfreundschaft gewährte. Und es war ebenfalls Jakob Sturm, der zwei der deutschen Agenten des Kardinals, nämlich Johannes Sturm und Johannes Sleidan, nach Straßburg holte, wo sie mit Hilfe Dr. Ulrich Geigers (genannt »Chelius«) daran mitwirkten, die Interessen des Schmalkaldischen Bundes gegenüber Frankreich zu vertreten. Als die Beziehungen zu Frankreich sich später abkühlten, bereute Jakob Sturm, diese Gruppe mit ihren intensiven Kontakten nach Frankreich gefördert zu haben. »Wiewol mir beide, her Johan Sturm und doctor Ulrich Geiger, als gelert und getreu leut lieb [sind]«, machte er 1544 mit Bedauern deutlich, »so will mich doch bedunken, sie furen hendel, die ich nit allein nit loben, sonder die auch inen und gemeiner statt zu hohem schaden und nachteil reichen mögen.« Sturm war sich des Drucks, der vom kaiserlichen Hof ausging, durchaus bewußt. Dort war »ein grosser ruf und sag [...], wie sie beid [Johannes Sturm und Geiger] vil in Frankreich schreiben sollen, das auch, was französisch bi inen und sonderlich dem Sturmen inköre und beherbergt sei«. Ärgerlich urteilte Jakob Sturm, das »sei ganz ruchtbar von inen, werd inen auch ubel hinausgon«. Er habe sie »genugsam [oft genug] verwarnen und bitten lossen [...], das si der ding müssig gon [damit aufhören] wellen. Ich sihe aber oder sorg, es verfahe [nutzte] wenig.« Zugleich fürchtete Sturm jedoch, ein zu scharfer Verweis könne Johannes Sturm, der »unser schulen seer nutz und ein rum machet«, aus Straßburg vertreiben.[15] Im Verlauf der 1540er Jahre verschlechterten sich nicht nur die Beziehungen zu Frankreich; die vielen französischsprachigen Flüchtlinge in Straßburg verfestigten zudem noch die Vorurteile der Bürger gegen die »Welschen«.

Keine der diplomatischen Bemühungen erzielte greifbare Ergebnisse. Als es 1546 zum Krieg kam, sah sich der Schmalkaldische Bund, vom englischen wie dem französischen Monarchen im Stich gelassen, dem Kaiser allein gegenüber.

Reformationsprozesse: Das Problem des Kircheneigentums

Die dürftigen außenpolitischen Erfolge des Bundes stehen ganz im Gegensatz zu den erfolgreichen politischen Maßnahmen gegen die Reichsregierung. Von Anfang an bestand einer der Hauptgründe für die freien Städte und Fürsten, dem Bund beizutreten, darin, sich seines Schutzes bei Forderungen auf Rückgabe des Kircheneigentums und der Wiederherstellung der Rechte der römischen Kirche zu versichern. Der Streit darüber wurde in den sogenannten Reformationsprozessen vor dem Reichskammergericht zu Speyer ausgetragen. Er begann als Reaktion auf das erste, 1531 gegen die Städte Konstanz und Ulm verhängte Urteil, und er endete erst mit der Aussetzung des Gerichtshofes durch Karl V. im Jahre 1543. Der Kampf gegen das Reichskammergericht war langwierig und hart – eine Zerreißprobe. Er drehte sich um eine Frage, auf die es im Grunde keine eindeutige Antwort geben konnte: Wie sollten Streitigkeiten »in sachen des glaubens und [...] der religion« von anderen Prozessen geschieden werden? Das Problem ergab sich daraus, daß der Kaiser mit dem Nürnberger Religionsfrieden versprochen hatte, alle Verfahren »so die religion betreffen« vorläufig aufzuheben.[16] Aber was bedeutete das genau? Karl V. hatte die Definition dem Reichskammergericht überlassen. Dessen Richter aber weigerten sich, diese Aufgabe zu übernehmen, weil sie sie für unlösbar hielten.

Die Schmalkaldener verfügten zwar über die Garantie des Kaisers, doch die konnten weder er noch sie durchsetzen, so daß sich die Protestanten Mitte der 1530er Jahre auf die Rekusationspolitik verlegten und einige, wenn nicht gar alle Richter des Reichskammergerichts wegen Befangenheit aufgrund religiöser Vorurteile für inkompetent erklärten. Landgraf Philipp wollte noch einen Schritt weiter gehen und das Gericht »in alle[n] sachen und nit allein der religion sachen halb« ablehnen, da es sowohl dem Gericht als auch dem Bund nicht gelingen werde, sich auf eine gemeinsame Definition zu einigen, was unter »der religion sachen« zu verstehen sei.[17] Den Straßburgern war das recht, suchten sie doch die Unterstützung des Bundes bei allen Urteilen: Eines dieser zugunsten Philipps von Hanau-Lichtenberg gefällten Urteile war zum Beispiel 1537 auf eine rein zivilrechtliche Klage ergangen, die der Graf vor dem Reichskammergericht erhoben hatte. Wirklich kritisch wurde die Situation jedoch erst Ende der 1530er Jahre, als das Reichskammergericht die Reichsacht über Mitglieder des Bundes verhängte – 1539 über Minden und 1540 über Goslar. Die Invasion des Bundes in Braunschweig-Wolfenbüttel im Jahre 1542 gab schließlich den letzten Anstoß, die Rechtsprechung des Reichskammergerichts in *allen* Angelegenheiten nicht mehr anzuerkennen, solange das Gericht nicht »reformiert« und der katholische Charakter dieses Gremiums nicht durch die Ersetzung von Richtern verändert werde. Karl V. löste den Gerichtshof 1543 zunächst auf; und erst 1548, nach dem Sieg des Kaisers über die Protestanten, nahm er seine Arbeit wieder auf. Die zeitweilige Außerkraftsetzung der Reichsgerichtsbarkeit war in vieler Hinsicht die bedeutendste rein politische Leistung des Schmalkaldischen Bundes.

Dem Vorgehen des Bundes gegen die Reichsgerichte lag die äußerst brisante Streitfrage der Umschichtung kirchlichen Eigentums durch die Protestanten zugrunde. Lange vor der Reformation hatte Kaiser Friedrich III. das Prinzip der Hegemonie der Laien über die Besitzungen der Kirche formuliert – »Pfaffenhab ist mein Kammergut«[18] –, und in manchen Regionen, insbesondere in Württemberg, hatten die Fürsten die Klöster und damit die diesen inkorporierten ländlichen Gemeinden fast ebenso fest unter Kontrolle wie später in der Reformationszeit. Gleichwohl brachte die protestantische Reformation in vielen Städten und Regionen eine radikale Neuverteilung von Pfründen und anderen Besitzungen mit sich, deren finanzielle Erträge manchmal für seelsorgerische, für Ausbildungs- oder karitative Zwecke verwendet wurden, oft aber in den Schatzkammern der Fürsten oder in den Taschen der Adligen verschwanden. Jeder kleine Schritt auf diesem Weg verletzte bestehendes Recht, und keine Institution – weder Kaiser noch Gerichte, noch Fürsten – verfügte über die Autorität, diese Angelegenheit zu bereinigen. Das Kircheneigentum wurde für den Schmalkaldischen Bund zum Verhängnis: Diese Streitfrage ließ ihn nicht nur die Reichsgerichte handlungsunfähig machen, sie blockierte zudem alle Anstrengungen, das gemeinsame Glaubensbekenntnis der Protestanten um eine allgemeine Kirchenordnung zu ergänzen – eine Angelegenheit, die zwar schon zu einem frühen Zeitpunkt auf der Tagesordnung der Protestanten stand, aber niemals angegangen wurde. Letztlich führte der strittige Punkt des Kircheneigentums unter den Protestanten zu großer Uneinigkeit.

Als sich der Bund in den Jahren 1537 bis 1540 dem Problem des Kircheneigentums zuwandte, schien diese Streitfrage einen Keil zwischen die Fürsten und Städte zu treiben. Die Städte hatten das Kircheneigentum meistenteils für seelsorgerische, karitative oder Ausbildungszwecke verwendet, während die protestantischen Fürsten mit diesem Vermögen – insbesondere mit den Besitztümern der Klöster – nach Gutdünken verfuhren. Das Verhalten Herzog Ulrichs in Württemberg war allseits bekannt, aber die sächsischen und hessischen Fürsten waren auch nicht viel besser. Die unterschiedliche Verwendung des Kircheneigentums machte den Abgrund deutlich, der zwischen dem kommunalen Eigentumsbegriff der Bürger und dem patrimonialen Eigentumskonzept der Fürsten bestand. Ersterer wird in einem Memorandum deutlich, das Jakob Sturm der Versammlung des Bundes in Eisenach im Sommer 1538 vorlegte. Darin erklärte er, daß die Kirchengüter Eigentum der einzelnen christlichen Gemeinde seien, das ihnen »mit keinen Fugen durch einige Creatur geschmälert oder entfremdet werden darf«, sei es durch Kaiser, Papst oder Bischof.[19] Die gegensätzliche Auffassung veranschaulicht der 1546 erteilte Rat eines sächsischen Beamten an die Magdeburger: »... man solte nicht lange fragen; es wer treglicher gethan, als gefraget; die pfaffen weren alle unsere feinde, durffte keiner disputation; darumb solte man nur fluchs zugreiffen; wer etwas erwischte, der hette es, und behielte es wohl ...«[20] Vergeblich kritisierte Sturm derart habsüchtige Herrscher, und vergeblich verwies er darauf, daß seine eigene Regierung »nichts in fiscum [für die eigene Schatzkammer] verwandt, sonder allein zu erhaltung der ministrorum [der Geistlichen] der schulen und der almusen [Armenfürsorge] verwendt« habe, und dies sogar »mit willen deren, so in den clostern gewesen«. Sturm forderte in bezug auf die »usteilung des kirchenguts« eine formelle Untersuchung.[21] Die Reaktion des Bundes bestand im selben Jahre 1540 in einer eher summarischen Erklärung, der zufolge die Herrscher – die *patroni* – überschüssige Beträge für eigene Zwecke verwenden konnten, nachdem sie für die Kirchen und Schulen gesorgt hatten. Es war dies ein Sieg des Partikularismus auf ganzer Linie – genau wie schon 1526, als der Reichstag die Entscheidungen in Sachen Religion dem Gewissen der weltlichen Herrscher und Magistrate überlassen hatte.

Diese Entscheidung des Bundes zur Eigentumsfrage bewies, daß er genau wie das Reich eine aus verschiedenen Herrschern und Regierungen zusammengesetzte Körperschaft, keineswegs aber ein Staat mit einzelnen Staatsbürgern war, ja nicht einmal eine politische Gemeinschaft protestantischer Christen darstellte. Betrachtet man die deutsche Reformation im Licht der nachfolgenden Ereignisse wie etwa der calvinistischen Reformationen in Frankreich, den Niederlanden, in Schottland und in England, so wird deutlich, wie sehr sich die deutschen Lutheraner dagegen sperrten, »Frömmigkeit« vorzugeben, d.h. Übereinstimmung nicht nur im Glauben, sondern – als Test politischer Legitimität – auch in der Befolgung des Evangeliums zu üben. Diese Weigerung schwächte die innere Disziplin der Schmalkaldener ganz ohne Zweifel, und mit einiger Wahrscheinlichkeit dämpfte sie auch die kollektive Angriffslust des Bundes in Sachen Religion. Der Grund für diese Eigenart der politischen Kultur des Bundes ist in seinem Charakter als Abbild des Reiches und damit als Zusammenschluß von Herrschern zu sehen. Dieses Gebilde wurde 1543 einer Probe unterzogen, als die zu allem entschlossene protestantische Minderheit von Metz um Aufnahme in den Bund nachsuchte.

Die Affäre von Metz

In Metz, einer französischsprachigen freien Stadt im Norden Lothringens, hatte ein protestantischer Bürgermeister, ein *maître-échevin* oder »Schöffenmeister« namens Gaspard de Heu beschlossen, das Regime der Stadt zu zwingen, seiner protestantischen Minderheit religiöse Duldung zu garantieren. Aus diesem Grunde entsandte er Boten nach Straßburg und forderte, die Schmalkaldener sollten seine Gruppierung in den Bund aufnehmen. Die XIII in Straßburg und Landgraf Philipp von Hessen hatten keine Einwände, und am 24. September 1542 machte sich eine Abordnung des Bundes unter der Führung Jakob Sturms auf den Weg nach Metz. Sie fanden eine von der Pest gezeichnete Stadt vor, in der die Auseinandersetzung zwischen den religiösen Faktionen vor sich hin schwelte. Nach einigem Geplänkel mit den Ratsmitgliedern kehrten die Gesandten zurück nach Straßburg. Unterdessen hatte Bürgermeister Heu seine Anhänger demonstrativ aus der Stadt herausgeführt und hoffte, daß ihm die Schmalkaldener zu Hilfe eilen würden. Heus Gruppierung konnte sich der Unterstützung durch Straßburgs XIII bereits sicher sein, die zwar die Problematik der Anfrage Heus durchaus erkannt hatten – »dieweil es nit der ganz rath noch auch die ganz gemein sonder villeicht der geringer theil es begern« –, gleichwohl aber, mit mehr Nachdruck als tatsächlicher Berechtigung, argumentierten, daß es sich bei dieser protestantischen Gruppierung um »stattlich, namhaft erbar und redlich leut vom adel und der gemeinen burgerschaft« handele, die »dem uberigen tail, wo nit in der zal, jedoch der gelegenhait wol zu vergleichen« seien.[22] Den Magistratsmitgliedern war durchaus bewußt, daß dieses Ersuchen zu einem Bündnis mit Untertanen eines anderen Herrschers führen mußte, was man in Straßburg im Grunde niemals tolerieren würde. Der eigentliche Grund, warum Straßburg die Anfrage Heus doch befürwortete, war sein Versprechen, daß Metz mit Unterstützung des Schmalkaldischen Bundes »gewisslich neher dan in einem monat oder zweien«[23] zu einer protestantischen Stadt werden würde. Und wenn es erst einmal soweit sei, werde auch »ain grosser thail Frankreich, Brabant, Flandern, Lutzelburg und auch Lothringen und Burgund der sprach halben [wegen des Französischen] herzugepracht«.[24] Metz als Sprungbrett der Reformation für das französischsprachige Europa! In der Phantasie eine großartige Vision, aber in der Wirklichkeit nichts weiter als ein Luftschloß.

Als Straßburgs Argumente bis nach Sachsen vorgedrungen waren, wo die Vorstellung, die Nachfolge Christi sei höher zu bewerten als das Band zwischen Herrschern und ihren Untertanen, keineswegs unbekannt war, fand sogar Martin Luther den Vorschlag sehr »seltsam«,[25] und Kurfürst Johann Friedrich und andere schlossen sich dieser Einschätzung an. Als Gaspard de Heu im Januar 1543 nach Nürnberg kam, wo der Bund und der Reichstag zusammengetreten waren, hatte er ein Empfehlungsschreiben des Straßburger Rates im Gepäck. Es war an Jakob Sturm gerichtet, der dem Ausschuß vorsaß, welcher über den Antrag auf Aufname der Stadt Metz in den Bund zu entscheiden hatte. Sturm entschied sich jedoch für den sächsischen und gegen den Standpunkt seiner eigenen Regierung. In seinem Abschlußbericht empfahl er, der Anfrage Heus einen abschlägigen Bescheid zu erteilen, womit die Sache erledigt war. Allerdings nicht ganz, denn während sich die Schmalkaldener bereits anderen Problemem zuwandten, strömten die Metzer Protestanten nach Straßburg, um sich dort als Flüchtlinge niederzulassen. In jedem Fall war die Affäre Metz bezeichnend für die endgültige Zurückweisung der Gefolgschaft Christi als politisches Prinzip. Nur auf dieser Grundlage aber hätte der Schmalkaldische Bund das Reich oder zumindest Teile des Reiches neu definieren können, und zwar als eine große Gemeinde protestantischen Glaubens. Warum also wies man dieses Prinzip zurück? Eine Antwort könnte lauten, daß das religiöse Zusammengehörigkeitsgefühl innerhalb des deutschen Protestantismus zu schwach ausgeprägt war, um dem Reich als einem Zusammenschluß von Herrschenden etwas entgegensetzen zu können. Aber es wäre auch die Antwort denkbar, daß die zentrale Streitfrage – ob das Evangelium über dem menschlichen Recht anzusiedeln sei – seit dem Bauernkrieg im gesamten Reich mit einer schweren Hypothek belastet war, so daß man nicht mehr dafür eintreten konnte, ohne sogleich als Revolutionär zu gelten. In dieser wie in so vielen anderen Angelegenheiten lag der dunkle Schatten von 1525 noch immer über der gesamten deutschen Reformation.

Sturm und die Reform des Bundes

Die Affäre von Metz veranschaulicht die endgültige Verbindung von partikularistischer Politik und protestantischer Religion. Trotz seiner Rolle in dieser Affäre hegte Jakob Sturm noch immer den Traum, den Bund in eine neue politische Gemeinschaft umzuschmieden. Wie schier unlösbar diese Aufgabe war, läßt der Vorschlag erkennen, den Sturm 1545 für eine Reform des Bundes unterbreitete. Dieser Entwurf machte die Kollision bürgerlicher und fürstlicher Interessen deutlich: auf der einen Seite die kollektive Denkweise der Bürger und ihre Vorstellung von einer von verantwortlichen Magistraten regierten politischen Gemeinschaft, auf der anderen Seite das politische Konzept der Fürsten, das auf persönlicher Loyalität und ererbten Rechten basierte.

Mitte der 1540er Jahre gelangte Sturm zu der Überzeugung, dem Bund mangele es an einer konstanteren und zentralisierteren Regierungsgewalt, und als der Bund 1545/1546 über die Bedingungen seiner eigenen Erneuerung debattierte, unterbreitete Sturm sein Konzept für dessen Veränderung. Am Vorabend der Diskussion mahnte Sturm, daß von »dise[n] sachen, die man jetz handlen werd [...], der stat wolfart und verderben« abhänge.[26] Er wollte dem Bund neue, staatsähnliche Qualitäten verleihen und dafür sorgen, daß seinen Mitgliedern größere Gerechtigkeit in allen Angelegenheiten widerfuhr. Er vertrat die Meinung, der Bund sollte interne Streitigkeiten nicht durch die Würfel entscheiden lassen, sondern auf dem Wege der Vermittlung; da dieser auf der Sache der Religion gründe, sei es sicherlich schwer zu entscheiden, ob es sich bei Konflikten um profane Dinge oder Religionsangelegenheiten handele. Der neuralgische Punkt war und blieb das Kircheneigentum, und Sturm schlug vor, daß jedem Herrscher, der sich in den Besitz von Kircheneigentum gebracht und es zu anderen als den gebilligten Zwecken verwendet habe, der Schutz des Bundes verweigert werden solle. »So hat es«, räumte Sturm ein, »bei vilen ain bedenken, das mit den kirchenguetern aigennutzig und anders, dann die canones göttlicher schrift gemäss disponieren und zugeben, gehandlet; dardurch man dann den zorn gottes auf sich ladet und leichtlich vil unrat und gemainen stenden [unter den Verbündeten] beschwerungen und nachreden volgen mögen. Daher auch vil beschwerde [Vorbehalte] haben, sich in diese verain [in den Bund] zu begeben.«[27] Es war dies die einfachste, zugleich aber eine kaum realisierbare Lösung für die komplizierteste Streitfrage innerhalb des Bundes.

Nun wandte sich Sturm der Frage des Regiments des Bundes zu. Ihm schwebte die Einrichtung eines ständigen Regimentes vor, wie dies beim Schwäbischen Bund der Fall gewesen war; zumindest aber war ihm daran gelegen, daß der Bundesrat seine regelmäßigen Versammlungen in Frankfurt mit seinen vielen Gasthöfen, Ärzten und Apothekern abhielt und nicht in so kleinen, dreckigen thüringischen Nestern wie Arnstadt oder Naumburg. Zudem strebte Sturm eine Neuverteilung der Stimmen im Bundesrat an. Sie sollten hinfort zu gleichen Teilen auf die Städte und Fürsten entfallen, bei Stimmengleichheit sollte das Los und nicht mehr der augenblickliche Sieben zu sechs-Vorteil der Fürsten entscheiden können. Schließlich drang Sturm darauf, die Entscheidung über Krieg und Frieden an den Bundesrat zu verweisen und nicht mehr beim Kriegsrat zu belassen, dessen Mitglieder »solich leut seind, die etwo mehr auf den krieg dann den friden sehen und der stend gelegenheit [den Angelegenheiten der Mitglieder] etwo am wenigsten wissens haben«.[28]

Pecunia nervus rerum – und tatsächlich waren die Finanzen wie bei jeder anderen politischen Körperschaft dieser Zeit das Kernproblem auch bei der Führung des Schmalkaldischen Bundes. Sturms Vorschläge zu diesem Punkt reflektierten die Überzeugung der Bürger, daß ein gutes Regiment in erster Linie eine Sache der effektiven Verwaltung der finanziellen Mittel sei, und er spürte nur allzu deutlich, daß die Städte die Milchkühe der Fürsten waren. Er vertrat die Meinung, Straßburgs Anteil am Steueraufkommen dürfe ein Viertel, höchstens aber ein Drittel (36 Prozent) dessen betragen, was der sächsische Kurfürst zahlte, oder in etwa dem Betrag gleichkommen, den die größeren norddeutschen Städte aufbrachten, »deren vermogen höher ist dann der statt Strassburg«.[29] Sein Hauptanliegen aber bestand darin, die Matrikularsteuer durch eine »gemaine steur und contribution« zu ersetzen, das heißt eine Vermögenssteuer. Auch »andere nationen«, so Sturm, würden »ire krieg und grosse unkosten aus dergleichen anlagen fueren«.[30] Der Reichstag hatte eine solche Steuer, den sogenannten Gemeinen Pfennig, 1544 wiedereingeführt – ein Jahr bevor auch Sturm dem Bund eine solche Regelung vorschlug. Er drang darauf, die protestantischen Länder sollten sich als »ein corpus«[31] betrachten und eine Steuer von 0,5 Prozent vom Vermögen erheben. Sollte es nicht möglich sein, einen »andern gleichmessigen [gerechteren] weg zu der hilf« zu finden, dann, so fürchtete Sturm, »wer nichts anders zu gewarten dann zertrennung dieser stend«. Selbst ein ansatzweise rational denkender Mensch, so tadelte Sturm, müsse erkennen, welche der beiden Alternativen verfolgt werden müsse: »Welchs nun under den zweien minder beschwerlich, die obgemelt steur oder anlag von hundert gl. [Gulden] hauptguts ein halben oder ganzen gulden zu geben und das uberig hauptgut sambt warer religion, leib, leben und langharbrochter freiheit zu behalten oder aber das alles zu verluren und der vorgemelten beschwerden zu gewarten, das ist bei einem jeden gering verstendigen leichtlichen abzunemmen.« Wenn man den Steuerzahlern, »sie seien reich oder arme, diser ursachen wol bericht wurden, si solten nit allein kein beschwerden dorab tragen, sonder sich selbs willig dorzu erbieten«.[32] Es war dies sicherlich ein Ausdruck der Mentalität der Bürger, die bereits mehr oder weniger an Vermögenssteuern gewöhnt waren. Sturm war zudem der Überzeugung, daß ein gerechteres System der Besteuerung dem Bund neue Mitglieder zuführen werde und den Schlüssel zu einer »ganze volkomene christliche reformation gemainer christenheit«[33] bedeute.

Diese Argumente verdeutlichen die Rückwirkung der Reformation auf die politische Kultur des Partikularismus, deren Erbe Jakob Sturm war. Man hat vielfach angemerkt, der Religionskonflikt habe dem Gefühl der Bürger für die gemeindliche Verantwortung gegenüber Gott und dem Nächsten neues Leben eingehaucht; darüber hinaus aber erweckte er – zumindest bei Sturm – ein ganz neues Bewußtsein für eine weiter reichende, auf dem gemeinsamen Glauben beruhende politische Gemeinschaft. So schob er seine Zweifel angesichts des Verhaltens der Fürsten in Braunschweig-Wolfenbüttel und der unbekümmerten Vernachlässigung der Pflichten der norddeutschen Städte beiseite und arbeitete Mitte der 1540er Jahre daran, den Schmalkaldischen Bund von einem spätmittelalterlichen Bündnis in eine staatenähnliche politische Korporation zu verwandeln. Sein Konzept lief nicht mehr auf einen eng definierten Bund hinaus, der allein der Verteidigung seiner Mitglieder diente, sondern auf eine politische Körperschaft aller protestantischen Mächte im Reich. Der Schlüssel dazu lag in der Zukunft, denn wenn sich die protestantische Religion im gesamten Land verbreiten sollte, woran Sturm fest glaubte, konnte der Bund – dann ein Synonym für das Reich selbst – als Gerüst eines neuen, reformierten Reiches dienen, das unter seinem Dach die reformierte christliche Kirche beherbergen würde. Die gemeinsame Religion – und nur diese – verhieß eine solche Aussicht, und während des Bundestages zu Worms im April 1546, der letzten Versammlung des Bundes vor dem Krieg, konzentrierte Sturm seine Kräfte voll auf diese Angelegenheit. »Do seine her[n] [der Rat und die XXI von Straßburg] uf sich selbst sehen«, schrieb er, »so konten si diser ainung [Bund] wol uberig sein [verzichten]. Wan sie aber uf den gemainen handel [gemeinsame Sache] sehen und wie der jetzt geverlich gestelt, so bedenken si, dass durch das treulich zusammensetzen [Zusammenhalt] derselb dester mer erhalten werden möcht.«[34] Er war sich im klaren darüber, daß das Fehlen gemeinsamer weltlicher Interessen die Zukunft des Bundes gefährden mußte. Schon während der Frankfurter Versammlung im vorangegangenen Winter hatte Sturm darauf hingewiesen, daß gerade dieser Sachverhalt ein gerechtes und ausgeglichenes Steuersystem dringend erforderlich mache. »Derhalben«, teilte er den Verbündeten mit, »muss man in diesen und dergleichen verainigung und hendlen nit zu gar mistreu, sonder doran zufriden sein, das ainer mit erbarn und christenleuten handelt und das die sachen auf trauen und glauben gestelt ... alsdann würt gott sein gedeien dorzu geben.«[35] Gerechtigkeit, Ehrlichkeit und brüderliche Liebe sollten aus dem Bund eine Art Prototyp erschaffen, gegen den das Reich mit seiner chronisch ungerechten Besteuerung und seiner Unfähigkeit, gewaltsamen Übergriffen auf seine Untertanen zu begegnen, unbedingt reformbedürftig erscheinen mußte. Weiter würde Sturm jedoch nicht gehen. Möglicherweise bedauerte er die Rolle, die er 1543 bei der Zurückweisung der Metzer Protestanten durch den Bund gespielt hatte, doch den Grundsatz, dem sich der Bund zu diesem Zeitpunkt verschlossen hatte, nämlich daß die Gemeinschaft im Evangelium die Unterschiede zwischen Herrschern und ihren Untertanen überwinden sollte, wies auch Sturm entschieden zurück. Genau hierin lag die politische Bedeutung seiner Formulierung »ain rechte liebe zuainander«.

Ihre Berechtigung bezogen Sturms Reformvorschläge in der Hauptsache aus ihrer tiefen Verwurzelung in der spätmittelalterlichen Kultur des deutschen Bürgertums: Eine gut funktionierende Regierung war gleichbedeutend mit einer guten Finanzwirtschaft, Gerechtigkeit in Form einer ausgeglichenen Besteuerung förderte das Bewußtsein für das Gemeinwohl, und schließlich sollten politische Verbindungen auf gemeinsamen Vorstellungen und auf Freundschaft basieren, nicht aber auf Verträgen zwischen Einzelpersonen oder auf Besitzverhältnissen. Es ist kaum abzuschätzen, wie weit Sturm seine Vision des Bundes verteidigt hätte, hätten sich seine Interessen und die seiner Heimatstadt als unvereinbar erwiesen. In jedem Fall aber läßt sich ohne weiteres erkennen, daß seine politische Vision durchaus eine Aussage enthielt, auf die er sich mit den Fürsten einigen konnte: Der religiöse Zusammenhalt durfte die Grenzen zwischen den Herrschenden und ihren Untertanen nicht schwächen, geschweige denn aufheben. Auf der anderen Seite beruhte sie auf dem Prinzip der effektiven Regierung, das mit dem Verständnis der Fürsten, das jene von politischen Konventionen und ihren aristokratischen Rechten hatten, kollidierte. Wohlergehen und Sicherheit verkörperten die Interessen der Oberhäupter des Schmalkaldischen Bundes; erweitert wurden sie um die Verbreitung des

Evangeliums im Reich. Natürlich waren sie an gegenseitige Konsultationen gewöhnt, nicht aber an echte Verhandlungen oder, noch weniger, an Abstimmungen in politischen Fragen. Zumindest aus der Sicht der Bürger neigten sie zudem dazu, militärische Lösungen vertraglichen vorzuziehen und sich falschen Erwartungen hinsichtlich Ehrerbietung und Gehorsam von seiten der bürgerlichen Repräsentanten hinzugeben. Die bürgerlichen Vorstellungen von Gleichbehandlung hatten die Fürsten zu keinem Zeitpunkt akzeptieren können, und erst recht galt dies für die radikale Formulierung dieser Vorstellung, wie sie Martin Bucer gegenüber Landgraf Philipp geäußert hatte: »Gleichmeßigkeit erhelt alle commun, ongleichmeßigkeit ist das rechte quecksilber, das alle, und furnemlich gottliche gemeinschafft zerstöret.«[36] Vor Gott mochte dies sicherlich zutreffen, aber nicht in dieser Welt, nicht im Reich und nicht im Schmalkaldischen Bund.

Der tiefere Konflikt zwischen den politischen Kulturen innerhalb des Schmalkaldischen Bundes ebenso wie im Reichstag resultierte aus der Unfähigkeit der Fürsten, die städtischen Regierungen als »Obrigkeiten«, als ebenbürtig in allen wesentlichen Punkten anzuerkennen. Ebensowenig konnten sie akzeptieren, daß die betreffenden Abgesandten nur Repräsentanten ihrer Regierungen waren, die dann wiederum ihre jeweilige Bürgerschaft konsultieren mußten. Diese Differenz zwischen dem Herrscher als Einzelperson und dem Herrscher als korporativer Gesamtheit war Auslöser für die extremen Spannungen in der politischen Entwicklung Europas überhaupt, und so ist es nur verständlich, daß die deutschen Fürsten des sechzehnten Jahrhunderts diese Entwicklung nicht nachvollziehen, in keinem Falle aber hinnehmen konnten. Schon Kaiser Friedrich Barbarossa war dreihundertfünfzig Jahre zuvor in Italien mit diesem Problem konfrontiert worden.

Alle Möglichkeiten des Schmalkaldischen Bundes blieben eben nur Möglichkeiten, denn die protestantischen Bürger blieben Bürger, die protestantischen Fürsten blieben Fürsten und der protestantische Glaube stärkte die jeweiligen traditionellen politischen Kulturen, aber er veränderte sie nicht. In manchen Teilen Europas, besonders in den Niederlanden, nagte der protestantische Glaube an den Fundamenten traditioneller Politik und förderte die Entstehung eines neuen Staates. Im Reich jedoch war der Versuch, den religiösen Zusammenhalt zu stärken und auf diesem Wege politische Veränderungen oder Reformen herbeizuführen, zum Scheitern verurteilt. Sogar Jakob Sturms Konzepte bewegten sich innerhalb der Grenzen, wie sie durch die strukturelle Entwicklung der Regierungsformen im Reich – den Partikularismus also – und das psychologische und moralische Erbe des großen Bauernkrieges vorgegeben waren.

In seinen Augen mußte die Welt so bleiben, wie sie immer gewesen war – vielleicht bis zu jenem in ferner Zukunft liegenden Tag, an dem die Kraft der Gnade Gottes dieses Reich so sehr von der »rechte[n] liebe zuainander« erfüllen würde, daß es nicht mehr das Reich des Mammon, sondern das Königreich Christi sein würde. Es war dies eine wenig erfolgversprechende Möglichkeit, eine schwache Hoffnung, aber sie allein hob Jakob Sturm von seinem berühmten Florentiner Zeitgenossen Niccolò Machiavelli ab.

Protestantische Geschichtsschreibung

Sturm teilte mit Machiavelli auch die Einsicht in die Bedeutung der Weltmeinung. Diese Einstellung verbarg sich hinter seinem Wunsche, dem Schmalkaldischen Bund ein Denkmal im Gedächtnis der Zeitgenossen und zukünftiger Generationen zu setzen. Zu diesem Zweck holte er Mitte der vierziger Jahre des 16. Jahrhunderts einen jungen Mann nach Straßburg, der die erste erzählerische Darstellung der Reformation im Reich verfassen sollte. Johann Sleidan stammte aus Schleiden in der Grafschaft Manderscheid und hatte in Lüttich und Paris studiert. Jakob Sturm hatte von Sleidan durch dessen Namensvetter Jena gehört, der ebenfalls aus Schleiden kam und auch ein Klient des Kardinals du Bellay war. Zum ersten Mal traf er ihn 1540 während der Gespräche in Hagenau und dann 1541 in Worms. Nach einigen Verhandlungen mit dem Kardinal ließ sich Sleidan 1544 schließlich in Straßburg nieder, wo er ein französischer Agent und deutscher Protestant blieb. Er befand sich, wie er selbst zugab, in einer Situation, die ihm große Schwierigkeiten bereitete.

Martin Bucer berichtete den Gedanken, eine Geschichte der Reformation und des Bundes zu verfassen, hätte er selbst und Sturm während des Sommers des Jahres 1544 geändert. In Sleidan glaubten sie den richtigen Mann für diese Aufgabe gefunden zu haben. Am 2. Mai 1545 berichtete Sturm, daß die Schmalkaldischen Führer übereingekommen seien, Sleidan zum Geschichtsschreiber des Bundes zu ernennen, versehen mit einem Gehalt von 250 Rheingulden, um eine »historiam renovatae religionis« zusammenzustellen.[37] Unverzüglich machte sich der große, gutaussehende und äußerst französierte Deutsche, der auf seinem linken Auge blind war, daran, wie Peter Burke schreibt, »der Polybius der Reformation zu sein«.[38] Von Anfang an jedoch unterliefen die Fürsten seine eigentliche Arbeit, indem sie ihm Übersetzungsaufgaben und diplomatische Tätigkeiten übertrugen, einschließlich einer ergebnislosen Mission nach England am Vorabend des Schmalkaldischen Krieges. Bei seiner Rückkehr nach Straßburg Ende Januar 1546 wurde der Historiker in zweifacher Hinsicht seßhaft. Er heiratete Iola, die Tochter des verbannten Dr. Johann von Niedbruck und einer französischsprachigen Mutter, und begann an seinem Geschichtswerk zu schreiben. Teils durch den Krieg von 1546 bis 1547 und aufgrund mehrerer Missionen im Auftrag des Bundes und seiner Stadt war der Großteil seines Werkes erst in der ersten Hälfte der fünfziger Jahre des sechzehnten Jahrhunderts verfaßt.

Mit Jakob Sturms Unterstützung also wurde Johann Sleidan zum ersten Geschichtsschreiber der deutschen Reformation. Seine *De Statu religionis et rei publicae Carolo Quinto Caesare commentariorum libri XXXVI* erschienen 1555 in Straßburg, zwei Jahre nach Sturms Tod und ein Jahr vor seinem eigenen. Sein Geschichtswerk, das ins Deutsche (zweimal), Englische, Italienische, Französische und Spanische übersetzt wurde, blieb die maßgebliche Darstellung der deutschen Reformation bis in die Zeit Rankes. Es war vermutlich das am meisten gelesene Geschichtswerk eines deutschsprachigen Autors in der Epoche der frühen Neuzeit. Diese Darstellung der Zeit, die höchsten methodischen Anforderungen gerecht wurde und den anspruchsvollen Sprachstil der Renaissance anwandte, bewahrte Jakob Sturms Vision vom Verlauf der Reformation und der Gründung von Wachstum und Schicksal des Bundes. Tatsächlich spiegelte Sleidans Geschichtswerk Sturms Standpunkt und Straßburgs Dokumente weitaus genauer wider, als man gemeinhin annimmt, denn trotz seiner mutigen Absicht, die Archive der Mitglieder des Bundes zu durchforsten, erhielt Sleidan fast keine Unterstützung von außerhalb.

Die Rolle, die Jakob Sturm beim Zustandekommen dieses Geschichtswerks spielte, war sehr groß, denn Sleidan verließ sich weitgehend auf dessen Gedächtnis und auf Straßburgs Archiv. Nach Beendigung des Projektes beschrieb der Straßburger Sekretär Heinrich Walther, wie Sleidan gearbeitet hatte. »Es hat ein seer gelerter man bei uns, Joh. Schleidanus«, so berichtete er, »von anfang unserer religion, was sich derhalben verloffen, fur sich selbst historischer wisz beschriben, uff dem Schmalkaldischen tag herrn Jakob Sturm seligen und andern einungsverwandten anzeugt, von inen erbetten darmit furzufaren.« Nach der Niederlage des Bundes wurde Sleidan gebeten, »in aller namen … soliche histori bisz uff damaln verlofene zit zu continuiren«, wofür »ime mine herren alle acta, wes uff allen tägen gehandelt, zu verleszen mitgeteilt, damit solichs im grund, wie es jeder zit ergangen, in warheit beschriben wurde«.[39] Sleidan selbst bestätigte, daß »die acten worden mir hie [d.h. in Straßburg] von meinem hern mitgetheilt«.[40] Ein solches Dokument wurde von Straßburgs Regime dem Regierungsrat des Reiches am 13. Februar 1525, im Winter des Bauernkrieges, gesandt. Es enthielt die früheste Rechtfertigung für Änderungen , die die Religion betrafen: »Sie hetten nichts gethan, darzu sie nit befügt, vnd grössere vnruh in der Statt zuvermeiden, hetten sie dem Volcke die Lehr des Euangelions, welche nuh von tag zu tag, je länger je mehr an tag käme, müssen zulassen.«[41]

Sleidan nahm auch Informationen auf, die er von Jakob Sturm erhielt, der die Manuskripte der ersten sechzehn von insgesamt zwanzig Bänden las und korrigierte. »Dis werk hab ich aus grosser ansehenlicher leuth ermahnen und ansuchen vor zehen jahren angefangen«, so schrieb 1555 Sleidan, »hab mich allerdings fleissig erkundigt, nicht aus hören sagen, sonderaus warhaften bewärten actis ..., hab auch herren Jakob Sturmen seliger gedächtnusz umb erklärung allezeit, so offt nötthig geweszt, ersucht, wie noch beede seine brüder [d.h. Friedrich und Peter] wol wissen. Er hat auch vor seiner Krankheit der bücher 16 gelesen und, wo es nottdurft erfordert, corrigirt.«[42]

Einige Passagen des Werkes spiegeln deutlich Sturms eigene Erinnerungen wider. Große Teile der Erzählung des Bauernkrieges von 1525 beispielsweise folgen dessen Reisen, zuerst als Vermittler in Oberschwaben zwischen dem Schwäbischen Bund und den Anführen der Rebellen und später im Neckartal. Nur Sleidan erwähnt die Namen der beiden Vermittler.

»Das aber das Regiment im Reiche sahe, in was empörung der gemeyn Mann stünde, vnd wir grosse gefahrt zubesorgen, schicketen sie eyene Bottschaft vmb fridliche handlung, an die verordnete Bundesräthe gehn Vlm, nemlich Simonem Pistorium, welcher an statt Hertzog Georgen von Sachsen, vnd Jacob Sturmen, eynen vom Adel, vnd des Raths zu Straßburg, welcher von wegen der Statt dazumale im Regement sasse.«[43]

Sleidans Vertrauen in Sturms Bericht wird besonders deutlich in seiner eigenen Darstellung des Reichstages von 1547/1548, dessen Bezeichnung als »der geharnischte Reichstag« auf ihn zurückzugehen scheint.[44] Die besondere Autorität des Augenzeugen wird sichtbar in Sleidans Bericht darüber, wie die freien Städte mit Sturm an ihrer Spitze sich dem Drängen des Kaisers auf Akzeptanz der Beschlüsse des Trienter Konzils entzogen. »Nun waren die Stätte alleyn noch vbrig«, so beginnt er seine Nacherzählung der Szene, »welche wol sahen, daß er sehr gefährlich, woh sie sich ohn all vunterscheyd dem endlichen Beschlüsse des Concilij solten vunterwerffen. Mit demselbigen handelten [der Kanzler] Gran[n]uella vnd der [Heinrich] Haß lang vnd vil, vnd wurde mittlerweile in der Statt eyn geschrey außgebreytet, die Stätt weren Halßstarrig, als die das jehnig abschlügen, darein alle Chur vnd Fürsten allbereyt hetten bewilligt. So höret man auch drauwort daneben, daß sie vil härter, denn zum nähermale geschehen, würen gestrafft werden.«[45]

In dieser angespannten Lage, so fährt er fort, »fande man eyn mittel, damit der Keyser zufride gestellt, vnd sie möchten versichert werden«. Sleidans Bericht verwandelt eine gespannte Situation in eine heitere, denn nachdem die Städte, sehr wahrscheinlich durch Jakob Sturm, die Bedingungen genannt hatten, unter denen sie bereit wären, das Konzil zu akzeptieren, antwortete der Kaiser:

»Es were ihm fast angenähm, daß sie ihm in massen die andere Stände gethan, den handel vbergeben, vnd sich mit jhnen hierinn verglichen, leget jhnen also mehr zu, denn ihr will vnd meinung, demnach sieden anderen [Ständen] nicht waren beigefallen.«[46]

Eine andere Szene vom Reichstag vervollständigt den Eindruck, den man von Sleidans Vertrauen in Sturms Erfahrungen gewinnt. Diese Passage gibt ein Gespräch zwischen dem Kanzler Granvelle und Jakob Sturm am 25. Februar 1548 wieder, in dem der Kanzler versuchte, Sturm zu zwingen, Karls V. Regelung der Religionsfrage, das sogenannte »Interim«, zu akzeptieren. Am Ende dieser Begegnung läßt Sleidan Granvelle Sturm und dessen Verbündete mit dem Häretikerschicksal drohen: »Dann die jehnige, so den eynmal angenommenen Glauben widerumb verläugneten, könten auch mit dem Fewer gezwungen werden.« Sturm erwiderte: »Man könte wol jemann mit Fewer hinrichten. Daß aber eyer etwas anders glauben solte, dahin könte man ihn nit zwingen.«[47] Sleidans Text gibt fast wörtlich Sturms eigenen Bericht des Gesprächs wieder.

Die erste maßgebliche Darstellung der deutschen Reformation von Johann Sleidan folgte zu weiten Teilen den Erfahrungen Straßburgs, indem sie sowohl von den Dokumenten des Stadtarchivs Gebrauch machte als auch Jakob Sturms lebendige Erinnerungen einfließen ließ. Aus diesem und anderem Material errichtete der Historiker ein Monument für die damaligen Ereignisse und gab zugleich eine Interpretation derselben. Keiner erkannte das besser als sein Förderer. Sturm war es, der entschied, daß eine deutsche Version von Sleidans Geschichte auf einen wahrhaft begabten Übersetzer warten mußte, denn »noch zer zit nit gerathen sin, das es vertuscht, es wurde dann durch ein furtrefflichen, der im vertütschen ein sonder art hat, vertiert. Derselbe müsste auch glich so wohl als dieser Sledanus aller sachen grundlichen berichtet haben.«[48] In der Zwischenzeit würde das gepflegte Latein, dem Sleidan den letzten Schliff in Frankreich gegeben hatte, den Text dem Latein lesenden Europa zugänglich machen. Sleidans Kenntnisse der antiken und mittelalterlichen Historiker – einige deren Werke hatte er ediert – machten eigene Geschichte auch zu einer für das internationale Publikum geeigneten Lektüre und bestimmten den objektiven Ton, in dem er sie vortrug. Er und Jakob Sturm standen hier auf dem gemeinsamen Boden der Renaissance, wo sein neo-klassizistischer

Sinn für einen eigentlich historischen Diskurs sich mit Sturms ruhiger Kraft verband. »Die Geduld besiegt das Schicksal.« Diese Stimmung paßte zu der damaligen Lage um 1550. Als Sleidan an seiner Geschichtsdarstellung schrieb, war dies der Augenblick, da die Reformation sich gleichermaßen als religiöser Erfolg und politischer Fehlschlag erwies.

ACHTES KAPITEL

Reformation und Renaissance: Kirche und Erziehung

Das »Neue Jerusalem«: Straßburg und die religiösen Dissidenten

Die Wechselwirkung von intellektueller Entfaltung und Disziplin – erstere ein Prinzip der Renaissance, letztere eines der Reformation – zieht sich wie ein roter Faden durch die politische Kultur der Ära Jakob Sturms. Im Reich hatte das Aufkommen einer mächtigen, sogar gewalttätigen und vom einfachen Volk ausgehenden Bewegung für religiöse Reformen dazu geführt, daß das Problem der Kontrolle über die Religion plötzlich in das Zentrum aller politischen Erwägungen, ja der Politik selbst gerückt war. Natürlich teilte jeder die Meinung, daß Religion im Grunde Frieden und Harmonie fördern sollte, und hätte – wäre dieser Autor bekannt gewesen – dem aus dem vierzehnten Jahrhundert stammenden muslimischen Philosophen Ibn-Khaldûn (1332-1406) zugestimmt, daß »nur durch Gottes Hilfe und die feste Begründung seiner Religion die Wünsche vieler einzelner zur Übereinstimmung gelangen werden, auf daß sie ihre Rechte durchsetzen und alle Herzen vereint sein werden«.[1] Doch Religion konnte – wenn sie teilweise oder gar vollständig außer Kontrolle geriet – ebensogut Zwietracht säen, und das war der Alptraum schlechthin aller mit Regierungsgeschäften betrauten städtischen Räte. Auch Jakob Sturm mußte sich 1534 eingestehen, »das bei unsern zeiten kum ein sach ist, die do die gemüter der menschen meer zusammen oder von einander tribe dan gliche oder unglicheit der religion ...«[2] Zu dieser Erkenntnis hätte Sturm bereits in den frühen 1520er Jahren gelangen können, als der Ruf der Evangelischen nach Veränderungen in den Kirchen Straßburgs erscholl; mit einiger Sicherheit aber erkannte er dieses Problem, nachdem er seine schrecklichen Erfahrungen während des Bauernkrieges gemacht hatte; und während der Auseinandersetzungen in Straßburg mit religiösen Dissidenten einer ganz neuen Ausprägung, die von ihren Gegnern »Widertouffer« oder »Touffer« genannt wurden, mußte sich Sturm gezielt mit dieser Frage auseinandersetzen. Als die Zahl und die Aktivitäten der Straßburger Täufer zwischen 1528 und 1533 zunahmen, erschütterten sie die Straßburger Predigerschaft und verstärkten die Zweifel der lutherischen Verbündeten an der Rechtgläubigkeit der Stadt. Man mußte etwas gegen die Baptisten unternehmen, und es fiel Jakob Sturm zu, ihre Verfolgung in Straßburg in die Wege zu leiten. Inmitten dieser Unruhen entwarf er die Magistratsordnung, unter der die Straßburger Kirche für den Rest des sechzehnten Jahrhunderts geführt wurde.

Straßburgs Predigerschaft mußte zugeben, daß ihr eigener, recht mittelmäßiger Erfolg dazu geführt hatte, daß die Bürger sich auch anderen religiösen Überzeugungen zuwandten. Am »Schwörtag« des Jahres 1534 richtete Caspar Hedio von Geilers steinerner Kanzel aus eine Predigt an die versammelten Ratsherren und entwarf dabei ein düsteres Bild von der Stadt. Viele seien vom Papsttum abgefallen, sagte Hedio, und doch nicht Christen geworden. »Was grausamer gotslästerung gottis, Christi, seiner leer, kinder und sacrament gont hien und wider für! Der will gott nit lassen waren unnd onwandelbaren gott sein; ein anderer verleücknet, daß Christus warer gott, warer mensch unnd ewigs leben sey; der tryt laßt sich hören, daß er weder vom tauff, noch vom nachtmal nichts haltet; der vierdt will gottloß unnd teuffel selig machen; der fünfft glaubt alles, es sie so ongereympt als es ymmer mehr möge; der sechst glaubt gar nichts, daraus dan ein ellend, mutwilig, epicurisch, vyhisch leben volget.«[3] Seine Zuhörer wußten, daß Hedio die Wahrheit sprach, hatte der Magistrat doch die vorangegangenen fünf Jahre sukzessive daran gearbeitet, für eine neue religiöse und moralische Disziplin zu sorgen. Im Jahre 1529 hatte der Magistrat neue Gesetze gegen die Sittenlosigkeit erlassen und ein neues Ehegericht ins Leben gerufen; 1531 waren sogenannte Kirchenpfleger ernannt worden, und 1533 hatte man die erste Gemeindesynode in der Geschichte Straßburgs abgehalten. Nun sah sich der Magistrat der Aufgabe gegenüber, eine neue Kirchenordnung zu entwerfen und in die Tat umzusetzen.

Daß die Straßburger Obrigkeit in immer stärkerem Maße für religiöse Disziplin sorgen mußte, lag in erster Linie an den Dissidenten, die in den späten 1520er Jahren aus der Schweiz, Schwaben und Franken in ihr »Neues Jerusalem« am Rhein geströmt waren. In ihren Reihen versammelten sich Mitglieder der »Schweizer Brüder«, einer Glaubensgemeinschaft, deren Biblizismus und Pazifismus in Straßburg bald Bewunderer fand, besonders in Wolfgang Capito; dann trafen sich die Anhänger Hans Huts aus Augsburg (gestorben 1527) in der elsässischen Metropole ein, die das chiliastische und kommunistische Erbe der Revolution Thomas Müntzers weitertrugen; und schließlich kamen die Gefolgsleute Hans Dencks (um 1500-1527), eines bayerischen Spiritualisten. Zu diesem brodelnden Gemisch verschiedenster Sekten stießen im Mai und Juni 1529 zwei weitere religiöse Dissidenten. Zum einen war das Kaspar von Schwenckfeld (1489-1561), ein vornehmer schlesischer Edelmann, der mit seinem Spott gegen die Vorstellung von einer »christlichen Obrigkeit« unter den christlichen Politikern viele Bewunderer für sich einnehmen konnte, so den Marschall von Württemberg und Sturms entfernten Vetter Hans Thumb von Neuburg. Zum anderen kam Melchior Hoffmann (um 1490-1543), ein schwäbischer Kürschner und Chiliast, der Straßburg für das »Neue Jerusalem« hielt – ebenso wie Rom als das neue Babylon galt. Von hier aus, so Hoffmann, sollten einhundertvierundvierzigtausend Heilige in das Reich ausströmen und das wahre Evangelium predigen. Hoffmann war die bei weitem größere Gefahr: Jakob Sturm erfuhr, daß man im Norden Deutschlands glaubte, »Melchior Hofmann hab hie gesiegt und die ganze stadt halte seine opinion«.[4] Hoffmann und die anderen sektiererischen Propheten förderten nicht nur Straßburgs Ruf als Brutstätte des Sakramentierertums, sie gewannen darüber hinaus eine große Zahl an Geistlichen und ehrbaren Leuten für sich – Männer und Frauen, von den Predigern »Epikureer« geschimpft, die zu der Überzeugung gelangt waren, die Reformation habe kurz vor dem Ziel haltgemacht. In ihren Augen war die neue Ordnung von Religion und Moral das »neue Papsttum«.

Die Sekten, die in den Augen der Prediger und Magistratsmitglieder eine eindeutige und höchst präsente Gefahr darstellten, fanden ihren Widersacher in Jakob Sturm, jenem erasmischen Protestanten, der jeglichen religiösen Zwang auf die weltliche Obrigkeit prinzipiell ablehnte. Wie oft hatte Sturm die evangelischen Prediger gescholten, wenn sie mehr von der Regierung als vom Evangelium erwarteten. »Gott hat uns Christen kein zeitlichs gluckseligkeit (wie den juden im alten testament) hie zugesagt«, schrieb er, »sondern allein leid und verfolgung.«[5] Als Anhänger des Erasmus und als Lutheraner war Sturm keineswegs der Auffassung, man könne Straßburg gottesfürchtiger machen, indem man Meinungsverschiedenheiten unterdrücke – »Gebott machen glißner«, hatte er einmal geäußert.[6] Aber wenn man es auf diesem Wege nicht gottesfürchtiger machen konnte, so konnte man doch wenigstens für mehr äußere Einheit und Sicherheit sorgen, und hier schreckte Sturm nicht davor zurück, auch Gewalt anzuwenden. Der Rat und die XXI lösten die Versammlungsstätten der Sektierer auf, verhafteten ihre Anführer und wiesen sie aus der Stadt, um somit auch deren Anhänger zu entmutigen. Doch als Gewalt und Einschüchterungsversuche keine Wirkung zeigten, versuchte der Magistrat es auf die sanfte Tour. Ende 1531 inszenierte er eine intensive Debatte zwischen seiner eigenen Geistlichkeit und Pilgram Marbeck (um 1495-1556), einem Tiroler Brunnenbauer, der erklärte, daß »zwischen den papisten und den lutherischen mehr ein fleisch[lich]er zangk und nydt, dann göttlicher yfer gespürt werde«.[7] Marbeck klagte Bucer und seinesgleichen an, daß sie »in jren predigten entweder hinder dem gemeinen mann oder bey fürsten und stätten gesucht und nit frey zum creutz Christi geprediget haben«.[8] Sturm selbst hatte sich 1526 in ganz ähnlicher Weise über Wolfgang Capito geäußert, aber nun, als sich die Krise verschärfte – Klaus Kniebis berichtete, daß sich am »Schwörtag« des Jahres 1532 einige Bürger geweigert hatten, ihre Hand zum Schwur zu erheben –, ließ er sich auf die Argumentation des Predigers ein, daß »alle christlichen obren schuldig sind, uns jres besten vermögens zu verhelffen, diese verlästerung zu bekämpfen [...], damit mann doch auch zu strasburg einmal ein lehre und religion habe«[9]. Der Magistrat verjagte Marbeck, inhaftierte Hoffmann, warnte den spanischen Antitrinitarier Michael Servetus, »daß er die Stadt meid bei leibsstraff«, und begann gegen die illegale Verbreitung von Druckschriften vorzugehen.[10] Ob es sich nun um Ketzerei oder Aufwiegelung handelte, war dem Magistrat einerlei.

Die Prediger gaben sich jedoch immer noch nicht zufrieden, denn in ihren Augen hatten die Sektierer nur dazu beigetragen, das eigentliche Problem noch deutlicher zu benennen: die Notwendigkeit einer strengeren Kirchenzucht. »... die warheit [den wahren Glauben] nit zu lesterenn, sonder die zu hörenn unnd die seinen die zu hörenn zu beforderenn, darzu solle ein iede oberkheit die ihrenn [ihre Untertanen] anhalten«, sonst werde Gott »die obrickheit gar verwerffenn unnd das gantze volck den feinden ubergeben ...«[11] Ob die Bürger eine solche religiöse Herrschaft wohl hinnehmen würden? Sturm war nicht dieser Ansicht, und dasselbe galt für seine Amtskollegen. Als sich der Magistrat Ende November 1532 entschied, eine Gemeindesynode abzuhalten, wich er von seinen gewohnten Verfahrensweisen ab, indem er erklärte, Zweck der Synode sei es »gar nicht, als etliche aussgiessen [behaupten], zum glauben [zu] zwingen, sonder offenlich ergernüss, wie das ieder oberkeyt auss gotlichem unnd christlicher keyser rechten zustoht, ab[zu]stellen«.[12] Dem stimmte Sturm durchaus zu, denn er wußte, daß es an der Zeit war, den »secten zu begegnen und ein gesprech zu halten; ein [Kinds]tauff zu halten«.[13] Auch Straßburgs Jugend hätte man zwingen können, in die Kirche zu gehen, doch Sturm beließ es dabei, die Erwachsenen zu disziplinieren. »Wie will man gebieten?« fragte er sich jedoch. »Wer soll und will riegen? [...] Es ist gut, daß man sie versammelt, auf daß sie zuhören, doch wie dies gelingen soll, weiß ich nicht. Und wie soll man die Missetäter ausmachen und bestrafen? Denn wenn man sie nicht bestraft und verwarnt, wird man der Ordnung bald mit Geringschätzung begegnen.«[14] Und damit stand er mit einem Mal vor dem verwirrenden Widerspruch zwischen einem in Freiheit gepredigten Evangelium und der Notwendigkeit einer öffentlichen Ordnung, vor einem der großen Probleme der Geschichte der Christenheit. Sturm, der erasmische Protestant, rang mit Sturm, dem städtischen Ratsmitglied.

Sturm übernahm die Funktion des obersten Präsidenten der Gemeindesynode, einer Versammlung der Geistlichkeit unter weltlicher Oberaufsicht, die am 3. Juni 1533 hinter verschlossenen Türen zusammentraf. Da »vill spaltung jm glauben und leer erstanden« sei, begründete Sturm die Einberufung der Synode, sollten »die verordneten eins ratz, die kirchspuellpfleger, predicanten, pfarrer und helffer nu beratschlagen [...] den weg wie zu einhelliger leer zu khomen wer.« Er warnte die Versammlung vor den Konsequenzen eines Fehlschlags: Sollte sich die Geistlichkeit nicht auf eine gemeinsame Glaubensformel – die von Bucer aufgestellten Sechzehn Artikel – einigen können, müßten die »geordneten eins ratz und die kirchspuellpfleger bedacht das minder und mher [die Auffassungen der Minder- und der Mehrheit] für ein rath [vor den Rat und die XXI] zu pringen«, der dann bestimmen würde, »was got gfellig sey«. Während der Synode solle »ein jeder frey sein gmut eroffnen [...]: das soll freuntlich gehort [werden]; dan solt sollichs nit beschehen und nochgends [später] widerigs ußgossen [werden], wurde zu nochteill der kirchen und sunderlich wenig got dienen.«[15]

Ebensogut hätte Sturm versuchen können, den Wind zu zähmen, denn um ihn herum heulte ein wahrer Sturm von Mißfallensäußerungen, Beschuldigungen, Gegenbeschuldigungen und Meinungsverschiedenheiten. Mit warnender Schärfe erinnerte er die Geistlichen daran, daß diese Verhandlung allein deshalb einberufen worden sei, »zu fürdern die ehr gottes und guten diser stadt«,[16] und bat sie eindringlich, »daß end dißes handels an[zu]sehen, uf dasselbig allein [zu] handlen, und waß sonst ein jeder gegen den andern hatt, fallen [zu] lassen«. Schließlich – und hier zeigte Sturm Zähne – hätten die Prediger »allenthalben im babstumb und bey andern secten vill widersprecher [...], die sagen mochten, sie lerten uß jrrigem geist, dieweil sie under einander selbs nit eins: das sollen sie selbs bedecken.«[17] Als Sturm dem Rat und den XXI am 4. Juni mitteilte, daß »die sache etwas ernstlicher und grösser seyn [werde], dann es von m[einen] h[ohen] h[erren] überschlagen« worden sei[18], entschied der Magistrat, offizielle Vertreter der Zünfte in den Versammlungssaal zu entsenden, »domit [...] uß zulauff [durch das Drängen] des gemeinen volcks nit unordnung erwachs und doch jemans von der selben [vom Volk] darbey sey«[19] – eine Maßnahme, mit der die streitsüchtigen Geistlichen diszipliniert werden sollten. In dieser Atmosphäre ließ man nun die Sektierer zu Wort kommen, die großen ebenso wie die kleinen Fische wie etwa Klaus Frey, einen Kürschner aus Rottenburg am Neckar, der mit seinem Leben dafür bezahlen mußte, daß er sich nicht von seiner Frau hatte scheiden lassen, bevor er die Schwester eines Adligen heiratete.

Als die Synode ihren Lauf nahm, mußte Sturm erkennen, daß im

Mittelpunkt des Religionsstreits Fragen der Macht und damit der Regierung standen. Zu Beginn der Abschlußsitzung am 23. Oktober 1533 erklärte er, »das [es] eins ratz meynung [Absicht] nit sey, jederman jm glauben zu zwingen, sonder allein rottungen [verschwörungen], so zu trennung gemeiner pollicey [der öffentlichen Ordnung] dienen mocht, zu stillen …«[20] Der wichtigste der Sechzehn Artikel – Dreh- und Angelpunkt der gesamten Diskussion – war der Artikel »die obrigkeit belangend«[21], auf dem, wie Sturm erklärte, »diser handell […] will ruen«, denn allein der Magistrat habe zu entscheiden, »welchs under den gehorten leren man für das wort gotz halten werde, dan sonst zu weiterm artikell unfruchtpar were zu schraiten zuvor und ehe man wissen mag, was man für das gotlich wort wolle halten.«[22] Die wahre Religion mußte, und so war es immer gewesen, auch in Kategorien der Macht definiert werden, nur daß dies nun nicht mehr den Päpsten, Bischöfen oder Universitätsprofessoren oblag, sondern den örtlichen Herren, Kaufleuten und Handwerkern. Sturm, der genau wußte, wie wenig geeignet seine Amtskollegen für eine solche Aufgabe waren, hatte gedruckte Exemplare der Confessio Tetrapolitana unter ihnen verteilt – viele der Magistratsmitglieder besaßen offenbar nicht die Ausdauer, eine Verlesung durchzustehen. Doch der Magistrat folgte den Anweisungen Sturms, und am 4. März 1534 beschlossen sie »einhelliglich […], bey der offtgemelten confession [Confessio Tetrapolitana] unnd den gelesnen articul des synodj zu pleiben, dieselben als die recht cristlich leer alhie lassen predigen unnd ob derselben ernstlich zu halten«.[23] Mit dieser Abstimmung handelten der Rat und die XXI genauso wie schon die Generalkonzile, Päpste und christlichen Römischen Kaiser vor ihnen, indem sie bestimmten, »was got gfellig sey«.[24] Mit diesen Worten, Jakob Sturms Worten, war das Schicksal der Sekten in Straßburg besiegelt.

Es war eine Sache, die Sekten zu verdammen, eine andere aber war es, die religiöse Disziplin wiederherzustellen. Die schwierigste Aufgabe, der sich Sturm gegenübersah, als er eine neue Kirchenordnung für Straßburg entwarf, war, wie man den Bürgern eine gottesfürchtige Disziplin beibringen konnte – sahen die Bürger doch auf die offizielle Geistlichkeit, »als ob sy böswicht, lecker buben etc., die nie kein gotswort gepredigt hetten, weren«, so daß »sy von vill leuten verhast und jnen ubel nochgeredt würdt«.[25] Es wäre zwar wünschenswert, schrieb Sturm, »das man weg finden möcht, wie das volckh dahin ze bringen were, das es jn die predig gieng unnd das wort gots höret«, dies aber könne man kaum per Gesetz erreichen, »dann in sachen des glaubens, so ein freywillig werckh unnd ein gab gottes, mit gebotten nie vil ussgericht worden ist. […] das predighören [ist] ein eusserlich ding unnd nit ein eigentlich werckh des glaubens ...« Sturm sah große Probleme voraus, sollten entsprechende Gebote »dann nit gehalten werden unnd kein straff daruff volgen«. Letztlich würde dies »nichts anders, dann verkleynung der oberkeit [bringen], zudem vil nachredt, als ob ein new bapstumb were ....«[26] Er befand sich in dem ewigen Dilemma derjenigen, die beides auf einmal wollten: eine spirituelle Religion und eine verbindliche öffentliche Ordnung. Die einzige Lösung, die er anzubieten hatte, war nicht gerade überzeugend: Die Mitglieder des Magistrats sollten gegenüber den Bürgern ein gutes Beispiel abgeben und »am sontag [...] zum wenigsten ein predig [...] hören unnd nit also zu ergernus der gemeyn, so des orts ein besonnder uffsehen uff die, so in der oberkeit sindt, hatt, die zeit so man predigt ettwa spatieren« gehen.[27] Weiter wollte Sturm nicht gehen, denn er hielt, wenn es um den Glauben ging, nichts von Zwangsmaßnahmen und fürchtete zudem den Widerstand der Bürger gegen eine strengere Kirchendisziplin. Martin Bucer, mittlerweile Straßburgs führender Kirchenmann, stimmte Sturm in diesem Punkt nicht zu. Über die Frage, ob die Kirchenzucht möglicherweise zu erzwingen war, sollten er und Sturm später in einen nicht mehr beizulegenden Streit geraten. Im Augenblick jedoch waren sich die beiden Männer zumindest noch darin einig, daß es einer einheitlichen Lehre bedurfte, um gegen die Sekten vorzugehen. »... dieweil man sich vormals entschlossen«, verkündete Sturm, »bey der confession [Confessio Tetrapolitana], zu Augspurg ubergeben, unnd den articuln des gehaltnen synodj zu bleiben, so volge daraus, das alle anndere secten, so derselben leer zuwider sindt, nit hie geduldet, sonnder man mit denen, so denselben anhangen, also hanndlen solle.«[28] Was für den Schmalkaldischen Bund galt, sollte auch für Straßburg gelten: einheitliche Lehre, aber keine erzwungene religiöse Disziplin.

Auf dieser Grundlage entwarf Sturm eine Kirchenordnung, mit der Straßburgs Kirchen das nächste halbe Jahrhundert gelenkt wurden. Auch die Rede, mit der der Ammeister diese Kirchenordnung vor den Schöffen der Zünfte zur Kenntnis brachte, stammte aus seiner Feder. Sturm hatte die Gelegenheit zu einem Rückblick ergriffen. »Ir habt gut wissen«, schrieb er, »welcher gestalt vor jaren unser hern meister und rhatt und die XXI, auch schoffel und amman erkhant und beschlossen worden, hinfurther jn diser statt Strasburg das heylig evangelim rein und lauter zu predigen, auch allereley mißbreuch demselben zuwiddert abzestellen ...« Als diese Maßnahmen später zu einer Gefahr für die Stadt zu werden drohten, »haben sich unser herrn, mit vorwissen unnd bewilligung scheefl und amman, mit ettlichen churfürsten, fürsten, graven und stetten, so mit unns des glaubens halben einhellig, jn christliche verstentnus unnd einigung begeben, alles darumb, damit man dester fridlicher bey erkhannter warheit und evangelischer leer bliben möcht«. Nun aber seien »vylerley jrrige secten, unnottwendig zanck und streytige meynungen des glaubens halb in diser statt erhaben, durch welche vyl von der erkhanten worheyt wider abgefallen die leer und predig des heyligen evangely und die verkhunder desselben verachtett, und also vill schadlicher trennungen und verstörung burgerlichs friddens und eynigkeytt erwachsen«. Die Magistratsmitglieder hätten sich aus diesem Grund gezwungen gesehen, gegen »sollich verfürer, so der mertheyl von fremden orten hieherkommen«, vorzugehen. Die neue Kirchenordnung, der die Schöffen nun zustimmen sollten, solle der »trennung der kirchen, abfall von gottlichem wort und zerrüttung burgerlicher eynigkeyt« entgegenwirken.[29]

Diese Rede – Jakob Sturms ausführlichste Stellungnahme zur Straßburger Reformation – war zugleich Rechenschaftsbericht und Verteidigung der Reformen sowie der eigenen Bündnispolitik. Natürlich ging er stillschweigend über die Spannungen, ja offenen Konflikte hinweg, die zwischen dem erneuerten Evangelium und dem städtischen Gemeinwohl aufgetreten waren, und lastete sie denen an, die aus anderen Landstrichen nach Straßburg gekommen waren. Einstmals war Sturm für Toleranz eingetreten – die Menschen seien doch »zu beiden theilen christen, des gott erbarm ...«[30] Nun aber war er entschlossen, den Sektierern niemals die Chance zu geben, den Protestanten so zu dienen, wie die Protestanten früher den Katholiken gedient hatten. Genau dies war es, was ein Seifenmacher namens Leupold Scharnschlager (gestorben 1563) zur Sprache brachte, als er den Magistratsmitgliedern in seinem rauhen Tiroler Dialekt Vorhaltungen machte. »Meine lieben herrn«, begann der unerschrockene Mann, »jr sagt und treibet uns, wir solten von unnserm glauben abston und zu eurm glauben fallen. Das ist gleich so fil, als wenn der kaiser zu euch sagte, jr solt von eurm glauben abston und zu dem seinigen fallen. Nu setz jchs in eur conscientz: Befindet jr, das es vor got recht sei, das jr in solhem dem kaiser horchet? Ei, so mogt jr auch woll sagen, das es unnsernthalb gegen euch auch recht sei, euch in solhem fal zu horchen.« In diesem Falle, spöttelte Scharnschlager, sei es sich der Magistrat wohl schuldig, »alle abgötterei und bebstliche clöster, auch messen und annders wider aufzurichten«. Doch da sich der Magistrat weigere, dem Kaiser in solchen Angelegenheiten Gehorsam zu erweisen, »so pitt und verman ich armer crisst euch umb gottes und haill willen eurer selen, das jr eur gwissen hirjnn wol wellet raumen und unss armselige menschen euch lassen erbarmen und bevolhen sein«.[31] Tatsächlich, hier wurde das eigentliche Problem beim Namen genannt, und keiner tat dies deutlicher als Scharnschlager, als er im Straßburger Rathaus vor den finster dreinblickenden Magistratsmitgliedern stand.

Scharnschlagers tapfere Worte vermochten die Herzen von Straßburgs Magistratsmitgliedern jedoch nicht zu erweichen. Wie ihre Amtskollegen in anderen Städten konnten sie kaum anzweifeln, daß es eine tiefe innere Entsprechung zwischen dem Evangelium Jesu Christi und dem Gemeinwohl – der bestehenden Ordnung der Dinge – ihrer eigenen Gemeinden gab. Huldrych Zwingli hatte mit seinem Grundsatz, es gebe zwei in die gleiche Richtung wirkende Gewalten, die weltliche und die kirchliche, die theoretische Basis für diese Überzeugung geliefert – die Erfahrungen in den protestantischen Städten widersprachen dem jedoch gänzlich, und Scharnschlagers kühne Worte verwarfen diese Theorie. Hätte das Evangelium tatsächlich unabhängig bleiben sollen, dann hätte es durch eine Institution verbreitet werden müssen, die sich von der politischen Gemeinde in Zusammensetzung und Gestaltung – entweder größer oder kleiner – deutlich unterschieden hätte. In mancher Hinsicht war der Kampf der Täufer für eine freiwillige Glaubensgemeinschaft als die – wenngleich mit anderen Waffen geführte – Fortsetzung des mittelalterlichen Kampfes für die Freiheit der Kirche, die *libertas ecclesiae*, gegen die Kaiser zu sehen. Die Weltanschauung der Magistratsmitglieder machte es jedoch erforderlich, das Gemeinwohl und das Evangelium in einer in der Arbeit und im Gebet geeinten Gemeinde unter der einen Gewalt des Rates zu verbinden. Ansonsten hätten aus den Geistlichen, ganz gleich ob charismatische Propheten oder evangelische Prediger, nur allzu leicht »neue Päpste« werden können, und um dies zu verhindern, waren die Magistratsmitglieder bereit, zu »neuen Cäsaren« zu werden. Seit den Bewegungen der 1520er Jahre hatte sich aus den anfänglichen Appellen der Prediger an die Räte, sie vor der alten Kirche zu schützen und entsprechend zu handeln, eine zwingende Entwicklung hin zu dieser Position abgezeichnet. Es bedurfte eines scharfsinnigen Außenseiters, um zu erkennen, wo diese Entwicklung hinführen würde, und 1538 machte ein solcher Mann in Straßburg von sich reden. Aufgrund der Beobachtungen, die er in Straßburg anstellte, entwarf er eine neue und wagemutige Lösung für das Dilemma, in dem sich die Reformation befand. Der Name dieses Mannes war Johannes Calvin.

Es war nicht allein das Streben nach innerem Frieden, das Jakob Sturm und seine Amtskollegen auf den Weg der Intoleranz führte. Auch die äußere Situation war bedrohlich. Der Höhepunkt im Kampf gegen die Sekten fiel zeitlich mit der Wiedereinsetzung Herzog Ulrichs in Württemberg und dem Vertrag von Kaaden zusammen, in dem alle »Sakramentierer« ausdrücklich verdammt und mit Ketzern und Rebellen gleichgesetzt wurden. Vor allem aber fiel er mit der Krise zusammen, zu der es wegen des radikalen Täuferreiches von Münster im Reich gekommen war. Der aus den Niederlanden stammende Anführer in Münster, Jan Beukelszoon (od. Bockelson, um 1506-1536), war bekanntermaßen ein Anhänger Melchior Hoffmanns, der im Henkerturm zu Straßburg schmachtete. Die Beziehung zwischen beiden war, wie Sturm berichtete, Anlaß für ein Gerücht, das im November 1533 umging. »Melchior Hofmann«, hieß es, »hab hie gesiegt, und die ganze stadt halte seine opinion.«[32] Der melchioritischen Lehre zufolge bestand in der Tat eine Verbindung zwischen Straßburg und Münster, wo die Führer dem gemeinen Volk verkündeten, »dat se des nachtes in der lucht hedden gesehen drei stede. [...] Die eine stat wer Monster die ander Straissburch, und die derde wer Deventer. Diese selve stede [...] hedde Got uth verkoren und wolde dair ein hillich volck inne hebben.«[33] Zu dem Zeitpunkt, da Jakob Sturm an der neuen Kirchenordnung arbeitete, verbreiteten sich derartige mit Berichten über Kommunismus und Vielweiberei gewürzte Nachrichten im Süden des Reiches. Zunächst unterschätzten Sturms Amtskollegen völlig die Gefahr, die von derartigen Nachrichten ausging, bei weitem und verschlossen sich einer finanziellen Beteiligung an den gegen Münster gerichteten kaiserlichen Maßnahmen, da die Stadt »zu weit entfernt« liege. Wenig später aber erkannte der Magistrat die Zusammenhänge und übernahm einen Anteil der Kosten zur Niederwerfung Münsters. Am 25. Juni 1535 fiel die Stadt. Die gesamte Episode hatte bei den Städten im Süden Erinnerungen an 1525 wachgerufen, an die Predigten über die Gemeinschaftlichkeit allen Besitzes und die Verkündigungen eines nahenden Königreichs der Gerechtigkeit.

Straßburgs Magistrat hatte Mitte der 1530er Jahre, bedingt durch die Umstände, einen Grad der Kontrolle über das religiöse Leben der Stadt erlangt, der in Sturms Kindertagen unvorstellbar gewesen wäre. Es hatte eines ständigen Organs bedurft, um die alltäglichen kirchlichen Angelegenheiten zu überwachen. Dieser »Kirchenkonvent«, eine hauptsächlich aus Geistlichen zusammengesetzte Körperschaft, die offiziell auch die Kirchpfleger umfaßte, hatte sich im Verlauf der 1520er Jahre mehr oder weniger informell entwickelt und erst 1531 seine offizielle Anerkennung erhalten. Der Kirchenkonvent, der mittlerweile nur noch aus Geistlichen bestand, trat allwöchentlich zusammen, um bestimmte Aufgaben zu verteilen und Fragen der Gemeindedisziplin, der Erziehung und weiterer Reformen der Kirche zu erörtern. In diesem Sinne tagte vom 26. bis zum 28. Mai 1539 eine zweite Gemeindesynode, um in einer sehr viel ruhigeren Atmosphäre als 1533 das Problem der »gleichförmicheit« der Predigt und der Austeilung der Sakramente erneut anzusprechen. Der Rat und die XXI, die mit den bestehenden Arrangements durchaus zufrieden waren, ließen allerdings fast fünf Jahre verstreichen, bevor sie die Empfehlungen der Synode veröffentlichten. Enttäuscht von der Verzögerungstaktik des Magistrats, wandten sich die Prediger wegen umfassender religiöser Reformen in der Diözese sogar an den neuen katholischen Bischof, Erasmus von Limburg, der 1541 sein Amt antrat.

Nach dem Sturz der Sekten wurde die Straßburger Kirche unterdessen immer unverkennbarer von der Praxis und den Normen der lutherischen Ausprägung der protestantischen Religion durchdrungen, und diese Entwicklung deckte sich völlig mit Jakob Sturms Bündnispolitik. In verstärktem Maße wurde die örtliche Geistlichkeit an der Lateinschule Straßburgs ausgebildet und an den lutherischen Universitäten Wittenberg oder Tübingen im Fach Theologie unterrichtet. Richard Hillis, ein englischer Tuchhändler, der seit 1540 in Straßburg lebte, schrieb 1546: »[Johann] Marbach ist durchaus ein Lutheraner: doch hier will dies wenig bedeuten, denn fast alle Prediger hier saugen hauptsächlich das Luthertum in sich auf und verbreiten es.«[34] Lange Zeit bevor das Buch von Straßburgs zwinglischer Vergangenheit mit Bucers Verbannung im Jahre 1549 endgültig geschlossen wurde, hatte die alltägliche religiöse Praxis der meisten Straßburger eine deutlich lutherische Färbung angenommen. Das einfache Volk empfand die Veränderung nicht einmal als so dramatisch, denn für Protestanten war alles Gesetz, was mit Luther und seinem unvermindert hohen Ansehen als einem von Gott gesandten Erneuerer der christlichen Religion zusammenhing. Nur bei den Kirchenliedern machte sich der Wechsel bemerkbar: 1541 ersetzte das neue Gesangbuch mit Luthers Liedern die meisten der altbekannten Kirchenlieder aus Straßburg und Konstanz. Nichts, was in Straßburg entstanden war, konnte mit der Wirkungskraft der Kirchenlieder des Reformators, seinem Katechismus oder etwa seiner »deutschen Messe« konkurrieren. Gerade deren Verbreitung stellte sicher, daß alle deutschen Protestanten in einem Punkt »Lutheraner« waren.

Als der Streit über die richtige Form des Glaubens und der religiösen Praxis später erneut ausbrach, diesmal zwischen den Lutheranern und den Bewunderern Calvins, wurden Straßburgs ursprüngliche Reformen und die Entwicklung seiner Kirche zum Gegenstand der Kontroverse. Und dabei blieb es auch. Lange Zeit war die altehrwürdige Überlieferung, die zunehmende lutherische Orthodoxie in Straßburg habe Martin Bucers liberale, humanistische und tolerante Reformation nach seinem Tod bald in den Schatten treten lassen, durch nichts zu erschüttern – tatsächlich verhielt es sich aber keineswegs so. Die Wurzeln dessen, was man die Straßburger lutherische Orthodoxie nannte, reichten weit zurück: von der

Übernahme des Augsburger Bekenntnisses in Schweinfurt im Jahre 1532, der neuen Kirchenordnung Straßburgs von 1534 bis hin zur Wittenberger Konkordie von 1536. Jedes dieser Zwischenstadien stand in einem engen Zusammenhang mit Sturms Bündnispolitik: Jakob Sturm führte seine Stadt aus dem »christlichen Bund« mit den Schweizer Städten hinaus und von deren »Zwinglianismus« weg, jener typisch süddeutsch-schweizerischen Ausprägung städtischer Reformation. Es gab zwei zwingende Gründe, diesen Weg zu gehen: zum einen außenpolitische, nämlich Sturms neue Politik eines Bündnisses mit den protestantischen Fürsten, aber auch innere, und zwar die Notwendigkeit, die Macht über die Kirche in die starken Hände des Magistrats zu legen. Es mag tatsächlich den Anschein haben, als ob diese Politik Sturms eigener Erziehung vor dem Hintergrund der internationalen, latinisierten Kultur des Humanismus und seiner Vorstellung von Religion als individueller Zucht im tiefsten Innern seines Herzens widerspricht. Sie fügt sich jedoch nahtlos in die andere Seite seiner Erziehung in der politischen Tradition des Partikularismus ein. Innerhalb der Kirche also war dem Gebot von Ordnung und Disziplin in einem maßvollen Rahmen Vorrang einzuräumen. Für Sturm gab es zudem einen Bereich, in dem er seinem Streben nach einer großen Welt und der Freiheit, die eine solche Welt verhieß, ungehinderter nachgehen konnte, ein Betätigungsfeld, das ihm sehr am Herzen lag: die Schulen.

Der Scholarch: Jakob Sturm und die Schulen

»Mutter Straßburg ist ohne Gelehrsamkeit«, schrieb ein kluger Zeitgenosse um 1520.[35] Es war dies nichts als ein Echo auf Jakob Wimphelings inständige, gleichwohl aber vergebliche Bitte um Einrichtung einer städtischen Lateinschule. Ende der 1530er Jahre hatte Wimphelings Lieblingsschüler diesem Mangel abgeholfen; ja mehr noch, unter Jakob Sturms Einfluß entwickelten sich die Straßburger Schulen im ganzen Reich zu einem Modell für protestantische Pädagogik, das den Ausblick auf die erasmische »Gelehrtenrepublik« ermöglichte. Der eigentliche Anstoß dazu kam nicht von Sturm, sondern von den Predigern, die im Jahr des großen Bauernkrieges die Magistratsmitglieder um eine Reihe von Reformen ersuchten und dabei auch auf die Einrichtung öffentlicher Schulen drangen. Am 9. Februar 1526 ernannten der Rat und die XXI eine erste Schulkommission, die sich aus drei »Schulherren« (auch »Scholarchen« oder *praefecti scholarum* genannt) zusammensetzte – Geheimen Räten auf Lebenszeit, die unter Berücksichtigung des in Straßburg üblichen Verhältnisses von einem Adligen zu zwei Bürgern gewählt wurden. Jakob Sturm wurde das erste adlige Mitglied der Schulkommission und bekleidete diesen Posten bis an sein Lebensende. Als Amtskollegen standen ihm Ammeister Klaus Kniebis und Jakob Meyer zur Seite. Kniebis hatte in Freiburg studiert, aber Meyer, Oberherr der Steinmetzzunft und sicherlich ein Mann von Format, sprach vermutlich kein Latein. Sturm, das bestausgebildete Magistratsmitglied seiner und aller vorangegangenen Generationen, wurde innerhalb kürzester Zeit zur bestimmenden Figur der Schulkommission und blieb es bis zu seinem Tod.

Im Verlauf der folgenden zwölf Jahre machte die Schulkommission unter Jakob Sturm Straßburg – lange Zeit »ohne Gelehrsamkeit« – zu einem der wichtigsten Ausbildungszentren im Reich. Schritt für Schritt gelang es dem Gremium, die Oberaufsicht über die bereits bestehenden Schulen zu übernehmen, eine Bibliothek einzurichten, mit den Besitzungen und Einkünften der aufgelösten Bettelorden einen Fond für die Schulen einzurichten und die Pfründen aus St. Thomas, der zweitgrößten Stiftskirche der Stadt, auch zur Bezahlung der Lehrer zu verwenden. »Do mitt aber niemandt von der priesterschafft an besserlicher übung mangeln möcht«, erklärten die Schulherren 1530, »haben wyr von uns selbs uber zwo schulenn, darinn die knabenn Griechisch und Latin gelert werden, den alten und gelerten verordnet zu lesen by unß im prediger Closter in Hebreischer und Grecischer sprach, in der Rhetorickh, in der Poetick, in der Mathematick und in weltlichen Rechtenn, zu dem in der Heiligen schrift im Stift zu St. Thoman.«[36]

Die Errichtung einer Monopolstellung beim Schulwesen paßte perfekt in das Konzept des Magistrats eines Gemeinwohls. Jakob Sturms am 19. November 1531 erlassene Verordnung über die Lateinschulen festigte den Einfluß des Magistrats auf das gesamte Schulwesen der Stadt: »Erstlich, das niemants hie in der Statt Straßburg offentlich schul halten soll, kinder zu leren, er hab sich dan zuvor den schulherrn angezeigt und sey also durch dieselbigen zugelassen.«[37] Zweieinhalb Jahre später, im März 1534, entwarf Sturm einen umfassenden Erlaß für die Lateinschulen Straßburgs – den detailliertesten aller deutschsprachigen Städte dieser Zeit überhaupt.

Seine Bündnispolitik führte zu einer größeren Gemeinsamkeit unter den süddeutschen protestantischen freien Städten, und bald plante man allerorts die Einrichtung von Lateinschulen, um die Versorgung der städtischen Kirchen mit gutausgebildeten Geistlichen sicherzustellen. Anfang 1534 erörterten Martin Bucer und der Konstanzer Reformator Ambrosius Blaurer die Einrichtung einer Lehranstalt – einer »Schule für geistliche Studien«, wie Bucer es formulierte – für die Ausbildung von Geistlichen für die Städte Straßburg, Konstanz, Lindau, Biberach und Isny.[38] Die Buffler, eine der reichen

Patrizierfamilien von Isny, sorgten für den Unterhalt der Schule, und am 10. Juni 1534 brachte der Konstanzer Stadtsyndikus Joachim Maler die ersten acht schwäbischen Schüler nach Straßburg. Die Lehranstalt, die man zunächst im alten Dominikanerkonvent untergebracht hatte, zog später in das ehemalige Haus der Wilhelmiter um, Jakob Wimphelings erstem Wohnsitz in Straßburg.

Die Schnelligkeit, mit der das neue Predigerseminar entstand, ließ Bucers aktiv werden, und als die Nachricht von Landgraf Philipp und seinem triumphalen Einmarsch in Württemberg eintraf, begann er sogleich in weitaus größeren Maßstäben zu denken: Ihm schwebte nun nichts Geringeres als eine Universität für Straßburg vor. »Dan außgenommen Wittenberg und Marpurg«, bemerkte er, »ist ietz nirget kein universitet, da man die Jungen mit frucht beder, der lere und gotseligkeyt halb, hynschicken möchte.« Also empfahl er zunächst »recht artige und fleissige lectiones der sprachen, der Dialectice, philosophi, Mathematic und rhetoric, der instituten K[ayserlichen] rechtenn«, um damit »zu allen faculteten den grund satt [zu] legen ...«[39] Natürlich paßte dieser Plan nur zu gut in das Umfeld von Sturms Bündnispolitik; einer der beiden anderen Schulherren aber, Klaus Kniebis, konnte sich mit dieser Vorstellung überhaupt nicht anfreunden. Der Ammeister hielt Bucers Vorhaben für großartig, doch es »jst unß [den Schulherren] nit bevolhen [es obliegt uns nicht], jn allen faculteten oder scientijs anzuziehen. Ist auch noch nit in der schulen gefell [Einkünften] so vil, das sollichs mag ußtreglich furgenommen werden.« Unterricht solle nur auf den Gebieten erteilt werden, »so unserm gemeynen nütz zu erhalten, nottwendig« sind, etwa der Grammatik, Theologie, Moralphilosophie, Naturphilosophie und der Bibel. Was das Römische Recht betreffe, so war Kniebis, der ein Lizentiat in Zivilrecht innehatte, folgender Auffassung: Die »leges Cesaree syndt unß nodt, um andere völcker wyllen, den[en] wir unß hie uff redtlich etwas (als vil nit ußtrücklich wyder got ist) verglichen [bedienen] mussen. Wir hetten sunst gesatz, recht zu thun, genug am gottes gesatz ...« Eine Universität, so schätzte er, würde die Schulkommission »alle jor mehr den 3000 g[ulden] geltz [kosten], die wir nit haben«.[40] Ganz offenkundig orientierte sich Kniebis, einer der ersten und leidenschaftlichsten Protestanten, an der alten partikularistischen Tradition.

Die Schulen lagen Jakob Sturm mehr am Herzen als irgendeine andere seiner Aufgaben. Im Gegensatz zur Diplomatie mit ihren sich stets ändernden und unkontrollierbaren Situationen erforderte das Schulproblem Zielstrebigkeit, die peinlich genaue Beachtung von Details und Geduld – Geduld, die Bezwingerin des Schicksals. So untersuchte er jedes Detail des alltäglichen Lebens in der Lehranstalt genauestens – den Unterricht, den Lehrkörper und die Lebensbedingungen. Alljährlich überwachte er die Prüfung der Bücher der Lehranstalt, und keine Angelegenheit, nicht einmal der Koch, den man beschuldigt hatte, Wein und Fleisch aus den Vorräten der Lehranstalt abgezweigt zu haben, war ihm unbedeutend genug, als daß sie nicht seine Aufmerksamkeit erregt hätte. Das Predigerseminar beherbergte durchschnittlich dreißig Studenten der Theologie aus Straßburg und anderen Städten, und sein Ruf, unvoreingenommen an die Dinge heranzugehen, zog Schüler aus dem zwinglischen Bern ebenso an wie aus dem lutherischen Esslingen.

Der Aufbau des Predigerseminars diente Sturm als Vorbereitung für seine glänzendste Schöpfung, die große Lateinschule, die Straßburg auf dem Gebiet der Pädagogik internationale Berühmtheit einbringen sollte. Der Idee lag ein Plan zugrunde, den Sturm, Bucer und andere im Januar 1538 gefaßt hatten. Dieser Schule sollte der aus Paris herbeigeholte, mit Jakob Sturm nicht verwandte und aus Schleiden in der Eifel stammende Johannes Sturm (1507-1589) als Rektor vorstehen. Johannes Sturm entwarf den Lehrplan, auf dessen Grundlage die Schule zu Ostern 1539 im Dominikanerkonvent ihren Unterricht aufnahm. Nachdem alle zuvor begründeten Dozenturen samt ihren zehn Lehrern und elf oder zwölf Professoren, den »Schuldienern«, in die Lateinschule eingegliedert worden waren, entwickelte sie sich zur zentralen Erziehungseinrichtung der Stadt.

Tatsächlich nahm mit der Gründung der Lateinschule auch die Schulkommission jene endgültige Form an, zu der sie zwölf Jahre gebraucht hatte. Seit 1535 führte ein Verwalter, »schaffner« oder »oeconomicus« genannt, Buch über die Entscheidungen der Schulkommission, während der vorsitzende Schulherr für das Protokoll der häufig, aber in unregelmäßigen Abständen angesetzten Besprechungen zuständig war. Viermal im Jahr wurden die Schulen einer Inspektion unterzogen. Alle Lehrer der deutschen Grundschulen und diejenigen der Lateinschule hatten dann vor der Kommission zu erscheinen, um über Probleme zu berichten und Kritik entgegenzunehmen. Die regelmäßige Kontrolle und Maßregelung oblag zwei, seit 1538 drei Inspektoren, die darüber an die Schulkommission berichteten. Um 1538 funktionierte dieses System so gut, daß die Schulherren stolz verkündeten, »das die schulen (Gott hab lob) von tag zu tag ye mehr ufgangen und dahyn gerathen sein, das vil erbare fromer leut in andren statt ire khinde allhie zu schulen geschickt haben«.[41] Dies traf tatsächlich zu, denn unter dem Rektorat Johannes Sturms zog die Lateinschule Schüler aus dem gesamten süddeutschen Raum und darüber hinaus an, und der neoklassische Lehrplan verbreitete sein Ideal von der *pietas litterata* in weiten Teilen der deutschsprachigen Welt.

In den Schulen und Kirchen arbeiteten Lehrer und Prediger

unter einer obrigkeitlichen Autorität, die zumindest zu Jakob Sturms Zeiten nie in Frage gestellt wurde. Nur einer der sechs höchsten Schulfunktionäre, Caspar Hedio, war ein Geistlicher. Er bekleidete einen der Inspektorenposten und hatte mit den Finanzen oder der Personalpolitik nichts zu tun. Diese Angelegenheiten oblagen ausschließlich der Schulkommission als ständigem Ausschuß des Rates und der XXI. Mit der Finanzverwaltung konnte ein Geheimer Rat bestens zurechtkommen; doch Personalfragen bedeuteten, vor allem nachdem die Lateinschule internationales Ansehen genoß, eine schwere Last, der nur Jakob Sturm gewachsen war. Er setzte so hohe Maßstäbe, daß sie von seinen Nachfolgern ganz einfach nicht aufrechterhalten werden konnten, nicht einmal von seinem Bruder Peter. Nur einen Monat nach dem Tode Jakob Sturms entschied die Schulkommission, die Berufung eines Lehrers dem gesamten Rat und den XXI zu überlassen. Die Entscheidung war verhängnisvoll, denn bei dem Kandidaten handelte es sich um den Florentiner Theologen Pier Martire Vermigli (1500-1562), an dessen Rechtgläubigkeit bereits Zweifel bestanden. Peter Sturms Nachfolger als Vertreter der Adligen in der Schulkommission, sein Vetter Heinrich von Mülnheim (1507-1578), akzeptierte dieses Amt nur unter Protest und nahm es so widerwillig und unkonzentriert wahr, daß sich der Rat und die XXI mit Beginn der 1570er Jahre mit Angelegenheiten auseinandersetzen mußten, die zuvor die Schulherren allein hatten regeln können.

Das Nachlassen der direkten Kontrolle der Schulen durch die weltliche Obrigkeit trug maßgeblich dazu bei, daß es zu jenen Auseinandersetzungen zwischen Predigern und Lehrern kam, die Straßburg in den Jahrzehnten nach Jakob Sturms Tod erschütterten. Als diesem die Zügel entglitten, verstärkte Johannes Sturm seinen Zugriff auf die Lateinschule, deren Lehrkörper zusammen mit der französischen Gemeinde das größte Zentrum des Widerstandes gegen die lutherische Orthodoxie in Straßburg darstellte. Die Kontroverse zwischen den Lehrern und den Geistlichen der Straßburger Kirchen – fast durchgängig Lutheraner – gipfelte in der Entlassung Johannes Sturms im Jahre 1580 und letztlich in dem Ende des von Jakob Sturm erdachten Systems von Kirche und Schule als zwei von einander losgelösten, parallelen Strukturen unter direkter weltlicher Kontrolle.

Die internationale Gelehrtenrepublik

Mit dem Aufbau der Lateinschule und ihres Lehrkörpers, dem mancher Gelehrte von hoher Reputation angehörte, erhielt Jakob Sturm erneut Zugang zur internationalen Welt des Humanismus, einem Reich relativer geistiger Freiheit außerhalb der lokalen Zwänge, denen sich Regime und Kirche gegenübersahen. Die Arbeit mit den Schulen bedeutete für ihn zudem eine Atempause von der zermürbenden Hektik seiner offiziellen Geschäfte und führte ihn zu den Studien zurück, an denen er schon als angehender adliger Kirchenmann unter den Fittichen Jakob Wimphelings Gefallen gefunden hatte. Ein einziges Buch seiner großen Bibliothek, die er den Schulen vermachte, existiert noch heute. Es handelt sich um ein Werk des Clemens von Alexandria, 1550 in griechischer Sprache in Florenz gedruckt, das er irgenwann während seiner letzten drei Lebensjahre erworben und der Schule geschenkt hatte. Außer diesem Buch überdauerte nur die Erinnerung an diese Bibliothek die Belagerung von Straßburg im Jahre 1870. Es war dies sein letztes Geschenk an seine Vaterstadt, keineswegs aber sein größtes, denn dieses Attribut gebührt der Lateinschule selbst.

Mit der Gründung der Lateinschule war die Vision Wirklichkeit geworden, über die Wimpheling schon 1501 mit dem Magistrat verhandelt hatte – zumindest in Teilen, denn in der Zwischenzeit hatten sich die Ziele humanistischer Pädagogik tiefgreifend verändert. Wimphelings Absicht war es gewesen, die bürgerlichen Wertvorstellungen von Rechtschaffenheit, Moral, Zweckmäßigkeit, Gemeinwohl und tiefer Frömmigkeit in einem italianisierenden Gewande unter den örtlichen Eliten (und denen, die dazugehören wollten) zu verbreiten; Johannes Sturms aristokratische Pädagogik hingegen bot Eloquenz als Frucht der Rhetorik, als eine Art beruflicher Vorbereitung für politische Eliten eines viel größeren Einzugsbereichs. Seine Schule zog adlige Studenten besonders aus Ungarn, Böhmen, Polen und Preußen, aber auch aus dem mittleren Westen Deutschlands an, etwa aus der Wetterau und dem Kraichgau –, und akademische Reden begannen in der Regel mit einer Adresse an die »Grafen und Barone«. Ihrer Form wie ihrem Inhalt nach war diese Pädagogik bei weitem klassischer, internationaler und weniger italianisierend als die Wimphelings; schließlich hatte sich der Humanismus seit den Jugendtagen Sturms von einem exotischen kulturellen Import aus Italien zu einer internationalen Bewegung entwickelt, die sich von ihren Zentren in Italien, den Niederlanden und Frankreich über das gesamte Reich erstreckte.

Daß die Lateinschule innerhalb der regional orientierten Welt Straßburgs geradezu wie ein aufgezwungener Fremdkörper wirken mußte, wird mit der Spaltung offenkundig, die zwischen den akademisch gebildeten Klassen entstand. Die protestantische Geistlichkeit setzte sich zu Sturms Tagen ausschließlich aus Süddeutschen zusammen: Zwölf Prediger stammten aus den Gebieten westlich des

Rheins (aus dem Elsaß, aus Lothringen oder der Rheinpfalz), drei kamen vom rechten Rheinufer (aus dem Breisgau oder Baden), fünf aus Schwaben und je einer aus Franken und Tirol. Vor der Gründung des Gymnasiums stammten auch die Straßburger Schullehrer aus Süddeutschland, doch nachdem Johannes Sturm Rektor geworden war, engagierten die Schulherren auch Lehrer aus dem Ausland, so etwa Paolo Lazise aus Verona, die Florentiner Pier Martire Vermigli und Emanuele Tremellio oder den aus Burgos gebürtigen Spanier Francisco de Enzinas (genannt Dryander). Als Bucer im Jahre 1545 Justus Velsius aus Den Haag für eine Lehrstelle ins Gespräch brachte, wurde er von dem Mathematiker (und Neffen eines Ammeisters) Christmann Herlin kritisiert, weil er Norddeutsche und Niederländer anstelle von Süddeutschen engagiere. Jakob Sturm und die anderen Schulherren zögerten zunächst, dann aber beriefen sie den stolzen Holländer doch an die Lateinschule, und Bucer sicherte ihm eine Pfründe an der St. Thomaskirche. Es war dies eine Entscheidung, die sie alle noch bereuen sollten, denn 1549 mußte man Velsius wegen seiner Verteidigung der Religionspolitik Karls V. entlassen.

Johannes Sturms Einfluß auf die Ernennung von Lehrern nahm nach Jakob Sturms Tod im Jahre 1553 noch zu. Der Rektor pflegte Gelehrte, deren Talente er bewunderte, zu schützen und zu fördern, selbst wenn es an diesen viel auszusetzen gab. Dies galt etwa für den Südtiroler Michael Toxites, der sich mit seiner Trunksucht und seinem undisziplinierten Verhalten mehrfach in die Nesseln setzte. Später ging Johannes Sturm sogar dazu über, Persönlichkeiten nach Straßburg zu holen, die mit ihrer Weigerung, sich der lutherischen Lehre anzupassen, ein ideales Ziel für die Wächter der Orthodoxie abgaben. Gerade diese Wächter, die Geistlichkeit der Stadt, waren ebenso wie ihre Vorgänger zumeist Pastoren aus Süddeutschland – Johann Marbach und sein Nachfolger Johann Pappus stammten beide aus Lindau –, während dem Lehrkörper der Lateinschule viele Fremde angehörten, so etwa Pier Martire Vermigli, Girolamo Zanchi aus Bergamo, François Baudoin aus Arras, François Hotman aus Paris oder Hubert Giphanius aus der gelderischen Stadt Buren. Während des Dogmenstreits, der Straßburgs Kirche und seine Schulen nach dem Tode Jakob Sturms erschütterte, wurden insbesondere Vermigli und Zanchi zu den bevorzugten Zielen der lutherischen Geistlichkeit.

Die Liste der Geistlichen und Lehrer, die am 18. März 1563 (dem Jahr, in dem Peter Sturm starb) die Straßburger Konkordie unterzeichneten, gibt Auskunft über die unmittelbaren Auswirkungen jener divergierenden Entwicklung von Kirche und Schulen auf Straßburg. Die zwanzig Geistlichen stammten aus den Regionen, die

Jakob Sturm in seine Bündnispolitik stets einbezogen hatte: Sieben kamen vom Oberrhein (darunter vier Straßburger und zwei weitere Elsässer), vier aus Schwaben, drei aus Franken sowie sechs Prediger aus Thüringen und Sachsen. Mindestens acht dieser Männer hatten in Straßburg studiert und wenigstens neun an der Universität von Wittenberg. Die vierzehn Schullehrer, die die Bekenntnisformel unterzeichneten, stammten hingegen aus den unterschiedlichsten Regionen Europas: zehn aus deutschsprachigen Ländern westlich des Rheins (von denen sieben, nämlich sechs Straßburger sowie Johannes Sturm, in den Niederlanden und Frankreich ausgebildet worden waren), zwei aus Italien und einer aus Graubünden. Von einer weiteren Person ist die Herkunft nicht bekannt. Neun Lehrer hatten in Straßburg studiert, aber keiner in Wittenberg. Nach wie vor also spiegelte die Zusammensetzung der Geistlichkeit Jakob Sturms Außenpolitik wider, während die des Lehrkörpers für seine Aufgeschlossenheit gegenüber der internationalen Welt des Humanismus mit seinen Zentren in Italien, Frankreich und den Niederlanden kennzeichnend war – jenen Ländern, in denen der Calvinismus die Szenerie bald zunehmend bestimmte.

Jakob Sturm verknüpfte Straßburgs Kirche mit der lutherischen Partei im Reich; zugleich verband er die Lateinschule mit der internationalen humanistischen Kultur und damit ganz unfreiwillig mit dem intellektuellen Milieu, dem der internationale Calvinismus entsprang. Dies war der Grund, warum die Anführer beider Seiten – Johann Marbach für die Kirche und das orthodoxe Luthertum, Johannes Sturm für die Schule und den Calvinismus – mit gleichem Recht Jakob Sturm, Martin Bucer und die Anfänge der Straßburger Reformation für sich in Anspruch nehmen konnten, als sich der Dogmenstreit im Verlauf der 1570er Jahre zuspitzte. Jakob Sturms zweigeteiltes Erbe wurde mit seinem Tod treffend symbolisiert. Der Lindauer Marbach, der bald zum Bezwinger des Calvinismus in Straßburg werden sollte, wachte an Sturms Totenbett. »Ich zwar für mein person«, vermerkte er in seinem Tagebuch, »hab meinen besten freund, ia vatter, in disser stat an im verloren«, und am Tag darauf, dem 31. Oktober 1553, hielt er die Leichenpredigt.[42] Der Beisetzung folgte die weltliche Gedenkfeier mit dem Rat und den XXI, und in seiner Rede porträtierte Johannes Sturm seinen verstorbenen Namensvetter als einen römischen Senator, einen bedeutenden und würdevollen Staatsmann nach dem Vorbild Ciceros.

NEUNTES KAPITEL

Die Restauration im Reich

Der Frankfurter Anstand von 1539

Die Schönwetterperiode der protestantischen Sache, die mit der Gründung des Schmalkaldischen Bundes eingeleitet worden war, neigte sich ihrem Ende entgegen, als das Reichskammergericht in den späten dreißiger Jahren des 16. Jahrhundert aktiv gegen die Verbreitung der Reformation in Norddeutschland vorzugehen begann. Am 9. Oktober 1538 traf eine vom Reichskammergericht verhängte Achterklärung zum ersten Mal eine protestantische Macht, die kleine, an der Weser gelegene Stadt Minden. Als diese Kunde sechs Tage später auch nach Straßburg gedrungen war, bereitete sich die Hauptmannschaft des Schmalkaldischen Bundes bereits auf einen Krieg vor, die katholische Gegenpartei zog nach, und zu Beginn des Winters stand das Reich zum ersten Mal seit der Bayerischen Erbfolgekriege von 1504 wieder kurz vor einem Bürgerkrieg. Gleichwohl sprachen sich einflußreiche Männer noch immer für Frieden aus, und zu diesen zählte auch Jakob Sturm. »Wir haben allerlei exempel vergangner zeit«, äußerte er gegenüber dem Landgrafen, »do die sach an den orten, do man es mit dem schwert hat wollen usrichten, nit wol geraten.« Natürlich sei es gefährlich, so lange zu warten, bis die andere Seite schließlich zuerst angreife, doch die Aussichten auf einen Sieg seien geringer denn je.[1] Mit Sicherheit handelte es sich nach dem Verständnis des Schmalkaldischen Bundes bei der Mindener Affäre um eine »Religionssache«, gleichwohl aber war Sturm der Auffassung, der Bund solle nicht zuerst angreifen.

Die Krise von 1539 stürzte das Reich nicht in einen Religionskrieg, und der sogenannte »Frankfurter Anstand« mit den nachfolgenden Religionsgesprächen bestätigten Sturms Einschätzung, es bestehe die Möglichkeit, das deutsche Schisma auf dem Wege friedlicher, politischer Verhandlungen zu lösen. Es folgte eine Reihe von Versammlungen zu Fragen des Schismas, die sogenannten »Religionsgespräche«, und auch der Reichstag trat wieder zusammen. Um 1542 begannen die politischen Mächte des Reiches erneut in ihren eingefahrenen Gleisen zu agieren, und die Spaltung des Reiches durch die Reformation schien der Vergangenheit anzugehören.

Dieser friedliche Ausgang wurde von den höchsten Mächten bewerkstelligt. Zum einen zog Karl V. einen Beschwichtigungskurs gegenüber Zwangsmaßnahmen vor, was auf seine Inanspruchnahme durch die Angelegenheiten im Mittelmeerraum und seine Meinungsverschiedenheiten mit König Ferdinand zurückzuführen war, ob im Krieg gegen den Sultan Ungarn oder Nordafrika Priorität genießen sollte. Zum anderen war auch das katholische Lager zutiefst gespalten, und die von den bayerischen Herzögen sowie Herzog Heinrich von Braunschweig-Wolfenbüttel angeführten Falken waren weit weniger einflußreich als die vermittelnden Neutralen unter den Kurfürsten von Mainz, Brandenburg und der Rheinpfalz. Zum dritten waren sich auch die Protestanten uneins. Die Nürnberger übten weiterhin Loyalität gegenüber dem Kaiser, und der Schmalkaldische Bund konnte hinsichtlich der Frage, ob man angreifen solle, bevor man selbst angegriffen werde, keine Einigung erzielen.

Als der Bundestag der Schmalkaldener vom 14. bis 18. Februar 1539 in Frankfurt zusammentrat, um die Krise von Minden zu erörtern, brachen die Kriegsfalken in laute Schlachtrufe aus. Gestärkt von der Erklärung der Wittenberger Theologen, daß ein präventiver Angriff als Verteidigungskrieg zu sehen sei, erklärte Landgraf Philipp von Hessen: »Sachssen und Hessen haben offen, unbefestigte landt. Wan der jegenteil [der Feind] den vortzug nemet, so nemen sie die landt ein, darinne sie gelt, auch pferd zu geschütz etc. halten solten. [...] Wan aber wir den vorstreich hetten, so wurde des jegenteils landtschafft selbs uns zufallen.« Sollte ein Frieden nicht alsbald zustande kommen, dürfe man »den vorstreich nit [...] erwarten«. Für Frieden setzte sich hingegen der Straßburger Jakob Sturm ein. Die Nachricht von den Kriegsvorbereitungen der anderen Seite sei keineswegs Beweis genug, argumentierte er, und man solle »in solchen zweivelhafftigen fellen, was an ime selb das böste [das Beste] ist, annehmen und folgen. Nuhn ist aber der fride bösser dan krieg.« Am darauffolgenden Tag, dem 17. Februar, hielt Sturm die wichtigste Rede dieses Bundestages. Er riet, daß »der fride zu suchen sey [...] und [...] der churfürsten handlung [die Einstellung der vermittelnden Partei] zu erkennen geben [werde], was des jegenteils furnemen sey. [...] Es neme den vorstreich wehr wolle«, warnte er, »so wirt der schade Teutscher nation so groß, daß sie es in vil hundert jaren nit uberwinden wirt.« Sollte der Bund zuerst angreifen, »dan der keiser alle seine macht wider uns strecken wurde, der pabst, Portugal, villeicht Franzsoß auch. Es wurden alle bischoffe in die Nurnbergische verstendtnuß [des Nürnberger Anstands] verursacht [ebenso handeln], dan sie des streichs auch besorgen wurden.« Aus diesem Grund, so schloß Sturm, »ist der krieg nit antzusahen, sonder andere mittel zu suchen durch beschickung und anders, ob gleich diese handlung den frieden nit geben wurde, und erpieten thun jegen keiser, die underhendler, den jegenteil und andere«.[2]

Mit diesen Argumenten nahm Sturm die Mehrheit für sich und damit für den Frieden ein – gegen den sächsischen Kurfürsten und gegen Bucer, der dem Landgrafen lautstark verkündete, man wisse doch aus Erfahrung, »wa man das reich Christi zu furdren allein recht furnimet, da geht es furt. Man bedencke doch allein, was zufals E[eur] f[ürstliche] G[naden] von Gott und den menschen gehebt habe mit Wirtenberg.« – »Aber hierzu«, entgegnete Philipp, »gehören viel koch, die machen selten ein gute soppen.«[3]

Der Frankfurter Anstand von 1539, der den Nürnberger Anstand von 1532 und den Schutz vor Rückgabeforderungen erneuerte, hatte seinen Preis, denn die Schmalkaldischen Mächte mußten sich bereit erklären, Steuern für den Krieg gegen die Türken zu zahlen und an den Verhandlungen teilzunehmen, die das religiöse Schisma beseitigen sollten. Die ersten inoffiziellen Gespräche in dieser Richtung waren bereits im Januar 1539 in Leipzig geführt worden und hatten zu überraschenden Erfolgen geführt. Nun bestimmte der Frankfurter Anstand, daß die Gespräche am 1. August 1539 in Nürnberg fortgesetzt werden sollten. Es vergingen allerdings ganze zehn Monate, bevor sich tatsächlich alle Teilnehmer unter den Augen König Ferdinands im elsässischen Hagenau einfanden. Wegen einer Epidemie vorzeitig abgebrochen, erzielte das Hagenauer Gespräch gleichwohl eine Einigung über die weitere Vorgehensweise und beschloß eine Vertagung auf den 28. Oktober 1540. Dieses Folgetreffen in Worms, dem der Kanzler Kaiser Karls V., Nicolas Perrenot de Granvelle (1486-1550), vorsaß, konnte immerhin eine provisorische Fassung zu einem der strittigen Punkte, der Rechtfertigungslehre, verabschieden, bevor man sich erneut bis zum Januar 1541 und damit zum Regensburger Reichstag vertagte. Regensburg bedeutete das Ende der Religionsgespräche. Es war augenscheinlich geworden, daß trotz des bemerkenswert friedfertigen »Regensburger Buches« eine Einigung in den grundsätzlichen Fragen insbesondere hinsichtlich des Abendmahls nicht zu erreichen war. Einen Erfolg zeitigte das Religionsgespräch gleichwohl, denn die Schmalkaldener hatten von Karl V. die Zusage erhalten, auf die es ihnen in erster Linie angekommen war: eine Verlängerung und Bestätigung des »Nürnberger Anstandes«. Obgleich die Religionsgespräche nicht dazu beitrugen, die Glaubensspaltung zu beenden, bewirkten sie während der frühen 1540er Jahre immerhin eine merkliche Wiederbelebung des politischen Lebens im Reich.

Jakob Sturm hatte zunächst nicht daran geglaubt, daß die Religionsgespräche eine Wiedervereinigung der Konfessionen herbeiführen würden. Es sei zu oft erkennbar gewesen, schrieb er, »das sy [...] in der substanz mit ainander ainig geweßt, aber in worten nit«, und schon über das erste Gespräch in Leipzig im Januar 1539 urteilte er, daß »dise handlung schier mer ein welthandlung dan der theologen handlung sein wil ...«[4] Etwas ganz anderes sei es, wenn die Religionsgespräche unter der Schirmherrschaft des Kaisers stattfänden, und so äußerte Sturm die Hoffnung, daß, »so man dann persönlich bei ainander und unsere fursten selbs zugegen weren, [...] vielleicht durch verleihung göttlicher gnaden der sach etwas rath geschehen« werde.[5] Sturm setzte sich nicht zuletzt deshalb für die Gespäche ein, weil er sich viel von der Person des kaiserlichen Kanzlers Granvelle versprach, jenes höflichen, gelehrten, fähigen und ehrgeizigen Mannes aus der Franche-Comté, der am kaiserlichen Hofe zu einer der bedeutendsten Persönlichkeiten aufstieg. Granvelle, schrieb Sturm, genieße zum einen »großes ansehen« und sei zum anderen »ungezweifelt aines sanften gemüts«. Da er genau wisse, worum es im Augenblick gehe, »sei gut zu erachten, wo Granvelle des kaisers gemüt gegen disen teil tirannisch vermerkt, er wurd sich hierin under disem beschaid so sanftmütig [entgegenkommend] nit erzeigt haben«. Granvelles freundschaftliche Attitüde sei andererseits auch mit Vorsicht zu bewerten: Er habe »der kais. maj. vorhaben zuversichtlich eingenommen [und gebe] gut wort, das wir hienach kunstiglich versteen [künftig glauben] solten, als ob es [die Zugeständnisse] durch ihn erlanget oder gefurdert« worden sei. Insofern sollten die Schmalkaldener Sorge tragen, ihm »hinwiderumb gute wort zu geben, im auch hoch zu danken mit zier und anderen erpieten«, obwohl zu vermuten sei, »das er der [wahren] erkantnus Gottes mangelt«. Man solle darüber hinaus den Druck auf Granvelle verstärken und ihn, da er ein Burgunder »und ein alter Teutscher« sei, »der der teutschen nation ungezweifelt guts gönne«, dazu bewegen, »die sachen gehorter maßen [zu] furdern«.[6]

Die Religionsgespräche bargen auch Risiken. »Zeiget man disen leuten [Granvelle] nit frei an, wahin wir trachten und wamit wir der religion halben zu settigen seien«, machte Sturm im März 1540 in Schmalkalden den Vertretern Hessens klar, »so verstohn sie unser erpieten zur vergleichung und vertrösten unser gelindigkeit fil milter dann wirs thun.« Sollte sich die Gegenpartei, was zu befürchten sei, »umb not der kirchen, reine der religion, pflicht und tringen der war gleubigen gewissen wenig verstohn, sonder vergleichung der religion und alle glaubenssachen iren weltlichen hendlen nach achten, fassen sie inen hoffnung von uns fil nachgebens, auch in dingen, darin wir nichts nachgeben könden«. Andererseits aber müßten die Protestanten Sorge tragen, ihre wahren Ziele zu verschleiern, denn würde »man [...] disem mann und seinesgleichen frei anzeigen, woruff unser sachen staht, so ist die sorge ja da, daß er dadurch uns zu notwendiger verhör und handlung zu helffen abgeschreckt werden«.[7] Sturms Skepsis gegenüber einer möglichen Einigung stellte die

Kehrseite seines unerschütterlichen Glaubens dar, daß das Evangelium im protestantischen Sinne letztlich triumphieren würde. Wichtig war es nun vor allem, Zeit zu gewinnen. Die Zeit arbeitete *für* das Evangelium – allein diese Tatsache rechtfertigte eine Teilnahme an den Religionsgesprächen –, und nur auf lange Sicht konnten wichtige Fürsten auf die Seite der Protestanten gebracht werden.

Religionsgespräche: Auf der Suche nach Einheit

Verzögerungstaktik und freundliche Worte – an diesem Spiel konnten sich natürlich beide Seiten beteiligen, und Anfang November 1540 machte der Luxemburger Jean de Naves, einer der kaiserlichen Vizekanzler, in Straßburg Station, um sich mit seinem alten Bekannten Dr. Caspar Hedio zu verständigen. »Ich befinde disen Naves einen guten man«, schrieb Hedio an Jakob Sturm und Mathis Pfarrer, »der die sachen gern gut sehe, der das best zu der protestierenden sach redet. Est vir candidus [er ist ein aufrichtiger Mann] und ein guter Strassburger. Vermaint, unsere gelerten seien allain stark genug den hispanischen theologis und anderen sophisten [zu begegnen].«[8] Der Eindruck, den Naves hinterlassen hatte, wurde durch Granvelle selbst verstärkt, der auf seinem Weg nach Worms Straßburg am 18. November 1540 passierte, in Konrad Johams großem Stadthaus in der Judengasse logierte und nach dem Überreichen von Geschenken und einer Begrüßung durch den Stadtsyndikus Johann Meyer (dessen Fertigkeiten im Lateinischen zweifelsohne unter burgundischen Maßstäben lagen) seine Reise fortsetzte.

Jakob Sturm weilte bereits in Worms – überzeugt, »die widerchristen [würden] das liecht der warheit abwenden, wa sie könden«.[9] Er und Mathis Pfarrer hatten eine wahrhaft beeindruckende Expertenrunde mit nach Worms gebracht, darunter Bucer, Capito und Johannes Calvin, da »der in vettern gelesen [in den Kirchenvätern belesen]« sei, sowie Johannes Sturm »umb der kriechischen sprach willen«.[10] Sie wurden den Delegationen zugeteilt, denen es an herausragenden Talenten mangelte, Johannes Sturm und Johannes Calvin der braunschweigisch-lüneburgischen und Bucer der des Landgrafen. Die Gesandten des Landgrafen, so die Anweisung Philipps, sollten »in allewege mit er Jacob Sturmen und doctor Martini Bucers rat in den sachen handlen, wie man den anfang des gesprechs soll machen«. Die Männer des Landgrafen sollten zwar »auch hören, was die anderen stende, sonderlich die Sachsischen churfurstischen geschickten, derhalben werden anzaigen, doch soln sie sich in allewege hierin mehr nach Sturmen und Buceri mainung dan nach den andern richten«.[11]

Granvelle war sich der zentralen Position, die Straßburg innerhalb der protestantischen Partei innehatte, wohl bewußt, und als das Religionsgespräch über Verfahrensfragen ins Stocken geriet, wandte er sich hilfesuchend an die Straßburger Gesandten. Bucer, der darauf baute, die »neutrale« Partei – die Kurfürsten von Brandenburg und der Rheinpfalz sowie der Herzog von Cleve-Jülich – sei drauf und dran, zu den Protestanten überzutreten, war sichtlich geschmeichelt, als er am 14. Dezember von Granvelles Sekretär gebeten wurde, er und Capito sollten mit dem Kölner Johann Gropper, »der sich erzeiget zur reformation nit ongeneigt«, über die strittigen Fragen erörtern.[12] Die Männer folgten dieser Aufforderung – allerdings entgegen Sturms Rat – und berichteten, Granvelle habe zu erkennen gegeben, »wie begirig er des fridens und reformation, und wie geneigt er auch E. f. g. seie [...], item das er mit den leuten, so vom gegenteil zum gesprech verordnet, nichts wußte aufzurichten [anzufangen].«[13] Geschmeichelt von diesen Worten, stimmten Bucer und Capito einem geheimen Treffen mit Gropper und Gerard Veltwyk, dem Sekretär Granvelles, zu und erreichten zu ihrer Verblüffung nahezu eine Übereinstimmung in Fragen der Erbsünde und der Rechtfertigung. Natürlich sprach Bucer in diesem Falle offiziell nicht für Straßburg, sondern für den Landgrafen, der der Meinung war, »was schadet versuchen?«[14] Offenkundig hatte der Staatssekretär und Kanzler mit seinem burgundischen Charme eine weitere Eroberung machen können, denn Bucer äußerte sich folgendermaßen über Granvelle: »So deuchte mich dieser mann, ob er wol nach unser religion nit ist, das er doch auch kein päpstler oder mißbreuchen seie, sondern gern zu einer reformation helfen wolte, auch sehe, wie nutzlich und eerlich dis dem kaiser sein werde.«[15] Bucer wurde also von Granvelle aufgefordert, dem Landgrafen die Einigungsformel zu überbringen, was Sturm jedoch nicht gestatten konnte, da Bucer mit seinen Unterredungen bereits gegen die Devise der protestantischen Partei, Privatverhandlungen nicht zuzulassen, verstoßen hatte; auch die Anweisungen, die Sturm erhalten hatte, ließen ein Abweichen von den vereinbarten Verfahrensweisen nicht zu. Gleichwohl fühlte sich Sturm zwischen diesen Anweisungen und seinem dringenden Wunsch, auf das Angebot Granvelles zu reagieren, hin- und hergerissen – schon deshalb, »domit das gegenteil nit sage, wi si allgeraid angefangen, wir scheuhen das liecht ...«[16] Doch schließlich ließen die übrigen Protestanten Sturm *und* Bucer im Regen stehen, die Religionsgespräche wurden bis zum Regensburger Treffen vertagt, und das einzige positive Ergebnis war eine Einigung über die Erbsünde, die Basis für das sogenannte »Regensburger Buch«.

Warum hatte Sturm seinen Anweisungen und dem Willen der protestantischen Mehrheit zuwidergehandelt, als er Bucer und Capito erlaubte, an nicht autorisierten Gesprächen teilzunehmen? Vielleicht war auch er, wie Hedio und Bucer, dem Charme Granvelles erlegen, und das, obwohl ihm aufs neue bewußt sein mußte, daß der Abgrund zwischen den Parteien so tief wie eh und je war. Als er an einem der Abende während seines Aufenthaltes in Worms in der Nähe des Doms spazierenging, traf er auf einen alten Bekannten und einstigen Protegé Wimphelings, Dr. Johannes Eck. »Nun, Herr Jakob«, seufzte Eck, »wir sind nicht mehr die guten Gefährten, die wir einstmals waren.« Sturm nickte bestätigend. »Aber wessen Schuld ist dies«, fuhr Eck fort, »wenn nicht die Eure? Ihr habt die Kirche verlassen, habt uns verlassen, weil Ihr keiner von uns wart, während ich in der Gemeinde geblieben bin.« – »Was für eine verdammt armselige Gemeinde«, entgegnete Sturm, »und da Ihr vom wahren Glauben und der apostolischen Kirche abgefallen seid, habt Ihr die eigentliche Abkehr vollzogen, nicht wir, deren Streben es einzig und allein ist, an der apostolischen Kirche und der Wahrheit des Evangeliums festzuhalten.« Eck warf Sturm vor, er sei von sündhaften Männern verführt worden, worauf Sturm entgegnete: »Ich habe die Schriften beider Seiten gelesen, und ich wurde von denen meiner Seite überzeugt.« – »Oh nein«, höhnte Eck, der sich an die vergeblichen Versuche des jungen Sturm erinnerte, geistliche Ämter zu erlangen, »damals habt Ihr Euch eine Pfründe erhofft, und als Euch dies mißlang, habt Ihr Euch gegen den Klerus gewandt.« Als Sturm gefragt wurde, ob er von Ecks Reputation als Autor wisse, antwortete Sturm mit einem ironischen Unterton: »Ja, ich weiß, daß Ihr ein Mann von einiger Berühmtheit seid.« Dann drehte sich das Gespräch um die protestantischen Theologen, die Eck »Abtrünnige und Kuppler, nicht aber Ehrenmänner« nannte, und er verdammte insbesondere Bucer. Schließlich gab Eck jegliche Zurückhaltung auf und wandte sich gegen Sturm: »Sterbt Ihr nicht in meinem Glauben, so werdet Ihr zum Teufel fahren.«[17] Abgesehen von dieser Konfrontation herrschte in Worms ein Klima des Friedens und der Versöhnung – zumindest mit den Katholiken – vor. Zwischen Sturm und Bucer jedoch, Weggefährten seit dem Marburger Religionsgespräch von 1529, zeichnete sich ein Bruch ab. Bucer näherte sich immer mehr Landgraf Philipp von Hessen an, der sich gerade in diesen Tagen von seinen schmalkaldischen Verbündeten zurückzog, um die Risiken seines eigenen Verhaltens zu minimieren. Denn der Landgraf, der militanteste unter den deutschen protestantischen Fürsten, war zum Bigamisten geworden.

Irgendwann im Sommer oder Frühherbst des Jahres 1539 hatte sich der Landgraf entschieden, seine adlige Mätresse Margarethe von der Sale zu heiraten. Anfang November reiste Bucer nach Hessen, um den Grafen in dieser Angelegenheit zu beraten – Bigamie war immerhin ein Kapitalverbrechen. Er wagte es allerdings nicht, Sturm von den Vorgängen in Kenntnis zu setzen. Dieser erfuhr davon erst im März oder Anfang April 1540 in Schmalkalden – der Landgraf hatte sich schon am 4. März verlobt –, als ihn der Sachse Gregor Brück zu einem Spaziergang in den Kirchhof führte, ihm von der Bigamie berichtete und seine Befürchtung mitteilte, daß sich der Landgraf, sollten ihn der Kurfürst und die anderen Verbündeten nicht unterstützen, »der christenlichen ainung wurden entslagen«.[18] Jakob Sturm, der nur zu genau wußte, welche Strafe auf Bigamie stand – 1533 hatte er Klaus Frey verhört, der für seine Bigamie mit dem Leben bezahlte –, vernahm Brücks Mitteilung »mit beschwertem Gemüt [...] Und, wie si mir von anfang nie gefallen, also will mir auch alles, so daraus volget, nit gefallen. Dan was grosser ergernus und abfals dodurch verursacht will werden, das vernimme ich teglich, auch bei denen, die unser religion zum hechsten verwant und gunstig sind.«[19] Sturm riet, der Landgraf solle seine Bigamie auf keinen Fall publik machen, denn kaum einer würde ihm glauben, er habe *in casu necessitatis* gehandelt. »Je lenger die sach hett mögen verhalten werden, je besser es were gewesen. Wo aber es nit sein möcht, wer besser, den contractum wider rescindieren [den Ehevertrag wieder aufzulösen], dan das wollen verfechten, darob alle frommen und gutherzigen ain abscheu und alle widerwertigen ain ursach hetten, trennung under uns anzurichten und also das wort gottes, sovil an inen, zu verdrucken. Wie aber solichs bei m[einen] g[nädigen] hern zu erheben, weiss ich kein wege. Wo es nit durch die gelerten und namlich doctor Martinum Lutherum mit bericht der schrift geschicht, kan ich nit wol gedenken, wie es sonst geschehen möcht. Der her wöll sin gnad dozu geben und die schwach und noch blede [kraftlose] ufwachsende kirch von diser schweren ergernüs erledigen.«[20]

Erwartungsgemäß ließ sich die Angelegenheit nicht geheimhalten, und das Gerücht, das sich alsbald verbreitete, entzückte die Katholiken und erzürnte die Verbündeten, deren Reaktionen wiederum den hessischen Fürsten derart erbosten, daß er mit dem Gedanken spielte, sich mit dem Kaiser zu versöhnen und den Bund zu verlassen. Tatsächlich wurden bereits Geheimverhandlungen in dieser Richtung geführt. Was Sturm und seine Position anbelangte, so traf – obwohl er Bigamie zu keinem Zeitpunkt öffentlich verteidigte (wie

Bucer das etwa getan hatte) und überhaupt der Auffassung war, daß sie nicht zu verteidigen war – die Einschätzung des Landgrafen zu: »Wann er [Sturm] in sein selbst eigen gewissen schrete [blickte], so er möchte uns deshalben keinen verweise zulegenn.«[21] Tatsächlich stand zuviel auf dem Spiel, um diesem eigenwilligen Fürsten nun den Rücken zu kehren. Gleichwohl aber trieb der Vorfall einen ersten Keil zwischen Sturm und Landgraf Philipp von Hessen, und Bucers Verteidigung der Bigamie lockte seine Straßburger Feinde aus der Reserve. »Als ich herkomen«, schrieb Bucer, »hab ich den gantzen rath und viel gutherziger frommer burger befunden durch etliche junger des Schwenkfelds gantz beschwerlich wider mich bewegt.« Überdies handelte es sich bei ihrem Anführer auch noch um Michael Han, den Ratssyndikus und Schwiegersohn eines Ammeisters.[22] Dem Landgrafen blieb die Entfremdung zwischen Bucer und Straßburg nicht verborgen, so daß er vorschlug, Bucer solle für fünfhundert Gulden jährlich die Leitung der hessischen Kirche übernehmen oder aber für Herzog Moritz von Sachsen arbeiten.

Als die Bigamie des hessischen Fürsten allerorten bekannt geworden war, übernahm Sachsen die aktive Führungsrolle Hessens im Schmalkaldischen Bund. Doch die Alarmglocken über Minden läuteten noch gar nicht, da hatte Johann Friedrich von Sachsen bereits das Kriegsgeschrei angestimmt, das ihn von seinem phlegmatischen Vater unterschied, und damit begonnen, das protestantische Werben um die Gunst des englischen und des französischen Königs wieder aufzunehmen. Als sich der frühere sächsische Kanzler Brück gegenüber Johann Friedrich positiv über die Schweizer als Verteidiger der Freiheit äußerte, war klar, daß die Stimmung am kurfürstlichen Hofe tatsächlich gänzlich umgeschlagen war. Anfang 1539 war Johann Friedrich der festen Überzeugung, daß der Krieg nicht mehr fern sei und man unbedingt den ersten Schlag führen müsse. Natürlich hing in einem solchen Fall alles von einem Bündnis mit Frankreich ab, und Martin Bucer, der einer militärischen Lösung stets aufgeschlossen gegenüberstand, versuchte, den Landgrafen für diesen Plan zu gewinnen. Doch die Enthüllung der Bigamie Philipps torpedierte das gesamte Projekt und begünstigte Sturms Politik des Abwartens.

Als Karl V. am 23. Februar 1541 mit Granvelle an seiner Seite in Regensburg einzog, war er fest entschlossen, die Glaubensspaltung zu beenden, um freie Hand für seine militärischen Operationen gegen Algier zu bekommen. In Ungarn versuchten Ferdinands Truppen unterdessen, Ofen einzunehmen, bevor neue türkische Entsatztruppen einträfen. Karl, der aus den Niederlanden kam, unterstrich seine lauteren Absichten, indem er die Achterklärungen gegen Minden und Goslar sowie alle gegenüber den protestantischen Mächten bestehenden Rückgabeforderungen aufhob. Für die katholische Seite des Religionsgesprächs benannte er ausschließlich Männer, die seine Beschwichtigungspolitik unterstützten; auf der protestantischen Seite wurden Melanchthon, Bucer und Johann Pistorius als Theologen, als nichtgeistliche Zuhörer die Kanzler Sachsens und Hessens, Franz Burkhardt und Johann Feige, sowie Jakob Sturm ausgewählt. Die Gesprächsteilnehmer fügten den in Worms erlangten Teilergebnissen einige Erklärungen zu verhältnismäßig unproblematischen Punkten hinzu, aber guter Wille allein reichte nicht aus, um Übereinstimmung in den Fragen der Transsubstantiation, der Autorität der kirchlichen Hierarchie, der Messe, der Buße und der Heiligenverehrung zu erzielen. Die wenigen im Regensburger Buch zusammengefaßten Teilergebnisse stellten niemanden zufrieden, bis auf diejenigen, die sie zuwege gebracht hatten. Als sich der Kaiser mit dem Scheitern der Religionsgespräche konfrontiert sah, gab er am 29. Juli eine geheime Erklärung heraus, in der den Protestanten das Recht auf eine »christliche Reformation« als Gegenleistung für deren Akzeptanz der Reichsabschiede zugestanden wurde, mit denen sowohl der Nürnberger Anstand als auch der Augsburger Religionsfrieden bestätigt worden war. Kaiser Karl, der eine gründlich verworrene Situation zurückließ, machte sich auf den Weg nach Süden, um seine Operationen im Mittelmeerraum zu beginnen; König Ferdinand und seine Truppen mußten nun allein zusehen, wie sie mit den sich nähernden Türken fertig werden wollten.

Regensburg bedeutete die Krönung für Jakob Sturm in seiner Rolle als Wortführer der protestantischen Friedenspartei. Als er vom Kaiser zu einem der drei Laienvertreter für das Religionsgespräch ernannt wurde, war Sturm nicht sonderlich optimistisch: »... gott wöll sein gnad verleihen; dann on desselben sonderliche wurkung hat es noch ain schwer ansehen bei den leuten. [Mit] ime sind aber alle ding möglich.«[23] Neben Sturm standen auch der hessische Kanzler Johann Feige und Martin Bucer für den Frieden ein. In einem kritischen Augenblick des Gesprächs verkündete Bucer: »Deutschland geht dem Evangelium entgegen, und aus diesem Grund bin ich vom Eifer getrieben, diejenigen zu erleuchten, die im Irrtum sind.«[24] Ihnen zur Seite sollten die Männer des sächsischen Kurfürsten stehen, doch Bucer und Melanchthon gerieten bald aneinander. Sturm hegte einige Erwartungen und war der Auffassung, die Protestanten sollten »bei der substanz der [Augsburger] confession bleiben«, denn in den Gesprächen habe sich ergeben, »das sy oft in der substanz mit ainander ainig gewest, aber in worten nit«.[25] Johann Friedrich hingegen wollte derartige Töne gar nicht erst anschlagen; er befand die protestantischen Vorschläge zur Macht des Episkopats und zur Rolle der Geistlichkeit für »vill zu linde«.[26] Letzten Endes förderte Sturm das Zustandekommen der Regensburger Übereinkunft, gestützt durch eine Erklärung, die sein hessischer Verbündeter Feige »eine ziemliche, gute declaration« nannte, »darine vil guter puncta, dergleichen wir vormals auf keinem tag nie haben erhalten mogen«.[27] Tatsächlich hatten die beiden die Toleranzerklärung entworfen, die Karl V. dann nicht in den Reichstagsabschied aufnehmen würde. »Also griffen her Jacob und ich den handel an. Er nam den furgeschlagen abschid und die vor gemachten begerten declaration, so nam ich di fedder, und stellten die declaration. [...] Nu wolten kurzumb«, bekräftigte Feige stolz, »her Jacob und ich vom handel nit lassen, sonder di declaration haben oder den abschid hinter sich pringen [anstatt ihn zu unterzeichnen].«[28] »Wirdet uns dan di declaration nicht gehalten, so haben wir den abschid auch nicht gewilligt, und haben es auf dismal, das weis Gott, nit besser machen konnen.«[29]

Das »Haushaltsbuch« der Theologen mit seinen Einträgen von ganzen und halben Übereinkünften, das sogenannte »Regensburger Buch«, hat man oftmals als einen Schritt in Richtung Versöhnung interpretiert. Tatsächlich aber förderte die Formel die Spaltung innerhalb beider konfessioneller Parteien. Viele Protestanten waren der Auffassung, daß Sturm und Bucer zu viele Zugeständnisse gemacht hatten. In Augsburg beispielsweise hieß es: »... vertreulich ze schreiben, Martin Butzer und herr Jacob Sturm [sind] als hochste verfechter des berurten buochs nit wenig verdacht worden.«[30] Und doch beförderte die Tatsache, daß es zwischen Sturm und Granvelle zu einer Annäherung gekommen war, die Sache des Friedens, trug dazu bei, die Konsequenzen des Bigamieskandals in Grenzen zu halten und verschob die fällige Abrechnung über das Schisma auf einen unbestimmten Zeitpunkt. Der eigentliche Fortschritt aber bestand für den Augenblick darin, daß die alten Strukturen der Reichspolitik wiederbelebt wurden.

Die Wiederherstellung der Reichspolitik

Die Ereignisse der Jahre 1539 bis 1541 – der Frankfurter Anstand und die Religionsgespräche – machten den Weg für die Wiederherstellung der Reichspolitik in ihren vorreformatorischen Formen frei. Dieser Umschwung wurde durch drei für den gesamten Zeitabschnitt bedeutsame Veränderungen bewirkt. Zum einen sahen sich die Habsburger Brüder nach 1542 von einem Zweifrontenkrieg gegen die Türken und gegen Frankreich bedroht, und die Notwendigkeit, mehr Steuern einzunehmen, ergänzte sich vortrefflich mit der Forderung der neutralen Katholiken nach »Mäßigung und Ordnung«, wie es ein pfalzgräfliches Dokument formulierte, und dem Bestreben der Protestanten, von den Rückgabeforderungen entlastet zu werden. Zum zweiten war die Bedrohung der Niederlande durch die Franzosen so stark – »Seit den Tagen unseres Großvaters, des Kaisers Maximilian, waren die Niederlande nicht in solcher Gefahr«, schrieb Königin Maria[31] –, daß Karl die deutsche Frage nicht länger vernachlässigen konnte. Zum dritten begannen Karl und sein Bruder Ferdinand damit, die alte Habsburger Gefolgschaft im Reich – insbesondere unter den freien Städten und Reichsrittern – wieder an sich zu binden, indem sie ein neues System von Friedensbündnissen schufen. Diese Politik zielte weniger darauf ab, aus dem Reich eine Monarchie *à la française* zu machen; vielmehr sollte auf diesem Wege Karls Position als »Herr über Deutschland« gefestigt werden, als »padrone di Germania«, wie Granvelle sich ausdrückte.[32] Aus all diesen Gründen begann das politische Leben im Reich wieder in seinen alten, vorreformatorischen Bahnen zu verlaufen, und der Kaiser und die Stände verhandelten wie gewohnt über die Höhe der Steuern. Doch die Restauration bewirkte zugleich ein Wiederaufflammen des alten Zwistes zwischen den Fürsten und den freien Städten, so daß Jakob Sturm, nach vielen Jahren einer der wichtigsten Fürsprecher der protestantischen Allianz, seine Stimme nun für die Rechte der Städte und eine Steuerreform erhob.

Über einen langen Zeitraum hinweg war die Fixierung der Reichspolitik auf die Glaubensfragen dem Zusammenhalt der freien Städte abträglich gewesen – der Städtetag war zwischen 1529 und 1538 nur einmal zusammengetreten. Nun aber fanden die freien Städte wieder zueinander. Während des Regensburger Reichstags von 1541 protestierten die führenden katholischen Städte Köln, Worms, Speyer und Metz gemeinsam mit den protestantischen Städten gegen den Reichstagsabschied, als sich die erste und die zweite Kurie weigerten, die Rechte der freien Städte anzuerkennen. Die Kurfürsten und Reichsfürsten lehnten den Einwand der Städte ab, »dieweil inen nach altem herkomen gepürt, sich nit allein mit unß zu vergleichen, sondern auch waß des merer teil under unß beschleust, neben unß zu laisten und zu volziehen, wie auch in unserm rat der geringer dem mehren teil weichen und volgen muß«.[33] Um gegen diese Einstellung anzugehen, fanden die Städte zu ihrer alten Solidarität zurück, trafen sich zwischen 1541 und 1545 achtmal und setzten ihr Vertrauen in die Führung Jakob Sturms, »dweil an er Jacob Sturmen«, so bemerkte Kurfürst Johann Friedrich 1541, »die oberlender gemeiniglich alle hangen [vertrauen] ...«[34] Die Erfolge, die Jakob Sturm in dieser Rolle vorweisen konnte, führten ihn zwischen 1541 und 1544 auf den Höhepunkt seiner Karriere als Reichspolitiker.

Daß die alte Solidarität der Städte eine Erneuerung erfuhr, hing mit dem wieder in seine Rolle eingesetzten Reichstag zusammen, der nun sehr viel häufiger einberufen wurde – 1541 in Regensburg, 1542 in Speyer, 1542 und 1543 in Nürnberg, 1544 in Speyer und 1545 in Worms – und dessen Sitzungen nun auch viel länger dauerten; fast die Hälfte der Zeit zwischen April 1541 und August 1545 tagte die Versammlung ständig. Der Reichstag rückte die Steuerfrage erneut in den Mittelpunkt der Politik – wer sollte wieviel und auf welche Weise zahlen? Aus den Tagen Kaiser Maximilians kannte das Reich zwei Arten der Besteuerung: zum einen die Matrikularsteuer, die auf einem Standardwert von zwanzigtausend Fußsoldaten und viertausend Berittenen basierte, sodann um ein Vielfaches, die sogenannten »Römischen Monate«, erhöht und auf der Grundlage der »Reichsmatrikeln« auf die Reichsstände umgelegt wurde; zum anderen den »Gemeinen Pfennig«, eine direkte Vermögenssteuer von allen unmittelbaren wie mittelbaren Untertanen im Reich, die auf der Basis eines bestimmten Prozentsatzes vom Vermögen bemessen und nach unterschiedlichen Steuerklassen gestaffelt wurde. Noch im Jahre 1495 hatte der Reichstag mit dem Gemeinen Pfennig experimentiert; unter Karl V. wurden (bis auf die Jahre 1542 und 1544) jedoch militärische Steuern nach dem Matrikularsystem erhoben. Letzteres basierte auf den Reichsmatrikeln, die 1521 in Worms aufgestellt worden waren, über deren Ungenauigkeit und Unausgewogenheit sich jedoch fast alle Seiten bitter beklagten. Zwischen 1521 und 1550 erzielte der Kaiser auf diesem Wege Steuereinnahmen von insgesamt etwa zwei Millionen Gulden.

Die Debatte über die Reichssteuer während der frühen 1540er Jahre konzentrierte sich auf zwei Punkte: auf die jeweilige Ausgewogenheit des Matrikularsystems und des Gemeinen Pfennigs sowie die Angemessenheit der Wormser Reichsmatrikeln. Ausgewogenheit und Angemessenheit sind oftmals eine Frage der Perspektive, und Sturm, von jeher ein Befürworter direkter Steuern, erklärte 1542, daß die reicheren, zentralisierteren Mächte die Matrikularsteuer bevorzugten, während die Masse der kleinen Reichsstände, die weniger modernisierten großen Territorien und die freien Städte den Gemeinen Pfennig favorisierten. Tatsächlich vermuteten die Kurfürsten und Fürsten hinter dem Gemeinen Pfennig ein »selzam schweizerisch ansehen« und warfen den Städten vor, sie beabsichtigten, »daß alle ding gemein« werden sollten.[35] Die Debatte spaltete das protestantische Lager in zwei Parteien: Seine beiden Oberhäupter sowie Augsburg standen den übrigen schmalkaldischen Städten sowie dem Großteil der Bischöfe, Prälaten und Grafen gegenüber.

Der zweite strittige Punkt, die Ungerechtigkeit des Matrikularsystems, war ein ständiger Quell der Unstimmigkeiten. Sturm hatte die Frage nach der ungerechten Veranlagung bereits 1538 in Eisenach angesprochen und argumentiert, »das die chur[fürsten] und fursten, die grosse land und leut haben, etwas mer dann die stett« zahlen sollten.[36] Straßburg beklagte sich, gefolgt von anderen Städten, ganz zu Recht über die Besteuerung, orientiert man sich einmal an den Wormser Reichsmatrikeln, denen zufolge Straßburg zweihundertfünfundzwanzig Fußsoldaten und vierzig Berittene zu stellen hatte, während jeder der Kurfürsten für zweihundertsiebenundsiebzig Männer und sechzig Pferde aufkommen mußte. Die Ungerechtigkeit wurde noch durch die drastisch ansteigenden Kriegssteuern verstärkt; 1542 sah sich Sturm zu der Erklärung veranlaßt, daß nach den Vorschlägen der Fürsten Straßburg einhundertzwanzigtausend Gulden an Steuern abverlangt werden würden, mehr als von Herzog Moritz von Sachsen mit seinen weiten Ländereien und ertragreichen Bergwerken und mehr als vom Würzburger Bischof, »der vast der reichest bischof in teutschen landen ist«.[37] Den hessischen Anteil am Steueraufkommen – er war unwesentlich höher als der Straßburgs – erwähnte Sturm wohlweislich nicht.

Die beste Verteidigungsmöglichkeit für die Städte bestand darin, ihre Zustimmung zu einem Besteuerungsystem zu verweigern, das ohne ihre Einwilligung entstand. Während des Reichstags zu Speyer von 1542 teilten sie beispielsweise den beiden oberen Kurien mit, »das die ordnung, wie dieselb uf diesem reichtag und sonderlich itzt durch eröffnung dieses schluß gegen inen gepraucht, wider alt herkomen« sei, und drangen darauf, »das man sie in gemeiner versamblung ires bedenkens hören und furter daruf schließen wollt«.[38] Die Konfessionszugehörigkeit machte hier keinen Unterschied mehr, denn, so schrieb Bucer, »auff diesem reichstag [haben] die evangelischen fursten gleich so wol alß die anderen zu undertrucken der stett gerathen und geschlossen, und spotten fil der paepstler der stetten, das sie sich der evangelischen fursten fiel getröstet haben«.[39] Für diesmal zogen die dunklen Wolken jedoch vorüber, denn der Reichstag zu Speyer entschied sich zum ersten Mal in der Regierungszeit Karls V. für den von den meisten Städten favorisierten Gemeinen Pfennig, und die städtischen Delegierten unterzeichneten den Reichsabschied mit einigem Enthusiasmus. Sollte dieses System jedoch nicht funktionieren, bemerkte Sturm, so würden die Fürsten schnell wieder auf das Matrikularsystem zurückgreifen, welches eine doppelte Gefahr in sich berge. »Wiewol die stett alweg gegen andern stenden ungleich angelegt und mer dan ander stend beschwert worden«, schrieb er, »so sind doch die alten anschleg, gegen den jetzigen zu rechnen, gar gering gewesen, wie man das us den alten abschiden clarlich darthun mag. Aber die itzigen anschleg sind doppliert, trifacht und vierfacht worden und in ein solche beschwerung erwachsen, das, wo ein vermoglicher furst den hundertsten man schicket, so muss ein statt den vierten, etwan den dritten, etwan den andern man schicken.« Zudem seien »die alten richsanlagen und zug allein zu eilenden und nit langwerenden zugen gebrucht wurden. Do hat man es etwan erschwingen mögen; jetz aber werden die erhoeten anschleg zu lang werenden und beharlichen hilfen wollen gebraucht werden, do es den stetten zu erdulden unmoglich.« Die Reichsmatrikeln seien überholt, denn sie berücksichtigten nicht mehr die abnehmende Zahl der freien Städte, »und ist zu besorgen, wo nit billiche ringerung und glicheit in solichen anlagen befunden, es werden noch mer stett der unmoglichkeit halb getrungen werden, sich auch uszuziehen und in ander weg zu versehen, domit si diser verderplichen anlagen gleich andern stetten, so noch im reich ligen und nichts geben, entladen werden«.[40] Eine faire Besteuerung Straßburgs sollte sich Sturm zufolge auf ein Viertel des Aufkommens eines Kurfürsten beschränken.

Jakob Sturms Befürchtungen beweisen, daß er die Gefahr genau erkannt hatte, die mit den in die Höhe schnellenden Militärausgaben in Ungarn, dem expandierenden Söldnersystem, den größeren Armeen, neuen Befestigungen und neuen Waffen verbunden war. Während man mit dem Matrikularsystem für einen »Römermonat« auf eine Summe von etwa einhundertfünfundzwanzigtausend Gulden allein für Besoldung und Löhne kam, belief sich der Betrag, mit dem man die Türken ein Jahr lang bekämpfen konnte, 1542 bereits auf drei Millionen Gulden. Woher wollte man eine solche Summe nehmen? Die Deutschen hatten da natürlich das große Erbe der Habsburger und Trastámara im Auge, sahen Reiche, die durch ihren Reichtum und ihre militärische Stärke eine geradezu legendäre Berühmtheit erlangt hatten – Mailand, die Toskana, Kastilien, Brabant und Flandern –, und erhofften sich aus solchen Quellen wahre Geldströme, die zur Verteidigung der Christenheit nach Ungarn fließen sollten – natürlich durch Deutschland. Sturm, der diese Erwartungen durchaus teilte, erklärte einmal, die Städte sollten sich so lange weigern zu zahlen, bis »soliche hilf [...] auf alle stend der christenheit oder je doch ufs wenigst der ganzen teutschen nation geschlagen und gelegt wurde«.[41] Aber wie sollte er oder irgendein anderer deutscher Politiker die Beziehung zwischen Besteuerung und dem Reichtum in den Niederlanden, Kastilien und Italien begreifen, wenn diese Angelegenheit sogar Karls eigene Berater verwirrte?

Wie sollten Sturm und andere städtische Politiker die schwere Steuerlast auf dem Vermögen und den Geschäften ihrer Bürger verringern? Natürlich konnten sie Protest einlegen, und was die Nürnberger Reichsabschiede von 1542 und 1543 anging, tat Sturm dies auch, nur um dann seinen Namen doch unter den Unterzeichnern zu finden. Als er auch dagegen protestierte, seufzte der Mainzer Kanzler Jakob Jonas und sagte: »Wer wolt mir sagen, wan ir einmal gehorsam sein wolt?« – »Wan ir gleichmessige abschid machen«, entgegnete Sturm scharf, »und die halten, so wollen wirs auch annemen. Ir machen abschid, die unpillich, ungleich und den vorigen zuwider und halten die darzu nit. Darumb könden wir die auch nit annemen und ist dhein ungehorsam.«[42]

Die besten Waffen der Bürger waren nicht Spieße und Geschütze, sondern Gesetze und Fakten, und so beschlossen die führenden städtischen Politiker im Sommer 1542 in Nürnberg, die Kanzleien und Archive ihrer Städte nach beweiskräftigen Dokumenten über die traditionellen körperschaftlichen Rechte der Städte zu durchforsten. Straßburg wurde dazu auserkoren, diesen Plan in die Tat umzusetzen, und sobald Sturm nach Hause zurückgekehrt war, stürzte er sich in die Suche nach den Rechtspraktiken der Vergangenheit. Er forschte nach jenen *privatae* oder *domesticae scripturae*, nach privaten oder inoffiziellen Dokumenten also, die »augenscheinlich alt und vor vilen jaren geschriben« worden und in den »Archivis unnd der Stett gemeynen gewelber oder behaltnüssen« zu finden sein müßten.[43] Also durchforstete er die Kanzlei Straßburgs, die mit Hilfe seines Bruders Peter in Ordnung gebracht worden war, und durchsuchte die Archive mindestens sieben weiterer freier Städte. Sturms Nachforschungen reichten bis in das Jahr 1427 zurück. Während er sich durch die vielen lokalen Akten arbeitete, mußte er zustimmend genickt haben, als er auf eine Notiz des Straßburger Gesandten beim Reichstag zu Nürnberg von 1479 stieß: Matern Drachenfels jammerte, »es seyen kein grössere Schläfer denn die Fryen Richs-Stette«.[44] Und es mußte ihn erstaunt haben, daß Kaiser Friedrich III. höchstpersönlich vor dem Städtetag zu Speyer von 1486 erschienen war, um die Städte zu bitten, ihre Steuern zu zahlen. Jahrgang für Jahrgang verfolgte er die großen Reichstage der 1490er Jahre, während deren viele der Verfahrensweisen des Städtetags ihre Form angenommen hatten und in denen sein eigener Vater und seine Onkel an der Regierung Straßburgs mitgewirkt hatten. Überall suchte er nach hieb- und stichfesten Beweisen, daß die freien Städte an den Reichstagen teilgenommen, in den Ausschüssen mitgearbeitet und deren Abschiede unterzeichnet hatten.

So führten unter anderem Sturms Nachforschungen 1544 zu der Entscheidung, in Speyer ein Archiv der freien Städte einzurichten. Sein Material fand zudem Eingang in ein Memorandum, das Anfang 1543 während des Nürnberger Reichstags von einer Gruppe Nürnberger, Frankfurter und Straßburger Juristen erstellt und von Straßburgs Stadtsyndikus Dr. Ludwig Gremp herausgegeben wurde. Der

Titel des Memorandums lautete *Summa unnd innhalt aller undergebner Acten / und darauff gestellter Radtschlaeg der Erbaren Frey und Reichstett Session / Stand unnd Stimm belangende.* Mit den Informationen, die Sturm und andere zutage gefördert hatten, versuchten die Juristen den Beweis anzutreten, daß die Forderungen der freien Städte »in allen naturlichen/ der voelcker/ geystlichen unnd weltlichen rechten/ der gulden Bullen/ key. reformation [von 1442]/ Reichsordnungen/ altem geprauch und herkhomen/ auch sonst auß vernünfftigen/ bestaendigen/ und erheblichen ursachen wol begründet und fundiert seyen.«[45] Doch sosehr sich die Juristen auch ins Zeug legten: Bei ihren Entscheidungen über die Steuern schlossen die beiden oberen Kurien des Reichstags die Städte auch diesmal aus.

Ähnlich wie zu Beginn der zwanziger Jahre des sechzehnten Jahrhunderts, wandten sich die freien Städte nun nicht mehr an den Reichstag, sondern direkt an den Kaiser. Karl V. hatte sich im Mai 1543 von Spanien aus – als Kaiser sollte er dieses Land nicht mehr wiedersehen – auf die Seereise nach Genua und von dort aus auf den Weg nach Deutschland gemacht, fest entschlossen, das ganze Gewicht seines Reiches gegen Frankreich zu werfen. Nach einem schnellen Feldzug in den Niederlanden gegen Herzog Wilhelm von Cleve-Jülich hielt er, ganz wie sein Großvater im Jahre 1505 in Köln, 1544 Einzug in Speyer: ein siegreicher Kriegsherr in seiner ganzen von Gicht geplagten Herrlichkeit. Die Schmalkaldischen Oberhäupter, die Herzog Wilhelm von Cleve-Jülich im Stich gelassen und im übrigen ihre Hände durch das zu Unrecht annektierte Braunschweig-Wolfenbüttel beschmutzt hatten, waren kaum in der Position, dem Kaiser Widerstand zu leisten. Landgraf Philipp schimpfte über Frankreich, die lutherischen Theologen wetterten gegen die Allianz des französischen Königs mit dem Papst und dem Sultan, und der Reichstag beschloß, schnell und ohne größere Unstimmigkeiten vierundzwanzigtausend Soldaten und viertausend Berittene für die nächsten sechs Monate in Bereitschaft zu halten. Sodann eilte der Kaiser nach Metz, machte sich von dort aus zu einem blitzartig durchgeführten Feldzug an die Marne auf und schloß am 18. September 1544 mit dem König von Frankreich den Frieden von Crépy. Für dieses Mal – es war das erste, aber auch das letzte Mal – hatte der Kaiser sehr von der Großzügigkeit des Reichstags profitiert.

Niemand fürchtete einen Krieg gegen Frankreich mehr als die Straßburger Magistratsmitglieder und Kaufleute, »denn nachdem dasselbig [Straßburg] Frankreich so nahet gelegen und demselben als vil als grenitzt, treibt es sein hantierung nit allain in Frankreich, ja es hat den guten tail seiner narung im land zu Lothringen«.[46] Die geschlossene Unterstützung des Krieges durch die protestantischen Fürsten isolierte Straßburg, und »solt sich nun ein statt Strosburg allein oder mit wenigen widersetzen, wohin es uns reichen möcht als denen, die one das on schuld beschreit werden, als ob wir gut französisch seien, konnen ir lichtlich gedenken«.[47] Und so kam Sturm zu dem Ergebnis, »es konde sich ein stadt Strassburg nit wol söndern«.[48]

Die drohende Gefahr trieb Sturm, seine Anstrengungen während des Reichstags zu Speyer zu verdoppeln. Am 6. März 1544 überreichten die städtischen Delegierten dem Kaiser eine Bittschrift um die Gewährung ihrer Rechte, auf deren Grundlage sie sich einer allzu drückenden Besteuerung entledigen konnten. Die Denkschrift war auf Deutsch und Lateinisch vorbereitet worden – dazu eine Zusammenfassung in französischer Sprache für Karl – und basierte auf dem Memorandum, das im Jahr zuvor von Gremp und den anderen Juristen erstellt worden war. Die Antwort des Kaisers war zwar freundlich, aber auch nichtssagend, die beiden ersten Kammern erkannten die Rechte der freien Städte noch bis 1548 nicht an, und so blieb die Frage der Besteuerung ungelöst. Nun versuchte der Reichstag gar die Quadratur des Kreises, indem er zum einen die Matrikularsteuer für den Krieg gegen die Franzosen und den Gemeinen Pfennig für den Krieg gegen die Türken erhob und zum anderen die Reichskreise aufforderte, im Interesse einer Steuerreform die Steuerregister zu überprüfen. In dieser Versammlung, die vom 28. Oktober 1544 bis zum Februar 1545 in Worms tagte, repräsentierte Jakob Sturm den Oberrheinischen Kreis. Der Ausschuß schuf die bedeutendste Steuerreform unter Karl V. und legte ein Reichssteuersystem fest, das bis 1803 Bestand haben sollte. Das Ergebnis überraschte sogar Sturm, der zu Beginn der Sitzungen noch verkündet hatte, es werde »schwerlich etwas usgericht« werden können, denn »die gesandten, so zum teil hie sind, haben kein bevelch, einich pflicht [bindende Beschlüsse] zu thun«.[49] Nach und nach änderte er seine Meinung jedoch. Als die Delegation des Oberrheinischen Kreises Sturm zu ihrem Sprecher wählte, scheute der sich zunächst, dieses Amt anzunehmen, fügte sich dann aber dem Votum: »Die wurden mich auch, ob ich schon gern wolt, nit von der handlung lassen. So sind wir alle zu diser handlung sonderlich verpflicht.«[50] Das Ergebnis war eine einigermaßen zufriedenstellende Revision der Wormser Reichsmatrikel, mit der das Gesamtaufkommen der Städte etwa um ein Viertel gesenkt, eine Neubewertung der Bemessungsgrundlagen erreicht und die gemeinsame Belastung von den mittleren auf die größeren Städte verlagert wurde.

Mit der Restauration der Reichspolitik in diesen Jahren entwickelte sich Jakob Sturm zu einem Politiker ersten Ranges. Als die alten Strukturen wieder in Kraft traten, führte Jakob Sturm die Städte in ihrem Kampf um parlamentarische Rechte und Steuerreformen an. Fast schien die Reformation nichts weiter als eine zwanzig Jahre währende Episode in der Geschichte des Reichs gewesen zu sein: Der Reichstag übte seine alten Funktionen aus, die Fürsten drangsalierten mit ihren Steuerforderungen die freien Städte, und die Reichskreise konnten endlich ihren Aufgaben als regionale Regierungsorgane nachkommen.

Straßburg lag im geographischen Zentrum des Oberrheinischen Kreises, der sich in der Theorie von Hessen und Baden im Osten bis nach Lothringen und Savoyen im Westen erstreckte und damit ein Gebiet umfaßte, das der politischen Welt von Sturms Urgroßvater Peter Schott d.Ä. sehr ähnelte. Hier, im alten Kernland des Reichspartikularismus, wurde die offensichtliche Rückkehr der guten alten Tage dadurch symbolisiert, daß die freien Städte ihrem Führer Anerkennung zollten. Am 31. Juli 1545 sandten die Städte des Oberrheinischen Kreises ein Dankschreiben an Jakob Sturm, zum Jahresende machten sie ihm eine kostbare, von dem Straßburger Martin Krosweiler angefertigte Silberschale im Wert von 472 Gulden zum Geschenk und erstatteten ihm einen Teil der Kosten zurück, die er während seines Wormser Aufenthaltes hatte aufbringen müssen. Die größte Ehrung innerhalb seiner Karriere wurde Sturm damit nicht von den schmalkaldischen Verbündeten zuteil, sondern von seinen guten alten Freunden und Nachbarn, den freien Städten seiner Heimatregion Straßburg. Der Straßburger Magistrat hatte schon 1526 eine Münze prägen lassen, um Sturms ersten Erfolg auf dem Parkett der Reichspolitik zu würdigen; im Jahre 1545 ehrten ihn die freien Städte der Region – Straßburg, Metz, Frankfurt, Speyer, Worms, Hagenau, Colmar und all die anderen kleinen freien Städte im Elsaß – für die Rolle, die er bei der Steuerreform gespielt hatte. Es war dies eine große Geste, die der alte Peter Schott wohl verstanden und geschätzt hätte, ein Tribut an die Macht der Diplomatie und die Befähigung, mit Geduld einen Sieg über das Schicksal davonzutragen. In der Tat: Die Geduld hatte das Schicksal besiegt, doch nur innerhalb der auf den Süden konzentrierten restaurierten Reichsstrukturen, wo die Reformation Veränderungen in der politischen Landschaft nicht mehr herbeizuführen vermochte. Unterdessen begann sich aber im Norden eine ganz neue Entwicklung abzuzeichnen. Sturm und die Verbündeten im Süden Deutschlands hatten 1542 die schicksalhafte Entscheidung getroffen, die Invasion des Schmalkaldischen Bundes im weitentfernten Braunschweig-Wolfenbüttel gutzuheißen – einer Gegend, die die Straßburger weniger kannten als etwa Venedig oder Mailand. Es war dies ein Schritt, den sie noch bereuen sollten.

ZEHNTES KAPITEL

Aufruhr im Norden

Der Kampf um den Nordwesten: Das Herzogtum Cleve-Jülich und das Fürstenbistum Köln

Für Jakob Sturm und seine süddeutschen Weggefährten waren die kühlen, regnerischen Landstriche im Norden des Reiches eine fremde Welt - ausgenommen die Niederlande, denn dort trieben die Straßburger und andere Kaufleute aus dem Süden regen Handel. Ansonsten war der Norden in den Augen der Süddeutschen groß, aber arm, und den Städten mangelte es an ausgeprägten kommunalen Traditionen. Nur die Reformation hatte den Norden und den Süden durch ihr Netz gemeinsamer politischer Interessen verbinden können. Die Reformationsbewegung erreichte den Norden - die Regionen zwischen den Mittelgebirgen und dem Meer - zwar ein Jahrzehnt später als den Süden, wurde aber auch dort durch soziale Unruhen angekündigt, die dem Bauernkrieg im Süden nicht unähnlich waren. Die weitreichendsten dieser Aufstände, Jan von Leidens (d.i. Jan Beukelszoon od. Bockelson) Täuferreich von Münster und Jürgen Wullenwevers Regiment in Lübeck, versetzten zwischen 1533 und 1535 die gesamte nördliche Welt in helle Aufregung.

Der Norden wies drei Charakteristika auf, die die politischen Auswirkungen der Reformation in diesen Regionen bestimmten. Zum einen war er kaum in die Strukturen der Reichsregierung integriert, was zur Folge hatte, daß die Reichsbeschlüsse vielerorts ganz einfach nicht umgesetzt wurden. Zweitens erstreckte sich zwischen den protestantischen Kerngebieten im Nordwesten und den habsburgischen Niederlanden ein breiter Gürtel von Fürstbistümern, die einerseits als Schutzschild gegen die Niederlande dienten, in den Augen der protestantischen Fürsten zugleich aber wie eine verlockende Perlenschnur anmuteten. Drittens wurde die strategische Position der Schmalkaldischen Hauptleute von ihrer Lage zwischen den beiden habsburgischen Zentren Österreich und Niederlande bestimmt. Die Sicherung der Ostflanke nach der Annäherung des brandenburgischen Kurfürsten und des albertinischen Sachsens an das Luthertum gewährte ihnen nun Handlungsfreiheit im Norden. Nach der Restauration im Reich sahen die Protestanten ihre Möglichkeiten im wesentlichen also in diesen Regionen: Herzog Wilhelm von Cleve-Jülich hatte es auf das Fürstentum Geldern abgesehen; Kurfürst Hermann von Köln sowie der Bischof von Osnabrück und Münster, Franz von Waldeck, hatten den Vorschlag unterbreitet, ihre Länder der neuen Religion zuzuführen; und schließlich war da noch Herzog Heinrich von Braunschweig-Wolfenbüttel, der letzte katholische weltliche Fürst in der norddeutschen Ebene. Die Schmalkaldener wägten jede dieser Möglichkeiten ab, nahmen dann aber Abstand – bis sie sich mit Braunschweig-Wolfenbüttel beschäftigten. Als sie sich dieses Herzogtum 1542 einverleibten, beschworen sie für das Reich die Gefahr eines Bürgerkriegs herauf.

Die Lage des Herzogtums Cleve-Jülich – es erstreckte sich zu beiden Seiten des Niederrheins und bis in das benachbarte Westfalen hinein – machte dieses mittelgroße Konglomerat von Territorien zu einem natürlichen Rivalen der habsburgischen Niederlande und zu einem natürlichen Ziel des Interesses der Protestanten. Diese Region eignete sich sehr gut, um den protestantischen Fuchs im niederrheinisch-westfälischen Hühnerstall zu spielen, der eine ganze Reihe fetter »Legehennen« beherbergte: Köln, Trier, Münster, Osnabrück und Paderborn. Die Herzöge Johann III. (Regierungszeit 1521-1539) und Wilhelm V. (Regierungszeit 1539-1592) gehörten zu den Neutralen innerhalb des katholischen Lagers, und ihr Kokettieren mit den Schmalkaldenern resultierte allein aus den Hoffnungen, die sie sich auf das Herzogtum Geldern machten, jenen ständigen Dorn im Fleische der Niederlande. Als Gelderns Stände 1538 Herzog Wilhelm zum Nachfolger des letzten Herzogs der Egmonts wählten, ging niemand davon aus, daß Karl V., dessen Dynastie das Herzogtum von jeher für sich beansprucht hatte, dies dulden würde. Was hingegen die Durchsetzung seiner eigenen Ansprüche anging, so zählte Wilhelm, dessen Schwester Sybille mit Johann Friedrich von Sachsen verheiratet war, auf die Hilfe der Schmalkaldener.

Johann Friedrich versprach, Herzog Wilhelm in den Schmalkaldischen Bund aufzunehmen, sobald dieser freies Predigen in seinen Ländern zulasse. Auch Sturm vertrat diese Ansicht: Man solle »nit zewider sein [...], ime gebuerende hilf zu thun«, schrieb er, damit »man soliche gewältige furstentum alle uf unser seiten brechte«.[1] Seine Straßburger Amtskollegen erteilten ebenfalls ihre Zustimmung: »... so könte man dem gewissen und der ufgerichten verständnüs nach [den Grundsätzen unseres Bündnisses folgend] ihnen nit ausschliessen, sonder aus der billichait [von Rechts wegen] ihne darein nemen müssen [...], dweil sonst mit nieman, ja wir stend selbs keine verständnüs ausserhalb der defension der religion under einander hetten.« Zudem sei man sich im klaren, daß es »nit bald ein furst im reich [gebe], der die macht mit gutem raissigen zeug [Macht und eine gute Kavallerie] wie er hat, das er uns zur notturft ganz fürständig und hülflich sein möcht«. Wahrer Glaube und eine gute Reiterei – im Süden, wo die Männer zu Fuß kämpften und Mangel an guten Pferden bestand, wurde das als willkommene Kombination angesehen. Darüber hinaus konnte eine Zurückweisung Wilhelm aber auch dazu bewegen, ins andere Lager zu wechseln. Ein großes Risiko war jedoch trotz des Enthusiasmus, den Sturm und die Straßburger an den Tag legten, nicht wegzuleugnen: die Verknüpfung der protestantischen Sache mit der dynastischen Politik der Schmalkaldischen Hauptleute. Möglicherweise machte die derzeit stabile Situation in Süddeutschland Straßburg blind für die Gefahren von Angriffsoperationen im weitentfernten Norden, denn sie setzten, was ihre Vorgänger nie getan hatten, eine Verbindung zwischen der Sicherheit im Süden und der im Norden voraus. Sollte der Kaiser gewaltsam gegen Wilhelm von Cleve-Jülich vorgehen, so würden, wie man in Straßburg glaubte, »Sachsen und Hässen als sein gefreundte lieben schwäger ihne leichtlich nit lassen [im Stich lassen] könden, so es ihm dann je anders dann wolgehn und die kai. mt. den sig erhalten, dieselben baide [Sachsen und Hessen] dadurch beschädigt und hingezogen und also unserm tail als schier die mächtigsten und furnemisten [Sachsen und Hessen] abgeschwecht würden, das man demnach auch desto leichtlicher gegen uns in könftigen fürnehmen könte«.[2]

Als der Wettlauf um Geldern 1540 zu einer ersten Krise führte, koordinierten Herzog Wilhem und die Schmalkaldischen Hauptleute ihre Kriegspläne: Zwölftausend Fußsoldaten und starke Kavallerieverbände sollten Karls Truppen entgegeneilen und sie schlagen, um sodann die niederländischen Städte und Provinzialstände gegen Königin Marias Regime in Brüssel aufzubringen.[3] Dieser grandiose Plan zielte auf nichts weniger ab als auf die Einnahme des gesamten Nordwestens des Reiches. Seine Ausführung hing jedoch von den Kräftereserven der Schmalkaldener und deren Kampfeswillen ab. Es war dies ein Punkt, den Landgraf Philipp Anfang Januar 1540 gegenüber Sturm zur Sprache brachte: Sollte der Kaiser Geldern und Cleve-Jülich einnehmen, prophezeite der Landgraf, »so wurde folgen, das er Munster, Osnabruge und die lande bis an stift Palborn auch einkriegen wurde. Demnach wurde folgen, das die stifte Coln und Trier als die ob die vorgemelten lande stossen [die an die genannten Länder grenzen], zu iderzeit, wan sie bischof kyren solten, die zu bischofen welen und nemen musten, welche der keiser und das haus zu Burgundien wolten haben.«[4] Mit der Kontrolle über diese Länder würde Karl zudem den Nachschub mit den besten Pferden sicherstellen. Ob Sturm und seine Regierung den Landgrafen, den sächsischen Kurfürsten, Württemberg und vielleicht den dänischen König bei der Verteidigung Wilhelms gegen den Kaiser unterstützen würden? Sturm, dessen Begeisterung für einen militärischen Schlag im Norden unterdessen etwas abgekühlt war, gab zurück, die XIII seien »nit ongewegen [nicht abgeneigt]«, einen Krieg zu unterstützen, um noch größeren Schaden abzuwenden, würden es im Augenblick aber nicht riskieren wollen, die Angelegenheit dem Rat und den XXI oder den Schöffen vorzutragen. Der Landgraf solle in dieser Sache »vorbetrachtlich und gewarsamlich« vorgehen, riet Sturm, »damit ewer f. g. us getreuen gemüt zu furderung und erhaltung der teutschen friheit fur sich selbs oder mit wenigen [verbündeten] sich nit in den handel schlage, der e. f. g. zu erheben zu schwer mocht werden«.[5] Sturm gehörte also nicht gerade zu den Kriegsfalken, und die übrigen Verbündeten im Süden reagierten »noch weitleuffiger [noch unbestimmter]«, so daß der Landgraf zornig anmerkte: »... so will Gulch [Jülich] nit mit in die evangelische verstandnuß, will auch nicht unser religion oder glaubens werden. [...] Und es lauffen alle ding so wille durch einander, das wir uns darus nit wissen zu richten.«[6]

Als er sich der Gefahr bewußt wurde, die ein Krieg mit solchen Verbündeten mit sich brachte, umwarb Herzog Wilhelm den französischen König – von jeher ein Freund aller Feinde Burgunds – und heiratete seine Nichte. Doch als es 1543 zum Kampf und damit zur Probe aufs Exempel kam, sahen sich Wilhelms Truppen ohne Verbündete vierzigtausend kaiserlichen Soldaten gegenüber, und nach zwei Wochen des hoffnungslosen Widerstands unterwarf sich der Herzog am 7. September in Venlo dem Kaiser. Die Schmalkaldener überließen ihn seinem Schicksal, und der Landgraf kommentierte scheinheilig, nun habe Wilhelm den Lohn dafür erhalten, daß er mit den Franzosen konspiriert habe.

Diese Ereignisse bewogen Sturm, seine Ansichten über die Durchsetzung jener insbesondere 1534 im Süden so erfolgreichen Kombination von Evangelium und deutschen (d.h. reichsständischen) Freiheiten im Norden zu revidieren. Der wichtigste Unterschied zwischen diesen beiden Situationen lag in der Tatsache begründet, daß König Ferdinand 1534 Württemberg durch seine Tatenlosigkeit verloren hatte, während Karl im Jahre 1543 entschieden und mit einer überwältigenden Schlagkraft dafür sorgte, daß Geldern für alle Zeiten zu den Niederlanden gehörte. Der siegreiche Kaiser befand sich nun fast in der Position, die sein Großvater 1505 erreicht hatte: »... der schwarz adeler [ist] ain schwerer [mächtiger] vogel«, merkte Sturm nachdenklich an, »und will sich nit verachten lassen, wie die Pfalz zur zeit [1505] auch entpfunden.«[7]

Im Gegensatz zu Cleve-Jülich, wo sich die Protestanten in der Person des regierenden Herzogs einem ebenbürtigen Partner gegenübergesehen hatten, hofften sie im benachbarten Fürsterzbistum Köln Macht über den herrschenden Kurfürsten zu erlangen und einen

Handel perfekt zu machen, der da lautete: Schutz gegen Reformation. Graf Hermann von Wied, seit 1515 Fürsterzbischof und Kurfürst von Köln, gehörte zu jenen vorreformatorischen Prälaten, die versuchten, mit der Zeit zu gehen, und sich über die Partei der katholischen Neutralen vorsichtig den Protestanten annäherten. Durch das Regensburger Religionsgespräch von 1541 motiviert, wandte sich Hermann an die Schmalkaldener, um mit deren Hilfe sein Fürstentum zu reformieren.

Die Situation in Köln war äußerst verwirrend. Die weltlichen Stände im Landtag seines Landes unterstützten Kurfürst Hermann; Widerstand kam jedoch vom Kölner Domkapitel, dem Rat und einem Großteil der Kölner Bürgerschaft, die, so bemängelte ein Gesandter Hessens, »allein von seiner Kaufmannschaft, Geniessen und Wollust und von Gott gar nichts versteht«.[8] Insofern konnte eine protestantische Reformation im Erzstift Köln – die Erzdiözese, die größtenteils von anderen Fürsten regiert wurde, stellte eine Angelegenheit für sich dar – nur von oben erfolgen, und eine Beteiligung der Protestanten, die Straßburger eingeschlossen, basierte einzig und allein auf dem Einfluß, den sie gegenüber dem Kurfürsten geltend machen konnten. Zwar war Hermann nicht gerade ein Krieger, doch in gewisser Hinsicht bedeutete er einen viel größeren Fang als Herzog Wilhelm von Cleve-Jülich samt seiner Kavallerie: Hermann von Wied war einer der Kurfürsten des Heiligen Römischen Reiches. Der bloße Gedanke an seine Stimme – zusammen mit denen Sachsens und möglicherweise auch Brandenburgs und der Rheinpfalz – ließ in den protestantischen Herzen den erregendsten aller geheimen Wünsche wach werden: einen Protestanten auf dem kaiserlichen Thron. Mit Hermann von Wied und Bischof Franz von Münster-Osnabrück im Schoße der Protestanten wäre überdies dem Katholizismus im Nordwesten des Reiches ein Ende bereitet worden.

Dies war der Grund, warum alle protestantischen Mächte das Beistandsersuchen des Kurfürsten sehr ernst nahmen, und bald darauf reiste Martin Bucer stromabwärts, um den Reformationsprozeß in den Ländern Hermanns zu lenken. Die Situation spreche gänzlich für die protestantische Sache, verkündte Bucer nach erstem Augenschein in Bonn lautstark.[9] Nachdem er im Dezember 1542 zusammen mit Hedio zu einem achtmonatigen Aufenthalt in Köln eingetroffen war, entwarf er unter dem Titel »Einfaltigs Bedencken« den eigentlichen Reformationsplan, den Hermann von Wied – nachdem er vom Landtag im Juli 1543 dazu ermächtigt worden war – in seinem Herrschaftsgebiet in die Tat hätte umsetzen können.

Doch als Cleve-Jülich 1543 in die Hände des Kaisers fiel, ließ auch der reformatorische Eifer des Kurfürsten Hermann nach, und Bucers Werk war zu einer eindrucksvollen, aber kurzlebigen Belanglosigkeit verdammt. Die Schmalkaldener hatten Herzog Wilhelm im Stich gelassen, und sie taten dasselbe mit Kurfürst Hermann. Als die Bundesversammlung im Winter 1545/1546 entschied, dem Kurfürsten im Falle eines Angriffs beizustehen, schrieb Johann Friedrich von Sachsen an den Landgrafen: Es »were unsers ermessens besser gewest, man hette ime (Hermann) die zusage nit gethan …, dann E. l. wissen wie es pflegt zuzegehen …« Dies wußte Landgraf Philipp tatsächlich, denn er gab zurück: »Es wäre weiser gewesen, man hett die ding uf ein gewisheit gericht oder das man dem Bischof nit soviel vetrost hette.«[10] Auch der Straßburger Magistrat hatte die Sache mittlerweile noch einmal erwogen und verkündete, man sei doch eher für die alte Form von Bündnissen, bei denen »nachpaur und nachpaur sich mit ainander verpünden«.[11] Letztlich handelte es sich hier sogar um eine angemessene Einschätzung, denn mittlerweile, im Jahre 1545, waren Handlungsfreiheit und innerer Zusammenhalt des Schmalkaldischen Bundes sehr in Mitleidenschaft gezogen worden. Der Grund dafür war die seit 1542 betriebene Einmischung des Bundes in die Angelegenheiten des Herzogtums Braunschweig-Wolfenbüttel.

Der Braunschweiger Krieg

Die Anfänge der Braunschweiger Affäre reichten bis ins Jahr 1540 zurück. Mit dem Tode Herzog Erichs von Braunschweig-Calenberg war sein Vetter, Herzog Heinrich der Jüngere von Braunschweig-Wolfenbüttel, als letzter standhaft katholischer Fürst in der norddeutschen Ebene übriggeblieben. Tatkräftig, geschickt, ehrgeizig und eitel, wurde aus Heinrich, der in Sturms Alter war, ein tüchtiger Herrscher, unbeirrter Anhänger des katholischen Lagers und Bundeshauptmann des Nürnberger Bundes. Anfang der 1540er Jahre stellte Heinrich in den Augen der einen die letzte große Hoffnung des Katholizismus im mittleren Norden, in denen der anderen das letzte, unnachgiebigste Bollwerk gegen den Triumph des Luthertums in dieser Region dar. Mit den politischen Fehden gegen die Städte Goslar und Braunschweig und den Streitigkeiten mit den Schmalkaldischen Hauptleuten begann sich jedoch sein Sturz abzuzeichnen. Zwar lagen den Auseinandersetzungen mit den Städten rein weltliche Anlässe zugrunde, gleichwohl aber hatte der Schmalkaldische Bund auf seiner Regensburger Versammlung vom Juli 1541 Goslars Sache zur »Religionssache« erklärt, so daß auch militärische Hilfe in Frage kam. Als das Reichskammergericht nun noch die Acht gegen die Widersacher Herzog Heinrichs verhängte, wurde die Verpflichtung des Bundes, Braunschweig und Goslar zur Hilfe zu eilen, aktuell. Es war dies der Auslöser – und ein Vorwand – für die Braunschweiger Affäre.

Heinrichs Lage wurde durch seine persönlichen Fehden mit Landgraf Philipp von Hessen und – in geringerem Maße – durch seinen Streit mit Johann Friedrich von Sachsen erschwert. Auf gegenseitige Beleidigungen im Jahre 1539 folgte eine Flut gedruckter Schmähreden – allein 1542 waren es über sechzig Pamphlete –, die die Parteigänger beider Seiten erheiterten, erzürnten und in Schrecken versetzten. Heinrich höhnte über die Bigamie des Landgrafen, Philipp verbreitete Klatsch über Heinrichs Mätresse, und bald wurden heftige und grobe Worte gewechselt. Kennzeichnend für den Ton dieser Auseinandersetzung war Martin Luthers streckenweise höchst derbe Streitschrift *Wider Hans Worst*: »Du soltest nicht ehe ein Buch schreiben«, hieß es darin, »du hettest denn ein Fortz von einer alten Saw gehoeret, Da soltestu dein maul gegen aufsperren und sagen: Danck habe, du schoene Nachtigal, da hoere ich einen text, der ist für mich ...«[12] Der Krieg der gedruckten Worte verschärfte die konfessionellen Spannungen so sehr, daß die Kriegserklärung des Schmalkaldischen Bundes und die Einnahme des Herzogtums eine geradezu kathartische Wirkung hatten, die sich am besten mit Luthers triumphierendem Aufschrei beschreiben läßt: »Dies ist ein wahrhaft göttlicher Sieg, denn Gott hat all dies bewirkt. Er ist das *fac totum*, und wir können nun hoffen, daß der Tag unserer Erlösung kurz bevorsteht!«[13]

Der Feldzug gegen Braunschweig begann – ebenso wie der gegen Württemberg im Jahre 1534 – nicht als Verteidigungsoperation des Bundes, sondern als dynastischer Krieg unter Rivalen. Am 26. Oktober 1541 trafen sich drei der protestantischen Fürsten, die beiden Hauptleute des Schmalkaldischen Bundes sowie Herzog Moritz von Sachsen, persönlich in Naumburg und plädierten für einen Krieg. Sodann überfielen sie mit Unterstützung des Bundes Braunschweig-Wolfenbüttel, setzten einen eigenen Gouverneur ein und begannen mit der lutherischen Reformation dieses Landes. Nachdem Braunschweig-Wolfenbüttel einmal in ihrer Hand war, ließen es die Fürsten auch nicht mehr los, da sie keine Entscheidung darüber fällen konnten, ob sie das Fürstentum teilen oder es verwalten sollten, bis die legitimen Nachfolger Heinrichs, seine Söhne, ihr Erbe antreten konnten. Über drei Jahre hinweg hielten die drei Fürsten Braunschweig-Wolfenbüttel besetzt und wälzten die anfallenden Kosten auf ihre Verbündeten ab. Die Einnahme des Fürstentums durch die Schmalkaldischen Hauptleute war ein Akt reiner Aggression, der einzig und allein dazu diente, die offenen Rechnungen zwischen den Kontrahenten zu begleichen. Zudem fehlte diesem Einmarsch selbst jene bescheidene Legalität, mit der acht Jahre zuvor die Restauration in Württemberg betrieben worden war. Dieser militärische Schlag strafte den erklärtermaßen auf Verteidigung ausgerichteten Schmalkaldischen Bund Lügen und fügte ihm eine tiefe Wunde zu, weil nun Zwietracht und vermehrtes Mißtrauen zwischen Norden und Süden, zwischen den Städten und Fürsten gesät wurde. Vor allem aber hatte man Kaiser Karl V. einen vortrefflichen Anlaß geliefert, die deutsche Frage mit Waffengewalt zu lösen.

Die Haltung Sturms und seiner Straßburger Amtskollegen zu dieser Affäre zeigt, wie sehr sie den Zusammenhalt unter den Protestanten beeinträchtigte. Unter allen Verbündeten im Süden hatten sich die Straßburger für eine aktive Politik der Solidarität mit den Protestanten im Norden schon immer besonders stark gemacht. Sie waren dafür eingetreten, Goslar und Braunschweig gegen Herzog Heinrich zu Hilfe zu eilen, da Heinrichs Katholizismus die Goslarer Angelegenheit zur Religionssache gemacht habe.[14] Auf der anderen Seite aber hielten sich die Straßburger an die Verfassung des Bundes, die die drei Fürsten mit ihrer eigenmächtigen Entscheidung von 1541, in Braunschweig einzufallen, verletzten. Wahrscheinlich entschied sich Landgraf Philipp deshalb dafür, Sturm ins Vertrauen zu ziehen, noch bevor die Naumburger Entscheidung überhaupt gefällt wurde. Er brauchte dessen Segen, »weil an ihm Jacob Sturmen [...] die oberlender gemeiniglich alle hangen«.[15] Als Sturm also am 1. Februar 1542 in Speyer eintraf, wohin der Reichstag einberufen worden war, wurde er von einem hessischen Gesandten namens Rudolf Schenck von Schweinsberg auf »sonderlichen Befehl [und] auf Treu und Eides Statt« gegenüber dem Landgrafen über die Kriegspläne der drei Fürsten informiert. Sturm habe »ganz wol zur sachen gelautet«, hieß es in dem nachfolgenden Bericht des Gesandten. Der Landgraf schlug nun vor, auch andere Städte über das Vorhaben in Kenntnis zu setzen – »doch nit Augspurg, es riethe es dann Jacob Sturm [...] dadurch sie unsers vorsehens bewegt werden solten, die hilf der VII^{c} pferde und iij^{m} zu fus, wie ir e. l. geschrieben, in Goslar desto ehr zu befordern ...«[16] Jakob Sturm wußte also seit Februar 1542 (und damit vier Monate früher als die Bundesversammlung), daß die drei Fürsten unter dem Vorwand, Goslar beizustehen, in Braunschweig einmarschieren würden. Bucer, der von diesen Plänen vermutlich noch früher Kenntnis hatte als Sturm, berichtete dem Landgrafen: »Herr Jacob erkennet auch, das E. f. g. furschlag der best und schleunigst gewesen were (...) und zweivlet auch nit, die stende wurden gern das ir darbei gethon haben.«[17] Als es soweit war, unterstützte Straßburg den Schlag gegen Herzog Heinrich, instruierte seinen Kriegsrat Ulman Böcklin, einen Vetter Sturms, aber zugleich, Protest gegen das verfassungswidrige Verfahren einzulegen, in dem die Entscheidung gefällt worden war.[18]

Im Verlaufe des Sommers begann sich die Meinung in Straßburg gegen das Unternehmen zu wenden. Sogar Martin Bucer, ansonsten überzeugter Kriegsfalke, konnte sich dem mittlerweile weitverbreiteten Verdacht nicht mehr verschließen, daß die Fürsten die Affäre ausnutzten, um die Verbündeten im Süden zu übervorteilen. »Unser verein«, belehrte er den Landgrafen, »ist ein evangelisch verein, darin nieman vinantzen oder reicher zu werden understohn solle, sonder von jederman höchste traw und gleichmeßigkeit gehalten werden.«[19]

Bucers Worte verhallten ungehört, denn bald darauf trafen beunruhigende Berichte von Plünderungen in dem eroberten Herzogtum ein. Zudem wurden den Verbündeten große Summen abverlangt, um die Kosten der Besetzung zu decken, und auch die Stimmen, die nach der Verfassungsmäßigkeit dieses Krieges fragten, verstummten nicht. Gegen Jahresende äußerten die loyalen Straßburger ihren Unmut über den Landgrafen und den sächsischen Kurfürsten, die beide als Oberbefehlshaber »mit grossem und costlichem stat im veld gewesen« seien.[20]

Nachdem sie ihre Beute nach allen Regeln der Kunst ausgeschlachtet hatten, sahen sich die Schmalkaldischen Hauptleute einer Situation gegenüber, in der man zwar den Bären erlegt hatte, aber nichts mit dessen Fell anzufangen wußte. So erging es auch den beiden Fürsten nun mit Braunschweig-Wolfenbüttel. Auch Jakob Sturm begann sich Anfang 1543 die Frage zu stellen, was damit werden sollte. Er war der Auffassung, »das es vil besser und diesen stenden rumlicher were, das man mit h[erzog] Heinrichs kindern ein vertrag ingieng, denselben das land wider zustelte und nit ime, herzog Heinrichen. Derhalben wir auch raten, das man erstlich darob halte.«[21] Sollte dieser Versuch erfolglos bleiben, müßten die Schmalkaldener zähneknirschend mit Herzog Heinrich selbst verhandeln, »domit man der sach einmal zu rug und friden käme«. Wenn es den Verbündeten gelang, die Befestigungen Heinrichs zu schleifen, seine Stände dazu zu bringen, die Verantwortung für sein Handeln zu übernehmen, und den Herzog im übrigen durch einen vom Kaiser gebilligten Vertrag zu binden, so »konte man ime [Heinrich] die klowen also beschniden, das er nichts annfahen mochte oder, so er es anfieng, darüber erligen müst«. Das Argument der Religion könne man kaum ins Feld führen, denn selbst wenn Heinrich dem Katholizismus erneut Geltung verschaffen würde, so sei dies »unser achtens kein genugsam ursach, im das land vorzuhalten. Dan es ist auch nit die ursach, dorumb man es ingenommen.« Sobald man Braunschweig und Goslar in Sicherheit wisse und den Protestanten die Kosten erstattet worden seien, habe man »kein ansprach an das lande oder die unterthanen, die sein stamlehen und kai. mt. und des heiligen reichs eigentumb [sind. Es] gieng uns nichts ane, wie die religion in solch land ufgericht.« Soviel zum Braunschweigischen Krieg als »Religionssache«. Im tiefsten Inneren ein konservativer Legalist, erkannte Sturm, daß Heinrich wiedereingesetzt werden mußte, ganz gleich, welche religiösen Konsequenzen dies hatte, »dan sonst möchten wir auch einem andern papistischen fursten das land nämen und das volk zu unser christlichen religion bringen und den, so es ingehebt, verhalten«. Was die Missetaten betraf, die Heinrich zweifellos begangen hatte, so seien die Schmalkaldener »nit sein oberkait oder richter sonder die kai. mt. ist, der man es anzeigen mag. Will die in nit strafen, gebirt uns dorumb nit die straf.«

Jakob Sturm war die Ironie, die der Braunschweiger Affäre im Vergleich zur Württemberger anhaftete, nicht entgangen. Im Jahre 1534 hatten er und seine Regierung die Restauration in Württemberg auf der rechtlichen Grundlage unterstützt, daß Herzog Ulrich seiner Besitztümer zu Unrecht beraubt worden war; neun Jahre später brachte Sturm ein ähnliches Argument vor – diesmal aber zugunsten Herzog Heinrichs und gegen die Schmalkaldischen Hauptleute. Daß Ulrich aus einem katholischen Land ein protestantisches gemacht hatte, Heinrich aber, wenn man ihn nur ließe, den Katholizismus wiedereinführen würde, änderte in den Augen Sturms nichts an der Rechtslage in diesem Fall. Sturms Legalismus paßte ideal zu seiner spirituellen Vorstellung von Religion, sah er doch das Evangelium als Eingebung des Heiligen Geistes im Herzen eines jeden einzelnen, keineswegs aber als göttliches Gesetz, das die weltlichen Gesetze brach. Diese Lehre hatten ihm Wimpheling und Erasmus nahegebracht, der Bauernkrieg hatte sie bestätigt, und so sollte Sturm ihrer stets eingedenk sein.

Als die Verbündeten im Juli 1543 in Schmalkalden zusammentrafen, um über das Schicksal Braunschweig-Wolfenbüttels zu entscheiden, fielen bittere Worte angesichts der Schlüsselposition, die sich Hessen und Sachsen bei der Verwaltung des besetzten Landes gesichert hatten, denn die Fürsten ließen es nicht zu, daß das neue Regiment auf den Schmalkaldischen Bund vereidigt wurde. Die Weigerung der Fürsten, die Befestigungen des Herzogtums schleifen zu lassen, war zudem ein sicheres Anzeichen dafür, daß sie nicht gewillt waren, die eroberten Gebiete zurückzugeben. Sturm gab zu, daß ihm am Schicksal der Befestigungen »so hoch nit [...] gelegen« sei, doch sei »der unkost, so uf die besetzung gieng, unträglich«.[22] Als der Bundestag im darauffolgenden Herbst in Frankfurt zusammentrat, spitzte sich der Konflikt zu. Landgraf Philipp, der den Süden zu gewinnen suchte, wies darauf hin, »wi baufellig di ding in unser verstentnus stehen« – ein Zustand, für den er Jakob Sturm in die Verantwortung nahm, der sich »in der defensionsach [der Braunschweiger Affäre] etwas cleinmutig« verhalten habe.[23] Bucer, Sprachrohr seines neuen Herrn, griff die Rechtsgelehrten und »ire geschribne romische, thyrannische recht« an, aber auch diejenigen, die wie »herr Jacob und seinsgleichen leut, [...] uff die sachen sehen, wie sie stehn und gehn, nit allein, wie man darvon redt, und hören dann von den doctoren, was am camergericht erheblich oder nit erheblich seie – demnach sind sie dann freidig oder kleinmietig in sachen.«[24] All dies hänge mit einem falschen Respekt vor dem Römischen Recht zusammen, obwohl doch »herr Jacob auch wol weiß, das gott das romisch, thyrannisch recht durch die Francken in deutschen landen geprochen und uns das frei frenckisch recht, das nun das deutsche recht sein solle, zugestellet hat, durch das den freien fursten und stenden ein solichen onleidlichen thyrannen [Herzog Heinrich] zu verjagen gepuret hat, auch on erlaubnuß der oberhandt«. Doch seit Bestehen des Reichskammergerichts hätten »die doctoren [...] das frenckisch frei recht iemer eingezogen und abtrieben und das thyrannisch römisch recht herfurgezogen und uffbracht.« Die Halsstarrigkeit des Gerichts habe mit wachsender Macht des Kaisers zugenommen, so daß Sturm eigentlich erkennen müsse, »was muntz gelten will, und was recht sein furgang haben muß. Es ist ein sprichwort, es lige nit an wol singen, sonder an gern hören: also ligt nichts dran, wie fiel einer recht habe, sonder, wie fiel einem die zusprechen, die des rechten mechtig sein.« Bucers Zweckzynismus war dazu angetan, bei seinen Zeitgenossen tiefsitzende Vorurteile gegen die Gerichte, Juristen und des »Reichs gemeinen Rechten« zu begründen; Sturm indes ließ sich davon nicht beeindrucken.

In Speyer kam es 1544 zum Eklat zwischen Sturm und Philipp von Hessen. Auslöser war die Braunschweiger Affäre. Der Landgraf zitierte Sturm dreimal zu sich, um ihm die Leviten zu lesen. Beim ersten Mal hielt er ihm vor, er sorge sich nur um die Straßburger Kaufleute, und ihm gehe es nur ums Geld. Philipp höhnte, er würde es vorziehen, wenn anstelle Sturms die XIII oder der Rat selbst die Angelegenheit in die Hände nähmen.[25] Würdevoll und wie es einem Diplomaten gebührt, brachte Sturm seine Verteidigung vor: Er hätte seine Anweisungen befolgt, und sollte er nun andere erhalten, so werde er diese erfüllen. Im darauffolgenden Gespräch ließ Philipp seinem Zorn gegen Sturm freien Lauf. Er sei außerodentlich befremdet, herrschte der Landgraf den Straßburger an, »das es im [Sturm] nit eingehen will – ob er wol sehe und greife di thetlich handlung, so er gegen Goslar geubt, und willens gegen beide Sachsen und uns zu thun –, sondern wolte als, man soll sich mit im vertragen und inen wider ins land kommen lassen; wilchs uns nicht wenig verwundert. [...] Wir merken aber, das sein gemut alweg dahin stehet: dweil wir im einmal durch Rudolph Schenken vertrawet, was der Churfurst, herzog Mauritz und wir furhatten, darum schleußt er imerzu, wir haben sonst im synne zu krigen gehapt und haben die defension nur vor ein ursach vorgewendet.« Sturm solle doch einmal in sich gehen und erkennen, »das wir im solchs angezeigt, das wir es trewlich gemeinet; dan er weiß, das wir unser lebenlang nichts, daran gelegen, vor im heel gehapt haben, es sei in krigen oder in andern sachen. Und darumb solt er Jacob uns, das wir im solchs so vertrawlich haben anzeigen lassen, nicht zum ergsten deuten, sondern uns darin loben ...«[26]

Es waren dies nicht einmal die schlimmsten Vorwürfe, die Sturm sich anhören mußte, denn nun ging der Fürst auf seine eigenen Motive in dieser Angelegenheit ein und erinnerte an die Entscheidung, die Städte Braunschweig und Goslar zu unterstützen, an die ablehnende Haltung der Fürsten hinsichtlich eines Angriffskrieges und die ausdrückliche Ermächtigung zum Handeln durch die Hauptleute des Bundes. Philipp verwies darauf, daß Sturm einem hessischen Abgesandten mitgeteilt habe, er würde es vorziehen, wenn die Fürsten Herzog Heinrich allein angriffen, ohne daß den anderen Ständen Kosten entstünden. Weiterhin bemerkte er, daß der Krieg »nit umb der religion oder darus flißenden sachen willen« geführt werden dürfe, so daß sich die Katholiken nicht bemüßigt sehen würden, Heinrich zu helfen. Er, der Landgraf, habe sich damit einverstanden erklärt, »do aber Gott das also nit hat haben wollen [...], so mus er Jacob aus disem vernunftiglich schlißen, das diß sach ein trib [Tat] Gots ist. Und darumb mus er auch weiter solchs dann allein mit fleischlichen augen ansehen.«[27]

Sturm, der sich diese »heftigen worte« gefallen lassen mußte, zog aus ihnen den Schluß, »das die beiden chur u. fursten bei inen das land zu behalten entschlossen [sind] und sovil moglich verhuten werden, domit kein gutlicher vertrag in dieser sach angenommen werde, es gang recht uns allen daruber, wie es wölle [ganz gleich, wie wir darüber denken]«.[28] Sturm dachte sogar noch weiter: Sollte die Braunschweiger Affäre vor den Kaiser kommen, so könnten »vil ursachen angezeigt werden, worumb h. Heinrich in diser sachen ein günstigern richter [in der Person des Kaisers] haben wurt dan wir. Solt nun die urteil wider uns fallen, wurden ime alle kosten und schaden zu der restitution des lands erkant.«[29] Sturm mußte aufgeben, als sich die Mehrheit der Bundesmitglieder auf die Seite der Fürsten schlug und gegen eine Vermittlung votierte. Er legte gegen diese Entscheidung Protest ein und vermeldete nach Straßburg: »... die fursten [...] füren uns je lenger je tiefer in das spiel. [...] Es will schwer sein, den handel also an[zu]fohen, domit kein vertrag zu verhoffen. So will es auch schwer sein, sich im handel [zu] trennen.«[30] Sturm vertrat vehement die Position, daß Herzog Heinrich begünstigt und der Bund gefährdet werde, je länger man eine vertragliche Lösung aufschiebe, denn mit einiger Wahrscheinlichkeit würde der Kaiser in naher Zukunft über mehr Handlungsfreiheit verfügen als augenblicklich, »aber dise argument gelten alle bei unsern fursten nichts, als die zu gar gegen h. Heinrichs person erhitzigt und affect sind«.[31]

Als der Winter 1544 seinem Ende entgegenging, hatte Sturm begriffen, wie unvernünftig das Vorgehen der Schmalkaldischen Hauptleute gegen Herzog Heinrich mittlerweile war, wie rücksichtslos der Bund von den Fürsten in einen Konflikt mit dem Kaiser getrieben wurde und wie erbärmlich hilflos die Verteidigungsanstrengungen des Bundes gegen die Ausbeutung durch seine eigenen Hauptleute anmuteten. Deren aggressives Verhalten drohte den Schmalkaldischen Bund des Respekts jener zu berauben, die sich – ganz gleich aus welchen Motiven: Neutralität, Reformfreudigkeit oder antihabsburgische Bestrebungen – der Anwendung von Gewalt gegen den Bund stets widersetzt hatten. Sturm war durchaus der Meinung, daß das protestantische Bündnis als militärisches Gegenstück zu einzelnen militanten katholischen Mächten dienen konnte, aber es durfte nicht gegen den Kaiser vorgehen, es sei denn in jenem größeren Zusammenhang der deutschen Opposition zum Erhalt der reichsständischen Freiheiten. Sollte es Karl und Ferdinand gelingen, den Schmalkaldischen Bund vom Rest dieser deutschen Opposition zu isolieren, würden sie die deutsche Glaubensspaltung ein für allemal nach ihren eigenen Vorstellungen lösen.

Es waren diese Furcht vor Isolation, aber auch die finanziellen Belastungen, die Jakob Sturm und andere süddeutsche Protestanten 1544 bewogen, eine Sequestration Braunschweig-Wolfenbüttels zu befürworten. Das Herzogtum sollte in die Hände Karls V. als Treuhänder übergehen. Die Schmalkaldischen Hauptleute bevorzugten eine ganz andere Lösung, der zufolge Teile des Herzogtums an die Söhne Heinrichs gehen, aber »die posten fleckhen [besten Stücke] dem churfursten und landgrafen gegeben« werden sollten.[32] Bucer, der einmal mehr Position für den Landgrafen bezogen hatte, berichtete, daß sich Sturm einer solchen Lösung widersetze. »Ligt im wol das im wege«, schrieb Bucer, »das der landfried vermögen solle, das die land, so einem friedbruchigen abgetrungen, den lehenherren sollen zugestellet werden, und, die sie abgetrungen, allein die uffnutzung zur ergetzung ihres onkostens haben sollen. Aus dem articel sorgt er, es möge nit erstritten werden auß dem rechten, das das braunschweigisch land von unseren stenden konde sonder gewalt inbehalten werden.«[33] Bucer ging noch weiter: Sturm sei sogar der Auffassung, die Protestanten hätten nicht einmal das Recht, die Kirche in dem eroberten Herzogtum zu reformieren.

Was diese christliche Pflicht zur Reformation anging, so hatte Sturm folgendes dazu zu sagen: »Wa es dann diesen stenden nit solte mit recht zu behalten zustohn, so fiele bei im die pflicht, die religion in diesem landt zu erhalten.« So sei man auch mit anderen Ländern verfahren, selbst mit den Fürstbistümern, »die nach allen rechten irer kirchen des volcks Christi, und nit der personen sind, die sie in haben. Wie dann auch Metz und andere verlassen [abgewiesen worden] sind, weiß man wol«.[34] Damit berührte Sturm – und er mußte sich dessen wohl bewußt sein – einen wunden Punkt.

Sturms quälende Sorge angesichts der Braunschweiger Affäre nahm während des Reichstags zu Speyer von 1544 noch zu. Zum einen drangen die Schmalkaldischen Hauptleute darauf, den in Straßburg so gefürchteten Krieg gegen Frankreich zu unterstützen; zum anderen aber litten Sturm und seine Heimatstadt unter der Anschuldigung, sie seien Parteigänger der Franzosen. Der Konflikt um den französischen Krieg wurde zudem noch durch den tiefen Abgrund verschärft, der sich zwischen Landgraf Philipp und Jakob Sturm aufgetan hatte. Hier verwandte sich Bucer einmal für Sturm und bat den Fürsten: »Und g. furst und herre, E. f. g. wollen sich an h. Jacobs kleinmietigkeit nit stoßen. Er ist getreu und sorcht sich warlich meer vor dem onrechten dann vor gewalt. [...] So sicht er gar tieff in die sachen und sorcht sich vor Gottes ongnaden, wenn nit alle ding ordenlich gohn und im rechten bestand haben. Zudem thut er alwegen meer, dan er verheißen darff. Aber unser herren in gemein werden sich warlich bei E. f. g. biß uffs letzt finden lassen.«[35] Zumindest mit diesem letzten Satz sollte Bucer recht behalten, aber für diese Treue mußte Straßburg einen hohen Preis bezahlen.

Als sich die Verbündeten im Februar 1545 in Worms versammelten, wo zur selben Zeit auch der Reichstag zusammengetreten war, waren die Beziehungen zwischen den zwei Schmalkaldischen Hauptleuten und ihren süddeutschen Bundesstädten an ihrem tiefsten Punkt angelangt. Der Schaden, den die Braunschweiger Affäre angerichtet hatte, deprimierte Sturm so sehr, daß er Bucer zufolge erwog, seine Bürgerrechte aufzugeben und Straßburg zu verlassen. Tatsächlich strotzten Sturms Berichte an den Magistrat vor einem für ihn völlig untypischen Sarkasmus angesichts der Streitereien der Verbündeten um Geld: »Es ist in summa ein geselschaft [ein Unternehmen], deren die stett gewisslich nit reich werden.«[36] Sturm registrierte sehr wohl, wie er zunehmend ins Abseits geriet, denn sogar seine Straßburger Amtskollegen neigten zu der hessisch-sächsischen Vorgehensweise, das Herzogtum einzubehalten. Der Landgraf, der – möglichweise über Bucer – von dieser Entwicklung erfuhr, versuchte die Mißhelligkeiten für seine Zwecke auszunutzen. In tiefer Resignation schrieb Sturm nach Hause: »[Ich] möcht wöl leiden, das jemants hier wer, der es besser dann ich ausrichtet.« Aber er insistierte weiterhin darauf, daß man »50 oder 60000 gulden vergeblich« zahlen müßte, würde man sich den Fürsten nun beugen.[37]

Sturm trug den Sieg schließlich doch davon. Der Bund entschied, Braunschweig-Wolfenbüttel innerhalb eines Monats dem Kaiser zu übergeben, unter der Voraussetzung allerdings, daß Heinrich auch weiterhin nicht in sein Land zurückkehren dürfe und an der Regierung durch die Besatzungsmächte nichts verändert werden würde. In der Zwischenzeit hatte Herzog Heinrich bereits eine kleine Armee um sich geschart und versucht, seine Länder zurückzuerobern, was jedoch am 14. Oktober 1545 bei Kalefeld nur zu einer erneuten Niederlage führte.

Nach Herzog Heinrichs Kapitulation kehrte Sturm, der von den vergangenen dreizehn Monaten elf in Worms verbracht hatte, nach Straßburg zurück, um eine für den Landgrafen bestimmte Verteidigung seiner Ansichten zu entwerfen. Es war dies die deutlichste Erklärung, die Sturm je zu den unterschiedlichen Auffassungen der beiden Männer über die Ziele des Bundes abgab.[38] Seine Überlegungen hätte er »e. f. g. rhet und gesandten oft« mitgeteilt, »dan ich glaub[te], so sich jemans in die sach schlüg [vermittelnd einschalte], es mocht zum besten zu vertragen sein, so man zu beiden teilen in rustung were, grossen schaden teutscher nation zu verhüten«. Sollten die Schmalkaldener Braunschweig-Wolfenbüttel jedoch einnehmen und halten können, »so mussen wir es doch antweder kai. mt. vermog der sequestration zustellen oder mit solchem unkosten und beschwerden behalten, das es disen stenden in die harre [längerfristig] zu erschwingen unmoglich«. Selbst wenn es »uns schon glucklich und noch unsern willen hinausgöt«, sei zu befürchten, daß »wir nichts anders usgericht dan grossen kosten angewendt und nichts gewunnen, uns auch solichs kostens an h. Heinrich oder sinem land oder helfern weder mit recht noch mit der that erholen mögen«. Das Einbehalten Braunschweig-Wolfenbüttels bedrohe die Zukunft des Bundes nicht nur wegen der Schulden, die auf dem Land lasteten, sondern vielmehr deshalb, weil diese Besetzung andere protestantische Mächte abschrecken würde, sich dem Bund anzuschließen. »Domit ligt der last und burde allein uf etlichen und werden unser von tag zu tag je weniger.«

Nun setzte sich Sturm gegen die Vorwürfe zur Wehr, die der Landgraf gegen ihn erhoben hatte. Es sei unwahr, protestierte er, daß er nur an sich und seine Stadt denke: »[Ich] sihe worlich nit uf miner hern oder anderer stett gelegenheit allein, sonder worlich uf den gemeinen handel.« Weder er noch seine Amtskollegen würden sich vor den Verpflichtungen gegenüber dem Bund drücken, »aber schwär wolt es sein und in die harr unmoglich, so sich andere wolten usziehen, das die gutwilligen den last allein tragen solten; [ich] besorg, si wurden doch zum letsten dorunder erligen müssen«. Die für Sturm untypische Emotion, die in seinen Schlußworten zum Ausdruck kam, verriet, welchen Tiefstand die Beziehungen zwischen den beiden Männern – dem Hessen und dem Straßburger, dem Fürsten und dem Adligen, dem Herrn und dem Bürger – erreicht hatten. Es sollte sich daran nichts mehr ändern.

Aber wer A gesagt hatte, mußte auch B sagen: Die Kosten für die zweite militärische Operation der Braunschweiger Affäre mußten den alten Schulden zugerechnet und, so hoffte man, auf so viele Schuldner wie möglich verteilt werden. Am Tag der Schlacht von Kalefeld, dem 14. Oktober 1545, trafen Sturm, Martin Herlin und Konrad Joham zusammen, um eine Empfehlung an die XIII von Straßburg aufzusetzen. Der Notfall wog schwerer als die Bedenken der Männer: Es sei abzusehen, daß diese Operation den »brunschweigischen defensions verwandten zu schwer und von noten sein wurde«, so daß es ratsam wäre, wenn »sein f. g. die andern einigungsstend auch ersuchte und anzeigte, das es nunmehr nit die brunschweikische sonder alle einigungstend und den ganzen religionshandel antreff«. Philipp solle »mit denselben disen allgemeinen handel der religion [...] beratslagen, damit solich handlung nit inen so wol als uns und also der religion ingemein zu beschwerden und nachteil uslauf«.[39] Dies stimmte mit der Position überein, die der Landgraf – es sei dahingestellt, ob aus ehrlichen oder anderen Beweggründen – von Anbeginn vertreten hatte: daß die Sicherheit der protestantischen Mächte als »Religionssache« gelten müsse. Insofern basierte die Unterscheidung zwischen »religiös« und »weltlich« auf rein taktischen Erwägungen. Ungeachtet ihrer Einschätzungen von 1545 bedienten sich Sturm und seine Kollegen – Opfer ihrer eigenen Ränke – genau desselben Arguments, als es 1546 um die Forderung auf Rückgabe von Kircheneigentum ging. Man solle die Länder im Norden daran erinnern, »wie treulich man inen gegen Brunswick geholfen [habe], das im grund kein religionsach gewesen«.[40] Über viele Jahre hinweg hatte die Undefinierbarkeit dieses Gegensatzes der Reformationsbewegung ihre Energie verliehen. Daß der Schmalkaldische Bund, der so lange politischen Nutzen aus dieser Situation gezogen hatte, nun die andere Seite der Medaille kenenlernen sollte, war vorauszusehen.

ELFTES KAPITEL

Zusammenbruch

Pläne zur Erneuerung des Bundes

Als Jakob Sturm 1545 die Ehrungen der dankbaren oberrheinischen Städte entgegennahm, befand er sich auf dem Höhepunkt seiner Karriere. Zu dieser Zeit fertigte der Straßburger Maler und Amtskollege Sturms Hans Baldung Grien ein Porträt von Sturm an und hielt so dessen Erscheinung für die Nachwelt fest. Das Gemälde selbst ist verschollen, aber eine Kopie zeigt Sturm in der Blüte seines Lebens als nicht besonders großgewachsenen Mann von fülliger Statur. Er trägt einen eckig geschnittenen Bart und ist mit einem Barett, einem Umhang und Strümpfen bekleidet; an der Seite trägt er einen Degen. In der einen Hand einen Handschuh, hält er mit der anderen den Mantel zusammen und stellt dabei seinen Siegelring zur Schau. Er ähnelt, so formulierte es eine Historikerin charmant, einem mittelständischen Heinrich VIII.[1] Seine Gesichtszüge sind jedoch ernst und ein wenig asketisch, als trüge er die ganze Last der Republik auf seinen Schultern.

So war es im Grunde auch, denn die unzähligen Sitzungen mit dem Rat und den XIII oder den geheimen Räten, denen Sturm in den vergangenen zwanzig Jahren hatte beiwohnen müssen, die Arbeit in den Ausschüssen, die langen Reisen per Schiff oder hoch zu Roß und die endlosen Verhandlungen mit Theologen und Magistraten, Rechtsgelehrten und Fürsten, Bischöfen und Kurfürsten, einem König und einem Kaiser hatten ihren Tribut gefordert. Zuletzt hatte sich Sturm im Jahre 1532 wegen »leibsblödigkeit [...] entschuldigt und ihn des ritts [nach Regensburg] zu erlassen inständig gebeten«, sich aber dann doch entschieden, »sein leib und gut für [Straßburg] zu setzen«.[2] Die darauffolgenden Jahre brachten keine Entlastung, denn als sich die älteren Kollegen aus der Diplomatie zurückzogen, rückten nur wenig jüngere nach, die über die erforderliche Ausbildung, über Sprachkenntnisse und Rhetorik verfügen sowie die Bereitschaft bekundeten , der Kommune auf diese Weise zu dienen. Trotz häufiger Appelle von seiten der älteren Ratsmitglieder, »das best [zu] thun«, verbesserte sich die Situation nicht. Als Peter Sturm im Februar 1545 berichtete, daß sein Bruder, der sich zu diesem Zeitpunkt in Worms aufhielt, erkrankt sei und allabendlich unter angeschwollenen Fußknöcheln litte, entsandte der alarmierte Magistrat einen Arzt zur Behandlung Sturms. Im Juni schrieb Sturm, noch immer in Worms, er »wolt ouch diser zeit nichts liebers thun und haben, dan das ich mich us disen schweren gescheften anheimisch zu besser rug mit fugen thun möcht, und also libs und gemüts halb mher frid und gesuntheit behalten«.[3] Aber er hielt trotzdem bis zum Ende durch, Sklave seines eigenen Pflichtgefühls, obgleich bereits das Gerücht kursierte, »Herr Jacob Sturm will abnemen in seinem kopf und schier nit mer so scharpf sein als etwan«.[4]

Sturm, mittlerweile in den Fünfzigern, war sich schmerzlich bewußt, in welchem Maße Straßburgs Politik allein auf seinen Schultern lastete. Als er sich 1545 bereit erklärte, zum Bundestag nach Frankfurt zu reisen, nutzte er die Gelegenheit, um seinen Ratskollegen warnend vor Augen zu halten, auch er werde »nit alweg weren [nicht ewig leben]«. »Ich habe«, schrieb er, »das Allgemeinwohl [gemein nutz] stets meinen eigenen Angelegenheiten, ja meiner eigenen Gesundheit [eigne leibsgescheft] vornangestellt, und ich werde dies auch zukünftig anstreben. [...] Doch in Straßburg hat sich gezeigt, daß die Last nach und nach auf den Schultern eines einzigen Mannes zu liegen kam, was in anderen Städten nicht der Fall ist. Ihr solltet darüber nachdenken, ob es so gut ist, das alles in den Händen eines einzigen Mannes liegt.« Die anderen Magistratsmitglieder, so beklagte Sturm, hätten sich daran gewöhnt, die offiziellen Geschäfte an einige wenige abzugeben, »und wenn das Geschäft gut geht, so sagen sie ›Wie hätte es denn sonst auch gehen sollen?‹, und wenn es schiefläuft, so sagen sie ›Der ist der Schuldige‹. [...] Wir brauchen mehr Männer«, schloß Sturm, »denn eines nahen Tages werde ich zu Reisen nicht mehr in der Lage, ja vielleicht sogar tot sein, und dann muß ein anderer mit diesen Dingen vertraut gemacht werden.«[5]

Die meisten der städtischen Regierungen sahen sich vor ähnliche Probleme gestellt: fähige Diplomaten aus den Reihen ihrer eigenen, unbezahlten Magistratsmitglieder zu rekrutieren. Abgesehen von wenigen Ausnahmen, konnten die ausgewählten Männer den immer härteren Anforderungen der Reichspolitik während der Reformationszeit nicht gerecht werden. Erst Mitte des Jahrhunderts gingen die freien Städte dazu über, das diplomatische Alltagsgeschäft bezahlten Beamten zu überlassen. In den Tagen Sturms verließ sich Straßburg jedoch noch auf seine Magistratsmitglieder, von denen die meisten bestenfalls zu mittelmäßigen Leistungen in der Lage waren.

Jakob Sturm war insofern alles andere als ein typisches Beispiel für einen städtischen Politiker, und sogar die prominentesten seiner Kollegen, Bernhard Besserer aus Ulm oder der Konstanzer Thomas Blaurer zum Beispiel, wirkten meist in seinem Schatten. Die ungewöhnliche Kombination solcher Eigenschaften wie persönliche Integrität, Hingabe, Ausbildung, Eloquenz und Geduld trugen Sturm den Respekt von allen Seiten, inbesondere aber von den bedeutenden Fürsten und ihren Räten ein. Seit den 1530er Jahren, als das zunehmende Tempo der Bundesaktivitäten die menschlichen Kräftereserven der meisten Verbündeten im Süden überforderte, hatte er mehr und mehr an Format gewonnen. Die immer größeren Distanzen, die zurückgelegt werden mußten, verlangten den Bürgern entschieden mehr ab, die kulturellen Unterschiede zwischen Nord und Süd überstrapazierten ihr Beurteilungsvermögen komplexer Angelegenheiten und ihre sprachlichen Fähigkeiten. Überdies konnte es zu Unannehmlichkeiten ganz anderer Art kommen: »Es ist seer theur zerung in disen landen [in Thüringen] und saurer wein«, beklagte sich Sturm einmal mit einer für ihn seltenen Offenheit, »also das uns die knecht schier kranck werden, dan auch die spysz gantz nitt noch unser manier kocht ist.«[6] Ein solcher Wein mußte einem oberrheinischen Gaumen wie Essig vorkommen. Vielleicht kannte Sturm den thüringischen Witz vom »Drei-Männer-Wein« – einem Wein, der so sauer war, daß es zweier Männer bedurfte, um den dritten festzuhalten, während dieser trank.

Die meisten seiner Missionen – den Quellen zufolge über neunzig – betrafen Angelegenheiten des Schmalkaldischen Bundes, und die schleichende Auflösung dieses Zusammenschlusses während der Braunschweiger Affäre mußte Sturm viele schlaflose Nächte bereitet und große Energie gekostet haben. Aber nicht nur ihn, denn auch Kurfürst Johann Friedrich, den manche der süddeutschen Verbündeten für »faul« hielten, überlegte, ob er nicht sein Kommando aufgeben und sogar den Bund verlassen solle, und der Landgraf beklagte sich wiederholt, er müsse wegen der Bundesangelegenheiten seine eigenen Herrschaften vernachlässigen. Die Straßburger wiederum hielten sich vor Augen, daß es außer der gemeinsamen Religion keinen Grund gebe, die Mitgliedschaft in »ain solche weitleufig verstendnus« aufrechtzuerhalten.[7] Die Ursachen für diese allmählich fortschreitende Entfremdung waren in der Braunschweiger Affäre zu suchen. Sie hatte die gemeinsame religiöse Basis für die Einheit des Bundes untergraben und damit den geographischen und sozialen Spannungen den Nährboden geliefert, die Bündnispartner auseinanderzutreiben. Als es im Juli 1545 zum zweiten Braunschweiger Feldzug kam, prophezeite Augsburgs Führung, diese Aushöhlung werde die Zukunft des Bundes gefährden: »... weil die Fürsten, und sonderlich Sachsen und Hessen, der gehaltnen Rechnung [wegen der Streitigkeiten um die Abrechnungen] und der Undankbarkeit [der Städte] halb um Darsetzung [Einsatz] ihrer eigenen Leib, Land und Leut [in Braunschweig] wohl so unlustig sein mögen als die Städte«, gab man in Augsburg aufgeschreckt zu bedenken, »so könnte sich leicht zutragen, daß die Städte so lang auf der Fürsten Ansuchen warten dürften, bis die Zeit des Verständnisses abliefe, auch ein Trutz dazwischen fiele.«[8] Offenbar waren die Schmalkaldischen Hauptleute zu einem ähnlichen Schluß gelangt, als sie die Mitglieder des Bundes und andere Protestanten für den 20. Oktober 1545 – nur einen Tag bevor sie Herzog Heinrich gefangennahmen – in Frankfurt zusammenriefen, um über eine Erneuerung und Reform des Bundes zu beratschlagen.

Das Problem einer Reform und die Rolle, die Jakob Sturm dabei spielte, muß man in einem größeren Zusammenhang betrachten, warf doch die Braunschweiger Affäre ein grelles Licht auf die drei schwerwiegendsten Schwächen des Schmalkaldischen Bundes. Zum einen wurde der Bund durch die soziale Kluft in Mitleidenschaft gezogen, die zwischen den Städten, deren wirtschaftsorientierte Regierungen naturgemäß den Frieden dem Krieg vorzogen, und den Fürsten bestand, die den Krieg als eine ganz normale, wenngleich oftmals riskante Alternative zur Politik verstanden. Zweitens litt der Bund unter dem Mißverhältnis, das zwischen seiner enormen geographischen Ausdehnung und der Unmöglichkeit bestand, einen lückenlosen Zusammenhalt zu garantieren. Im Grunde deckte sich der Einflußbereich des Bundes, der sich von Straßburg bis Pommern und von Konstanz bis Hamburg erstreckte, mit dem Reich selbst. Zum dritten war der Bund durch eine von der Reformation begünstigten, aber keineswegs von ihr hervorgerufene ideologische Verwirrung um die Abgrenzung zwischen religiösen und weltlichen Angelegenheiten geschwächt. Mit anderen Worten: Der Bund basierte allein auf der gemeinsamen Religion; diese Basis aber war durch gemeinsame wirtschaftliche Interessen, eine gemeinsame politische Kultur oder die Arbeit an vergleichbaren Problemen bei regionalen Sicherheitsfragen nicht mehr verstärkt worden. Außer der Religion gab es keine greifbaren Interessen, um etwas zu nähren, das Sturm »ain rechte liebe zuainander« genannt hatte.[9]

All diese Schwächen traten zutage, als die städtischen Politiker begannen, über Erneuerung und Reformen nachzudenken. Sturm setzte sich mit diesen Fragen im März 1544 auseinander, als die Gesandten König Ferdinands die Möglichkeit eines neuen Bundes der süddeutschen Mächte unter königlicher Führung andeuteten. Eine solche Wiederbelebung des alten Schwäbischen Bundes, überlegte Sturm, werde den Herrschern und Städten sicherlich zugute kommen, die »einander etwas gelegen oder gesessen« wären; »aber denen stenden oder stetten, so von den andern geainigten weit gelegen, mocht ein soliche pundnus wenig erschiessen [wenig nützen], dieweil die verainigung und gütliche oder rechtliche austräg, so darinnen gemainlich geordnet und gemacht wurden, nur diejenigen, so mit in der pundnus weren, beruren theten«. Sollte ein solches Bündnis nicht auch die benachbarten Mächte mit einschließen, »mit denen man täglich zu nachpeurlichen spennen kommen möchte [...], so weren inen die austräg etc wenig erschiesslich, wie man dan solichs vor vil jaren, da Strasburg auch ein zeit lang im schwaebischen pund gewesen, nit one schaden erfaren hätt«.[10] Der Vergleich traf zu, denn ein solcher nicht-konfessioneller Bund würde Straßburg Sicherheitsgarantien verschaffen, die es nicht brauchte. »So haben wir alhie nit so grosse gemeine und privatreichtumben auch gewerb und handel, als man bei Nurmberg, Augspurg, Ulm und andern mehr stetten hat«, überlegte der Straßburger, »derhalben wir auch, (gott hab lob) nit sovil anhangs, ved und veindschaften zu besorgen als andere. Und was man uns veind und ufsetzig, ist unsers verhoffens der mehrertail umb der christenlichen religion und des hailigen wort gottes willen. Da haben wir ain pundnus. [...] Zudem befinden wir täglich, wann wir schon in pundnussen umb prophansachen willen uns begeben, das uns dieselben wenig nutz weren, dweil man vermog des landfridens mit der that nichts furnemen darf. Also, ob man uns gleich gewalt und wider unsere herbrachte freiheiten thut, so dorfen wir nichts thätlichs dargegen handlen ...«[11] Trotz Sturms Bündnispolitik war sich Straßburg der Tatsache stets bewußt geblieben, daß sich die Stadt in einer Region ohne mächtige Fürsten befand. Ähnliche Überlegungen über die Rückkehr zu vertrauteren, regionalen Sicherheitskonzepten wurden auch in Ulm angestellt, und zwar so intensiv, daß die besorgten Augsburger vehement an der Erneuerung des Bundes zu arbeiten begannen.

Die eigentliche Führung blieb gleichwohl weiterhin in den gewohnten Händen: in denen Jakob Sturms. Er wohnte den Versammlungen des Bundes in Frankfurt zwischen dem 7. Dezember 1545 und 7. Februar 1546 in Begleitung seines Verwandten Heinrich von Mülnheim sowie Michael Schwenckers, eines Mitglieds der Zünfte, bei. Jakob Sturm wußte nur zu gut, daß seine gesamte Politik gefährdet war, und so erklärte er sich erschöpft bereit, nach Frankfurt zu reisen: »Dise sachen, die man jetz handlen werd«, seien so wichtig, »das der stat wolfart und verderben daruf stend«.[12] Straßburgs Reformpläne, mit einiger Sicherheit das Werk Sturms, zielten darauf ab, die staatsähnlichen Möglichkeiten des Bundes zu fördern, den Verwaltungs- und Rechtsapparat zu stärken, die Stimmen neu zu verteilen und die Steuergerechtigkeit durch die Einführung des Gemeinen Pfennigs auszubauen.

Im Dezember 1545 kam es in Frankfurt zu einer überraschenden Einigung in Sachen Reform. Sachsen und Hessen erklärten zwar, »das durch vile der hendel und geschefde si irer eigen auch ir land und leute geschefde versaumen« würden und »das si als oberhauptleut grossen ungunst und unwillen uf sich« geladen hätten, das man aber gleichwohl »die bundnus nit zergon soll lassen«.[13] Sturm forderte, die Verfassung Punkt für Punkt zu überprüfen, Augsburg erklärte, es sei »alle ding willig«, und alle Städte sowie ein Großteil der fürstlichen Gesandten klagten über die Steuern. Tatsächlich löste das Problem der Besteuerung eine wahre Sturzflut von Beschwerden aus, was Sachsen zu der Einschätzung bewog, die Situation sei »nie so sorglich gestanden als jetz«.[14] Unterdessen rückte Sturm mit seinen Argumenten zugunsten des Gemeinen Pfennigs heraus und verband sie mit wiederholten Appellen an die eigentliche Grundlage des Bundes, die Religionsgemeinschaft: »Do seine her[n] uf sich selbst sehen, so konten sie diser ainung wol uberig sein. Wan sie aber uf den gemainen handel sehen und wie der jetzt geverlich gestelt, so bedenken si, dass durch das treulich zusamensetzen derselb dester mer erhalten werden möcht.«[15] »Derhalben muss man«, beschwor Sturm die Verbündeten, »in diesen und dergleichen verainigung und hendlen nit zu gar mistreu, sonder doran zufriden sein, das ainer mit erbarn und christenleuten handelt und das die sachen auf trauen und glauben gestelt ... alsdann würt gott sein gedeien dorzu geben.«[16] Doch Sturms Appelle gingen ins Leere, denn der Bund wandte sich gegen eine direkte Besteuerung und faßte den Entschluß, am alten Matrikularsystem festzuhalten. Die Entscheidung des Reichstags, der sich lange mit ähnlichen Querelen geplagt hatte, trotzdem eine direkte Vermögenssteuer einzuführen, war ein traurig stimmender Kommentar über den Zustand des Bundes.

Im Mai 1546 lag der Schmalkaldische Bund in Trümmern, und dies war so offenkundig, daß seine beiden Architekten, Jakob Sturm und Landgraf Philipp, schon daran dachten, den Schlußstrich zugunsten eines neuen Bündnisses zu ziehen – der Landgraf, weil er Sturms Reformen hin zu mehr Zentralismus fürchtete, Sturm indes, (den seine eigenen Mißerfolge und die Selbstsucht der Städte im Norden entmutigt hatten), weil er glaubte, »das sich die erb[aren] oberländischen stett alein mit e. fl. G. [dem Landgrafen] in ainung und verstendnus begeben ...«[17] Am Vorabend des letzten Bundestages zu Friedenszeiten analysierte Sturm das fehlgeschlagene Zusammenwirken des protestantischen Nordens und Südens. Die Verbündeten im Norden seien »mit iren anlagen und bezalungen gantz langsam und unrichtig gewesen, do doch die braunschweigisch defension sy mer dan die oberlendischen angangen, auch inen zu gut beschehen; also das zu besorgen, so sy in iren eygen sachen so langsam und unrichtig, sy wurden, wo es die oberlendischen angon wurde, noch vil langsamer und unrichtiger sein«.[18] Sturm sollte sich nicht irren, und die folgenden Monate waren der Beweis dafür.

Die letzte Chance, sich auf Reformen gleich welcher Art zu einigen, wurde im Frühjahr 1546 vertan, als die Verbündeten in Worms zum größten Bundestag in der Geschichte der Schmalkaldener zusammentrafen. Sechsundfünfzig Kanzler, Räte, Bürgermeister und Syndici vertraten dreißig der sechsunddreißig Bundesmitglieder sowie elf weitere protestantische oder dem Bund wohlgewogene Nichtmitglieder. Die Fürsten indes glänzten durch Abwesenheit; sie waren zu Hause geblieben, um sich auf den Krieg vorzubereiten, und nach Sturms Rückkehr nach Straßburg war es nur noch eine Sache von wenigen Wochen, bis ein Krieg gegen den Kaiser unmittelbar bevorstand.

Dissens in Straßburg: Jakob Sturm und Martin Bucer

Diese Auflösungserscheinungen im Gefüge des Bundes – Nachwehen der Braunschweiger Affäre – fielen mit politischen Fehlschlägen Sturms auch auf anderen Gebieten zusammen. In Straßburg verschlechterte sich das Verhältnis zwischen ihm und Bucer, jenem Sohn eines Handwerkers, der sich zu einem bedeutenden Kirchenmann auf Reichsebene entwickelt hatte. Seit Sturm den Weggenossen 1529 mit nach Marburg genommen hatte, machte Bucer in den folgenden zehn Jahren seinen Einfluß bei anderen Reformationsbemühungen in ganz Süddeutschland geltend, sowohl in Städten wie Bern, Basel, Nürnberg, Ulm, Frankfurt und Augsburg als auch in den Territorialstaaten wie Württemberg und Hessen. Bucer war zum geistlichen Makler in Sachen Reformation geworden. Später spielte er mit Unterstützung seines neuen Herrn, des Landgrafen, mehr oder minder herausragende Rollen bei den Versuchen, andere Länder wie etwa Cleve-Jülich, Hamburg und vor allem Köln zu reformieren. Als sein Wirkungskreis immer größer wurde, trat Bucer, der weitaus unbekümmerter mit bestehenden Gesetzen und Rechten umging als sein Mitstreiter, für radikale Unternehmungen ein, die Sturm nicht mehr gutheißen konnte. Während Sturm stets auf eine Stärkung des Kollegialitätsprinzips innerhalb des Bundes bedacht war, rief Bucer nach einer starken Hand: »...were dann bessers nicht dann ein haupt gemacht und dem vollen gewalt gegeben mit zuordnen etlicher raethen. Also habens die Romer und alle, die je große sachen außgericht, gehalten; haben einen dictatorem gemacht und dem weiter befelch oder maß nit geben, dann das er sollte sehen, das die stadt kein schaden neme. Dem mußte darzu gelt, leut und alles ergeben sein.«[19]

Die Kontroverse, die zwischen den beiden über die Regierungsform des Bundes entbrannt war, war ein Widerhall ihrer Auseinandersetzungen um eine strengere Kirchenzucht in Straßburg. Bucers

Ansichten, wenn nicht sogar sein Handeln, ließen keinen Kompromiß zu. »Alle Zuchtordnung«, schrieb er, »mußt man wider bekrefftigen und mit höchstem eifer drob halten und die gemeinen gepett mit großem ernst halten. Dann sust wird der herre nit mit uns sein. Die hulf an gelt, leuten, und was zur sach gehoret, mußte kein andere maß nach ziel haben dann ein satter friede gantzer deutscher nation mit warer und allgemeiner reformation.«[20] Trotz gelegentlicher Anflüge von Friedfertigkeit war Bucer im Grunde seines Herzens ein Kreuzritter, der von einem Volk Gottes träumte, das in Reih und Glied hinter seinem gerüsteten Herrscher von Gottes Gnaden stand.

Die Ausdehnung seines Wirkungskreises über Straßburg und den Oberrhein hinaus setzte in Bucer Energien frei, die er später mit großer Strenge gegen Straßburgs eigene – und in Bucers Augen steckengebliebene – Reformation richtete. Während der späten 1530er Jahre dachte er darüber nach, wie man aus Straßburg eine gottesfürchtigere Stadt machen könne. Seine Vorstellung von einer »zweiten Reformation« legte er in seinem 1538 erschienenen Werk über die Theologie der Seelsorge mit dem Titel *Von der wahren Seelsorge* dar. Bucer suchte nach einem Weg, den festen Griff des Magistrats um die unvollendete Straßburger Reformation zu lösen oder zumindest zu lockern. Im Grunde hatte er in materieller Hinsicht nun alles erreicht, was einem Geistlichen zuteil werden konnte: Er war Dekan von St. Thomas geworden, besaß ein großes Haus, verfügte über ein ansehnliches Salär und hatte erneut geheiratet – aber das heftige Verlangen nach einer durch Kirchenzucht reineren Kirche nagte gleichwohl in ihm. Bucer kam nicht zur Ruhe, und so ließ er auch dem Rat keine Verschnaufpause: »Dan warlich«, schrieb er, »werden wir den seligen Bund Gottes nicht besser dann bishar erkennen, eingehn, halten und erbreiten, so wirt in Got an uns auch brechen und nit mehr unser Got und Heiland sein, Sonder, wie er seinem Alten volck gethon, uns in die hende unser feinde zu zeitlichem und ewigem verderben jaemmerlich hingeben.«[21]

Zum Streit zwischen Bucer und seinen Herren kam es nicht, solange er seine Vorstellungen nur schriftlich fixierte – den Rat interessierte nicht, was Bucer schrieb –, doch als er und einige andere Pastoren darangingen, sie in die Tat umzusetzen, kam es zum Eklat. Irgendwann Ende 1544 oder Anfang 1545 organisierte Bucer gemeinsam mit anderen Geistlichen innerhalb der jeweiligen Gemeinden sogenannte »Konventikel der Frommen«, die sich später auch »Christliche Gemeinden« nannten. Diese Gruppierungen, daran bestand kein Zweifel, sollten der ganzen Gemeinde als Vorbild dienen, denn als deren Existenz gegen Ende 1545 in Straßburg bekannt wurde, verfaßte Bucer seine Schrift *Von der Kirchen mengel und fähl unnd wie die selben zu verbeßern*, die er zu Epiphanias, am 6. Januar 1546, dem Rat und den XXI vorlegte. Es war dies ein Manifest für eine zweite Reformation in Straßburg, und schon der erste Satz machte unmißverständlich klar, worauf Bucer hinauswollte: »Das zu diser unser zeyt die leuth ein so groß abscheuhen und entsitzen haben, wann von dem gewalt der schlußel der kirchen gehörig geredt wurt, ist nit ein kleine ursach die unwißenheit des underscheids geisthliches unnd weltliches regiments, das sie kein satt [ausreichendes] wißen haben, wie solliche regiment voneinander gescheiden und wie weit sich ein yedes ußstrecke, sonder vermeinen, das sie weiterm gewalt gar nichts underworffen seyen, den so von welttlicher oberkeit geuebett wirt.«[22]

Die Kirche als eigene, scharf abgegrenzte Form geistlicher Herrschaft! Wie sehr unterschied sich das von dem, was Bucer in den 1520er und frühen 1530er Jahren vertreten hatte, als er den Rat aufforderte, gegen die Katholiken und Wiedertäufer vorzugehen. Nun ging es Bucer darum, eben jene klerikale Autorität zu neuem Leben zu erwecken, die man damals abgelehnt hatte, und darunter faßte er auch das Recht zur Exkommunikation, zu strengerer Kirchenzucht und zur Autonomie der Pfarrgemeinde. Es war zu erwarten, daß sich der konsternierte Rat weigerte, auf Bucers Forderungen einzugehen.

Als letzterer nun gegen Jakob Sturms Kirchenordnung zu Felde zog, geriet auch dessen Bündnispolitik ins Kreuzfeuer. In vorderster Reihe der Kritiker stand Ammeister Klaus Kniebis, in glücklicheren Tagen politischer Anführer der Straßburger Reformationsbewegung. Kniebis hatte sich zwar nach dem Regensburger Reichstag von 1532 aus der Diplomatie zurückgezogen, ein Jahrzehnt später aber, als der Schmalkaldische Bund in Braunschweig einfiel und die Städte erneut um ihre Rechte im Reichstag kämpfen mußten, hatte seine Geduld mit Sturms Politik ein Ende. Diese Politik, so glaubte Kniebis, hatte die Städte, deren Privilegien und Hingabe an das Evangelium den Klauen von gierigen, unbesonnenen und gewalttätigen Fürsten überlassen. Im tiefsten Herzen ein Partikularist, war Kniebis der Überzeugung, es sei das beste, zu jener alten Politik regionaler Sicherheit zurückzukehren, die auf der Solidarität unter den Städten beruhte – eine Variante des zerstörten Traumes, »schweizerisch zu werden«. Zu den Vertrauten des Ammeisters zählte der Basler Bürgermeister Bernhard Meyer, dem Kniebis vorschlug, »die rechte alte frindschaft und vereinigung [wieder] anzurichten«, bevor man erneut betrogen und ganz um sein Geld gebracht werde. Man müsse sich vor den Fürsten schützen, denn »si wollen mehr haben und uns weder billichs noch recht thun. Der almechtig wolle uns einmol helfen, dass wir von den wutenden wolfen mochten erlediget werden.«[23] Seite an Seite sollten sich die Bürger – Protestanten wie Katholiken – dieser mächtigen Bedrohung entgegenstellen. Der Geist, in dem Kniebis dieses Programm abfaßte, war durchaus zwinglisch, sofern man den Zwinglianismus als Verknüpfung von weltlicher und christlicher Freiheit versteht. Zudem verbarg sich dahinter auch eine gewisse Übereinstimmung mit dem Bucerschen Traum, Straßburg in eine Stadt Gottes zu verwandeln.

Der Haken an Kniebis' Idee bestand jedoch darin, daß in den vergangenen achtzig Jahren alle reinen Städtebünde gescheitert waren, doch sogar in den Tagen der »guoten allten nachburschafft« hatte Straßburg freundschaftliche Beziehungen zu einem der mächtigen Fürsten der Region unterhalten, dem rheinpfälzischen Kurfürsten. Nachdem der Herrschaft des Pfalzgrafen im Jahre 1504 ein Ende bereitet worden war, konnte kein anderer Fürst diese Lücke füllen. Herzog Ulrich, Schrecken der freien Städte, war gänzlich ungeeignet für diese Rolle, und Landgraf Philipp, der in den 1520er und 1530er Jahren am ehesten dafür prädestiniert gewesen wäre, hatte in anderen Regionen des Reiches Besseres zu tun. Die Lücke, die durch das Fehlen eines mächtigen Fürsten im Südwesten entstanden war, wurde nicht geschlossen, und überdies kam nun nur noch ein protestantischer Fürst in Frage. Im Jahre 1544 aber, als ob er von dieser Lücke angezogen worden wäre, trat ein neuer Kandidat auf den Schauplatz. Nach den Jahren kurpfälzischer Unschlüssigkeit klopfte nun die Reformation an Heidelbergs Tore.

Die Kurpfalz und der Schmalkaldische Bund – Taktieren zwischen Kaiser und protestantischer Allianz

Einstmals die bedeutendsten Fürsten im Westteil des Reiches und Anführer der Opposition gegen die Monarchie, hatten die rheinischen Wittelsbacher seit ihrer vernichtenden Niederlage durch Kaiser Maximilian im Jahre 1504 in Erstarrung verharren müssen. Dieser Krieg hatte Jakob Sturm von der Heidelberger Universität zurück nach Straßburg vertrieben. Während der ersten zwanzig Jahre der Reformationsbewegung hatte die rheinpfälzische Lücke nicht geschlossen werden können. Kurfürst Ludwig V. hatte, was die Religion in seinem Land anging, eine Politik des *laisser faire, laisser allez* betrieben und in der Reichspolitik einen Kurs konfessioneller Neutralität verfolgt. Als Ludwig 1544 starb, ging man jedoch überall davon aus, daß mit seinem Bruder und Nachfolger Friedrich II., von den einen »der Weise«, von anderen »Friedel mit der leeren Taschen« genannt, Veränderungen eintreffen würden. Lange in habsburgischen Diensten, hatte dieser ältliche Playboy etliche Prinzessinnen aus dieser Dynastie umworben und schließlich eine davon geheiratet. Dorothea brachte ihm einen eindeutigen, wenngleich hoffnungslosen Anspruch auf den dänischen Thron ein. Die protestantischen Herzen schlugen höher, als Friedrich 1544 die Nachfolge antrat, und obgleich sich in Heidelberg zunächst wenig Neuerungen abzeichneten, schien es gegen Ende 1545 doch so, als bewege sich der Kurfürst dem Protestantismus und dem Schmalkaldischen Bund entgegen.

Zu dieser Einschätzung war zumindest Jakob Sturm gelangt, der schon im Oktober 1538 in Straßburg mit Friedrich über Fragen der Religion gesprochen hatte. Sturm und seine Brüder waren natürlich pfalzgräfliche Lehnsleute, und über die Familie seiner verstorbenen Frau, die Bocks, verfügte Jakob Sturm über vielfältige Beziehungen zu einigen der mächtigsten Vertreter in der Regierung des alten Kurfürsten. Möglicherweise war dies die Basis, auf der nun ein kleiner Kreis von Friedrichs Beamten seine Fühler ausstreckte, um während des Reichstags zu Worms von 1545 mit Sturm Kontakt aufzunehmen. Einer von ihnen, Philipp von Helmstett, arrangierte wenig später ein geheimes Treffen mit dem Straßburger, das am 4. oder 5. Dezember im Hause des Bürgermeisters von Neckarhausen stattfand. Dort wurde der Plan gefaßt, Kurfürst Friedrich zum Bundestag der Schmalkaldener nach Frankfurt einzuladen, wo er vom Landgrafen überzeugt werden sollte, religiöse Reformen in seinem Land einzuleiten und dem Bund beizutreten. Sturm sollte diesen Plan als seinen eigenen ausgeben, ihn im Bundestag einbringen und schließlich den Landgrafen und andere für das Projekt gewinnen. »... man forderlich geschmit hette«, drängte Helmstett, und Sturm ergänzte: »wyll das eyssen warm [ist].«[24]

Zeitweise schien es, als werde der Plan gelingen. Wie verabredet, machte sich Sturm für die Idee stark, Friedrich nach Frankfurt einzuladen, und erbot sich, die Delegation anzuführen, die der Bund am 11. Januar nach Heidelberg entsandte. Im Gegenzug schickte der Kurfürst Gesandte nach Frankfurt, und obgleich es nicht zu einer Übereinkunft kam, schien die ganze Angelegenheit dennoch sehr vielversprechend zu sein, als der Bundestag im Februar auseinanderging.

Bis sich die Verbündeten im April in Worms erneut versammelten, hatte sich die Situation allerdings geändert. Sturm, der gehofft hatte, mit dem Beitritt Kurfürst Friedrichs würden auch andere Mächte das Lager wechseln, war schon am 22. April zu der Einschätzung gelangt, daß es um die Angelegenheit mit dem pfälzischen Kurfürsten kritisch stehe. Tatsächlich wandte sich der kluge Friedrich – ein ebenso lauer Protestant wie Katholik – schon wenig später wieder dem kaiserlichen Lager zu. Die rheinpfälzische Variante, wegen der Sturm vor den schmalkaldischen Verbündeten und seinen

Straßburger Amtskollegen eine regelrechte Posse aufgeführt hatte, löste sich vor seinen Augen in Nichts auf.

Wieviel ihm dieses Projekt bedeutet hatte, teilte Sturm seinem Mitstreiter Helmstett in der für ihn charakteristischen Ausdrucksweise mit: »[Ich] will uich nit bergen«, sagte er, »das ich es [das Projekt] fur mein person auch fur nutz und gut ansihe. [Ich] will es auch gern und treulich, so vill mir moglich, helffen furdern, das es geschehe. [Ich] kan woll gedencken, was doran gelegen, das pfaltz bestendiglich bey dem Evangelio pleyben möcht, bin auch der hoffnung, [es] soll andern nit mißfallen.« Sturm glaubte, es werde die gemeinsame Sache voranbringen und zur »erhaltung gemeines fridens in teutscher nation imer dienen [...], das wolt ich meins geringen verstand ye gern furdern. [Ich] zweyvelt auch nit«, fuhr er fort, »so wie es alle von hertzen suchen und bitten werden, wir werden es erlangen. So aber einer uff dise, der ander uff Ihene gelegenheit sicht, gött es ettwan, wie es mag und wie wir sehen; der her woll es allenthalben bessern.«[25] Doch zunächst einmal hätte der Beitritt des pfälzischen Kurfürsten die Südflanke des Bundes geschützt und den freien Städten die Sicherheit gegeben, die sie in Landgraf Philipp und Herzog Ulrich vermißten.

Zu diesem Zeitpunkt, das Frühjahr 1546 ging in den Sommer über, nahten die Vorboten des Krieges bereits sehr rasch. Landgraf Philipp, der das Aufziehen der dunklen Wolken am Horizont verfolgte, schrieb Mitte Mai in düsteren Worten an seine Straßburger Freunde: »Es will uns aber duncken, wir all haben den geist und den sinn nit mehr, den wir alle vor zeiten gehabt.« Damals, so überlegte er, »waren unser viel weniger, machten die einung, legten auf uns große anschlege, unser Herrgot hadt uns seidher erhalten, wir haben darunter große sach, particulariter und sonst, gethan. Aber nun«, warnte er seine treuesten Verbündeten, »da wir doch das gluck auf unser seiten gehabt und di not der religion itzo am hochsten ist und zum treffen kumpt, seint wir so kleinmutig und des gelts so kargk, welchs gelt wir doch ein stunt zu besitzen nit gewiß sein, und wan wir's itzo sparen zu dieser noth, so thun wir darmit nichts anders, daß das es hernach unsere veindt bekommen und also unser gut und uns under ire joch erlangen.«[26] Jetzt, ein Vierteljahrhundert nachdem Luther auf dem Wormser Reichstag vor Karl V. getreten war, war der Augenblick der Entscheidung gekommen, wer zukünftig unter wessen Joch leben sollte.

ZWÖLFTES KAPITEL

Krieg

Der Donaufeldzug von 1546

Ende April 1546 verbreitete sich die Nachricht, Karl V. habe auf seinem Weg zum Regensburger Reichstag in Speyer haltgemacht. Viele nutzten die Gelegenheit, um mit dem Kaiser zusammenzutreffen, darunter auch Landgraf Philipp von Hessen, der, einen Falken auf dem Arm, mit zweihundert seiner Männer erschien. Während eines Banketts nach der Jagd fragte der Kaiser den Fürsten, wie es um den Schmalkaldischen Bund stehe. »Gn[ädiger] her kaiser, es manglet mir nit mer dann noch ein man.« Als der Kaiser fragte, wen der Landgraf damit meine, erwiderte Philipp: »E[ure] k. Mt. hätte ich auch gern under die fromme leut.« Die beiden Männer lachten, und der Kaiser gab zurück: »Nein, nein, ich kum nit under die verwürten leute.«[1]

Doch Philipps kühne Worte vermittelten ein falsches Bild. Um Ostern 1546 saßen der Landgraf und seine Verbündeten bereits ziemlich in der Klemme: Die zerrüttete Allianz sah sich der drohenden Zerreißprobe eines Krieges gegenüber. Einem Gerücht zufolge hatte Augsburgs Stadtsyndikus dem Landgrafen im März mitgeteilt, daß sich der Süden des Bundes »in ainem großen mistrauen und misverstand« befände, und »sunderlich wil her Jacob Sturm in ain unglauben gezogen [Mißtrauen entgegengebracht] werden, wollichs aller gemainer handlung und sunderlich den oberlendischen stetten zum hochsten nachtaylig und verderblich wirt sein«.[2] Von den Straßburgern berichtete man, sie hätten vor, »ain privilegium vom kunig von Frankhreich zuwegen zu pringen, das inen an der iren hantierung fuderlich und andern stetten nachtailig sei«.[3]

Für den anstehenden Kampf zeichnete sich von vornherein ein ungleiches Kräfteverhältnis ab. Als an der französischen und türkischen Front für einen Augenblick die Waffen schwiegen, handelten im katholischen Lager der Papst, der Kaiser und der Herzog von Bayern bereits die finanzielle und strategische Grundlage für einen erfolgreichen deutschen Feldzug aus. Auf der anderen Seite standen die Protestanten und die Mitglieder ihres Schmalkaldischen Bundes, die offenkundig Zuflucht unter dem Motto *sauve qui peut* suchten. Martin Luther hatte einen großen Krieg zwischen den Fürsten und dem Kaiser prophezeit, gegen den der Bauernkrieg von 1525 in der Rückschau sich nur wie ein Vorspiel ausnehmen würde, und so schien sein Tod am 18. Februar 1546 ein Omen für das aufziehende Unheil zu sein.

Als Karl V. am 10. April in Regensburg eintraf, vibrierte die Stadt vor jener blinden Aufgeregtheit, die so oft das Anzeichen für eine bevorstehende Katastrophe ist. Die am 27. Januar 1546 wiederaufgenommenen Gespräche der Theologen waren in den darauffolgenden sechs Wochen von Niederträchtigkeit, Bissigkeit und Unversöhnlichkeit auf beiden Seiten gekennzeichnet, und als der Kaiser eintraf, um den Reichstag zu eröffnen, machte die vergiftete Atmosphäre und die mangelnde Bereitschaft aller Beteiligten auch das letzte Vertrauen Karls in die Gespräche mit den Protestanten zunichte. Jakob Sturm hatte dem nichts entgegenzusetzen, denn als er im Mai an Landgraf Philipp schrieb, stand auch für ihn fest, daß »durch dise colloquia, nationalversammlungen, reichstag oder andere ordentliche wege khein christliche, volkommene vergleichung nach zur zeit zu verhoffen sey«. Resigniert fuhr er fort: »Wie die religion bei zeiten Christi, der apostel und martyrer wider willen und gehell alles ordenlichen gewalt by juden und heiden uffgangen, also das heut das haus, morn ein anders, dan ein flecken, dan ein land zum glauben khommen und also allgemachlich in aller verfolgung uberhand genommen, also werd auch die widerbringung der wahren religion oder, wie wir es nennen, die reformation christlichs glaubens auch iren furtgang gewinnen, nit durch ordentlich wege sonder also, das heut der furst, morgen der her, dan die statt dan das land herzukomme wider der hochsten potentaten willen biß es in der verfolgung so groß und stark werde, das uberhand name (so) und sich die ordentlich oberkheyt auch von frid und nott wegen dazu begebe.«[4] Verfolgung, Märtyrertum und höchster Triumph – Sturm dachte über Krieg und Zerstörung nach.

Als Karl V. erkannte, daß sich die deutsche Glaubensspaltung durch Gespräche nicht mehr beheben lassen würde, und die Protestanten sich überdies weigerten, am Konzil von Trient teilzunehmen, schob er seine letzten Bedenken beiseite. Mitte Juni forderte er seine Schwester, Königin Maria, und die Bischöfe auf, sich zum Krieg zu rüsten. Zudem zementierte er die Treueverpflichtung zweier führender katholischer Fürsten durch königliche Eheschließungen und sicherte sich durch Verträge mit Papst Paul III. und Herzog Moritz von Sachsen Geld und Truppen für den bevorstehenden Feldzug. Am 10. Juni ordnete der Kaiser die Mobilmachung an, und während der Reichstag in Regensburg weiter vor sich hin dümpelte, begannen sich die päpstlichen Truppen bereits nach Norden und damit in Richtung Deutschland in Bewegung zu setzen – genau in dem Moment, es war der 3. Juli, da Karl die Absetzung des Kurfürsten Hermann von Köln verkündete. Die Schmalkaldischen Hauptleute waren in der Zwischenzeit im nahe Erfurt gelegenen Ichtershausen zusammengekommen, von wo aus sie die Mobilmachung des Bundes anordneten und Botschafter mit der Bitte um Hilfe nach Frankreich und England entsandten.

Die schmalkaldischen Städte im Süden reagierten mit Begeisterung auf den Kriegsruf ihrer Hauptleute und erboten sich sogar, mehr als die drei Doppelmonate zu zahlen, die für den Krieg zunächst erhoben worden waren. Ihr General, Sebastian Schertlin von Burtenbach, machte sich mit elftausend Soldaten und sechsundzwanzig Kanonen zum Oberlauf des Lech auf. Er hatte vor, die dort aufmarschierten Truppen zu zerschlagen und das päpstliche Heer daran zu hindern, mit den Verbänden Karls zusammenzutreffen. Abgesehen von diesem Überfall begann der Donaufeldzug jedoch so, wie ihn die Experten Karls V. geplant hatten. Seine deutschen und spanischen Truppen sowie die italienischen Soldaten des Papstes – alles in allem sechsunddreißigtausend Fußsoldaten, sechstausend Reiter und siebzig Kanonen – trafen am 13. August bei Landshut zusammen, nur ganze drei Wochen, nachdem der Reichstag am 24. Juli auseinandergegangen war. Das katholische Lager sah sich nun der etwas stärkeren Armee des Schmalkaldischen Bundes gegenüber, die Anfang August mit ihren über hundert Kanonen in der Nähe von Ingolstadt aufmarschiert war. Im Rücken der Protestanten näherten sich jedoch niederländische Truppen mit weiteren zwölftausend Soldaten und achttausend Pferden unter dem Kommando von Maximilian Egmont, Graf von Buren. Er konnte den Truppen, die ihn verfolgten, entwischen, überquerte ungehindert den Rhein bei Bingen und marschierte nun südostwärts, um den Amboß für den Hammer des Kaisers zu spielen.

In der Kriegführung des sechzehnten Jahrhunderts war nur wenigen strategischen Plänen ein so großer Erfolg beschieden wie dem Donaufeldzug des Kaisers. Mittlerweile standen sich die beiden Heere zur Entscheidungsschlacht bei Ingolstadt gegenüber. Der Bund war auf einen schnellen, entscheidenden Sieg angewiesen, und nach einem zweitägigen Vorbereitungsbombardement vom 31. August und 1. September hätten seine Befehlshaber die Position des Kaisers bereits erschüttert haben müssen. Unterdessen war jedoch Graf von Buren im Anmarsch, so daß sich die Schmalkaldener stromaufwärts zurückzogen, um ihn daran zu hindern, sich mit den Truppen Karls zu vereinigen. Nun folgte ein ständiger Wechsel von Scheinangriffen und Rückzugsmanövern – die Protestanten fürchteten sich davor, in Stellung zu gehen und den Kampf zu suchen, während Karl noch nicht willens war, seine gesamte Schlagkraft gegen sie zu riskieren. Schließlich errichteten die Schmalkaldener ihr

Schmalkaldischer Bund 1546

Reichstage
1521 – 1555

Worms	1521, 1544–45
Nürnberg	1522–23, 1524, 1542, 1543
Speyer	1526, 1529, 1542, 1544
Augsburg	1530, 1547–48, 1550–51, 1555
Regensburg	1541, 1546

Mitglieder des Bundes:

● Territorien ○ Freie Städte

⚔ Schlacht

Zusammenkünfte des
Schmalkaldischen Bundes

Arnstadt	1539
Braunschweig	1538, 1542
Eisenach	1538
Frankfurt am Main	1531 (2×), 1536, 1539, 1543, 1545
Naumburg	1540, 1541
Nürnberg	1532, 1534, 1543
Schweinfurt	1532, 1542
Schmalkalden	1530, 1531, 1533, 1535, 1537, 1540, 1543
Ulm	1546
Worms	1546

Lager bei Giengen, während sich Karl in Richtung Ulm zurückzog, um dort ebenfalls seine Zelte aufzuschlagen. Zum Erstaunen aller Beobachter kam es nicht zu weiteren Kämpfen, und die beiden lagernden Armeen wurden nach und nach durch das schlechte Wetter, unzureichende Rationen, den ausbleibenden Sold und Krankheiten demoralisiert.

Straßburg lag zwar ein gutes Stück abseits dieses Kriegsschauplatzes, beim Donaufeldzug aber spielte es gleichwohl in dreierlei Hinsicht eine wichtige Rolle. Zum ersten hatte es der schmalkaldischen Heeresführung drei Männer zur Verfügung gestellt: Ulman Böcklin von Böcklinsau, der die Truppen als Kriegsrat begleitete, sodann dessen Bruder Wolff, der als Verbindungsmann beim Oberländischen Kreis des Bundes in Ulm fungierte, und schließlich Michael Han, der sowohl dem Oberländischen Kreistag als auch dem in Ulm zur Verwaltung der Heeresfinanzen eingerichteten »Kammerrat« als Sekretär zur Seite stand. Zweitens spielte Straßburg eine maßgebliche Rolle bei der Finanzierung des Feldzuges. An direkten Abgaben, den sogenannten »Anlagen«, zahlten die Straßburger über zweihundertzehntausend Gulden, dazu kamen die Anleihen, die man in Straßburg und in der Schweiz ganz sowie anteilig in Lyon aufgenommen hatte. Zum dritten fungierte die Stadt als Kontaktstelle für die Suche des Bundes nach weiteren Verbündeten und Anleihen im Ausland, insbesondere in Frankreich und England. Daneben diente Straßburg als Basis für den Nachschub von Söldnertruppen, als Zentrum für das Zusammenstellen und Weiterleiten von Informationen an die Front und schließlich als Anlaufstelle für Rat und finanzielle Unterstützung der kleineren freien Städte.

Jakob Sturm spielte beim Donaufeldzug bis kurz vor Ende des Krieges eine erstaunlich untergeordnete Rolle. Zwischen Ostersonntag, dem 25. April, und Anfang November blieb er in Straßburg, wo er den Kontakt mit den nach England und Frankreich entsandten Botschaftern hielt. Diese Unternehmungen zeitigten allerdings kaum greifbare Ergebnisse, denn Johann Sturms vier Missionen nach Frankreich und Johann von Niedbrucks drei Reisen nach England brachten den Straßburgern nur ein unsicheres Darlehen von Piero Strozzi aus Lyon ein, das zudem zu spät eintraf, um den Bund noch retten zu können. Sturm, der in diesen Monaten von allen Seiten bedrängt wurde, sich an die Front zu begeben, lehnte dies ab.

Es spricht einiges für die Annahme, daß Sturms Untätigkeit Ausdruck seiner Resignation angesichts des Scheiterns des Bundes war, rechtzeitig vor dem Krieg zu einer Erneuerung und inneren Stärkung zu gelangen. Von Anfang an sah er diesen Krieg als Strafe, das verhängnisvolle Schicksal nicht mit Geduld besiegt zu haben, als Gottesurteil über die Protestanten und als Aufruf zum Martyrium.

Im Juli beispielsweise schrieb er an Pfalzgraf Otto Heinrich: »... und so es je anders nit sein mag, gedenkt man auf diser seiten bei got und seinem wort zu bleiben und daruber alles, was man hat, ze wagen. Der herr wöll sein gnad geben, wo es je gelitten mues sein, das wir es mit christlicher geduld tragen und von unserm herrn Christo Jesu umb keins zeitlichen [weltlichen Vorteils] willen abweichen ...«[5] Und als Sturm, gemeinsam mit anderen Gesandten des Bundes, im November schließlich doch in das schmalkaldische Feldlager bei Giengen reiste, drückte er sich in ähnlicher Weise aus. Seit sich »gegenwertige kriegsemporung verschinens sommers zwischen kei. Mat. und den stenden der christlichen vorain angefangen und zugetragen« habe, sei »gegeneinander und nit mit geringer beschwerung, schaden und vorderben der deutschen nation geübet worden«. Er habe »solichs mit ganz bekommertem gemuet vernommen und viel lieber, do es der gotliche wille gewest, gesehen, das die dinge zu solchem beschwerlichen krige nicht geraicht, so were er doch darunter zu Strasburg plieben«. Da er unterdessen aber erkannt habe, »das sollicher krig sich bisher verzogen, auch sich villeicht ferrer in die harre erstrecken mochte, [so habe ich es], als der sonder rum fride, ruhe und ainigkait, auch deutscher nation als des vaterlands wolfart und gedeun [meines] vermugens zu befurdern willig, nicht underlassen konnen noch wollen, sich von Strasburg zu erheben und zu dem churfursten zu Sachsen und landgraven zu Hessen, auch den verordneten krigsreten zu vorfugen und iren chur- und fl. G., auch inen, solichs und daneben anzuzeigen, was zerstorunge und zerruttunge aller policei, erbarkeit und gueter sitten in deutscher nation daraus erfolgen wolt, do dieser krig solt beharret und confirmirt werden«[6]. Verpaßte Chancen, drohende Niederlage, Zeichen menschlichen Versagens und von Gottes Mißfallen – so lautete Sturms Botschaft.

Es war von Anfang an klar gewesen, daß der Bund, wollte er diesen Krieg gewinnen, eine entschlossene Führung und viel Geld benötigen würde. Sturms Amtskollege Klaus Kniebis hatte die Sache auf den Punkt gebracht: »Wo wir uf unser sit nit mochten grosse summen gelts ufbringen, so wurde es nit gut fur uns sin.«[7] Doch während der Süden zahlte – Württemberg, Augsburg, Ulm und Straßburg mußten für 72 Prozent der Kriegssteuern des Bundes herhalten –, beteiligte sich der Norden kaum oder gar nicht. Kein Wunder, daß Straßburgs XIII bittere Vorwürfe erhoben: »... dann wie wir es rechnen, so alle stend in der ainung 18 doppelmonat erlegt, das es mehr dann drei millionen gelts gethan haben wurde, davon das krigsvolk ain gute zeit hette mögen erhalten werden.«[8] Dies aber war nicht geschehen, und so war die finanzielle Situation bald katastrophal.

Doch kein Geld der Welt konnte die protestantische Sache mehr retten, wenn die Schmalkaldischen Hauptleute jetzt nicht alles daransetzten, einen schnellen und entscheidenden Sieg herbeizuführen. Graf Wilhelm von Fürstenberg, ein erfahrener Krieger, verwies genau auf diesen Punkt, nachdem er die Bundestruppen inspiziert hatte. »Lieben herren und freindt«, sagte Wilhelm, »ich laß mir euer kriegsrustung und anschleg wol gefallen, aber kaiser Carle, euer parthei, ist ain kriegsfurst nit uf ain sommer, sonder im fall der nott uf etliche jar.« Und an anderer Stelle wird der Graf sogar folgendermaßen zitiert: »Euer sach ist nichts [ist verloren], [denn] kaiser Carle ist ein kriegesman, kan de krieg ußharren, da ir nit kunden, werden zu letsten vor ime, das irs übersecht [im Augenblick noch nicht erkennt], nit beston megen.«[9] Tatsächlich waren die Schmalkaldener nicht in der Lage, einen längeren Krieg zu gewinnen. Sie hatten nur eine einzige Chance, und als es ihnen am 1. September bei Ingolstadt nicht gelang, ihrem furchtbaren Bombardement einen Angriff gegen die kaiserlichen Linien folgen zu lassen, hatten sie den Krieg verloren.

Sturm an der Front

Im November, als Jakob Sturm an die Front kam, war die Entscheidung längst gefallen. Worte der Zuversicht konnte er nicht mehr finden. In Ulm, wo die Bundesversammlung ohne Unterlaß tagte, verkündete er, seine Regierung sei bereit, eine direkte Steuer von einem Prozent von jedem Untertanen zu erheben, doch »es wurdt dannocht nicht genug sein«.[10] Hätten es die »oberlendischen stend und stett im anfang dis kriegs gewolt, das sie hetten wol mögen ruewig sitzen«, erinnerte Sturm die Gesandten, dann wäre »der krieg in Sachsen und Hessen gewisslich gerathen«.[11] »Ich hab ouch in disen höchstwichtigen handlungen wol mögen leiden und gern gesehen«, so berichtete der württembergische Kriegsrat nach Stuttgart, »das her Jacob Sturm als ain dem evangelio geneigter und darzu geschickter und erfarner mann alhier komen und ine gotseliglich, geschicktlich, gleichmessig und onparteisch hören von sachen.« Gleichwohl aber seien Sturms Worte »trostlos und beschwerlich« gewesen, und wie dieser Situation zu begegnen sei und wie »menschlich rat zu finden sein well, das haben die stend noch ich von ime nit vernemen künden«.[12]

Sturms Resignation nahm noch zu, als er am 10. November im schmalkaldischen Feldlager bei Giengen eintraf. Was er vorfand, war keineswegs ein psalmensingendes Heer von Kämpfern im Namen Gottes, sondern eine hartgesottene und trinkfeste Armee von Söldnern, wie sie für das sechzehnte Jahrhundert typisch waren. »So furen wir wol«, schrieb der preußische Gesandte nach Hause, »solch ein leben mit fressen, sauffen, gotteslesterung und unzucht, das es nicht wunder were – wan got nicht seiner auserwelten vorschonet – das wir gestrafft wurden. Die predicanten schtraffen hefftig, vormahnen zur bus. Man spurt wenig frucht. [...] Ich bit aber, wie David, got welt schtraffen und lassen und nicht in der feinde schtraff fallen.«[13]

Im Lager des Bundes bei Giengen ergriff Sturm am 10. November zum letzten Mal die Initiative. Seine Straßburger Kollegen, so verkündete er, seien fest entschlossen, »sich in kain schantlich rachtung zu geen. Nachdem aber die sachen steen, wie sie heut erzelt, so mochten sies villeicht endern«. Sturm drängte die Fürsten, den Feind anzugreifen, man wisse doch von »inquisition und mandaten [Edikten], darus zu nemen, das er [der Feind] die ganze rel[igion] ausreuten wolt. So wurd auch das ansuchen [um einen Frieden] disse stend verkleinern [den Schmalkaldenern abträglich sein]. Nimant wurt mer zu uns nemen [dem Bund beitreten]. Also das dannoch schlacht der best weg; ob es aber zu thun oder nit, konde [ich] nit wissen. Ob man auch dazu gefasst, das [weiß ich] nicht. Sonst ist [meine] hoffnung, do man sich gewagt, er [Gott] wurde auch gluck geben haben.«[14] Von diesem Augenblick an würde sich das Schicksal nicht mehr der Geduld, sondern nur noch Gottes Willen beugen. Und entschlossenem Handeln, denn Sturm beschwor die Fürsten, den Süden nicht im Stich zu lassen, ohne den Kaiser angegriffen zu haben, »der nunmehr matt und schwach« sei, und ihn dazu zu bringen, »das er us dem veld weichen müsst. Alsdann mag, was dem churfursten eingenommen were, leichtlich wieder erobert werden ...« Es sei besser, die entscheidende Schlacht zu suchen, »dann das daz [Kriegs]volk kelte, ungewitters und anderer ursachen halben da ligen und doch verderben und zuletst sterben soll«. Denn dann würde der »veind sich leichtlich durch die bischöf und andere, die sich bisher forcht halben enthalten, sterken mag und gegen Wurtemberg und den oberlendischen stetten furnemen, des inen villeicht zu schwer sein wurde«.[15] Sturm beschwor die Befehlshaber und Gesandten, endlich zu handeln: »Ir lieben hern«, sagte er, »ist euch nit an den dingen gelegen, das ir um gelts willen das volk zerziehen lassen und nicht lieber ein kleinen schaden leiden wollet, so weiß ich warlich nit, was ich sagen soll, dan mich dunkt, es sei ein groß thorheit, wo ir's volk lißet von euch ziehen ...«[16]

Nach Ulm zurückgekehrt, versuchte er den Bund auf ähnliche Weise zu bestärken, indem er dessen Aufmerksamkeit von der reinen Kriegführung auf die Gründe lenkte, wegen derer man überhaupt in den Kampf gezogen war. »Was [meine] hern und ander im Oberland gethan«, rief er am 19. Dezember in seiner Verzweiflung,

»belangt das zeitlich und ewig [...], und steet derhalb der handel uf dem, das man von dem werk lassen oder aber sehe, wie man ime helfen wöll.« Sollte die Erhebung des Gemeinen Pfennigs nicht zur Verbesserung der Lage beitragen, »so [wüßte ich] kainen weg«.[17] Andere Vorschläge hatten auch die Gesandten nicht zu unterbreiten, so daß Sturm, nun am Ende seines Lateins, die Sache auf den Punkt brachte: »... die stett [können] die anschleg nit ertragen [...] und kain ander mittel [ist] vorhanden. [...] Aintweder dis [den Gemeinen Pfennig] oder nichts.«[18] Sturm hätte ebensogut gegen eine Wand anreden können: Die Versammlung stimmte gegen eine direkte Vermögenssteuer. Für den Schmalkaldischen Bund – und dies galt auch für den Reichstag – waren direkte Steuern gleichbedeutend mit Zentralismus und damit einer Schwächung der Kontrollmöglichkeiten der einzelnen Mächte zugunsten einer gemeinsamen Sache und Führung. Zentralismus und Schwächung der regionalen Autonomie – das waren exakt die Kräfte, gegen die der Partikularismus, gestärkt durch sein Zusammenwirken mit der Reformationsbewegung, in diesem Krieg doch kämpfte. Aber die aktuelle Situation hatte den konservativen Jakob Sturm gleichwohl gezwungen, eine Maßnahme vorzuschlagen, hinter der die Verbündeten revolutionäre Folgen witterten, so daß sie ihre Zustimmung nicht erteilen konnten. Unterdessen waren immer beunruhigendere Nachrichten von den Plünderungen durch kaiserliche Truppen in Sachsen eingetroffen, worauf die schmalkaldischen Befehlshaber Order gaben, das Lager abzubrechen und nach Hause zurückzukehren.

Diese Ereignisse zerrissen die letzten Bande des Vertrauens zwischen Jakob Sturm und Landgraf Philipp von Hessen. Bevor er nach Straßburg zurückgekehrt war, hatte Sturm den Landgrafen noch einmal beschworen, die kaiserliche Armee anzugreifen, »do man sonst, so man abzeucht, dem veind platz und raum gibt, einen noch dem andern zu undertrucken, auch gott kein mittel zeigt, dodurch er sinem volk und kirchen helfen will, und dozu wir Teutschen all unser reputation bi allen nationen verlieren und die gerecht sach des heiligen evangelii geschmecht wurdt ...«[19] In seiner Verzweiflung bediente sich Sturm nicht länger seiner diplomatischen Formulierungen, sondern umriß die Situation in einer für ihn höchst untypischen, apokalyptischen Sprache. Philipp solle sich nicht einreden, »das si [die Verbündeten] einich gute rachtung [eine friedliche Regelung] bi dem gegenteil erlangen mogen noch werden, si wollen sich dan gottes und sines worts begeben. Si handlen nit allein mit kai. Mt., sonder mit dem antichrist zu Rome, der dise ding wider uns alle angericht und regiert.«[20]

Doch Sturms Worte machten dem Landgrafen nur klar, daß er nun von dieser Art von Krieg die Nase voll hatte, in dem »doctores und schreiber wollen kriegsleute und die kriegsleute doctores sein«.[21] Und so schrieb er Sturm am 22. November: »Wer euch sagt, das der keiser schwach sei, der sagt euch gewiss unrecht; dan wir haben von unseren edelleuten, die der keiser gefangen gehapt, und sonst di kuntschaft, das er sehr stark ist.«[22] Noch am selben Tag brachen die Schmalkaldischen Hauptleute das Lager ab, um in ihre Länder zurückzukehren.

Mit Vetter Wolff Böcklin an seiner Seite, machte sich der zutiefst entmutigte Sturm durch den grauen November auf den Weg nach Hause. Er ritt gen Westen, über den Schwäbischen Jura und durch das Neckartal. Am 27. November erreichte er Stuttgart, wo er einen Zwischenhalt einlegte. Zu seiner Überraschung erfuhr er, daß der Landgraf kurz zuvor dort eingetroffen war, um in einer letzten verzweifelten Mission Herzog Ulrich um mehr Geld zu bitten. Noch einmal, ein letztes Mal, sollten die drei Männer also zusammentreffen – Herzog Ulrich, Landgraf Philipp und Jakob Sturm, die siegreichen Weggefährten aus den Tagen von 1534. Tatsächlich versäumte Philipp es nicht, an jene Tage zu erinnern, als er Ulrich um fünfzigtausend Gulden bat. In Anbetracht der Lage handelte es sich um eine bescheidene Summe, doch Herzog Ulrich verweigerte sie. Nun wandte sich Philipp an Sturm mit der Frage, ob man eine solche Summe nicht in Straßburg aufbringen könne. Sturm entgegnete jedoch, daß dies mit Sicherheit unmöglich sei, denn selbst wenn das Regime es wollte, könnte es einen solchen Betrag in der Stadt nicht mehr eintreiben; das Geld, das es zu diesem Krieg beigesteuert habe, stamme ja schon von Straßburgs Bürgern.[23] Dabei blieb es. Der Süden war verloren. Landgraf Philipp ritt zu seinen Truppen zurück, und Jakob Sturm setzte seinen Weg nach Straßburg fort. Die beiden Männer sollten sich nie wieder begegnen.

Kapitulation oder Widerstand?

Am Morgen des 8. Dezember 1546 waren alle Augen des Rates und der XXI auf Jakob Sturm gerichtet, als sich der bejahrte Staatsmann erhob, um Bericht von seinem Besuch an der Donaufront zu erstatten. Nachdem die Mitglieder des Magistrats seine Ausführungen vernommen hatten, ersuchten sie Sturm und drei andere Amtskollegen, Vorschläge zur weiteren Vorgehensweise zu erarbeiten und zu überlegen, »ob man den [Krieg] continuieren wolle oder wa man zu einer rachtung komen moecht und mit was mass, auch ob man gemeinen pfennings bedacht ingeen woll«.[24] Unterdessen begann der Bund allenthalben zu bröckeln, die dreihunderttausend Gulden aus Frankreich trafen ein – viel zu spät –, und von Herzog Ulrich, Ulm und anderen Verbündeten erging der Ruf nach Friedensverhandlungen.

Am vierten Tag des neuen Jahres unterbreiteten Sturm und seine drei Kollegen dem Rat ihre Argumente für und wider die beiden einzigen möglichen Vorgehensweisen. Es ging nun um Kapitulation oder Widerstand.[25] Sollte Straßburg einen Separatfrieden mit dem Kaiser schließen, so würde es Verrat an seinen Verbündeten begehen; überdies würde »noch gewonheit der welschen nacion uns nichts oder gar wenig gegolten [zugutegehalten]« werden. Der Kaiser werde fordern, zum päpstlichen Konzil Gesandte zu schicken, so daß »wir alsdan die mess und alle bebstliche ordnung wider ufrichten, ouch wider alle geistlichen [Besitztümer] zu restituieren« hätten. Straßburg würde das alte Privileg verlieren, dem Kaiser nicht huldigen zu müssen, würde sich dem Reichskammergericht und seinen katholischen Richtern unterwerfen müssen und »noch des keisers wolgefallen wie sine erbland geschetzt [besteuert]« werden. Es sei überdies nicht auszuschließen, daß kaiserliche Truppen in der Stadt einquartiert werden würden, »darin zu herschen, wib und kind [zu] schaden, zu zalen noch irer gelegenheit und allen mutwil zu gestatten, das wir bitzhar ganz ungewanet sind«. Auch der Bischof werde »alle sine alten gerechtikiten« wieder einfordern.

Die andere Möglichkeit, Widerstand, mußte mit ebenso großer Wahrscheinlichkeit in den Ruin führen. Sollte Straßburg belagert werden, sei zu befürchten, daß sich die eigenen Söldner gegen die Stadt wenden würden, zudem sei es um die Finanzen und Vorräte nicht gut bestellt. Schließlich werde »die landschaft herumb uf ein tagreis verderbt und verherget«, und angesichts der Tatsache, daß die »statt den mereteil an zins und gulten fur ire herschaft doruf habe«, müsse man überlegen, »wem solches verderben zu schaden reichen wirdt«. Aber auch ohne eine Belagerung werde die kaiserliche Reiterei das Land verwüsten, so daß »der riche burger, kaufman und ouch gemein burger und handwerksman sin handel nit fieren kinde«. Sollte der Kaiser, was zu erwarten war, Straßburg mit der Acht belegen, so würde keiner mehr seine Schulden an die Stadt oder ihre Bürger zurückzahlen, und auch die Zinseinkünfte durch auswärtige Schuldner würden versiegen. »So der adel, rich burger kein zins, kein gult und auch alle anderen nebenschulden nit werden folgen, ieren stand nit wol wussten zu erhalten, der gemine handwerksman, der sich des adel und richen burger erneret und wol genisset, nit mor wie zuvor zu gebruchen un inen an irer narung abgan.« Zudem müsse man mit der »unbestendikit des gemeinen mans« rechnen, der »am ersten ingang der sachen lustig [ist], und so es etwan unglucklich neher gatt, sich urblitzlich umbwendet und in ein vertrack gibt, dweil [er] nit vill zu verlieren, der den wolhabenden hanz beschwerlich ist«. Sollte sich Straßburg letztlich dazu entschließen, Widerstand zu leisten, so müsse man bedenken, daß es dann alleine dastehe, denn es sei »nit zu versehen, das man uf diser stend seiten [bei Verbündeten] ein kriegsvolk mehr zusamenpringen werde«.

Kapitulation oder Widerstand – das eine wie das andere bedeutete den Ruin. Der Rat und die XXI beschlossen, die Schöffen zu konsultieren, die am 19. Januar von fünf Magistratsmitgliedern in ihren Zunfthäusern befragt wurden: Einhundertachtzig Schöffen sprachen sich gegen jegliche Verhandlungen mit dem Kaiser aus, weil dieser ihrer Einschätzung nach sein Wort nicht halten werde, ganz gleich, was er verspreche. Sturm und andere, denen klar war, daß die Stadt würde verhandeln müssen, waren mit diesem höchst unwillkommenen Ergebnis in eine heikle Lage geraten. Obgleich der Schmalkaldische Krieg in Straßburg zunächst nicht zu Begeisterungsstürmen geführt hatte – der katholische Maler Sebald Büheler berichtete, er habe während der von der Obrigkeit angeordneten Gebetsminute für den Sieg »nie von keinem gesehen der uff der gassen oder auch anderswo nider auf die knie gefallen were«[26] –, war die Stimmung unter den Zünften nach und nach zugunsten des Widerstands und gegen den Kaiser umgeschlagen. Bucer und andere Prediger setzten von ihren Kanzeln aus alles daran, mit ihren kleinen »Christlichen Gemeinden« auf diesen Zug aufzuspringen. Damit machten sie dem Rat regelrecht die Hölle heiß, und schon kursierte das Gerücht, die Mitglieder des Magistrats unternähmen nichts, um die Lage zu ändern.[27] Wieder andere tuschelten, daß Straßburgs Herren uneins seien und Mathis Pfarrer zwei- oder dreimal versucht habe, den Ratssaal zu verlassen, weil er glaubte, dies den Bürgern mitteilen zu müssen. Er sei aber an seinen Rockschößen festgehalten und daran gehindert worden.[28]

Inmitten dieser erregten Atmosphäre planten Sturm und seine Kollegen die Unterwerfung Straßburgs vor dem Kaiser. Ein entsprechender Vorstoß kam Ende Januar auch von Kanzler Granvelle, der über einen Verwandten Sturms, den früheren Augsburger Wolfgang Rehlinger, mitteilen ließ, Straßburg müsse »ein zimblichen fusfall thon« und den Bund verlassen, müsse versichern, daß es keinem anderen beitreten werde, das oberste Gericht unterstützen und ihm gehorchen und schließlich »ein leidliche geltstraff« zahlen.[29] Im Gegenzug werde der Kaiser der Stadt und ihren Bürgern seine Gnade erweisen, für ihr Handeln als Kriegspartei Vergebung gewähren, die Privilegien bestätigen und versprechen, ihre Religion nicht gewaltsam zu unterdrücken. Diese sehr großzügigen Bedingungen waren Ausdruck von Granvelles Anerkenntnis, daß Straßburg trotz seiner Nähe zu Frankreich standhaft geblieben war. Das Angebot wurde am 31. Januar akzeptiert, als Sturm und sein Ausschuß – alles strenge Protestanten – empfahlen, man solle Granvelle mitteilen, »das man sich in underhandlung einlassen wolt«.[30] Zunächst aber bedurfte dieser Entschluß der Zustimmung der Schöffen, die am 3. Februar – allerdings mit der bei insgesamt dreihundert Stimmen sehr knappen Mehrheit von hundertzweiundsechzig Ja-Stimmen – auch erteilt wurde. Die unterlegenen Schöffen gebärdeten sich laut und aggressiv, und Hans Mennlich von der Schneiderzunft beschuldigte Jakob Sturm der Doppelzüngigkeit und hielt ihm seine Aussage vom vergangenen Sommer entgegen, »das der keiser nie keinen glauben [Versprechen] gehalten« habe.[31]

Die Kapitulation vor Kaiser Karl V. vom Februar 1547 zählt zu den größten politischen Bravourstücken in der Karriere Jakob Sturms. Zog man einmal in Betracht, wie der Kaiser mit anderen Mitgliedern des Bundes umging, so schien es unvorstellbar, daß Straßburg, einer der Hauptkriegspartner, aus dem Schmalkaldischen Krieg hervorgehen sollte, ohne Schaden an seinen Privilegien und seiner reformierten Religion zu nehmen. Doch genau das geschah. Im Gegenzug begann Straßburgs Führung damit, aus ihrer rebellischen eine loyale protestantische Stadt nach dem Muster Nürnbergs zu machen. Gegen die Widerstände innerhalb Straßburgs ging Sturm auf die einzig mögliche Weise vor: Er schwor die Honoratioren der Zünfte nach und nach auf seine Friedenspolitik ein.

Die ersten Schritte auf Sturms Weg erwiesen sich als äußerst riskant. Als die Schöffen am 19. Januar zum ersten Mal befragt wurden, verlief die verhärtete Front zwischen Frieden und Widerstand zugleich zwischen den gesellschaftlichen Klassen: Die Patrizier, Kaufleute und reichen Bürger traten im allgemeinen für einen Frieden ein, während die militanten Widerständler zumeist aus den Reihen der ärmeren Händler und Zünfte kamen. Eine Bastion des Widerstandes war die Steinmetzzunft, deren Vertreter Georg Büheler forderte, daß die unter den Armen wie den Reichen weitverbreitete Hurerei bestraft werden müsse. Es könne nichts schaden, wenn man diese Herrschaft von Übeltätern, der Reichen wie des gemeinen Volkes, einem Säuberungsprozeß unterzöge.[32] Zwischen diesen beiden Parteien stand jedoch eine wichtige Gruppierung, die den Frieden wollte, wenn er »in Ehren« zu haben war, ohne daß also Kompromisse bezüglich der Privilegien der Stadt und ihrer Religion geschlossen werden müßten. Sturm gewann das Spiel, indem er diese Partei der Mitte auf die Seite der Regierung brachte und damit die Widerständler in die Isolation trieb. Die Prediger wußten genau, was sie mit ihrer Agitation erreichen wollten – »... den bann [die Exkommunikation] fur sich selbs ufzurichten«[33] –, doch im entscheidenden Moment verfügten sie nicht über politische Alternativen. Sie wurden weder »schweizerisch« noch »französisch«: Zunächst ging zwar das Gerücht um, Straßburg, Augsburg, Konstanz und Herzog Ulrich würden eher der Eidgenossenschaft beitreten, als sich dem Kaiser unterwerfen – es stellte sich jedoch als unzutreffend heraus –, und die natürliche Zuflucht aller Widerständler gegen den Kaiser, Frankreich, erwies sich als ungeeignet, weil die militanten Straßburger Protestanten den französischen König als Gegner ihrer Religion verachteten und König Franz I. überdies am 31. März 1547 starb.

Die Friedensverhandlungen verliefen unter strengster Geheimhaltung. Am 10. Januar nach Einbruch der Dunkelheit gelangte ein Förster namens Veltin unauffällig in die Stadt und überreichte Sturm und Konrad Joham die Sicherheitszusagen des Kaisers sowie Briefe von Jean de Naves und Wolfgang Rehlinger. Am Tag darauf verlas Sturm diese Schreiben vor dem Rat und den XXI und bereitete weitere Instruktionen vor, denen zufolge der Austritt aus dem Bund als unnnötig angesehen wurde, da sich der Bund binnen zweier Wochen in jedem Fall auflösen werde. Die Bedingung, keinen anderen Bündnissen beizutreten, wurde akzeptiert. Der Treueid gegenüber dem Kaiser sollte, wenn unbedingt erforderlich, nur durch den Ammeister und die XXI, aber im »namen und von wegen gemainer statt« geleistet werden, und auch gegen den rituellen »fussfall« wurden keine Einwände erhoben. Dafür äußerte das Regime die Hoffnung, daß der Kaiser keine Truppen im Elsaß stationieren, die althergebrachten Freiheiten der Stadt respektieren und überdies die Religionsfrage nicht durch Gewalt, »sonder dieselb durch ordenlich christlich und guetlich weg vermög der reichsabschied« beilegen werde.«[34] Sodann machten sich Sturm, Mathis Pfarrer und ein junger Patrizier namens Marx Hag auf den Weg über den Rhein und ritten durch den Schwarzwald ostwärts nach Ulm, wo sie den Kaiser in Begleitung seines Hofes und vierundzwanzigtausend kampferprobter Soldaten trafen. Der Herr über ganz Süddeutschland war in großer Eile, denn König Ferdinand und Herzog Moritz warteten auf sein Eintreffen, um die Truppen Johann Friedrichs zu schlagen. Karl war auf einen schnellen Sieg über die Schmalkaldischen Hauptleute angewiesen, um bestimmten Entscheidungen des Trienter Konzils (es tagte mittlerweile in Bologna) zuvorzukommen, die seinen Plan für die deutsche Lösung zunichte machen konnten. Als die Straßburger am 19. Februar das besetzte Ulm erreichten, trafen sie mit dem Sohn Granvelles, Bischof Antoine Perrenot von Arras, zusammen, der die angebotene Geldstrafe von dreißigtausend Gulden als viel zu gering erachtete. Die Bedingungen, auf die man sich schließlich einigte, verpflichteten Straßburg, den Bund und alle anderen Allianzen zu verlassen, den Treueid zu schwören und Karl mit sieben bis neun großen Kanonen zu beliefern.

Nach ihrer Rückkehr standen die Gesandten vor der schwierigen

Aufgabe, die ausgehandelten Bedingungen den Schöffen schmackhaft zu machen. Als sich diese am 5. März versammelten, um ein drittes Mal über die Frage Frieden oder Widerstand abzustimmen, verlas der Ammeister eine lange Rede, die Sturm für ihn entworfen hatte. Mit diesem Meisterwerk Sturmscher Redekunst wurde bekanntgegeben, daß »gemeine stat Strassburg und die iren auf volgende gestalt und mas mit der kei. Mt. vertragen und ausgesonnt werden mochte«.[35] Die Strafe betrage dreißigtausend Gulden, sehr viel weniger als andere zu zahlen hatten, sowie sechs Belagerungskanonen und sechs Feldgeschütze. Eine Ablehnung dieser Bedingungen würde bedeuten, daß »ein statt Strassburg, ire burger und die iren, darzu die ganze nachpurschaft im land in den krieg und grundlich verderben one die schmach, schand und laster, wie man siehet, so in, weib und kinden, täglichs us dem krieg folget, zu fueren und zu setzen sein«. Was den kritischen Punkt des Eides betraf, so ließ Sturm den Ammeister Jakob von Duntzenheim eine lange zurückliegende Begebenheit vortragen. Sturms Urgroßvater Peter Schott d.Ä. und Philips von Mülnheim waren 1473 nach Metz gereist, um dort Kaiser Friedrich III. aufzusuchen. Straßburg sollte sich damals einer ganz ähnlichen Forderung des Monarchen fügen, und so boten ihm die Männer an, den Treueid im Namen der Gemeinde abzuleisten. Sollte Straßburg »bei disem gewaltigen keiser und wie die sachen gestalt und geschaffen« sei, den Eid nun nicht um so bereitwilliger leisten? – dies wollte Sturm mit seiner kleinen stadtgeschichtlichen Lektion deutlich machen. In jedem Fall sei ein solcher Schwur dem Widerstand vorzuziehen, denn wenn Straßburg erst einmal »verarmbt und verdorben« sei, müsse es sich »auf gnad und ungnad ergeben. [...] Daraus ir, lieben freund, leichtlich verston mogen«, schloß Sturms Rede, »warumb wir mer zu dem friden dann zu dem krieg geneigt. Und dweil wir je kein menschlich hilf wissen und bei uns und den unsern sehen, wie wenig die predig des evangeli unsers lebens halb erschossen, das nit leichtlich zu hoffen, das der almechtig, der sein ehr und namen in andere weg wol zu erhalten weis, umb unser fromkeit willen sondere mirackel thun werde.« Auf die Bedingungen des Kaisers könne die »stat Strassburg ir und irer burger halben vil weger und minder schadlich« eingehen, als auf dem »krieg gegen einem so mechtigen keiser, dem nunmer fast der mererthail der deutschen nation gehorsamet, zu beharren...« Sturms Worte blieben nicht ohne Wirkung, und so ermächtigten die Schöffen den Rat und die XXI mit zweihundertdreiundvierzig Ja-Stimmen, auf der Basis der ausgehandelten Bedingungen Frieden zu schließen. Innerhalb von sechs Wochen hatte Jakob Sturm erreicht, daß von einst einem Drittel (32,9 Prozent) nun vier Fünftel (81 Prozent) der Notabeln der Zünfte seiner Friedenspolitik zustimmten.

Am 9. März verließ Sturm Straßburg erneut, nun in Begleitung von Marx Hag und dem reichen Kaufmann Friedrich von Gottesheim, die beide Französisch sprachen. In Pforzheim, wo man einen kurzen Zwischenhalt einlegte, kam Sturm die haarsträubende Geschichte von der Kapitulation Herzog Ulrichs zu Gehör. Am 4. März mußte sich der gichtgeplagte alte Sünder »vor kei. Mt. in einem sessel tragen lossen, also sitzend sich entschuldigt, das er den fussfall libs halb nit thon möge, und umb verzeihung gebetten«.[36] Als Sturm Karl V. schließlich am 13. März in Nördlingen einholte, verzögerte sich seine Audienz zunächst wegen eines Gichtanfalls des Kaisers. Erst am Nachmittag des 21. März knieten Sturm und seine Begleiter in Anwesenheit von nur dreißig weiteren Personen vor dem Monarchen nieder, um die Kapitulation der Stadt zu überbringen. Danach begab sich der Kaiser zu seiner Sänfte, um den beschwerlichen Weg über Franken und Nürnberg nach Sachsen zurückzulegen und die letzten protestantischen Rebellen zu schlagen. Der Vertrag vom 21. März 1547 hatte, so Sturm, den Zwist zwischen dem Kaiser und der freien Stadt unter fast den Bedingungen beigelegt, die Granvelle Ende Januar vorgeschlagen hatte. Ob man diese – selbst mit Unterstützung der Schöffen – den Bürgern Straßburgs schmackhaft machen konnte, war jedoch noch nicht abzusehen.

Martin Bucer begriff schnell, daß Sturm unmittelbar vor einem Sieg stand, und wandte sich für weitere Erleuchtungen nach Süden: »Wie hat Gott Schweizer frei gemacht und erhalten!« rief er aus. »Darzu gehort aber bibellisch mut und streit«, alles andere, »geld, speis und proviant[,] gibt Gott«.[37] Die mißliche Lage, so erklärte er, sei nur entstanden, weil der Magistrat seine Forderungen zurückgewiesen habe, »... daß religion recht allenthalben were bestellet und erhalten worden«. Er verurteilte die Magistratsmitglieder, die in »großer forcht gegen Gott und gemeinem man« seien, und pries Kurfürst Johann Friedrichs standhaften Widerstand: nur dies sei der richtige Weg, »und ob der todt schon folget, so wirt doch der tod ihn in alle ehr und gute bei Got und menschen furen, wilchs ja das höchste ist, das ein mensch, der religion und forcht Gots hat, mag begeren«. – »Religion selig, der im vertrawen zu Gott nuhr balt zu tod kehme!« wütete Bucer gegen den Friedensvertrag. »Es wirt aber Gots sohn sich gewißlich erzeigen und seine vertreg noch baß gelten lassen und beweisen, das alle herschung sein allein ist.«[38] Landgraf Philipp, der von »herschung« einiges verstand, kommentierte sarkastisch: Es »ist zu verwundern, das die weisen und gotforchtigen zu Straßburg es nit besser bedacht, so sie doch keinen vheind nie gesehen, viel weniger belagert gewesen und ein solche veste, wol proviandirte und mit volk wol besetzte stadt, auch einen solchen rucken von Schweizern und Frankreich in der nehe bei sich haben«.[39]

An Sturm war es nun, die Straßburger davon zu überzeugen, dem gesunden Menschenverstand den Vorzug vor dem Märtyrertum einzuräumen und den Vertrag zu akzeptieren. Nachdem er von seiner Mission berichtet hatte, bestand seine erste Handlung darin, gegen die Prediger, deren Anhänger und »convocationen [Versammlungen]« vorzugehen, die bei seiner Rückkehr aus Nördlingen einen wahren Proteststurm gegen ihn entfesselt hatten.[40] Zu diesem Zeitpunkt strebten Bucer und einige andere Prediger nichts Geringeres an, als den Vertrag zu Fall zu bringen und die durch den Magistrat verfügte Kirchenordnung von 1534 außer Kraft zu setzen, und zwar auf ganz ähnliche Weise wie in den 1520ern, nämlich indem sie versuchten, die Stadtgemeinde gegen die Obrigkeit aufzustacheln. »Es ist der gemein man in Straßburg unwillig«, schrieb Bucer an den Landgrafen, »begert in gemein sampt und sunderlich berufen zu werden und nit durch zunfte vornemlich, die im anfang sind ursach geweßen der religion.«[41] So war es in der Tat gewesen, und Sturm war fest entschlossen, es nie wieder so weit kommen zu lassen.

Bucers Taktik basierte auf der Forderung, daß die Entscheidung über den Vertrag von der gesamten Gemeinde, nicht nur von den Schöffen gefällt werden sollte – ein Schritt, der nicht nur verfassungswidrig, sondern auch aufrührerisch war, und dies in einer Stadt, die nach Einschätzung vieler kurz vor einer Revolution stand. Zunächst neigte man tatsächlich dazu, in diesem Punkt nachzugeben und die gesamte Gemeinde zu konsultieren, aber schließlich entschieden der Rat und die XXI doch, am 20. April ausschließlich die Schöffen zu befragen. Diesmal wurde die Sache des Friedens auch von dem bejahrten Klaus Kniebis vertreten. Er zählte zwar längst zu den Kritikern Sturms, hier aber kam es ihm auf Recht und Ordnung an. In seiner Rede hob er die Versicherung des Kaisers hervor, daß »es der religion halben bei demselben pleiben solte«, bis die ganze Angelegenheit »durch ein gemain christenlichen concilium oder ander beburlich weg und mittel« entschieden sei.[42] Kurze Zeit später empfing der Magistrat den kaiserlichen Kommissar Christoph von Schauenburg. Den Kommissar beunruhigte die gespannte Atmosphäre in der Stadt, doch Sturm versicherte ihm, »mein hern hete sein kein irrung«.[43] Er und Mathis Pfarrer geleiteten Schauenburg in das Rathaus, wo die Räte den Treueid gegenüber dem Kaiser ablegten. Man schrieb den 25. April 1547, und in Straßburg wußte noch niemand, daß der Kaiser und seine Verbündeten tags zuvor die Truppen des Kurfürsten Johann Friedrich bei Mühlberg an der Elbe geschlagen hatten.

Als nächstes mußten Recht und Ordnung wiederhergestellt werden. Der Magistrat ließ feststellen, wer »unnutze reden« geführt hatte, und erteilte den Betreffenden Verweise, er verwarnte die Gerüchtekrämer und die Nörgler gegen die Prediger, untersuchte die Pflichtversäumnisse der Torwachen, verhaftete widerspenstige Agitatoren und verbot Versammlungen in der Öffentlichkeit wie etwa den alljährlichen Umzug der Bäckerlehrlinge zu Himmelfahrt. In den Kirchen trugen sich sonderbare Dinge zu, so etwa der Ausbruch einer Frau vom Lande, die »Langnagel« genannt wurde und während des Gottesdienstes schrie, der Kaiser komme und man werde die Altäre wiedererrichten und die heilige Messe wiedereinführen.[44] Man ergriff sie und warf sie aus der Stadt. Das Vorurteil gegen die »Welschen«, ein altes Problem in Straßburg, heizte die Atmosphäre noch zusätzlich auf. Die Einheimischen, so wurde berichtet, neigten dazu, zwischen Spaniern, Italienern und Franzosen keinen Unterschied zu machen, obgleich doch manche von ihnen wegen ihres Glaubens aus ihrer Heimat vertrieben worden seien.[45] Natürlich setzte die Opposition auf derartige Vorurteile, um die Ängste vor dem »welschen« Kaiser und seinen Truppen zu schüren. Der Magistrat unterband solches Gerede und warnte aufsässige Prediger, sie sollten das Wort Gottes predigen und zu den kursierenden Gerüchten schweigen.[46] Dieses Vorgehen, begleitet von Denunziationen, Verhaftungen, Einkerkerungen und Drohungen, zeigte bald Wirkung, und im Spätsommer hielten Sturm und seine Amtskollegen die Zügel wieder fest in ihren Händen.

Ein wichtiger Punkt war allerdings noch offengeblieben, die Klärung der Religionsfrage. Sie lag nun in den Händen des Kaisers, mittlerweile unangefochtener Herr über sein deutsches Haus. Am 19. Mai hatte Johann Friedrich von Sachsen die Kurwürde und Teile seines Landes an seinen Vetter Herzog Moritz übergeben, den die Protestanten hinfort den »deutschen Judas« schimpften. Auch der hessische Landgraf kniete vor Karl V. nieder, während sein Kanzler ein Gnadengesuch verlas. Nun war das Heilige Römische Reich nicht England und Karl V. kein Heinrich VIII., so daß die Schmalkaldischen Hauptleute ihre Häupter auch weiterhin auf ihren Schultern behalten konnten – die aber waren für den Augenblick alles, was ihnen noch verblieben war. Anfang Juli machte sich der Kaiser, die beiden gefangenen Fürsten im Schlepptau, auf die Reise durch das südliche Franken nach Augsburg. Karl V. befand sich auf dem Höhepunkt seiner Erfolge – genau der Eroberer, wie Tizian ihn malte –, und nun kehrte der siebenundvierzigjährige Monarch in die südlichen Kerngebiete seines Reiches zurück, um die deutsche Glaubensspaltung zu beseitigen.

DREIZEHNTES KAPITEL

Niederlage und Neubeginn

Der »geharnischte« Reichstag zu Augsburg: Die Zukunft der Religion

Als Karl V. von Sachsen in Richtung Süden aufbrach, verfolgte Jakob Sturm den Weg des Kaisers mit immer größerer Besorgnis. Sollte Ihre Majestät nach Ulm oder Speyer kommen, überlegte Sturm am 1. Juli 1547, »die werd nit underlassen dise statt [Straßburg] auch wollen zu besuchen, wie si dan vor guter zeit soll gesagt haben, sie wolle dise statt auch besehen. Dozu wurt si auch on zweivel bewegen, ir reputation bi andern nationen und sonderlich Frankreich zu erhöhen, das man sehe, das si diser statt mechtig, di bi andern nationen ein grossern nammen hat, dan an ir selbst ist.« Das Tor zum gesamten deutschen Südwesten war weit geöffnet, als sich der Cäsar nun näherte, denn mittlerweile war »kein vester [befestigter] platz schier mer uberig, den ir Mt. nit in hat, usgescheiden Str[assburg]«, und man mußte befürchten, »er woll disen platz auch innen haben wollen«.[1] Schließlich sei Straßburg »die furnembst statt in der buntnus [...] und also vor anderen ungehorsam [...] gewesen.« Was war nun zu tun? Sollte es zu einer Belagerung kommen, so würde die Stadt »doch zuletst, wie man sagt, zur stangen kummen und sich ergeben« müssen.[2]

Aufgrund der ständigen Vorurteile, die man in Straßburg gegenüber den »Welschen« hegte – sie standen im Ruf, Tyrannen zu sein –, hatten sich Sturm und andere süddeutsche Protestanten bezüglich der tatsächlichen Absichten des Kaisers in die Irre führen lassen. Karl V. beabsichtigte keineswegs, eine zentralistische Monarchie zu errichten; sein Ziel war ein großer Reichsbund nach altem deutschen Muster. Einen entsprechenden Vorschlag unterbreitete er den in Ulm versammelten Ständen, noch bevor er im Spätsommer den Reichstag nach Augsburg einberief. Dieser »geharnischte« Reichstag – so benannt, weil er, wie Sturm bemerkte, »wegen der vielen Truppen nicht wie andere« sei[3] – war sein letzter und zugleich längster. Die Sitzungen zogen sich vom 1. September 1547 bis zum 30. Juni 1548 hin. Im Mittelpunkt der umfangreichen Tagesordnung stand jene dringliche Frage, die der kürzlich geschlossene Vertrag zwischen Straßburg und dem Kaiser ausgespart hatte: die Zukunft der Religion.

Sturm, mittlerweile neunundfünfzigjährig, kam als Wortführer der freien Städte nach Augsburg. Der verlorene Krieg hatte seinem

Einfluß keinen Abbruch getan, denn es gelang ihm, die übrigen Gesandten der Städte geschlossen hinter sich zu scharen. In diesem bemerkenswerten, wenngleich letztlich erfolglosen Kampf forderte er, daß die »strittigkeit der religion« allein einem »allgemeine[n] freien Konzil« zugewiesen werde; alle anderen Institutionen lehnte er ab. Vor allem aber versuchte Sturm, die Religionsfrage von der politischen Neuordnung des Reiches nach dem Krieg durch Karl V. zu trennen. Die eigentliche Aufgabe des Reichstags sei es doch, so erklärte er, »wi mitler zeit zwischen den stenden fried und rue erhalten werden möchte«.[4] Sturm wußte die freien Städte bis Mitte Januar 1548 hinter sich, als der Trienter Kardinal Cristoforo Madruzzo berichtete, Papst Paul werde weder das Generalkonzil nach Trient (das im Gegensatz zu Bologna im Reich lag) zurückverlegen, noch dem Kaiser erlauben, die Religionsfrage in Deutschland zu lösen. Also strich Karl das Trienter Konzil aus seinen Plänen und faßte die Möglichkeit ins Auge, die Sturm am meisten fürchtete: eine vorläufige Regelung der Religionsfrage nur für das Reich. Der Kaiser ernannte einen aus sechzehn Personen bestehenden Reichstagsausschuß, der Vorschläge zur Umsetzung dieser Aufgabe unterbreiten sollte. In diesem Ausschuß vertraten Sturm und der Ulmer Jörg Besserer die Städte.

Die drei Sitzungen des Ausschusses trieben Sturm zu taktischen Höchstleistungen an. Zunächst einmal zweifelte er die Kompentenz von Laien – auch seine eigene – in religiösen Angelegenheiten an. »Wiewol er [Sturm] dieser sachen zu gering«, berichtet das Protokoll, »so hab er sich zu underthenigem gehorsam doch darzu begeben. Dieweil die sach uff ein christlich gemein concilium verschoben und die berattschlagung allein uff das Interim gestelt, will er sich des da ehe darzu gebrauchen lassen. [...] Wo man aber von der religion solt gehandelt werden, wer von nötten, das andere person darzu wurden genommen und also gemacht, das es ein gestalt hett.«[5] Diese verbindlichen Worte waren nur das Vorspiel zu der Erklärung, die Sturm während der zweiten Sitzung des Ausschusses am 11. Februar abgab: Das deutsche Schisma solle innerhalb Deutschlands und nicht in der gesamten christlichen Welt geklärt werden, und zwar durch ein Konzil und nicht durch den Reichstag. »Es mocht kein bestendiger frid gemacht werden, alweyl die religion nit zu pesserer vergleichung bracht wurd«, versicherte Sturm, doch da der Papst ein Generalkonzil verhindert habe, »so erfordert der teutschen nation notturft, ir selbs zu helfen und nit uff andre nationen zu warten.«[6] Und er fuhr fort: »... dieweil t[eutsche] n[ation] kranck [ist], [kann ich] nit gedencken, warumb durch ein national [Konzil] sie ir nit solt helfen mogen.«

Sturm tat alles, um die Diskussion von den Ursachen der Glaubensspaltung weg- und auf die Möglichkeiten hinzulenken, das Problem beizulegen, vor allem durch ein »nationales« Konzil. Er wies die Behauptung Dr. Ecks zurück, »die spolien [Kirchenräubereien] weren ursach dises unfriedens«; man wisse doch, »was alle fromme gelerte vor vil hundert jaren von abfall der kirchen und reformation derselben geschrieben und geklagt« hätten. Dagegen sei nie etwas unternommen worden, und »dise missbreuch in ler und leben, so sich in der christenheit eingerissen, allen bekannt worden, davon geschrieben und gepredigt und nit haben wollen gebessert werden, haben die zwiespalt in der religion bracht«. Bevor man aber darangehe, diesem Übel abzuhelfen, müsse man überlegen, »wie man [...] ein weg finde, wie man fridlich zu leben hette«. Alsdann müsse man den strittigen Punkt der wahren Lehre angehen, denn man müsse erst »verglichen sein der religion, was misbreuch seien oder nit. Were sonst kein restitutio [Zurückgabe des Kircheneigentums] vor erorterung der religion, ob die also von aposteln herkomen, wie wir die funden.« Erst auf dieser Grundlage sei eine Reformation der Kirche denkbar. Befriedung, Doktrin und Reform – das waren die drei Postulate von Sturms Plan. Jeder andere Kurs werde die Konsequenzen zur Folge haben, an die sich alle noch gut erinnern müßten. »[Ich] will wol nit von rebellion reden« – Sturms Stimme klang düster – »[ich weiß] der k. Mt. gehorsam zu sein, aber doch fry, [mein] leben dorob zu lossen. Ob aber solchs [Rebellion] vor gott gerecht, lass [ich] bleyben. [Aber ich] acht es dohin, nochmahlen von vorgleichung der religion, was missbreuch seien oder nit, zu reden [...]. [Ich] hab niemandes [Eigentum] genommen, die statt Strassburg [hat] niemandt austrieben. Die guter hab man verwandt an die ort, dohin sie gehoren. Es [ist] in 400 jor kein ernstliche handlung vor der [Bemühung für eine] reformation gewesen.«

Bei seinen Ausführungen vor dem Reichstagsausschuß von 1548 verhehlte Sturm nicht, wie sehr er diese doktrinären Auseinandersetzungen, den »wortzanck«, mißbilligte. Während der dritten und abschließenden Sitzung des Ausschusses am 20. Februar räumte er ein, daß die Glaubensspaltung aus einer fundamentalen Meinungsverschiedenheit über die wahre Bedeutung der christlichen Religion erwachsen sei. »Wan es dermassen were, dass wir von dem alten apostolischen 1500-jerigen glauben abgewichen und dass das ander teyl dobei plieben, so were nit allein die restitution und die erzelten artickel billich, sondern solt uns auch die kai. Mt. dahin pringen und anhalten, das wir unser sachen abstunden und denselben waren alten katholischen glauben wider annemen.« Selbstverständlich seien die Protestanten keineswegs dieser Auffassung und hofften, sie »hetten den recht alten apostolischen glauben. Das erbieten sich unsere gelerten dar zu tun; und diss [ist] nun der hauptstreit in der religion, der noch nit erortert und uff ein frey christlich concilium, dorin nach gottes wort und der heiligen lerer schriften gehandelt solt werden, gewiesen.« Eine Rückgabe von Kircheneigentum, der Kirchen selbst sowie die Wiederherstellung der episkopalen Jurisdiktion vor Reformen werde die Protestanten aller ihrer Prediger und Kirchen berauben, »darum were das kein fridlicher weg«.

Damit war Sturm wieder bei der Frage des Kircheneigentums angelangt. Die Gegenpartei behaupte, sie sei enteignet worden, dabei sei doch bekannt, »dass dise guter nit inen [den Pfründnern], sondern der kirchen [sind], darum sie bona ecclesiae, pauperum, patrimonium Christi oder crucifixi genant [werden]; die [ist] die rechte besitzerin. So [weiß] man, was ecclesia [heißt], [das sind] die gemeinen gleubigen eines jeden orts. Also [hat] ein jedes furstenthumb viel ecclesias, ein jede statt ein ecclesiam, ein jedes dorf. Uber dise guter der gemein als publica bona [sind] die geistlichen dispensatores [Verwalter], nit domini; die [haben] ihr canones, regulam und auch scripta sumbolum, wie sie es dispensiren solten [...]. Was anders verthan [wird], [ist ein] sacrilegium.« Sollte die Restitution vor einer Einigung über den rechten Glauben und vor Reformen erfolgen, müßten die Straßburger »thun wie [der hl.] Ambrosius; sagt ad imperatorem: neme er die kirchguter, so wolten sy collectus unter sich legen und sehen, wie sie ire armen versehen möchten«.

In seinen Schlußbemerkungen spielte Sturm noch einmal die »Karte von 1525« aus. »Ob nu der gemein man, die war recht cristlich religion haben, sehen [wird], das solches abgethan [wird], darumb werden sie leiden und sterben. Dorus aber [wird] ufrur, unlust volgen und die unschuldigen [werden] leiden mussen. [Ich bin] affect hierin, was publicum betrifft, vor [mir] selbs nit, wolt gern, dass die gebreuche weren, wie die alten vetter gelert. [Ich will mich] anderst nit widersetzen dan mit dem gemütt.« Sollte Sturm eine Regelung nicht mit seinem Gewissen vereinbaren können, so werde er trotzdem »gehorsam mit dem leiden, was die k. M. [mir] uf legt. Der gemein man [wird das] aber nit thon. Cristlich und gottforchtig zu leben, erforder[t] einigkeit der religion. [...] derhalben [ist] uf ein concilium geschlossen worden, wo das nit furging, uf ein nationalador reichstag [...]. So numer kein concilium wurde, warumb solt man nit helfen mit misbreuchen? Dordurch wurde der gemein man gestilt.« Ein dauerhafter Frieden konnte erreicht werden, wenn man dem Verlangen des Volkes nach Reformen Rechnung trug. Das waren die Lehren von 1525, und es mußte Sturm eine Genugtuung gewesen sein, diesen Trumpf gegen Leonhard von Eck auszuspielen, den Sturm während des furchtbaren Frühjahrs 1525 kennengelernt hatte. Damals hatte sich Eck über die Ängstlichkeit der Bürger lustig gemacht und die Kriegstrommel gerührt.

Sturms Obstruktionstaktik trug zwar dazu bei, daß der Reichstagsausschuß in eine Sackgasse geriet, aber der Kaiser verkündete nun schlicht seine eigene provisorische Regelung der Religionsfrage, das sogenannte Interim. Und als die kaiserlichen Räte eine Zustimmung zu diesem Konzept erreichten, indem sie mit den jeweiligen Ständen einzeln verhandelten, gelang es ihnen schließlich auch, Sturms Einfluß auf die freien Städte auszuschalten und sie zu spalten. Nun war Sturm zwar ins Abseits geraten, er blieb aber nach wie vor unerbittlich. Am 23. März nahm ihn Kanzler Granvelle nach einer Audienz am Arm und fragte: »... uf was mitl und weg [können] solche sachen [...] verglichen werden?« Sturms Antwort, es könne durchaus hilfreich sein, wenn »gelerte leut zusammen kemen, die sich one alles gezenk mit einander unterredten«, ließ den ansonsten so charmanten Kanzler die Fassung verlieren. Der burgundische Aristokrat ließ seinem Zorn gegen die Protestanten, die doch dieses furchtbare deutsche Schisma überhaupt erst verursacht hätten, freien Lauf. Sie »solten also bedenken, was us solchem zwispalt der religion fur zerruttung ervolgt«, wetterte er gegen Sturm, »dann zuvorn [ist] die teutsch nation die vor allen andern in allen tugenden die berumbtest gewest, welche aber jetzo gar zu nichten worden [ist]; dann bei den fursten [ist] kein trauen und glauben; so [sind] die vom adel eitel rauber und in den stetten nichts dann wucherei, also das die Teutschen die tugenden, so ire voreltern gehabt und berumbt gewest, nit mehr [haben]«[7].

Der Kanzler gab nun jegliche Zurückhaltung auf. Wenn Jakob Sturm wirklich wissen wolle, wie man über ihn rede, erklärte Granvelle, bitte: »... so sagte man, das er diser ding aller ein ursacher were.« Sturm, der sehr wohl begriff, daß er sich auf diese Provokation nicht einlassen durfte, entgegnete: »[Ich muß] leiden, das man von [mir] redt; es [geschieht mir] aber unrecht; dann diejenigen, so [mein] thun und wandel [kennen], würden ein anderst von [mir] sagen.« Daraufhin erklärte der Kanzler warnend, »er, her Jacob, solte sehen, wie er ime der sachen abhülfe; dann so ers nit thette, würde es ime seiner person halb zu mercklichem nachteil gereichen«. Auch dieses Mal wich Sturm der Provokation aus: »... es konte wol ein christ etwas gedulden, aber nit bewilligen [akzeptieren].«[8] Martin Luther, der nun seit mehr als einem Jahr in seinem Grab ruhte, hatte einmal gepredigt, das christliche Leben werde vom Leiden und vom Kreuz bestimmt. Besser hätte man es nicht formulieren können.

Die Bedingungen des Interims, dem sich Sturm weiterhin widersetzte, waren so nachteilig nicht. Und so war Martin Bucer, den

Sturm aus Ulm herbeigerufen hatte, damit er das Dokument – kritisch natürlich – beurteile, auf den ersten Blick eher beeindruckt. Nach und nach machte Bucer jedoch einige Vorbehalte geltend. Am 13. April wurde er verhaftet und erst wieder freigelassen, nachdem er das Interim am 20. April unterzeichnet hatte – »*in angustiis* –, unter Druck«, wie er später schrieb.[9] Zornig und gedemütigt machte sich Bucer auf den Weg nach Hause.

Unterdessen beugte sich in Augsburg eine Stadt nach der anderen dem Druck Granvelles, bis sich nur noch Straßburg, Frankfurt, Konstanz und Lindau dem Interim verweigerten. Am 28. Juni 1548 versuchte Granvelle erneut, Sturms Widerstand zu brechen, diesmal über den Schwaben und kaiserlichen Rat Heinrich Hass. Hass teilte Sturm mit, der Kaiser »trug nit wenig beschwernus, das [Straßburg] bis anher kein antwort geben« hätte. In seiner Antwort – zur Freude Granvelles in lateinischer Sprache vorgetragen – gab Sturm zurück, man habe das »heimstellen [die Verweisung der Angelegenheit vom Reichstag an den Kaiser] nye anders verstanden dan in eusserlichen sachen das zeytlich, auch frid und recht belangen und nit, das die streytigen artickel der religion hierein gemeint weren, sonder das die selben uf ein frey christlich concilium geschoben wurten, die selben nach verhor beyder teyl zu erortern«. Das war das Fundament, auf dem Sturms Politik beruhte: Weltliche Angelegenheiten sollten vor dem Reichstag verhandelt werden, religiöse Fragen durch ein Konzil – aber ein »nationales«, kein päpstliches. Diese strikte Trennung von weltlichen und religiösen Fragen erfolgte einzig und allein aus taktischen Erwägungen, denn in Straßburg selbst hielten sich weder Sturm noch seine Regierung an eine so rigorose Unterscheidung. Im Gegenteil: Die Verschmelzung von »Gewissen« und »Regierung«, die oberste Instanz in jedem der beiden Reiche, war ein charakteristisches Merkmal der Reformationsbewegung im allgemeinen und ihrer städtischen Mitstreiter im besonderen. Sturm beispielsweise merkte gegenüber Granvelle an, »seins rats bitt [stehe] allein doruf, dweyl sy in iren gewissen uberzeugt, das, so sy das interim in allen puncten annemen, das sy wider gott und ir selen heyl handelten, das dan kay. Mt. sy so woll als das ander teyl tulden wolt bis zur erorterung eins freien christ[lichen] consilii.« Den Begriff »Gewissen« verwandte Sturm hier in einem obrigkeitlichen, nicht individuellen Sinne – daß er und die Mitglieder des Magistrats die Bürger vor Gott vertraten. Und natürlich vor dem Kaiser, denn Sturm ließ seinen Ausführungen zum »Gewissen« und zur »Regierung« altehrwürdige Gebote zur Gewissensfrage folgen: »Dan es wer ye ein schwer ding, das ein christ solt wider sein gewissen handlen. Und ob schon [ein]er irrig gewesen hett, begert [er] doch in eynem freyen concilio gehort und underricht zu werden; dan Paulus sprich[t]: wer wider sin gewissen handlet, bauet zu der hollen [handelt zu seinem eigenen Verderben].«[10]

Tatsächlich wußte Sturm 1548 ebensowenig einen Weg, der zur Aussöhnung führen konnte, wie 1525 – »sind also zu beiden theilen christen, des gott erbarm«, hatte er damals ausgerufen.[11] »Wir glaubten woll«, fuhr Sturm nun fort, »das uf beyden teylen from gotsfurchtig leut weren, die gantz widerwertige [entgegengesetzte] gewissen hetten. Dan doher entstunde di zwispalt der religion; noch wer einem jeden frommen schwer etwas anders zu bekennen oder zu thun, dan er es in seinem gewissen fur recht und christlich hielt.« Das war zuviel für Granvelle. Sturm berichtete von den ironischen Anspielungen Granvelles gegen ihn und seinen Amtskollegen Hans von Odratzheim: Granvelle habe gefragt, »ob wir uns so witzig achten [für so schlau halten], das wir es wider gemeiner christenheyt glauben und halten allein wissen wolten und uns von aller christenheyt absondern. Uns hett nit gebürt on bewilligung gemeiner christenheyt und derselben haupter dise neuerungen furzunemen.«[12]

Sturm setzte nun auf einen anderen Trumpf, die »Karte von 1525«, und damit auf das Argument, daß eine Zwangsregelung zu einem erneuten Aufstand der Massen führen werde. »Dise sachen betreffen aber der selen heyl und ewigs leben ane«, brachte Sturm vor, »do wer ein schwer ding, leut wider ihr gewissen [zu] tringen. Es [werden] auch allein hie die frommen und gotsfurchtigen beschwert, die gott nit gern erzürnten; die andern, die nichts nach der religion fragen, den gult es allen gleich.« Sollten die Gläubigen nun zu etwas gezwungen werden, so werde dies »wenig rug und friden bringen, sonder ein grosse bewegung machen«. Zweifelsohne wußte Granvelle, welche Karte Sturm da ausspielen wollte. Sichtlich aus der Fassung geraten, schlug er einen anderen Ton an und warnte Sturm, daß hier weit mehr auf dem Spiel stehe als nur die Einmütigkeit des Reichstags, nämlich Straßburgs künftige Beziehungen zum Kaiser. Er beschuldigte die Stadt, sie beherberge alle möglichen »dottschleger, verräter und buben« in ihren Mauern, »die kay. Mt. us iren erblanden entwichen« seien, und plane, sich hilfesuchend an Frankreich zu wenden. Die Franzosen könnten sagen, was sie wollten, entgegnete Sturm, »die unsern [haben] kein gemeinschaft mit dem Frantzosen«. Damit zeigte sich der Kanzler einverstanden: »... wer die Frantzosen kent, verloss sich nit vyl uf sy.«[13]

Damit schien das Gespräch beendet zu sein, doch als Sturm und Hans von Odratzheim das Gebäude verlassen wollten, wurden sie von einem Diener zurückgerufen. Es folgte ein letzter Wortwechsel, der an den Positionen der Kontrahenten keinen Zweifel mehr ließ. Als Sturm bemerkte, man könne »den glauben nit zwingen«, gab Granvelle zurück: »Jo, den, der nit ein christ wer, solt man nit zwingen; aber einer, der den glauben angenommen [hat] und davon [abfällt], mocht man mit dem feur zwingen.« – »Man mag in wol mit dem feur toten«, konterte Sturm, »aber nit zwingen, das er anders glaubt.«[14] Vielleicht hatte sich Granvelle diesem Argument gebeugt, jedenfalls verzichtete der Kanzler darauf, einen Zeitpunkt festzulegen, bis zu dem Straßburg das Interim würde annehmen müssen.

Dieses außergewöhnliche Gespräch, das Sturm und Kanzler Granvelle am 28. Juni in Augsburg geführt hatten, ließ keinen Zweifel mehr daran, was diese beiden Aristokraten hinsichtlich der Frage des Schismas einte und was sie trennte. Sturm bewerkstelligte auf typisch protestantische Weise den Übergang vom Gewissen als individueller Kategorie zu einer Form des Gewissens unter der Obhut nicht der Kirche (das war Granvelles Auffassung), sondern der Straßburger Regierung – die mittlerweile faktisch auch die Kirche darstellte, wie die Wiedertäufer mit einiger Befriedigung überall und lautstark verkündeten. Das Gespräch beweist überdies, daß Sturms Appell, ein »frey christlich concilium« einzuberufen, rein taktischer Natur war, denn damit versuchte er in erster Linie Zeit zu gewinnen. Seine tatsächliche Auffassung, der Magistrat solle Gewalt über die Religion haben, war bezeichnend für den eigentlichen Charakter der Straßburger Reformation. Auch der Wortwechsel über die Ketzerei machte dies deutlich, wobei Sturms Kollegen Abtrünnige nicht einmal hinrichten lassen mußten, weil sie diese ganz einfach in andere Länder abschoben. Für Granvelle und sein universalistisches Kirchenkonzept war dies aber keine Lösung. Die ausweglose Situation, die angesichts Sturms partikularistischer und Granvelles universalistischer Auffassung entstanden war, steht für die Kollision zweier unterschiedlicher Erfahrungen von religiöser Gemeinschaft, von denen die eine ebenso real war wie die andere.

Als der Augsburger Reichstag am 30. Juni 1548 auseinanderging, machten sich auch Sturm und Hans von Odratzheim auf den Weg nach Hause. Nach wie vor verweigerten sie sich dem Interim. Am 4. Juli trafen die Männer nach zehnmonatiger Abwesenheit in Straßburg ein. In seinem Bericht, den er am 9. Juli dem Rat und den XXI erstattete, versuchte Sturm die Zusammenhänge seines Scheiterns in Augsburg zu rekonstruieren. »In somma«, teilte er seinen Amtskollegen mit, »[ist] die key. Mt. mit teutschem und welschem kriegsvolck also gefast gewesen, das chur- und fursten nichts abgeschlagen [haben]. So [haben wir von den] stetten woll gestanden, worin [wir] beschwert werden, clagt, aber nichts erhalten, sondern [...] mit traw [Drohungen] dohin [ge]procht, das [wir] nichts [haben] usrichten können.«[15] Es war dies ein trauriges Eingeständnis seines Scheiterns – zweiundzwanzig Jahre nach dem Tag, an dem der junge Politiker im Triumph von seinem ersten Reichstag zurückgekehrt war.

Diesmal hatte die Geduld keinen Sieg über das Schicksal erringen können. Zumindest vorerst nicht.

Am 3. Juli, dem Tag vor Sturms Rückkehr nach Straßburg, startete Bucer seine Kampagne gegen das, »wo hin es der Papst mit den seinen hat, jres Interims halben, diesmal gepracht«.[16] Nach seiner Demütigung in Augsburg in höchster Rage, beschrieb Bucer das Interim als diabolischen Angriff aus Rom und schloß mit Worten, die bezeichnend waren für den Ton seines Kreuzzuges gegen das Diktat des Kaisers: »Er [Gott] kennet und mage deren nicht, die jm Her! Her! sagen unnd wöllen des papst joch nit unnd thun aber nit denn willenn seines vatters unnd sein unsers einigen unnd ewigen Heilands, und wöllen sich nit under sein joch lassen. Er gebe gnad unnd hilff unnd bleibet bey uns, dann der Abent ist nah. Amen.«[17] Bucers Ingrimm zielte gegen Sturm und den Magistrat, deren Anspruch auf die Herrschaft über die Kirche er brechen wollte. »... solche ware diener Christi«, donnerte er, »sie seien in was kirchen sie woellen, hohen oder nideren, grossen oder kleinen, haben vom Herren gleichen geistlichen gewalt und befelch entpfangen, den gantzen kirchendienst zu verrichten mit der lehr, Sacramenten und der buszucht und versehung der armen.« Sie, und nicht etwa der Magistrat, müßten also »die herde Christi aller notdurfft [...] weiden zu dem ewigen leben«.[18] Die Macht in der Kirche sei ihren Führern von Gott, nicht aber vom Magistrat verliehen worden.

Für Martin Bucer schien der große Moment gekommen zu sein. Zumindest wurde das Wortgefecht so hitzig geführt, daß Ammeister Kniebis, wohl wissend, daß das Interim vor die Schöffen gebracht werden mußte, der Meinung war, »das in hundert joren [es] so gefarlich nit gestanden hab«.[19] Als sie aber am 23. Juli befragt wurden, blieben die Schöffen standhaft und gaben einmütig ihre Zustimmung, eine neue Mission an den Kaiser zu entsenden. Dann aber kam es zur Katastrophe. Am 9. August traf die Nachricht ein, daß der Kaiser weder zu weiteren Zugeständnissen noch zu einer Anhörung der Straßburger Theologen bereit sei. Nichts konnte nun noch die ungezügelte Wut der Opposition dämpfen.

Die politische Krise, zu der es in den nächsten drei Wochen kam, war die bedrohlichste in Jakob Sturms Karriere – bedrohlicher noch als die Krise von 1525. In Straßburg wie anderswo glaubten viele, daß eine Revolution kurz bevorstehe. »Wir haben keine andere Wahl«, trumpfte Bucer gegenüber Johannes Calvin auf, »entweder beugen wir uns ganz dem Antichrist und geben ihm alles zurück und zollen ihm Tribut, oder wir müssen alles einsetzen und ein großes Wagnis eingehen. [...] Meine Prediger stehen aufrecht an meiner Seite, und mit ihnen viele andere aus allen sozialen Schichten.«[20] In diesen Tagen ließen viele Prediger in ihren Gemeinden ein Lied singen, das mit den folgenden Worten begann: »Erhalt uns, Herr, bey deinem Wort, und steur des Pabsts und Tuerken Mord ...«[21] Damit allerdings hatten sie den Bogen überspannt, und Sturm wurde beauftragt, den Aufrührern eine Warnung zukommen zu lassen: »Wenn ihr euch nicht einer mehrern Bescheidenheit befleißigen wollet, so wird die Obrigkeit von dem Kayser gezwungen werden, euch allesamt fort zu schicken, wie es den Staedten Augsburg, Memmingen, Ulm und dem Herzog von Wirtenberg ergangen ist, welcher letztere alle Prediger, nur zwey ausgenommen, abdanken mußte. [...] Euer Amt ist das Evangelium mit Sanftmuth und Liebe zu predigen, aber nicht Zwietracht anzurichten, und andere zu beleidigen.«[22] Sturm verkündete das alte Prinzip: Die Prediger sollten predigen, und die Obrigkeit sollte herrschen.

Die Aussicht, die alte papistische Idolatrie wieder zulassen zu müssen, war natürlich bitter, doch es drohte sogar noch schlimmer zu kommen. Am 9. August richteten die Mitglieder des Magistrats im Rathaus ihre ganze Aufmerksamkeit auf die Nachricht von dem wagemutigen Versuch von eintausendfünfhundert spanischen Soldaten, in der Nacht vom 6. August die Stadt Konstanz einzunehmen; am selben Tag hatte der Kaiser die Stadt in Acht getan. Dann wurde ihnen eine wahre Flut von Berichten sowie Anträgen zu Sicherheitsfragen, zur Vorratswirtschaft und zu den Unruhen in der Bürgerschaft zur Kenntnis gegeben. Mitten in dieser Sitzung erfolgte der erste Rücktritt eines Magistratskollegen. Es handelte sich um Sebastian Münch, Mitglied des Rates der XV und der Gerberzunft. Er hatte auch allen Grund dazu, denn im selben Moment rotteten sich zweihundert Kritiker des Regiments zusammen, um »unnutze reden« zu führen. Eine Woche später trat im Hause des Paul Fagius ein Komitee zusammen, um eine Abordnung von vierzig Männern zu bilden, zwei aus jeder Zunft, die den Rat und die XXI warnen sollten, nicht so »schlefferisch« zu sein.[23] In der Woche darauf heckten die Gartner von Jung-St. Peter, der Gemeinde Paul Fagius', den Plan aus, alle Zünfte sollten zu einer illegalen Versammlung zusammenkommen.

Als die Opposition gegen das Interim Mitte August sich dazu verstieg, den gemeinen Mann gegen den Rat aufzubringen, sah sich Straßburg der bedrohlichsten inneren Spaltung seit einhundertvierzig Jahren gegenüber. Der wallonische Edelmann Valérand Poullain (gestorben 1558) berichtete König Heinrich II. von Frankreich ohne Umschweife, daß »die Adeligen, die in der Minderheit sind, das Interim und die Unterwerfung der Stadt gegenüber dem Kaiser meistenteils akzeptieren [...], während die Mehrheit der besagten Schöffen dem Interim durchaus feindlich gegenübersteht«.[24] Dies entsprach mehr oder minder der Wahrheit, und die reiche Oberschicht sah ihre Rettung immer mehr in der Flucht aus der Stadt. Am 15. August erklärte Wolfgang Rehlinger, ein Augsburger Vetter Jakob Sturms, der in Straßburg Zuflucht gesucht hatte, er fühle sich hier nicht mehr sicher; am 18. August gelangte Philips Ingold, Senior einer der führenden Bankiersfamilien, zu derselben Einschätzung, und am 22. August berichtete Caspar Hedio, daß die Reichen, die Adeligen und die Kaufleute die Stadt zuhauf verließen.[25] Die Spannung im Rathaus wurde unerträglich: »Man hielte wegen des Interims taeglichen rath ernstlichen«, berichtete ein Zeitzeuge, »und stunden damahlen die burger stets vor der Pfaltz [dem Rathaus], etwa 2000 biss 3000, dass man offt nitt wusste wie man daran was.« Ein ums andere Mal hätte der Magistrat gebeten, »dass man hin solte gen, es würden alle ding wol geordnet werden. Als aber raeth und XXI zusammen kamen, und viel ihrer hauth, auch den kayser forchten, wolten viele aufstehen und hinweg gehn. [Aber] Herr Jacob Sturm stunde vor die thür, wolte niemands hinaus lassen, es waere denn ein beschluss geschehen.« Als Inhaber von kaiserlichen Lehen habe manches Magistratsmitglied sicherlich Sympathien für den Kaiser gehegt, so vermutete der Chronist, und nun »forchten sie sich vor der burgerschafft, wan etwa solte ein auflauff werden, würde es über sie gehen.« Sie hätten also beschlossen, »das buch oder Interim anzunehmen, dan die sag gewiss war, der kayser wolte selbs kommen, wie er sich auch hat horen lassen. [...] Damit aber viele zu beyden seithen ruhig seyn mochten, gaben sie ihr burgerrecht auf und zogen an andere ortt biss das wetter herüber seyn mochte. Die burger fluchten ihnen schier den halss ab, sagten: man führte sie in angst und not und zögen darnach davon, warfen mit boesen worten um sich, etc.«[26]

Einen derartigen Tumult hatte Straßburg seit hundertdreißig Jahren nicht mehr erlebt – und während Jakob Sturm im Rathaus das Steuer führte, rumpelte ein Wagen nach dem anderen durch die Gassen der Stadt, um die städtische Oberschicht und die meisten von Sturms Verwandten aus der Stadt zu bringen: Vetter Stephan Sturm war darunter, die Brüder Böcklin und die Männer und Frauen der Familien Wurmser, Bock und Mülnheim. Diese Flucht vor dem Zorn des Kaisers und dem der Mitbürger hinterließ große Lücken auf den Bänken des Rathauses. Zwei Drittel des Rates und der XXI waren zurückgetreten: zwei Mitglieder der XIII, acht des Rates der XV, einer von den XXI, zwei Stettmeister, fünf Senatoren der Patrizier und drei der Zünfte. Besonders schmerzlich mutete die Abreise des alten Konrad Joham an, der dem protestantischen Straßburg seit den 1520er Jahren gedient hatte. Als er die Stadt verließ, klangen ihm noch immer die furchtbaren Worte des Ammeisters Jacob von

Duntzenheim in den Ohren: »Jch hett ein luost, das ich dir ein Messer jn dhein hertz stech!«[27] Joham, ein Veteran der ruhmreichen Tage der Reformationsbewegung und über ein Vierteljahrhundert lang im Dienste seiner Stadt, gab sein Haus in der Judengasse auf und lebte hinfort auf seinem Landsitz bei Mundolsheim. Er kehrte nicht mehr nach Straßburg zurück.

In dem Augenblick, da seine umzingelte und paralysierte Regierung auseinanderzubrechen drohte, erreichte Jakob Sturm den Höhepunkt seiner Karriere als Kommunalpolitiker. Er war es, der die Rede des Ammeisters an die Schöffen vom 27. August schrieb, und es war diese Rede, nach der sich die Situation zugunsten des Rates änderte. Was die weitere Geheimhaltung anging, so ließ der Magistrat jegliche Vorsicht außer acht – »under den schöfflen sitzen [auch welche], die bebstisch oder bischöflich seind, [so] dass [nichts] verschwigen pleyb«[28] – und rief alle Schöffen für den 27. August um sieben Uhr morgens zusammen, um ihnen die Situation durch Ammeister Duntzenheim (und zwar mit den Worten Jakob Sturms) vor Augen zu führen. Der Kaiser, so begann der Ammeister, habe Straßburg einen Monat Zeit gegeben, um eine Entscheidung zu treffen. Obgleich das Interim eine Reihe positiver Punkte enthalte, sei es doch wegen seiner Mißverständnisse hinsichtlich des Glaubens und der Wiederherstellung des bischöflichen Gerichts in seiner jetzigen Form nicht akzeptabel.[29] Im Augenblick gehe es allerdings nicht nur um die Rechtmäßigkeit des Interims: »... so lang die kai. Mt. die gehorsam im reich teutscher nation, wie sie die ietzo hat, behaltet, so ist nit zu vermuten, dass sich dise statt in die harr [auf Dauer] erhalten mög, sonder dass sie sich doch zu letst, wann sie gar verdorben, mit andern stenden vergleichen und in des kaisers gehorsam ergeben oder sich an ein ander oberkeit ausserthalb des reichs werd henken muessen.« Das magische, aber unausgesprochene Wort spukte in allen Köpfen – Frankreich. Doch Sturm ließ die Schöffen warnen: Sollte Straßburg tatsächlich im Ausland Schutz suchen – in Frankreich natürlich –, so würde das Reich all seine Kräfte gegen die Stadt aufbieten, und das Elsaß würde ebenso wie die Lombardei, Piemont und Ungarn zu einem Schauplatz ständiger Gewalt werden. Man wisse doch genau, »was für ein religion und gottesforcht in solichen fällen des kriegs gehalten und geuebt« werde, sollten die Landsknechte erst einmal in der Region einmarschiert sein.

Nun brachte Duntzenheim Sturms Äußerungen zu den religiösen Argumenten gegen den Widerstand vor. Es sei keineswegs sicher, ob Widerstand »one austruckenlichen geheiss [Gottes] und geschrift [der Bibel]« überhaupt erlaubt sei, hätte doch der Allmächtige »sonst allweg, so er sein volk erretten [wollte], die mittel und weg, dardurch er es tun wölle, also anzaigt, dass sie menschlichem verstand nach möglich [erkennbar] gewesen«. Ein solcher Weg sei aber im Augenblick nicht zu erkennen, so daß »höchlich zu besorgen [ist], wir seien nit die, umb deren rettung willen der allmechtig sonder wunder zeichen tun werd«. Der Wille Gottes sei es offenbar, »sein eer in ander weg zu retten und zu erhalten, [und] so were ie besser gewesen, man hett mitler zeit gewalt und unrecht gelitten und geduldet und also solcher besserung mit leiden und gedulden von dem allmechtigen erwartet, dann dass man dem gewalt und unrechten one gottes geheiss und schrift sich widersetzen und uns selbs, weib und kind, ja auch andere auswenig im land in schmach, schand, je endlich verderben setz und fuere«.

Solange Gott kein klares Zeichen gebe – jenes Wunder, auf das Sturm nicht hoffen wollte –, könne man nur den Weg beschreiten, den schon die Urkirche gegangen sei, als »etlich frommen und bestendige christen vielerlei trangsal und beschwernus umb ires glaubens bekantnus willen leiden, ja auch mit irem blut bezeugen [mußten]«. Da aber der christliche Glaube »durch solche bestendige bekantnus und zeugnus und durch keinen gewalt und gegenwehr erstlich gewachsen und in die welt kommen« sei, könne man hoffen, »er würde dardurch mehr dann durch gewalt oder gegenwehr erhalten und wider gebracht werden ...«

Im Widerstand war keine Hoffnung zu finden – das war Sturms kurze Botschaft in dieser ausführlichen Einleitung. Nun unterbreitete er durch Duntzenheim den Schöffen den Kurs, den der Rat zu verfolgen gedachte: eine Gesandtschaft zum Kaiser, um diesem mitzuteilen, »warumb uns das interim unsers gewissens halben ufzurichten beschwerlich were«, und zu bitten, »dass ir Mt. dem bischof von Strassburg als dem ihenen, den ir Mt. für den ordinarium und gaistliche oberkeyt in der statt Strassburg helt, bevelhe, dass der sambt dem thumb- und andern stiften alhie, deren personen des mehrern und grössern theils noch alhie wonhaft weren, dasselbig interim [...] in ettlichen kirchen, wie wir uns derselben mit iren f. G. und ihnen freundtlichen zu vergleichen urpittig weren, aufrichten möchten.« Mit anderen Worten: Der Magistrat wollte mit dem Bischof – nicht mit dem Kaiser – über die Bedingungen verhandeln, unter denen der Katholizismus in einigen Kirchen der Stadt wieder eingeführt werden könnte. Die Gegenleistung des Rates sollte darin bestehen, die Prediger in den übrigen Kirchen zu zügeln, »die hochwürdigen sacramenten [...] in verständlicher sprach mit aller reverentz und christlicher zucht dem volck« zu reichen, die Fastentage zu respektieren und die »eusserliche zucht und erbarkeyt« aufrechtzuerhalten. Dies solle dem Kaiser die Gewißheit geben, »dass wir nichts anders suchten, dann was zu fürderung der eeren gottes und zu leistung irer Mt. schuldiger gehorsam dienstlich were«. Sollte der Kaiser dieses Angebot akzeptieren, so würde die Stadt ihren reformierten Glauben, ihr Sakramentsverständnis und ihre Freiheiten bewahren können. Wenn Straßburg aber weiterhin Widerstand leiste, sei all dies gefährdet. Noch war alles offen, und vielleicht konnten die Bürger durch ihre Unterwerfung der Gefahr einer totalen Rekatholisierung entgehen, obschon sie diese Prüfung durch ihre Sünden verdient hatten.

Hinter diesem Meisterstück politischer Rhetorik verbarg sich der Sinnspruch auf der Medaille, die man 1526 zu Ehren Sturms hatte prägen lassen: Die Geduld besiegt das Schicksal. Sturm verdeutlichte sein zentrales Anliegen – nur Verhandlungen konnten Freiheit und Glauben gleichermaßen retten; Widerstand werde mit Sicherheit zu deren Verlust führen –, indem er die göttliche Vorsehung mit der Frömmigkeit des einzelnen Bürgers und seinem kommunalen Verantwortungsgefühl verknüpfte. Mit diesem geschickten Zug machte er die Bürger selbst und ihre Sünden für dieses furchtbare Dilemma und all den Zwist und das Leid verantwortlich, die daraus gefolgt waren. Doch so eindringlich Sturms Worte auch gewesen sein mochten, sie führten nicht zu einem Sieg. Die Schöffen entschieden bei vierunddreißig Enthaltungen mit hundertvierunddreißig zu hundertzweiunddreißg Stimmen, die Angelegenheit »fur die gemein zu pringen, die weil es den glauben und sel belangt«. Damit schien die Opposition einen Erfolg errungen zu haben, und der Magistrat versprach, er werde diesen Schritt erwägen, obgleich »das nit der pruch oder daz herkommen sey, das die schoffel etwas für die gemein weisen«.[30] Die Stunde der Wahrheit war gekommen. Während der Ammeister mit Jakob Sturms Worten zu den Schöffen sprach, versammelten sich Paul Fagius und andere in der Kirche Jung-St.Peter, und bald verbreitete sich das Gerücht, noch vor Mittag »werd ein starck volck hie sein«.[31]

An diesem 27. August mußte Sturm erleben, wie um ihn herum alles ins Wanken geriet. Er sah die großen Lücken, die die Flüchtenden auf den Bänken des Magistrats hinterlassen hatten; Freundschaften, die sich im Laufe Hunderter Ausschußsitzungen und nach Dutzenden diplomatischer Missionen entwickelt hatten, waren zerbrochen; und die meisten Mitglieder von Sturms eigener Schicht, darunter auch viele seiner Verwandten, waren ins Exil gegangen und würden vielleicht nie wieder zurückkehren. Eine ganze Welt hatte aufgehört zu existieren – seine eigene Welt, die Welt des alten Peter Schott, Wimphelings und Geilers. Vielleicht konnte nur ein Wunder diese Welt noch retten, aber daran glaubte Sturm auch nicht mehr, fürchtete er doch, »wir seien nit die, umb deren rettung willen der allmechtig sonder wunder zeichen tun werd«.

Daß es an diesem Tag für Sturm nicht zur endgültigen Niederlage kam, lag im Grunde an einer Winzigkeit: Die Opposition hatte keinen Führer. Die alten Fronten der 1520er existierten nicht mehr, und die überlebenden Kämpfer aus jenen Tagen, Männer wie Klaus Kniebis oder Egenolf Röder etwa, hielten sich entweder zurück oder unterstützten Sturm. Aus den Reihen der jüngeren Magistratsmitglieder war kein geeigneter Oppositionsführer hervorgegangen. Im Gegensatz zu den 1520ern gelang es den Predigern nun also nicht, einen Keil zwischen die Mitglieder der Regierung zu treiben, und Sturm, dem sein Mißerfolg nur neue Impulse verliehen hatte, zwang den Rat, für den 30. August eine weitere Abstimmung anzusetzen.

Ammeister Duntzenheim sprach auch an diesem 30. August zu den Schöffen, und er tat es wieder mit den Worten Sturms.[32] Die Rede begann mit der Erklärung, man könne dem Mehrheitsbeschluß vom 27. August nicht nachkommen, denn »wo man es [die Frage des Interims] nun für die gemein solt pringen, so were es ein neuerung und vor nie nicht beschehen, das sie schoffel etwas für die gemein pringen; sonder alweg in sollichen wichtigen sachen ist die erkantnus bey schoffel und aman gstanden«. Zudem teilte Duntzenheim den Schöffen mit, »das euer vill unser bedencken unrecht und dahin verstanden, als ob wir das interim annehmen und gedulden wolten, das es unser gnediger herr, der bischof von Strassburgk, in der ganzen stat anrichten mocht und das man also gar umb daz wort gotz komen würde«. Allein dieses Mißverständnis widerspreche der Forderung nach Einbeziehung der gesamten Gemeinde, denn wenn »ir, die schoffel, die do die furnembsten der zunften und gemeinden seind, dises unser bedencken und wolmeynung missverstanden habt, wie noch vil mehr werden es die gemein nicht recht verstehen«. Die Befragung so vieler Menschen werde weiteren Mißverständnissen nur förderlich sein, und überhaupt wolle dann jeder das Wort ergreifen, jeder seine Anhänger um sich scharen, und »ein jeder meinen wolt, sein meynung were die best«. Unter solchen Voraussetzungen müsse es zu »ungleicheit und zwitracht komen, doraus auch ergers volgen mocht«. Sollten zudem tatsächlich alle Zünfte befragt werden, so würden die großen Zünfte die kleinen ungerechterweise dominieren. »Derhalben auch nit unpillich geordnet ist, das die cleinst zunft gleich so wol funfzehen schoffen und einen ratzherrn haben soll als die grost, damit in alweg die glicheit zwischen den zunften gehalten werde.« Straßburg war keine Demokratie.

Durch sein Sprachrohr Duntzenheim hatte Sturm die Spannungen zwischen den Zünften für seine Zwecke ausgenutzt; nun ging er auf das Verhältnis zwischen den Schöffen und den Bürgern ein: Es sei doch gefährlich, »einer ganzen gemein einer stat gelicheit und geheimnus, wie bey euch, den schöfflen, beschehen, zu enddecken.

Dan under der gemein gar villerley leut seind, under welchen von allerley nationen seind ...« Eine solche Gemeindeversammlung werde demjenigen ebenso ein Mitspracherecht zugestehen müssen, der gerade erst nach Straßburg gekommen sei, wie dem, der die Stadt am nächsten Tag verlassen würde, »und weiss man nit, wess er als ein frembdling gegen gemeiner stat gsynt ist und ob im zu vertrauen sein will. [...] Derhalben die alten [unsere Vorfahren] nit unwisslich geordnet haben, das keiner zu einem schoffen gemacht werden soll, er sey dan zehen jar burger gewesen.« Man könne doch nicht riskieren, »sein und der freund, geschwigen gemeiner stat wolfart an die unerfaren gemein zu setzen«. Die Schöffen sollten über die Gefahr eines solchen Schrittes nachdenken; es sei unschwer zu erkennen, »das vill narhafter [arbeitgebende] und guter burger umb deswillen, das man die sach für die gemein wider ordnung und herkommen hat bringen wollen, das burgrecht ufgesagt haben, dessen nit haben wollen gewertig sein. Und sonder zweyfel noch vill mer thun werden, wo es behart werden und dabey bleiben solt.« Sturms Worte zielten darauf ab, jene unerläßliche Stabilität wiederherzustellen, die noch im Mittelalter die Mittelschicht mit der städtischen Elite verbunden hatte, und deshalb appellierte er an das Bewußtsein dieser zuverlässigen Männer, sich gegen Fremde und die soziale Unterschicht abzugrenzen.

Aufgrund dieser Erwägungen, so teilte man den Schöffen mit, habe der Magistrat entschieden, das »allein umb zwen mann« zustande gekommene Abstimmungsergebnis vom 27. August für ungültig zu erklären und die Schöffen noch einmal um ihre Zustimmung zu bitten, die Verhandlungen mit dem Kaiser über das Interim fortzusetzen.

Die beiden Reden vom 27. und vom 30. August stellten eine Art doppelter moralischer Umklammerung der Oberhäupter der Straßburger Zünfte dar, jener lebenswichtigen Verbindung zwischen dem Magistrat und der Gemeinde. Mit der ersten Rede appellierte Sturm an ihren Glauben, an ihr Vertrauen in Gott und ihre Bereitschaft, für das Wohl der Allgemeinheit Opfer zu bringen; mit der zweiten schürte er ihre Abneigung gegenüber Fremden und Neuankömmlingen, die Sorge um das eigene Auskommen und ihr Gefühl der sozialen Überlegenheit gegenüber der großen Masse der Bürger. Mit diesem rhetorischen Cannae trug Sturm schließlich den Sieg davon – am 30. August stimmten die Schöffen bei neunzig Enthaltungen mit zweihundertsechs zu vier Stimmen für eine Wiederaufnahme der Verhandlungen. Als ob er diesem Erfolg noch eins draufsetzen wollte, kam an diesem Nachmittag ein Tuchmacher namens Rudolph Probst zum Münsterplatz und rief Paul Fagius zu: »... du schelmischer pfaff, wan hastu dolmecht gnug vfruwisch geprediget?«

Wenig später, nun auf dem Barfüßerplatz, begegnete er dem Prediger noch einmal und schlug ihn zu Boden.[33]

Sturm hatte sein Pferd im Stall und beeilte sich, auch das Tor hinter ihm zu schließen. Kaum hatte er die Schöffen verabschiedet, da ließ er sich sowie Mattheus Geiger und Dr. Gremp beauftragen, die Verhandlungen mit dem Kaiser wieder aufzunehmen. Die Männer verließen Straßburg am 2. September. In Speyer trafen sie Karl V. nicht mehr an, so daß sie ihm stromabwärts bis nach Köln folgten. Am 10. September wurden sie von Granvelle vor den Monarchen geführt. Sturm eröffnete das Gespräch mit einer langen, vermutlich in lateinischer Sprache vorgetragenen Rede. Die Städte, so erklärte er, hätten zwar zu den Waffen gegriffen, um ihre Privilegien und seine Religion zu verteidigen, ihren traditionellen Gehorsam gegenüber dem Kaiser oder den Reichsgesetzen jedoch nie verweigert. Er erinnerte Karl an seine Bemerkung von 1546, daß er den Krieg nicht gegen die Religion, sondern einzig und allein gegen die rebellischen Fürsten geführt habe, und an sein Versprechen, Straßburgs Privilegien und dessen Religion bis zur Einberufung eines Generalkonzils zu respektieren. Die gewaltsame Durchsetzung religiöser Veränderungen ohne die Zustimmung eines deutschen Konzils werde zu Gewissenskonflikten und Unruhen führen. Die Antwort Karls V. war zweideutig. Auf der einen Seite verschloß er sich dem Vorschlag, die protestantische Gottesdienstordnung in einigen Straßburger Kirchen auch weiterhin zuzulassen, auf der anderen Seite erklärte er sich damit einverstanden, daß der Bischof von Straßburg und dessen Geistlichkeit mit der Durchführung des Interims betraut werden sollten. Sturm, den der Kaiser bei dieser Gelegenheit mit ungewöhnlichem Wohlwollen behandelte, konnte sich nicht verkneifen, noch einen kleinen Pfeil gegen Karl abzuschießen, indem er ihn daran erinnerte, die Städte hätten es zu keinem Zeitpunkt gutgeheißen, diese Entscheidung in die Hände des Kaisers zu legen. Gleich darauf machten sich die Gesandten wieder auf den Weg stromaufwärts.

Zurück in Straßburg, bewertete Sturms Abordnung die Zustimmung des Kaisers als »genugens«, um Verhandlungen mit dem Bischof aufnehmen zu können, und empfahl, die Prediger sollten ermahnt werden, diesen Schritt zu unterstützen.[34] Sturm hielt Bischof Erasmus für flexibler als den Kaiser, zumindest in bezug auf die Voraussetzungen, unter denen die katholische Restauration erfolgen sollte.

Anfang November nutzten die Räte die Gunst der Stunde, baten Bischof Erasmus, einen Termin für die Verhandlungen festzulegen, und begannen gegen das Netzwerk von Konventikeln in den Pfarrgemeinden der Stadt vorzugehen. Im Verlaufe des Winters führte diese zweigleisige Vorgehensweise zu den gewünschten Erfolgen, für die Sturm allerdings manche alte Freundschaft opfern mußte. Mathis Zells Witwe Katharine Schütz berichtete, daß Sturm Anfang Januar 1549 zu ihr gekommen sei, »und geweynet [vor lauter Weinen] nymmer reden hat können, also weist er [wie] die sachen stehen«.[35] Das wußte er ganz sicher, denn bei den Verhandlungen mit Bischof Erasmus vertrat Sturm die Stadt vom Anfang bis zum Ende. Am 30. Januar wurden die Schöffen offiziell über den Stand der Unterredungen in Kenntnis gesetzt. Mit zweihundertzweiundsechzig gegen dreißig Stimmen (es gab nur acht Enthaltungen) entschieden sie, man könne das Verhandlungsergebnis guten Gewissens akzeptieren und den Bischof das übrige allein tun lassen.

Der Kampf in Straßburg war vorüber. Bischof und Magistrat einigten sich darauf, daß das Interim in abgewandelter Form mit dem ersten Tag des Jahres 1550 in Straßburg Gültigkeit habe. Die Übereinkunft, als kaiserliches Mandat ausgefertigt, verpflichtete den protestantischen Magistrat Straßburgs zur Toleranz und zum Schutz des katholischen Gottesdienstes in drei oder vier Kirchen der Stadt. Diese Lösung trug unverkennbar die Handschrift Sturms, und sie stellte seinen größten politischen Triumph dar, hatte doch die Geduld letzten Endes über das Schicksal gesiegt. Die Stadt Straßburg, eine der Festungen des Aufruhrs, konnte ein Interim akzeptieren, dessen Bedingungen für die evangelische Mehrheit und ihre protestantische Regierung weitaus günstiger waren als für alle anderen der ehemals schmalkaldischen Mächte in Süddeutschland.

Doch Siege fordern immer ihren Preis, und der erwies sich für Straßburg als sehr hoch. Die Flucht der Reichen hatte die Beziehungen zwischen den Adeligen und den Zünften – jene unverzichtbare Grundlage für den öffentlichen Frieden – erheblich beeinträchtigt. Manche der alten Weggefährten wie Konrad Joham hatten die Stadt für immer verlassen, andere, Klaus Kniebis und Mathis Pfarrer zum Beispiel, waren zutiefst verbittert, und die Freundschaft zwischen Sturm und Bucer war im Verlauf der Krise zerbrochen. Als der Winter 1549 seinem Ende entgegenging, forderte Bischof Erasmus, Bucer seines Amtes als Dekan von St. Thomas zu entheben, so daß der Rat und die XXI am 1. März die Entscheidung trafen, ihn und Fagius für eine Weile zu suspendieren. Bucer war 1522 als unbedeutender Mann nach Straßburg gekommen, als heimatloser ehemaliger Mönch und glühender Anhänger des Evangeliums; mit Capitos Beistand war er schließlich zu einer Art bürgerlicher Bischof geworden. Er hatte sich selbstlos, loyal und unbeirrt für Sturms großartige Bündnispolitik mit den lutherischen Fürsten eingesetzt, und als Dekan, Pastor, Lehrer, Ratgeber und Theologe sein gesamtes Leben der Reformation in Straßburg und anderswo gewidmet. All das sollte nun nicht mehr zählen, und am 6. April 1549 verließen er und Fagius die Stadt, um nie wieder zurückzukehren.

Jakob Sturm, der alteingesessene adelige Politiker und Martin Bucer, der eingewanderte einfache Kirchenmann, hatten Straßburg mit vereinten Kräften zu einem Mittelpunkt der deutschen Reformation gemacht. Nun war diese Partnerschaft völliger Entfremdung gewichen. Bucer beendete sein Leben in Englands ewigem Nebel, Sturm in seinem Haus in der Brandgasse. Der Bruch ihrer Partnerschaft rührte, so glaubte Bucer, von Sturms allzu weltlicher Grundeinstellung her – »Oh, verfluchter Mammon«, schrieb er im Jahre 1549.[36] In seinem letzten Brief aus England nach Straßburg sann Bucer über den zerrütteten Zustand der Kirche Christi in Straßburg nach. »Mit großem und tiefem Schmerz gedenke ich der Kirche und der Stadt Straßburg, über die Gott so viele Wohltaten ausgeschüttet hat. Doch mit genausoviel Sorge denke ich an Dich wegen allem, was Du angerichtet und an Aussagen von Dir gegeben hast.«[37] Bucer, der über die Ursachen ihrer Unstimmigkeiten nachdachte, belehrte Sturm, »daß die Erde unserem Herrgott gehört, und unser Vaterland ebenfalls«, und daß allein Gott der Quell allen Rechts und aller Freiheit sei. Es sei die Pflicht von Herrschern und Regierenden, schrieb er, das Königreich Christi trotz der Schwäche des Menschen und seiner Gier nach dem Mammon (*accumulandi mammonae*) mit Ehrfurcht zu behandeln und zu bewahren. Die ganze Welt, so glaubte Bucer, müsse in eine göttliche Ordnung gebracht werden, auf der Christus sein Königreich errichten könne, ein *regnum christi* auf denen begründet, »in denen Christus wahrlich lebt«. An dieser Stelle des Briefes ließ Bucer, von Erinnerungen an glücklichere Tage ergriffen, von seinem Klagen ab und fand freundliche und herzliche Worte des Angedenkens. »Ich bitte darum, meine Vorhaltungen richtig als wohlgemeinte Kritik zu deuten«, schrieb er. »Ich schätze und bewundere Dich im Herrn überaus. Dein Wohlergehen ist mir eine große Sorge, sowohl wegen der jetzt gemachten Zugeständnisse, als auch wegen der von Dir selbst mir gegenüber so oft geäußerten Angst vor den Folgen.«[38]

So endete eine der fruchtbarsten Partnerschaften zwischen Kirche und Staat, zwischen einem Geistlichen und einem Politiker im Dienste der deutschen Reformation. In den Augen Bucers, des Kirchenmannes, war das Interim ein Werk des Teufels; Sturm, der Mann der Stadt, sah darin die beklagenswerte Wiedereinsetzung einer religiösen Praxis, die zwar an sich christlich war, den bürgerlichen Bedürfnissen aber nicht mehr gerecht werden konnte. Die Krise von 1548 hatte die unüberwindbaren Gegensätze ans Licht gebracht, die es zwischen Bucers und Sturms Vorstellungen darüber gab, in welchem Verhältnis Kirche und Welt zueinander standen. Die Welt des ehemaligen Mönchs wurde noch immer von Gott regiert. In seinem letzten Brief an Sturm hatte er das noch einmal bekräftigt: »Die Erde gehört unserem Herrgott, und unser Vaterland ebenfalls.« In den Augen Sturms hingegen, des Politikers, wirkte Gott auf geheimnisvolle Weise im Herzen eines jeden einzelnen Menschen; die Welt selbst sah er als die Arena, in der die Geduld kämpfte, um das Schicksal zu besiegen. Gott mochte zu jedem einzelnen Menschen sprechen, aber nicht zu einer Gemeinde als Körperschaft, denn, so hatte Sturm die Schöffen ermahnt, »wir seien nit die, umb deren rettung willen der allmechtig sonder wunder zeichen tun werd«. Jakob Sturm, nur wenige Jahre jünger als Niccolò Machiavelli, hatte aus seinem Leben als Politiker eine Lehre gezogen: Die Erde gehört nicht dem Herrn, sondern den Herren.

VIERZEHNTES KAPITEL

Die letzten Jahre

Die Reform der Straßburger Verfasssung

Die Reformationsbewegung hatte Jakob Sturm mit einer politischen Welt in Berührung gebracht, die sehr viel weiter war als die seiner Vorfahren; die protestantische Niederlage aber warf ihn zurück in ein Umfeld, das enger, regionaler und lokaler war. Der stille Provinzialismus von Sturms letzten Jahren offenbart das Scheitern seiner neuen Politik, jener großartigen Politik, die er zwischen 1528 und 1547 verfolgt hatte. Auf Rebellion, Krieg, Niederlage und Aufruhr zurückblickend, kam er zu dem Schluß, daß der extreme politische Einfluß des gemeinen Volkes neben anderen regionalen Gründen eine entscheidende Ursache für das Scheitern und die Niederlage war. Selbst die Frommen und Gutherzigen unter ihnen waren seiner Einschätzung nach zu inkonsequent und unverständig, um politische Verantwortung übernehmen zu können. Solche Menschen ließen sich von kontroversen Predigten verwirren, doch wenn sie einmal von einer Idee besessen waren und erkannten, daß man ihnen etwas anderes aufzwingen wollte – Sturm spielte, als er Granvelle 1548 in Augsburg vor dieser Situation warnte, natürlich auf das Interim an –, so würden sie »ein grosse bewegung machen«,[1] einen Aufstand wie 1525. Eine Regierung, die sich Beständigkeit in Grundsatzfragen und Flexibilität bei politischen Entscheidungen bewahren wollte, durfte sich von den Kräften der Öffentlichkeit nicht beeinflussen lassen, und dies galt um so mehr für die kritische Situation nach dem Interim. Diese Überlegungen bezog Sturm in eine Verfassungsänderung mit ein, die er vermutlich 1548 entwarf, als im Ratssaal noch immer viele Plätze verwaist waren. Er wollte eine neue Schicht von »Bürgern« oder »Honoratioren« (*cives*) in den Rat bringen, die einer von ihm angelegten Liste zufolge aus den Reihen der reichen Kaufleute und wohlhabenden »Müßiggängern« der Zünfte kommen sollten. Zudem hätte er, wie die folgende Tafel zeigt, eine Umverteilung der Ämter vorgenommen:

	vorher	*nachher*
Patrizier (nobiles, Adel)		
Stettmeister	4	4
Senatoren	6	6
insges. Patrizier	10	10
Honoratioren (cives, Bürger)		
Senatoren	10	
insges. Honoratioren	10	
Mitglieder der Zünfte (tribus, Handwerker Senatoren)	20	10
insges. Zünfte	20	10
Insgesamt	30	30

Jakob Sturms Vorschläge zu einer Reform der Straßburger Verfassung (vermutlich 1548)

Sturm hätte also zwei Drittel der zu besetzenden Ämter auf Familien verteilt, die zusammen vielleicht fünfzig wählbare Männer stellten; das restliche Drittel hätten sich die etwa dreitausendsiebenhundert Mitglieder der Zünfte teilen müssen. Er beabsichtigte ganz offensichtlich, die Sicherheit für die Oberschicht zu erhöhen. Nur die Oberschicht verfügte seiner Meinung nach über die Erfahrung, die Ausbildung und die Intelligenz, das bürgerliche Interesse nach innen und außen zu schützen. Dieser Plan, der nicht zur Ausführung gelangte, war sowohl Ausdruck von Sturms Kritik an seiner eigenen Reformationspolitik als auch die logische Folge aus der wachsenden Oligarchisierung im spätmittelalterlichen Straßburg.

Erstaunlich war hingegen, daß Sturms Plan fast genau den Verfassungsänderungen entsprach, die nach 1548 von den Räten Karls V. in Augsburg, Ulm und anderen freien Städten in Schwaben durchgesetzt wurden. Die »Hasenräte« – benannt nach dem kaiserlichen Rat Heinrich Hass – sollten die Verfassungen zugunsten der Patrizier und zum Nachteil der Zünfte ändern, um so dem städtischen Regiment die Loyalität und die Duldung des Katholizismus zu gewährleisten. Diese Politik widerspiegelte eine Überzeugung, der zufolge die Städte durch die Unbeständigkeit der einfachen Leute in Sachen Religion in die Rebellion getrieben worden waren. Sturm sah das Verfassungsideal im loyalen, lutherischen Nürnberg, das während des Schmalkaldischen Krieges neutral geblieben war. Als erste Städte waren 1548 Augsburg und Ulm von den Verfassungsänderungen durch Karl V. betroffen, und bis 1556 folgten fünfundzwanzig weitere Städte, darunter einige, die sich zu keinem Zeitpunkt gegen den Kaiser erhoben hatten, und sogar solche, die – wie Leutkirch, Wangen und Überlingen – ganz katholisch geblieben waren. Es war in der Hauptsache der Diplomatie Jakob Sturms zu verdanken, daß Straßburg, das doch zu den Rädelsführern des Schmalkaldischen Bundes gehört hatte, dieser Zwangsbehandlung entgehen konnte.

Das Trienter Konzil

Sturms geplante Verfassungsreform von 1548 markiert den Rahmen, in dem er sich in seinen letzten Lebensjahren bewegte. Nach 1548 beschränkte er sich, ähnlich wie sein Urgroßvater, auf eine von Loyalität gegenüber dem Kaiser geprägte und von lokalen und regionalen Interessen bestimmte Politik. Die neue Ordnung der Dinge spiegelte sich auch in Sturms eigenem Leben sowie in der Straßburger Diplomatie und Politik wider. Mit seiner Reise nach Köln im Herbst 1548 hatte er seinen letzten Auftritt auf der Bühne der Reichspolitik. Während der letzten fünf Jahre seines Lebens reiste Sturm nur noch selten, und wenn, dann kaum über die Grenzen Straßburgs hinaus. Zum einen hing dies sicherlich mit seinem Alter – er war nun neunundfünfzig – und seinem Gesundheitszustand zusammen, zum anderen aber hatten sich auch die Formen der städtischen Diplomatie gewandelt. Die Vertretung der Stadt auf Reichs- und anderen Ebenen wurde nicht mehr von den Räten, sondern von städtischen Beamten wahrgenommen, die zumeist Juristen waren. Auch Straßburg entsandte 1550 erstmals Beamte anstelle von Räten zu einem Reichstag. Sturm verließ sein Haus nur noch selten, obgleich er weiterhin die Fäden der Außenpolitik in der Hand behielt, insbesondere in bezug auf Folgen des Trienter Konzils für seine Stadt.

Als die protestantischen Führer nach dem Schmalkaldischen Krieg ihre Teilnahme am Trienter Konzil von bestimmten Bedingungen abhängig machten, nahm der Kaiser nur ihr »Ja« zur Kenntnis und wischte das »Wenn« beiseite, und so berief der neue Papst, Julius III., das Konzil wieder für den 14. November 1551 ein. Als der Augsburger Reichstag im März 1551 auseinanderging, war die Zeit für die Protestanten gekommen, ihre Rolle in dieser Scharade zu spielen.

In Straßburg, wo man die Forderung nach einem Konzil lange Zeit als ein nützliches taktisches Mittel angesehen hatte, lehnte Jakob

Sturm das Trienter Konzil nun ab, da, wie er schon vor dem Krieg einmal erklärt hatte, »durch dieses concilium der sachen nit mög geholfen werden; und im fall, so die sach der religion je auf das concilium gewisen werden solt, darin wir nichts dann gewisse verdammung unser leer zu warten haben«.[2] Die Gegensätze, so hatte er Granvelle während des Wormser Reichstags von 1545 mitgeteilt, seien unüberbrückbar.[3] »... andere nationen und potentaten hielten den babst pro capite ecclesiae, vicario Christ, ad quem spectarent decisiones controversiarum in fide et qui in his, quae fidei sunt, errare non posset, und das dis sin usgeschriben concilium legitimum et verum concilium were.« Die Protestanten hingegen »hielten in, den babst, nit dofür sonder in et sibi adherentes pro adversariis Christi und die wider die leer Christi allen missbrauch ingefürt, auch dis concilium weder fur frei noch christlich, dohin si auch ir sachen nit bekommen oder setzen möchten.« Wie aber sollte man einen Mittelweg finden, den beide Seiten akzeptieren konnten? Für Sturm kam da nur eine Möglichkeit in Betracht – ein Konzil oder eine Versammlung, »do fromme, gotzforchtige, gelerte leut von beiden teilen zusammenkämen und geordnet wurden, die aller eid und pflicht erlossen ...« Diese Männer müßten darauf verpflichtet werden, »on forcht und scheu [das zu] bedenken, was der geschrift und ersten reinen kirchen brauch gemess were ...«

Sturm traf seine Bewertung des Konzils – und dies gilt auch für seine gesamte übrige Ekklesiologie – aus rein politischen Erwägungen, denn ihm kam es darauf an, das Schisma auf Reichsebene beizulegen. Seinen Überlegungen zufolge sollten der Kaiser, die Mehrheit der Fürsten sowie die Kurfürsten von Mainz und Trier die gesamte Angelegenheit an das Trienter Konzil verweisen; sodann konnte der Kaiser das Konzil beherrschen, indem er die österreichischen und niederländischen Bischöfe nach Trient beorderte. Auf diese Weise hätte der Kaiser das päpstliche in ein Reichskonzil verwandeln können, in eine Art kirchliches Pendant zum Reichstag. So sehr er auch versucht war, diesen Weg zu gehen, Karl V. tat es nicht. Zudem war 1551 offenkundig geworden, daß die Protestanten Gesandte nach Trient schicken würden – nicht nur, um ihre Standpunkte zu verteidigen, sondern auch, um ihren Gehorsam gegenüber dem Kaiser unter Beweis zu stellen.

Dieser unangenehme Verlauf wurde Sturm und seinen Amtskollegen zumindest dadurch etwas schmackhafter gemacht, daß sich zu Herzog Christoph von Württemberg, der Herzog Ulrich nach dessen Tod am 6. November 1550 in Tübingen nachgefolgt war, ganz neue Beziehungen ergeben hatten. Diesem fünfunddreißig Jahre alten, tatkräftigen und weltmännischen Fürsten – einem unerschütterlichen Lutheraner, dem sein Land noch fremd war – schien die

Rolle des freundlich gesinnten Fürsten in der Nachbarschaft Straßburgs geradezu auf den Leib geschneidert zu sein, jene Rolle also, die vor Zeiten der rheinpfälzische Kurfürst und später Landgraf Philipp von Hessen gespielt hatte. Die lange währenden freundschaftlichen Beziehungen zwischen diesen beiden lutherischen Staaten im Südwesten, Straßburg und Württemberg, begannen zunächst mit gemeinsamen Vorbereitungen auf das Trienter Konzil. Die Initiative dazu war von Sturm ausgegagen, der versuchte, »die chur und fursten [...], so unser religion sind«,[4] zu einem gemeinsamen Vorgehen zu bewegen. Herzog Christophs Bekräftigung, es »were doch gut, das die theologi zuvor zusamenkemen«,[5] bewog Straßburg am 4. Mai 1551 dazu, in Dornstetten an der Westgrenze Württembergs einer neuen württembergischen Bekenntnisschrift zuzustimmen. Sturms Hoffnung, daß alle Protestanten im Süden »mit andern diser religion für ein mann [...] stan«,[6] erfüllte sich jedoch nicht, und die weitverbreitete Furcht, der Konspiration verdächtigt zu werden, war so groß, daß sich Herzog Christoph schließlich entschied, seine Delegation alleine auf den Weg nach Trient zu schicken. Dies stellte Straßburg vor einige Schwierigkeiten: »... der mangel der personen, so hiezu [nach Trient zu reisen] tauglich«, hielt Sturm fest, »wer bi uns also, das wir niemants hetten, den wir zu schicken wüsten. So aber her Martin Butzer, doctor Petrus Martyr oder der Calvinus noch bei uns gewesen, hetten wir die nit fur untauglich geacht neben andern zu schicken.«[7] Anstatt nun Johann Marbach mit dieser Aufgabe zu betrauen, einen jungen Lindauer, der über gute Kontakte nach Sachsen verfügte, trafen Sturm und seine Kollegen im Herbst 1551 eine recht überraschende Wahl: Sie benannten einen Laien, den jungen Johannes Sleidan, den in Paris ausgebildeten Historiographen des Schmalkaldischen Bundes. Die Straßburger machten aus der Not eine Tugend: »... und gedechten wir, das zum anfang auch eine oder zwo personen, die nit theologi, in namen und gemeinem costen der stet, so der sachen mit uns einig, geschickt wurden, die bevelch hetten sich den Sachsischen, Wurtenbergisch und andern confessionsverwandten anhengich zu machen und sich gleichergestalt zu erbieten und mit gemeinem rat zu handeln.« Sollte es sich später als notwendig erweisen, gelehrte Männer nachzuschicken, so würde »jemand von [den] theologen« benannt werden.[8] Diese Entscheidung ging eindeutig auf Sturms Konto. Zum einen war er der wichtigste Gönner Sleidans in Straßburg, und zum anderen sollte ihm der junge Mann während seiner Mission gesonderte, persönliche Berichte schicken.

Kurz nachdem Sleidan am 3. November 1551 nach Trient abgereist war, bereiteten Jakob Sturm und die Prediger ein Schriftstück vor, das recht deutlich vor Augen führt, wie sie das Trienter Konzil bewerteten. Die meisten der protestantischen Mächte hätten sich bereit erklärt, dem Konzil beizuwohnen, »dieweil der almechtig got aus rechtem urteil die kirchen Teutscher nation in dis captivitet [Knechtschaft] dem Rom. keiser ubergeben hat«. Auch Straßburg habe diese Entscheidung getroffen, wobei man nicht hoffen könne, »alda zu Trient von der dornen trauben zu lesen oder feigen von den distlen, sonder das man die Augspurgische Confession [...], welches die war ler unsers hern Jesu Christi [...] ist, vor dem Trientischen concilio, ja vor der ehebrecherischen gepurt inen zeugnis und verdamnis tapferlich thette gschriftlich und müntlich, doch in aller christlichen bescheidenheit bekennen.«[9] Zu diesem Zweck benannten der Rat und die XXI zwei Geistliche aus den eigenen Reihen, Johann Marbach und Christoph Söll, und schickten sie nach Trient. Dort trafen sie am 18. März ein, hielten sich aber keine drei Wochen in der Stadt auf. Marbach berichtete, es sei zwar nicht zu den eigentlichen Verhandlungen gekommen, doch man hätte gleichwohl »dasjenig usgericht, das man anfenglich bedacht hat, als nemlich das wir das lieht [Licht] nit gescheuhen und uns bei der lehr, so wir bisher bekant, haben finden lassen und bereit gewesen seien, solcher unser lehr rechenschaft zu geben«.[10] In der Tat, bei der Straßburger Delegation hatte es sich um eine reine Formalität gehandelt, und es wäre nie soweit gekommen, hätte Gott die Straßburger nicht in »dis captivitet dem Rom. keiser ubergeben«.

1552 – Das Jahr des Franzosen

Während Sleidan und die Prediger in Trient weilten, begann sich das letzte große Ereignis in Jakob Sturms Karriere abzuzeichnen, und diesmal sollte es sich direkt vor seiner eigenen Haustüre abspielen. König Heinrich II. von Frankreich marschierte an der Spitze einer riesigen Armee in Richtung Rhein, und unter dem Banner der Revolte näherten sich einige der deutschen Fürsten von der anderen Seite, um sich in der Nähe der Straßburger Rheinbrücke mit dem König zu vereinen. Dieses klassische Szenario – deutsche Fürsten im Verein mit Frankreich – stellte Sturm und seine Kollegen vor eine quälende Frage. Sollte man sich, da man nun in die »Knechtschaft des Kaisers« geraten war, nicht tatsächlich einen fremden, einen französischen Herrn suchen – das war es doch, wessen Sturm von seinen Feinden so oft beschuldigt worden war. Das zentrale Problem hing weniger mit den Absichten der aufständischen Fürsten zusammen, die von Kurfürst Moritz von Sachsen, dem »Judas von Meissen«, angeführt wurden. Deren Ziele interessierten Sturm und die Straßburger wenig. Weit wichtiger war, daß die »deutsche Freiheit«, die Heinrich im Vertrag von Chambord vom 15. Januar 1552 wiederherstellen wollte, sobald er Kaiser war, keineswegs dem entsprach, was sie sich unter Freiheit vorstellten.

Die Kriegsgerüchte eilten dem französischen König, seinen vierzigtausend Soldaten und zehntausend Reitern in Windeseile voraus. Mitte März brach der König sein Lager bei Joinville ab und durchquerte Lothringen in Richtung Metz, das von seinen Generälen am Palmsonntag, dem 10. April 1552, eingenommen wurde. Zu diesem Zeitpunkt trafen die Straßburger bereits Vorkehrungen zur Verteidigung ihrer Stadt – offensichtlich hatte sich Jakob Sturm mit der Vorstellung König Heinrichs als Befreier der Deutschen nicht anfreunden können. Tatsächlich läßt sich in seiner gesamten politischen Laufbahn kein Anzeichen für Sympathien gegenüber Frankreich finden, und einmal bemerkte er, daß der Schmalkaldische Bund die Erfahrung habe machen müssen, daß »sich die französischen [...] allweg mutierten [unzuverlässig seien]«[11]. Ende März, als sich das französische Heer in Bewegung setzte, verkündete das von Sturm geleitete Verteidigungskommitee die neue Politik der »Festung Straßburg«. »Dweil nun im land der grossen macht nit widerstanden mag werden, wer' zu gedenken, wie man diesen platz behielt [...] zu schutz geistlicher und weltlicher [Einwohner].« Sollte der französische König die Stadt einnehmen, »so wurd er in bauen [die Stadt zur Festung ausbauen], proviandiren und besetzen und dodurch das land behalten«, und der Versuch des Kaisers, die Stadt zurückzugewinnen, werde die gesamte Region in ein Schlachtfeld verwandeln.[12] Wenn aber Straßburg dem Elsaß als Zitadelle gegen die anrückenden Franzosen dienen sollte, so müßten die Kosten dafür unter den elsässischen Herrschaften aufgeteilt und die Betreffenden in der Frage der regionalen Landesverteidigung konsultiert werden – die Stadt Basel, der Bischof und das Domkapitel von Straßburg, die Grafen von Hanau-Lichtenberg und Bitsch sowie alle anderen freien Städte und Reichsritter. Die französische Invasion von 1552 hatte Straßburg ganz und gar in seine alte Rolle einer regionalen Metropole und Sturm in die seines Urgroßvaters als deren Anführer zurückversetzt. Seine Unterredungen, die Sturm Ende März und Anfang April mit den Gesandten des Bischofs und den Reichsrittern führte, brachten ihm jedoch keine greifbare Unterstützung für seine Politik der »Festung Straßburg« ein. Bei diesen Gesprächen sah sich Sturm, der im Reichstag einstmals für einen ganzen Stand gesprochen, das Vertrauen der Fürsten genossen und auf höchster Ebene mit dem kaiserlichen Kanzler verhandelt hatte, nun im Kreise ungehobelter Landedelleute und Kleinstadtpolitiker über rein regionale Angelegenheiten diskutieren. Seine neue Aufgabe, Solidarität auf regionaler Ebene herzustellen, ging er mit derselben ruhigen und auf

Eintracht bedachten Art an, in der er auch zu den Mitgliedern des alten Schmalkaldischen Bundes gesprochen hatte: Er mahnte, »das man auch die spenne [Spannungen], so man miteinander hett, gutlich understund zu verglichen, allen unwillen ufzuheben, dan sonst wurd es khein guten willen bringen und vill unrhats doruss entston«.[13]

Anfang April befand sich Straßburg zwischen den Fronten. Die aufständischen Fürsten eilten von Franken aus nach Süden, um dem flüchtenden Kaiser bei Augsburg eine Falle zu stellen, während der französische König in Metz überlegte, ob er mit dreißigtausend Mann über Saarbrücken in das Elsaß einfallen sollte. »Wir sind zwischen zwei Heeren gefangen«, schrieb Sleidan am 16. April, »die Fürsten bedrohen uns von Schwaben aus und die Franzosen von Metz, das sie, so sagt man, heute einnehmen wollen. [...] Wir haben nur zweitausend Soldaten. Oh, armes Deutschland!«[14] Zwei Tage später kam ein französischer Herold nach Straßburg, um die unmittelbar bevorstehende Ankunft des Königs und seinen Wunsch nach Verproviantierung zu verkünden. Wiederum einen Tag später konsultierte der Magistrat die Schöffen, die »mit einhellig sagen mein hern reten gewalt« gaben und kundtaten, sie »wollen leib und leben zu inen setzen«.[15] Sogleich wurde eine Delegation unter Jakob Sturms Bruder Peter in das französische Lager entsandt. Als die Männer zurückkehrten, berichteten sie, die Hauptgefahr für Straßburg gehe von den französischen Agenten und Sympathisanten unter den französischen Einwohnern der Stadt aus. »Buben«, hatte Sturm solche Leute einmal gescholten, »die umb gelts willen wider gott und ir vatterland handlen.«[16] Im Augenblick aber war man durchaus auch auf französischsprachige Helfer angewiesen, denn als Peter Sturm, Sleidan und Friedrich von Gottesheim am 2. Mai in Zabern eintrafen, bedurfte es Michel Bermans, eines katholischen Kaufmanns aus dem lothringischen Saint-Nicolas-de-Port, um die Männer als »herren vom regiment zu Strassburg« zu identifizieren.[17] Gleichwohl brachen die alten anti-welschen Vorurteile unter den eingeborenen Straßburgern beim Herannahen der französischen Armee erneut auf, und zwar mit einer solchen Intensität, daß man nach einer am 2. Mai durchgeführten Befragung der Schöffen entschied, »die Welschen in die herberg [zu] führen, mit inen [zu] essen und sie [zu] petten, weil daz volk ettwas unwillig, weil inen dauss schaden beschee, daz sie dann in der herberg pleiben wolten, domit inen nichts begegnete«[18].

Die Bürger hatten allen Grund, »unwillig« zu sein, denn die Generäle des Königs forderten zweihunderttausend Laibe Brot, einhundert Fässer Wein und noch andere Lebensmittel von den Straßburgern. Als Peter Sturm und seine Begleiter nach Zabern zurückkehrten und einen Bruchteil dieser Mengen anboten, schrie der französische Oberbefehlshaber wutentbrannt, »... sie [die Franzosen] wheren nit vihe, khonten nit frucht essen, muessten prot essen«.[19] Am nächsten Tag brachen die Franzosen ihr Lager ab, marschierten in Richtung Rhein und kampierten am 7. Mai bei Brumath, von wo aus man bereits die Kirchtürme Straßburgs sehen konnte. Gegen die Mauern der Stadt konnte der König jedoch wenig ausrichten, und als er eine Woche später sein Heer in Richtung Norden in Bewegung setzte, war der Sturm vorüber.

1552, das Jahr der Franzosen und sonstiger Überraschungen, hielt noch eine weitere Unannehmlichkeit für Sturm bereit. Am 7. September überbrachte ein Beauftragter des Kaisers die Forderung nach Verproviantierung der kaiserlichen Armee, die zu diesem Zeitpunkt in der Nähe des unweit von Straßburg entfernten Bretten lag. Nur zwei Tage später traf die Nachricht ein, Karl V. werde am 15. September samt seinen Truppen selbst nach Straßburg kommen. Bei Innsbruck war er um ein Haar den aufständischen Fürsten in die Falle gegangen, und König Ferdinand hatte einen erniedrigenden Friedensvertrag geschlossen, den Passauer Vertrag vom 2. August. Dessen Bedingungen hatte Karl nicht akzeptieren können, und nun, angestachelt durch sein verletztes Ehrgefühl, Rachedurst und seinen Haß gegen Frankreich, versuchte der erfolglose Kaiser, mit siebzigtausend Mann den Rhein zu überqueren und Metz zurückzugewinnen. Am 13. September, die Schöffen waren informiert, schickten die Räte eine Abordnung aus, um den Kaiser zu begrüßen. Es war dies Sturms letzte Reise. Er traf den Kaiser bei Rastatt und ersuchte ihn, Straßburg und sein Umland zu verschonen und zumindest einen Teil seiner Truppen auf einer anderen Route marschieren zu lassen. Der Magistrat versprach, den Kaiser persönlich und mit der entsprechenden Ehrerbietung zu empfangen, bat ihn aber zugleich, nur eine kleine Leibwache mit sich zu führen und die Rechte der Stadt zu respektieren. Der Kaiser lobte die Stadt für ihr Ausharren vor den Franzosen, entschuldigte seinen schnellen Durchmarsch mit der fortgeschrittenen Jahreszeit und versprach, sein Heer um die Stadt herum zu leiten.

Die Rückkehr der Gesandtschaft löste hektische Vorbereitungen aus: gerüstete und bewaffnete Bürger, Gewehrschützen auf den Mauern, Türmen und Bastionen, verstärkte Wachen an den Toren sowie dreihundert zusätzliche Nachtwachen in den Vorstädten. Am nächsten Tag erreichte der Kaiser die Rheinbrücke, gefolgt von Spaniern, Italienern, deutschen Landsknechten und der Artillerie. Seine Truppen kampierten in den nahegelegenen Dörfern – mit den üblichen Folgen für Leib, Leben und Besitz der Einwohner. Die Bürger Straßburgs selbst, durch die Schöffen und Zünfte gewarnt, Ruhe zu bewahren und die »welschen« Soldaten nicht zu provozieren, kletterten auf die Mauern und betrachteten diese wilde und farbenprächtige Ansammlung von Kriegern. Fast vier Tage lagerten die Truppen, während sich der Kaiser in seinem Hauptquartier bei Auenheim ausruhte. Am 19. September setzte sich die Armee in Richtung Westen in Bewegung. Gegen Mittag dieses Tages erschien der Kaiser am Metzgertor, betrat die Stadt und wurde, wie Sleidan es beschreibt, vom Magistrat »in der anhänglichsten und ehrfurchtsvollsten Weise« empfangen.[20] Mit ihm zogen die großen Fürsten ein, darunter der Herzog von Alba, Markgraf Hans von Brandenburg-Küstrin, Herzog Philibert Emmanuel von Savoyen sowie Kanzler Granvelle und Bischof Erasmus von Straßburg, gefolgt von achthundert Reitern. Zu beiden Seiten dieses Zuges hatten sich, verstärkt durch Söldner, bewaffnete Bürger aufgestellt – wie damals, als Bischof Wilhelm von Honstein in die Stadt eingeritten war. Der Straßburger Rat war noch immer Herr über seine Stadt. Nachdem er am Münster die Geistlichkeit der Stadt begrüßt hatte, nahm der Kaiser sein Mittagsmahl im Hause Konrad Meyers in der Münstergasse ein, eines reichen Mitglieds des Rates der XV. Gegen fünf Uhr nachmittags bestieg Karl seinen »kleinen Braunen« und ritt durch den Regen aus der Stadt. Die Ratsherren geleiteten ihn bis zum Leprosenhaus. Die Nacht verbrachte der Kaiser im Haus des Bürgermeisters von Bischheim, das zum Besitz der Böcklins gehörte, und am nächsten Tag war der Spuk vorüber. »Ich verließ Straßburg«, schrieb der Kaiser später an seinen Sohn Prinz Philipp, »wo ich den allerbesten Beweis von Liebe und gutem Willen erfuhr.«[21] Karl V. eilte nach Westen – Straßburg war die letzte deutsche Stadt, die er zu Gesicht bekam –, den Mauern der Stadt Metz und damit dem Untergang seines Heeres und seines letzten Rests von Ansehen entgegen. Sein Empfang in Straßburg, achtundvierzig Jahre nachdem sein Großvater die Stadt während des Bayerischen Erbfolgekriegs besucht hatte, symbolisierte Straßburgs Rückkehr zu einer guten, alten Politik: Respekt und Loyalität gegenüber dem Kaiser, starke regionale Bande und ein hohes Maß an Selbstvertrauen. Sollten Jakob Sturm und die übrigen Mitglieder des Magistrats auf eine Würdigung dieser politischen Restauration gewartet haben – Kaiser Karl ließ sie ihnen an diesem regnerischen Septembertag des Jahres 1552 zuteil werden: Während seines Besuchs erwähnte der Kaiser die Religionsfrage mit keinem Wort.

Als der Kaiser Straßburg verließ, hatte Sturm nur noch wenig mehr als ein Jahr zu leben. Seine Missionen während dieser Zeit beschränkten sich auf drei Treffen der Niederelsässischen Vereinigung zur Landesrettung, der sogenannten »Landesrettung«, die allesamt in Straßburg stattfanden. Waren die Schmalkaldischen Bundestage der Rahmen zu Beginn von Sturms politischer Laufbahn gewesen, so bewegte er sich nun, am Ende seiner Karriere als Politiker, in der kleinen Welt österreichischer Räte aus Ensisheim, bischöflicher Vasallen, Stiftsherren, Stadtsyndici und Reichsritter. Mancher unter ihnen zählte zu seinen eigenen Verwandten: Wolff Zorn von Plobsheim etwa oder Ludwig Bock von Gerstheim, der Sohn seines Schwiegervaters Hans. Sie alle stammten aus der näheren Umgebung und sprachen in vertrautem Dialekt. Ihre Gesellschaft verschaffte ihm eine willkommene Erholung von den langen Reisen zu Pferd, den Wochen des Abwartens und den vielen Monaten in Herbergen, in denen es nur überteuerte, schlecht zubereitete Speisen und abscheulichen Wein gegeben hatte. Diese Monate, die letzten seiner langen Karriere, verbrachte Sturm in der Welt seiner Vorfahren.

Viele Jahre zuvor hatte er an Geilers Bett die Totenwache gehalten. Nun stand Johann Marbach aus Lindau an Sturms Totenbett. »Den 30. octobris hora quarta vor mitag«, erinnerte er sich an die letzten Stunden des Patriziers, »bin ich geffordert worden zü herrn jacob Sturmen, qui quartana febri iam tertio mense laborabat.« Als er das Krankenzimmer betrat, »lag er in agone mortis, und wi wol im di red propter linguae ariditatem entgangen, so war er doch noch bei guttem verstand. Also das er uff alle sprüch, so im ex sacris literis witert, ja sprach, auch mit zamen geschlagenen henden mit uns bettet und zu lezt verstentlich amen sagt.« Mittlerweile war es sechs Uhr abends geworden, und Marbach fragte: »Herr, wollt ihr noch ein spruch uss Gottes wort horen?« Der Sterbende verfolgte aufmerksam die Worte Marbachs, der aus dem Johannesevangelium las: »Dan Gott hat nit seinen son gesandt, das er die welt richte, sonder das die welt durch in selig werde. Wer an ihn glaubt, der wirdt nicht gerecht sonder hat das ewig leben.« Sturm schloß die Augen, öffnete seinen Mund, tat zwei Atemzüge und verschied. »Ich zwar für mein person«, schrieb der Pastor in seiner Trauer, »hab meinen besten freund, ia vatter, in disser stat an im verloren.«[22]

Am selben Nachmittag verkündete Ammeister Hans Hammerer von der Schustergilde im Rathaus die schreckliche Nachricht, daß »herr Jacob Sturm, pater patriae et ornamentum huius reipublicae, inn dem Herrn entschlafen sey (der wolle ime ein froliche ufferstantnus verleihen) unnd das man ine morgen zu einer uhr zur anderen bestatten werde. Ist durch her Mathis Pfarrer anzeigt, das der brauch, das das gantz regiment mitgang.«[23] Am nächsten Tag versammelte sich der Magistrat bei den Dominikanern, um sich sodann gemeinsam zu dem Haus in der Brandgasse zu begeben. Von diesem Haus aus, in dem Sturm und seine Geschwister seit 1529 gelebt hatten, geleitete ein großer Zug von Magistratsmitgliedern, Bediensteten, Geistlichen, Schullehrern und Schülern den toten Stettmeister und Scholarchen zur letzten Ruhe. Man passierte die Stadttore, zog am Gutleuthaus vorbei, bis man schließlich den außerhalb der Stadtmauern gelegenen Friedhof erreichte – die Reformation hatte Straßburgs Tote aus seinen Kirchen verbannt. Nachdem Marbach auf Deutsch aus dem Philipperbrief 1,21 gepredigt hatte – »Denn Christus ist mein Leben, und Sterben ist mein Gewinn« –, wurde Sturm zur Ruhe gebettet, und die Trauergemeinde zog vorbei, um Erde auf den Toten zu werfen. Er lag alleine in seinem Grab, denn seine Frau war schon seit fast fünfundzwanzig Jahren tot, so lange, daß viele Straßburger glaubten, er habe genau wie seine Brüder nie geheiratet.

Als sich die Nachricht von Sturms Tod verbreitete, war mancher sehr betroffen oder zumindest betrübt – einige wenige aber auch erfreut. In Weimar reagierte ein Prediger auf die Neuigkeit mit den Worten: »Was ihr von herrn Jacob Sturms todlichen abgang geschrieben habt, bin nicht ich allein sonder viel anderer ehrlicher leute alhier am hofe erschrocken und hoch betrübt worden. Und ist ein bose zeichen. Wenn gott die heubter aus den Regimenten hinweg nimpt, so pflegen gemeiniglich verenderungen hernach zu folgen.«[24] Der Historiker Johannes Sleidan kleidete seine Trauer in einfachere Worte: »Ihr wißt, was wir mit ihm verlieren.«[25] Und Ulrich Geiger, über lange Jahre hinweg ein diplomatischer Vertreter Straßburgs, mit dem Sturm eng zusammengearbeitet hatte, drückte es am treffendsten aus: »... er istz register und der wagenman gewest.«[26]

FÜNFZEHNTES KAPITEL

Jakob Sturms Vermächtnis

Johann Marbach und Johannes Sturm zeichneten in ihren Grabreden ein Bild von Jakob Sturms historischer Gesamterscheinung, das auf der einen Seite den frommen lutherischen Ratsherrn und auf der anderen den würdevollen neo-römischen Senator ehrte. Die Jahrhunderte haben das Ihre dazu beigetragen, daß beide Seiten zu einem Bild verschmolzen, das Gottesfürchtigkeit, Gelehrsamkeit, Gehorsam und Pflichtbewußtsein in sich vereint. Sturm gebührt dieser Ruf verdientermaßen. Er war einer der bemerkenswertesten Männer der deutschen Reformation, eine Persönlichkeit, die sich mit anderen städtischen Politikern seiner Zeit nicht vergleichen läßt. Natürlich glättet die Überlieferung gewöhnlich das, was in Wahrheit uneben ist, und sie klärt das, was in sich selbst Unklarheiten birgt. Eine kleine Geschichte beweist, daß dies auch bei Jakob Sturm der Fall ist. Am 20. Januar 1554 hielt sich der Straßburger Jurist Jakob Hermann im Auftrag seiner Regierung im hessischen Kassel auf. Als er mit Landgraf Philipp zusammengetroffen sei, so berichtete er, »haben sein fl. G. [...] mich vom statthalter und canzler, so auch zugegen, uf ain ort in ainen erker gefurt und daselbst allerhand befragt von her Jakob Sturmen seligen, her Matthissen Pfarher und den predicanten etc., wie sie lebten«. Vor allem aber, so bemerkte Hermann, habe der Fürst wissen wollen, »ob her Jacob bestendiglich bis in sein end bei erkanter religion plieben« sei.[1]

Was soll man diesem Bericht entnehmen? War die Reformation als solche damals so unscharf umrissen, ihre Definition so verschwommen und die Loyalitäten unter ihren Führern so unbeständig, daß nach dreißig Jahren des Schmalkaldischen Bundes einer seiner Architekten fragen konnte, ob der andere in seinen letzten Tagen doch noch einmal die Grenze zwischen der wahren Religion und dem Irrtum passiert hatte? Oder können wir die Bemerkung des Landgrafen als niederträchtige Reaktion, als eine letzte Rache für die Vorwürfe abtun, die Sturm gegen Ende des Donaufeldzuges im November 1546 gegen Philipp vorgebracht hatte?

Es gibt nicht den geringsten Grund, Sturms Treue zum christlichen Glauben anzuzweifeln, wie sie seiner Generation durch die protestantische Bewegung nahegebracht worden war. Seine Theologie war evangelisch im Sinne der erasmisch-zwinglischem Ausprägung der Reformation in den Städten des Südens; seine Ekklesiologie war partikularistisch und erastianisch; und seine gesamte Karriere im Dienste der Öffentlichkeit war der protestantischen Sache im Reich und außerhalb seiner Grenzen gewidmet. Und doch unterschied sich Sturm von anderen Protestanten in seiner Zurückweisung der Vorstellung, das christliche Evangelium, verstanden als göttliches Recht, könne oder solle die Welt verändern. Mit anderen Worten: Sturm glaubte nicht an einen inneren Zusammenhang zwischen der »Freiheit des Christenmenschen« im Sinne Luthers, wonach Christus die Gläubigen von den Folgen der Sünden befreit hatte, und der »christlichen Freiheit«, verstanden als ein im Evangelium begründetes Recht für das Zusammenleben von Menschen. Seine adelige Herkunft, seine erasmische Prägung und seine Erfahrungen während des Bauernkriegs hatten zu seiner ablehnden Haltung gegenüber der religiösen Begeisterung des einfachen Volkes geführt, das sich als Instrument Gottes in dieser Welt begriff. In gewisser Hinsicht stand der Schmalkaldische Bund, dessen Schöpfung auch Sturms Werk war, auf dem nämlichen Riff, an dem die Bewegung von 1525 zerschellt war, jener Vermischung von Religion und Politik, die Sturm als illegal, unüberlegt und gefährlich einstufte. Sieht man einmal von der Theologie ab, so ähnelte seine grundsätzliche Einstellung gegenüber der Welt weitgehend der seines großen Zeitgenossen Martin Luther, und genau wie der Reformator, wenngleich nicht so oft, schlug er seine eigenen Prinzipien in den Wind, wenn sich eine günstige Gelegenheit bot. Typische Beispiele hierfür sind Württemberg (1534), Braunschweig-Wolfenbüttel (1542) und die Kampagne gegen das Reichskammergericht – Situationen, in denen er unrechtmäßige, ja sogar gewaltsame Aktionen sanktionierte, die seine ständigen Plädoyers für Rechtmäßigkeit, Toleranz und gegenseitiges Verständnis Lügen straften. Warum aber scheute er sich dann davor, die Misere der Protestanten in Metz in einem ähnlichen Licht zu sehen? Möglicherweise weil er mehr als allem anderen dem Urteil des gemeinen Volkes in Fragen der Religion und Politik mißtraute.

Seine Rolle als Staatsmann der deutschen Reformation weist insofern Brüche auf. Das hatte schon die Frage des Landgrafen nach der Beständigkeit von Sturms Glauben verdeutlicht. Sein Einsatz für die protestantische Politik brachte ihn nach und nach in Positionen, die er später für unrechtmäßig, unklug, ja gefährlich erachtete. Diese Ambiguität prägte Sturms gesamten Weg von der provinziellen und sicheren Welt seiner Vorfahren in die weiten und sturmgepeitschten Landschaften der deutschen Reformation und zurück in die alten, nun auch eng begrenzten Regionen seiner Heimat. Ihr liegt das Paradox zugrunde, daß ein erfolgreicher Versuch der Protestanten, die

Reichsverfassung außer Kraft zu setzen oder selbst den Kaiser zu stellen, jenen mächtigeren, stärker zentralistischen Staat zur Folge gehabt hätte, den er und seine Mitstreiter ablehnten. Das Spätmittelalter hatte ihnen den Staat gegeben, den sie wollten, ein ausgedehntes, lose verbundenes Gefüge zum Schutz eines ausgeprägten Partikularismus, und die Reformation hatte eine Kirche geschaffen, die zu diesem Staat paßte. Dieses Arrangement aufzugeben, war das letzte, was sie sich wünschten, nicht um alles in der Welt, nicht einmal für das Evangelium. Auf der anderen Seite war es nicht mehr möglich, sich allein auf die Tradition zu verlassen. Die Reformationsbewegung hatte alle Traditionen in Zweifel gezogen, und die vertraute politische Welt des spätmittelalterlichen Partikularismus, die doch genau das Angemessene war, war an die Grenzen ihrer Entwicklungsmöglichkeiten gestoßen. Zu Sturms Zeiten entstand bereits das frühneuzeitliche Europa der Großmächte, eine Welt der dynastischen Monarchien, der Hochfinanz, der großen Heere und ausgedehnten Kriege. Nichts symbolisierte diese Veränderungen besser als die Ereignisse von 1552, als zwei Monarchen und zwei Armeen an Straßburgs Mauern vorbeizogen: König Heinrich von Frankreich auf seinem Weg nach Osten, dem Rhein entgegen, und Kaiser Karl V. auf dem Vormarsch nach Westen, nach Lothringen. Jakob Sturm war in einer Provinzmetropole zur Welt gekommen, und er starb in einer Grenzstadt.

Ein Bereich in Sturms Karriere ist von Brüchen und Paradoxien verschont geblieben: seine Arbeit mit den Schulen. Seine Rolle als Schulherr, in der er sich als Mann der Renaissance erwies, stellte eine der unproblematischsten und letzten Endes erfolgreichsten Seiten seiner Karriere dar. Der Grund dafür mag darin liegen, daß sein – zunächst von Wimpheling und später von Erasmus beeinflußter – Blick nach vorne einmal nicht mit seinem Erbe kollidierte. Die Gelehrsamkeit der Renaissance eröffnete den Bürgern einen gänzlich neuen Weg in eine kosmopolitische Welt, in der sich der Buchdruck und die Akademien in ihrem städischen Umfeld stärker verwurzeln konnten, als es den Universitäten jemals möglich war. In dieser Welt, jener internationalen »Gelehrtenrepublik«, konnte sich Sturm mit seinem Ideenreichtum unter den gelehrtesten Männern seiner Zeit bewegen, frei von allen Fesseln seines partikularistischen Erbes, das seiner politischen Karriere ihre Bedeutung verlieh, ihn letztlich aber auch zu Boden drückte. Sturms Gelehrtenreich blieb auch von den störendsten Kräften seiner Zeit verschont: den Spannungen zwischen den Herren und dem Volk. Man kann sich unschwer Sturm vorstellen, wie er nach Wochen der Abwesenheit in Nürnberg, Regensburg oder irgendeinem traurigen Nest in Thüringen in sein Haus in der Brandgasse zurückkehrte und sich am Abend mit den Schulangelegenheiten befaßte. Dann saß er über den Abrechnungen für die Gehälter, Bücher und Lebensmittel, studierte und beantwortete er die Empfehlungsschreiben für neue Lehrer, formulierte Anweisungen an den Rektor zu Fragen der Disziplin und an den Verwalter zu solchen der Wirtschaftsführung oder sorgte für Neuanschaffungen für die Bibliothek. Es war dies eine Welt relativer Ordnung, beschützt von der wiederbelebten lateinischen Sprache, in der Geduld sehr viel mehr bewirken konnte, als nur das Schicksal in Schach zu halten. Die Welt der Kirche hingegen war eine kommunale und öffentliche, und in dieser Welt drohten die Überzeugungen und Träume des gemeinen Volkes immer und immer wieder die festen institutionellen Schranken einzureißen – sei es nun mit oder ohne Zutun ihrer Geistlichen. Damals war Religion die ureigene Form von Ausdruck und Wissen – die Unfähigkeit der Kirche, diese Energien in geordnete Bahnen zu lenken, führte zu seinem eigenen Bruch mit der religiösen Vergangenheit, und das Unvermögen auch der freien Städten, den doch am stabilsten regierten Gesellschaften dieser Zeit, Kontrolle darüber zu gewinnen, muß Sturm bis an das Ende seiner Tage Kopfzerbrechen bereitet haben.

Das prägende Bild des Jakob Sturm aus Straßburg muß somit das eines Mannes sein, der gleichzeitig im Spätmittelalter, in der Reformationszeit und in der Renaissance lebte. Aus dem Spätmittelalter stammte seine Treue zu Straßburg und die Loyalität gegenüber seinem eigenen aristokratischen und städtischen Erbe. Von der Reformation bezog er seine Überzeugung, wahrer evangelischer Glaube müsse biblisch begründet sein. Die Renaissance schließlich machte ihn zum leidenschaftlichen Förderer der Straßburger Gelehrtenrepublik. Es ist kaum möglich zu bestimmen, welches dieser Elemente überwog, sie existierten ganz einfach nebeneinander, so wie das Spätmittelalter, die Reformation und die Renaissance. Das einzige Buch aus seiner Bibliothek, das die Zeiten überdauert hat, ist eine 1550 in Florenz gedruckte Ausgabe der Werke des Clemens von Alexandria. Dieser Band umfaßt die Schriften eines Mannes, der Ende des zweiten Jahrhunderts zum Christentum übertrat, dessen Ideen von einer heiteren Klarheit und von Hoffnungen geprägt sind; er ist auf Griechisch verfaßt, der Sprache einer kleinen Elite von Gelehrten im Straßburg von Jakob Sturm, und er wurde in einer katholischen Stadt gedruckt, die von jener Bewegung gänzlich unberührt blieb, die Sturms Leben so nachhaltig bestimmte – der deutschen Reformation.

EPILOG

Die national-protestantische Version der deutschen Geschichte, die Schleiermacher ihre programmatische Form und Ranke ihre historische Gestaltung verdankt, erhob für die Dauer nur eines Jahrhunderts den Anspruch, »die Geschichte« der deutschen Nation zu sein. Aus heutiger Sicht ist leicht zu erkennen, daß diese Geschichtsauffassung aus dem Bestreben des neunzehnten Jahrhunderts resultierte, die deutsche Geschichte als eine verschlungene, aber letztlich erfolgreiche Entwicklung hin zum souveränen Nationalstaat zu beschreiben. Als Leitvorstellung diente dabei die Überzeugung von der Überlegenheit des lutherischen Glaubens als einer spezifisch deutschen Form des Christentums. Diese Sichtweise der deutschen Geschichte zielte darauf ab, die Vereinigung von Religion und Nation zu bezeugen, die in den Augen der Historiker sich zur Zeit Luthers hätte ereignen sollen. Die Zeit muß kommen, so hatte es der preußische Philosoph Johann Gottlieb Fichte (1762-1814) verkündet, »wo die Kirche aufhört etwas für sich zu seyn und aufgenommen wird in den Staat«.[1] Er hatte sich geirrt. Seine Voraussage vom Anbruch einer solchen Zeit erfüllte sich nicht. Damit war die national-protestantische Auffassung von der Geschichte der deutschen Nation vollständig zerbrochen.

Keine zeitgenössische Deutung der deutschen Geschichte vermag die Gegenwart mit dem sechzehnten Jahrhundert, der Reformation und Martin Luther so eng aufeinander zu beziehen, wie es die konfessionell gebundene und national ausgerichtete Geschichtsschreibung einst tat. Es gibt jedoch keinen Grund, diese Epoche in den Bereich rein antiquarischen Interesses zu verbannen und sich mit der radikalen Trennung von neuer und neuerer deutscher Geschichte zufriedenzugeben, wie sie – ohne Zweifel mit bewußter Übertreibung – in Thomas Nipperdeys Einleitung zu seiner deutschen Geschichte um 1800 impliziert ist: »Am Anfang war Napoleon.«[2] Das Heilige Römische Reich verschwand zwar durch einen Napoleonischen Beschluß im Jahre 1803, aber die beiden Konfessionen, unter denen das Reich im sechzehnten Jahrhundert verteilt war, blieben ein wesentlicher Bestandteil der deutschen Lebenswirklichkeit. Darüber hinaus und im Hinblick auf das Thema dieses Buches, das sich nicht in erster Linie mit Kirchen- oder Religionsgeschichte befaßt, sind die politischen Erfahrungen der Menschen im Reich zur Zeit der Reformation nicht belanglos für die »Geschichten« ihrer modernen Nachkommen. Sehr viele der lokalen und regionalen Einheiten, die das Reich schützte, bestanden über das sechzehnte Jahrhundert hinaus und formten die politische Welt Deutschlands im neunzehnten Jahrhundert. In den Territorien, den sich selbst verwaltenden Städten, den Gemeinden und den vielen kleinen städtischen Einheiten, die der amerikanische Historiker Mack Walter »home towns« genannt hat, formten sich die politischen Erfahrungen, die die Deutschen mit in die Moderne brachten. Diese Erfahrungen sind dadurch gekennzeichnet, daß die Deutschen, die niemals in den Staaten gelebt hatten, die wirklich souverän im westeuropäischen Sinne gewesen waren, an sehr lokalisierter politischer Autorität und an ein Leben in Einheiten gewöhnt waren, die trotz mancher funktionaler Ähnlichkeiten sich strukturell voneinander unterschieden. Es dauerte lange Zeit, die Deutschen von diesem Bewußtsein zu befreien und es zu ersetzen durch ein Empfinden der Zugehörigkeit zu einer nicht weiter differenzierten Kategorie, einem »allgemeinen Stand« in Hegels Begrifflichkeit. Die politischen Erfahrungen der Deutschen der frühen Neuzeit unterschieden sich daher von denen der französischen und britischen Untertanen, ohne ihnen aber unterlegen zu sein. Allerdings waren die deutschen Erfahrungen mit Politik den westeuropäischen auch nicht überlegen, aber sie eigneten sich für die sozialen Lebensbedingungen in Zentraleuropa.

Die Reformation des sechzehnten Jahrhunderts änderte weder den Charakter der Welt des deutschen Partikularismus und die Richtung, in der er sich entwickelte, noch stärkte sie ein deutsches Nationalgefühl auf Kosten der lokalen Loyalitäten, wie es bei den Bewegungen der ersten Hälfte des neunzehnten Jahrhunderts der Fall war. Der Protestantismus brachte Einheitsbestrebungen hervor, indem er einen gemeinsamen Glaubenssatz formulierte. Der Schmalkaldische Bund führte die Fürsten und Städte zusammen, die – ohne gemeinsame Traditionen und andere Interessen – sich über größere Entfernungen erstreckten, von Straßburg nach Pommern, von Ulm nach Hamburg, als irgendeine frühere oder spätere freiwillige Vereinigung von Ständen im Reich. Nichtsdestoweniger zeigte die Geschichte des Bundes auf, daß die gemeinschaftsbildende Kraft des protestantischen Glaubens nicht über die Grenzen der etablierten Autorität hinausreichte, um die rechtlichen Bande im Namen der christlichen Gemeinschaft zu zerreißen. In diesem entscheidenden Punkt unterschied sich die deutsche Reformation beispielsweise grundlegend von der entsprechenden Bewegung in den Niederlanden.

Politisch gesehen blieb die deutsche Reformation daher ein Ereignis von begrenzter Wirkung und eine kurze Episode in der langen Entwicklung des Partikularismus von seinen spätmittelalterlichen Ursprüngen bis hin zu seinem Höhepunkt des europäischen Ancien régime. Der Protestantismus mag zwar die Kräfte gestärkt haben, die die Unterscheidung »deutsche Libertät« und »welsche Tyranney« beibehielten, aber es gibt keinen Grund anzunehmen, daß die Freiheiten der Reichsstände im allgemeinen – im Unterschied zu denen der einzelnen Stände – von irgendeinem Kaiser vor Ferdinand II. (Regierungszeit 1619-1637) bedroht waren.

Was die deutsche Reformation vollbrachte, war eine kurzfristige Straffung der Bande zwischen den Schichten und Teilen des Reichssystems. Die Karriere Jakob Sturms bot einen besonders guten Ausblick auf diesen Vorgang der vorübergehenden Straffung. Seit dem Beginn des großen Bauernkrieges verließ er sein lokales und regionales Milieu, in dem seine Vorfahren sich seit Generationen aufgehalten hatten, und begab sich in eine Welt der Reichspolitik, die viel stärker bebte als es unter Maximilian I. der Fall gewesen war, ganz zu schweigen von den verträumten Tagen Friedrichs III. Aus der Krise Mitte der zwanziger Jahre des sechzehnten Jahrhunderts erwuchs eine neue politische Kraft im Protestantismus, der Schmalkaldische Bund; er war jedoch viel zu kurzlebig – ganze fünfzehn Jahre sollte er Bestand haben –, um eine bleibende Wirkung auf das Grundmuster des politischen Lebens im Reich zu zeitigen. Kräfte der Restauration traten in der Tat schon 1539 auf, ein Jahrzehnt nach dem Protest in Speyer, und die vollständige Wiederherstellung kam im Jahre 1555, nur drei Jahrzehnte nach dem Bauernkrieg. Die Hauptgründe für die kurze Dauer des Religionsfriedens von Augsburg sind außerhalb des Reiches im Vorrücken des Calvinismus in Frankreich und den Niederlanden sowie in der Erneuerung des Katholizismus in Südeuropa zu suchen.

In einigen Teilen des Reichs, besonders in Sachsen, verliefen die Jahre von 1547 bis 1555 nicht so ausgeglichen wie in Straßburg, wo die protestantische Niederlage und die militärischen Ereignisse von 1552 keine Probleme hervorbrachten, die Sturm und seine Kollegen auf lokaler Ebene nicht hätten bewältigen können. Die Ereignisse dieser Jahre verzerren auch nicht gravierend den sinuswellenartigen Rhythmus, der die politische Geschichte der Reformation gut beschreibt. Dieses Grundmuster wiederholt sich in der Rückkehr Jakob Sturms zu den lokalen Ursprüngen seiner Karriere. Nach der Reformation wie auch davor blieb der Partikularismus, die dezentralisierte Herrschaft, das Fundament der Strukturen des Reiches.

Schuf die Reformation einen »Sonderweg«? Sicher nicht. Wenn mit »Sonderweg« eher die politischen Erfahrungen mit der Bildung von lokalen Einheiten als mit der Formung der Nation gemeint sind, so stärkte die protestantische Reformation lediglich die ersteren, indem sie sakrale Autorität auf einige der Reichsstände übertrug und den tatsächlichen Schutz der Religion durch sie alle intensivierte. Die Überlegenheit des Lokalen und Regionalen jedoch entstammte den Wurzeln, die lange vor dem sechzehnten Jahrhundert eingepflanzt worden waren.

Nichts im Verlauf dieser Geschichte legt es nahe, anzunehmen, daß das Reich des sechzehnten Jahrhunderts sich auf einem »Sonderweg« befand. Tatsächlich deutet alles darauf hin, daß es auf einem Weg verharrte, der typisch für das spätmittelalterliche Europa war, von dem die Monarchien Westeuropas abkamen, indem sie sich überseeische Reiche aneigneten und sich an etwas beteiligten, was der amerikanische Gelehrte Charles Tilly charakterisierte als die frühneuzeitliche Erfahrung »der Kriegsführung und der Staatenbildung – fundamentale Schutzmittel, die den Vorteil der Legitimität genießen –, [die] als die wichtigsten Beispiele von organisiertem Verbrechen zu gelten haben«[3]. Die Menschen des Reichs teilten diese Erfahrung nur langsam und in einem begrenzten Maß, jedoch nicht hinreichend genug, um von dem spätmittelalterlichen Weg auf den Pfad abzukommen, der zu Einheitsstaaten, stehenden Armeen und Flotten, Kolonialreichen und kapitalistischen Unternehmungen führte. All diese Früchte der »westlichen Erfahrung« sollten erst von den Deutschen des neunzehnten Jahrhunderts gekostet und im zwanzigsten Jahrhundert verschlungen werden. Das »deutsche Problem« der Neuzeit rührte nicht vom »Sonderweg«, einem Weg, der sich vom Westen abwandte, sondern von den Versuchen der Deutschen, den Westen nachzuahmen.

ZEITTAFEL

1489	10.8. Jakob Sturm in Straßburg geboren
1517	Luthers 95 Ablaßthesen
1519	12.1. Kaiser Maximilian I. stirbt 28.6. Karl V. wird zum Römischen König gewählt
1521	Luther im Kirchenbann (Januar) Reichstag zu Worms, Wormser Edikt (Februar bis Mai)
1521 / 1522	Habsburgische Erbteilung
1521 - 1526	1. Krieg Karls V. mit Frankreich
1522 / 1523	Aufstand von Teilen der Reichsritterschaft
1522 - 1524	Drei Reichstage in Nürnberg
1524 - 1526	Bauernkrieg in Deutschland
1526	1. Reichstag zu Speyer, jeder Reichsstand soll sich so verhalten, »wie er das gegen Gott und kaiserliche Majestät hoffe zu verantworten«
1526 - 1529	2. Krieg Karls V. mit Frankreich
1529	2. Reichstag zu Speyer, Protest der evangelischen Stände gegen das Wormser Edikt Marburger Religionsgespräch zwischen Luther und Zwingli, Türken vor Wien
1530	Kaiserkrönung Karls V. in Bologna Reichstag zu Augsburg, protestantische Bekenntnisse: Confessio Augustana (Melanchthon), Confessio Tetrapolitana (Bucer, Capito), »Fidei ratio« (Zwingli)
1531	Gründung des Schmalkaldischen Bundes
1532	Nürnberger Anstand
1534	Friede von Kaaden, Rückführung des 1519 vertriebenen Herzogs Ulrich nach Württemberg
1535	Karl V. erobert Tunis
1536	Wittenberger Konkordie
1536 - 1538	3. Krieg Karls V. mit Frankreich
1539	Frankfurter Anstand
1541	Regensburger Reichstag, Scheitern des Religionsgesprächs
1543	Bündnis Karls V. mit Heinrich VIII.
1544	Friede von Crépy

1545	Reichstag zu Worms, protestantische Stände lehnen die Teilnahme am Trienter Konzil ab; Eröffnung des Konzils (1. Sessionsperiode bis 1547)
1546 / 1547	Schmalkaldischer Krieg
1547	24.4. Schlacht bei Mühlberg
1547 / 1548	»Geharnischter« Reichstag, Augsburger Interim
1551 / 1552	2. Sessionsperiode des Trienter Konzils
1552 / 1553	Niederlage Karls V. vor Metz
1553	30.10. Jakob Sturm in Straßburg gestorben
1555	Augsburger Religionsfriede

ANMERKUNGEN

EINLEITUNG

1 Zitiert von Peter Lerche, »Nachwort«, in: *Die Deutsche Neurose. Über die beschädigte Identität der Deutschen*, hg. v. Anton Peisl und Armin Mohler, Frankfurt am Main 1980.

2 Jaroslav Pelikan, »Leopold von Ranke as Historian of the Reformation: What Ranke did for the Reformation – What the Reformation Did for Ranke«, in: *Leopold von Ranke and the Shaping of the Historical Discipline*, hg. v. Georg G. Iggers und James Powell, Syracuse 1990, S. 90.

3 Johann Gottfried Herder, *Briefe zur Beförderung der Humanität*, in: *Sämtliche Werke*, hg. v. B. Suphan, Bd. 17, Berlin 1881, S. 82-91, zitiert v. Werner Schuffenhauer und Klaus Steiner, Hrsg., *Martin Luther in der deutschen bürgerlichen Philosophie 1517-1845. Eine Textsammlung*, Berlin 1983, S. 235.

4 Goethe an Knebel, 22. August 1817, zitiert v. Heinrich Bornkamm, Hrsg., *Luther im Spiegel der deutschen Geistesgeschichte*, 2. Ausgabe, Göttingen 1970, S. 216, und zitiert v. Schuffenhauer und Steiner: Hrsg., *Martin Luther*, S. 252.

5 Friedrich Daniel Ernst Schleiermacher, *Die christliche Sitte nach den Grundsätzen der evangelischen Kirche*, hg. v. L. Jonas, in: *Sämtliche Werke*, Abt. I, Bd. 12, Berlin 1843, S. 139, zitiert v. Schuffenhauer und Steiner, Hrsg., *Martin Luther*, S. 364.

6 Leonard Krieger, *Ranke: The Meaning of History*, Chicago 1970, S. 159.

7 Leopold von Ranke, *Deutsche Geschichte im Zeitalter der Reformation*, hg. v. Willy Andreas, 2 Bd., Wiesbaden 1957, Bd. 1, S. 142.

8 Ebd., S. 288.

9 Ebd., S. 289.

10 Ebd., S. 292.

11 Ebd., S. 303.

12 Zitiert v. Krieger, *Ranke*, S. 168.

13 Friedrich Meinecke, *Weltbürgertum und Nationalstaat*, München/Berlin 1928, S. 290-291.

14 Heinrich von Treitschke, »Luther und die deutsche Nation«, in: *Historische und politische Aufsätze*, Bd. 4, Leipzig 1897, S. 395-396.

15 Max Lenz, »Martin Luther«, in: *Kleine historische Schriften*, Bd. 2, München/Berlin 1910, S. 131.

16 Erich Marcks, *Martin Luther und Deutschland.* Eine Reformationsrede im Kriegsjahr 1917, Leipzig 1917.

17 Zitiert v. Heinrich Bornkamm, *Luther und der deutsche Geist*, Sammlung gemeinverständlicher Vorträge und Schriften aus dem Gebiet der Theologie und Religionsgeschichte, Nr. 170, Tübingen 1934, S. 20.

18 Bernd Moeller, »Problems of Reformation Research« in: Bernd Moel-

ler, *Imperial Cities and the Reformation: Three Essays*, hg. v. H.C. Erik Midelfort und Mark U. Edwards Jr., Philadelphia 1972, S. 3-4.

19 A.G. Dickens, *The German Nation and Martin Luther*, London 1974, S. 182.

20 Hans-Christoph Rublack, »Is There a ›New History‹ of the Urban Reformation?«, in: *Politics and Society in Reformation Europe: Essays for Sir Geoffrey Elton on his Sixty-fifth Birthday*, hg. v. E.I. Kouri und Tom Scott, London 1987, S. 122.

21 Volker Press, »The Holy Roman Empire in German History«, in: *Politics and Society in Reformation Europe*, hg. v. E.I. Kouri und Tom Scott, S. 51.

22 Mack Walter, *German Home Towns: Community, State, and General Estate, 1648-1871*, Ithaca 1971, S. 12.

23 Ebd., S. 16.

KAPITEL 1

1 Vgl. Hermann Wiesflecker: *Kaiser Maximilian I. – Das Reich, Österreich und Europa an der Wende zur Neuzeit*, 5 Bde., München 1971-1986, Bd. 5, S. 5.

2 Vgl. Eberhard Isenmann: *Reichsstadt und Reich an der Wende vom späten Mittelalter zur frühen Neuzeit*, in: *Mittel und Wege früher Verfassungspolitik*, hg. v. Josef Engel, Stuttgart 1979, S. 117 f.

3 Vgl. Gerhard Benecke: *Maximilian I, 1459-1519: An Analytical Biography*, London 1982, S. 139.

4 Vgl. Karlheinz Blaschke: *Sachsen im Zeitalter der Reformation*, Gütersloh 1970 (=Schriften des Vereins für Reformationsgeschichte, Nr. 185, Jg. 1975/76), S. 126.

5 Heinz Schilling: *Aufbruch und Krise. Deutschland 1517-1648*, Berlin 1988, S. 55.

6 Walter Jacob: *Politische Führungsschicht und Reformation. Untersuchungen zur Reformation in Zürich 1519-1528*, Diss. Zürich 1969, S. 102 f.

7 Christoph Scheurl: *Epistel über die Verfassung der Reichsstadt Nürnberg*, in: *Die Chroniken der fränkischen Städte. Nürnberg*, Bd. 5 (= *Chroniken der deutschen Städte*, Bd. 11), Leipzig 1874 [Nachdruck Göttingen 1961], S. 791.

8 Franz Irsigler und Arnold Lassotta: *Bettler und Gaukler, Dirnen und Henker*, Köln 1984, S. 47.

9 Vgl. *Die historischen Volkslieder der Deutschen*, hg. v. Rochus Freiherr von Liliencron, 5 Bde., Leipzig 1865-1896, Bd. 3, S. 448, Strophe 6.

10 *An die Versammlung gemeiner Bauernschaft. Eine revolutionäre Flugschrift aus dem Deutschen Bauernkrieg (1525)*, hg. v. Siegfried Hoyer und Bernd Rüdiger, Leipzig 1975, S. 118.

11 Übersetzt nach Francesco Guicciardini: *The History of Italy*, New York 1969, S. 240.

12 Niccolò Machiavelli: *Der Fürst*, Stuttgart 1955, S. 83.

13 Martin Luther: *D. Martin Luthers Gesammelte Werke. Tischreden*, Bd. 4, Weimar 1916, S. 240.

14 *Quellensammlung zur Geschichte der Deutschen Reichsverfassung in Mittelalter und Neuzeit*, hg. v. Karl Zeumer, 2. Aufl. Tübingen 1913, Bd. 2, Nr. 174.

15 Matern[us] Berler: *Chronik*, in: *Code historique et diplomatique de la Ville de Strasbourg*, hg.v. Loius Schneegans, 2 Bde., Straßburg 1843-1848, Bd. 1, T. 2, S. 110 f.
16 Zit. nach Thomas A. Brady, jr.: *Turning Swiss: Cities and Empire, 1450-1550*, Cambridge 1981, S. 19.
17 Wiesflecker: *Kaiser Maximilian*, a.a.O., Bd. 5, S. 584.
18 Jakob Strieder: *Studien zur Geschichte kapitalistischer Organisationsformen. Monopole, Kartelle und Aktiengesellschaften im Mittelalter und zu Beginn der Neuzeit*, München/Leipzig 1914, S. 192, S. 190.
19 Wiesflecker, *Kaiser Maximilian*, a.a.O., Bd. 3, S. 229.
20 Ebd., Bd. 2, S. 26 (im Original Latein).
21 Ebd., S. 303.
22 Ebd., S. 347.
23 Ebd., S. 335.
24 Ebd., Bd. 3, S. 205.
25 Übers. nach R.G.D. Laffan: *The Empire under Maximilian I*, in: *The New Cambridge Modern History*, Bd. 1: *The Renaissance, 1493-1520*, hg. v. G.R. Potter, Cambridge 1957, S. 211.
26 Alphons Lhotsky: *Was heißt ›Haus Österreich‹?*, in: ›Anzeiger der philosophisch-historischen Klasse der österreichischen Akademie der Wissenschaften‹, Nr. 11 (1956), S. 169.
27 Übers. nach Niccolo Machiavelli: *Tutte le opere*, Florenz 1971, S. 69 , S. 70.
28 Wiesflecker: *Kaiser Maximilian*, a.a.O., Bd. 1, S. 286.
29 Ebd., S. 248.
30 Götz von Berlichingen: *Mein Fehd und Handlungen*, hg. v. Helgard Ulmschneider, Sigmaringen 1981 (=Forschungen aus Württembergisch Franken, Bd. 17), S. 106.
31 *Quellen zur Geschichte des Bauernkrieges*, hg. v. Günther Franz, Darmstadt 1963, S. 37.
32 *Deutsche Reichstagsakten, mittlere Reihe*, hg. von der Historischen Kommission bei der Bayerischen Akademie der Wissenschaften, Göttingen 1972 ff., Bd. 5, S. 1171, Nr. 1597.
33 Heinrich Lutz: *Das Ringen um deutsche Einheit und kirchliche Erneuerung. Von Maximilian I. bis zum Westfälischen Frieden 1490 bis 1648*, Berlin/Frankfurt 1987, S. 81.
34 Ebd., S. 82 f.
35 Ebd., S. 80.
36 Heinz Otto Burger: *Renaissance, Humanismus, Reformation. Deutsche Literatur im europäischen Kontext*, Bad Homburg/Berlin/Zürich 1969, S. 146 – Lutz, *Das Ringen um deutsche Einheit*, a.a.O., S. 88.
37 Peter Burke: *Die Renaissance in Italien*, Berlin 1984, S. 75.
38 Burger: *Renaissance, Humanismus, Reformation*, a.a.O., S. 244 f.
39 Bob [R.W.] Scribner: *Antiklerikalismus in Deutschland um 1500*, in: *Europa 1500. Integrationsprozesse im Widerstreit: Staaten, Regionen, Personenverbände, Christenheit*, hg. v. Ferdinand Seibt und Winfried Eberhard, Stuttgart 1987, S. 373.
40 Wiesflecker: *Kaiser Maximilian*, a.a.O., Bd. 5, S. 156.
41 *Quellensammlung für fränkische Geschichte: Das kaiserliche Buch des Markgrafen Albrecht Achilles. Kurfürstliche Periode 1470-1486*, hg. v. Julius von Minutoli, o.O. 1850, Nachdruck Osnabrück 1984, S. 381 f.
42 Daniel Specklin: *Les Collectanées*, hg. v. Rodolphe Reuss, in: *Bulletin de*

la Société pour la Conservation des Monuments Historiques d'Alsace, vgl. S. 75, Serie 2, Bd. 14 (1889), Nr. 2167, S. 291 f.

43 Johann Geiler von Kaysersberg: *Die Emeis: Dis ist das buch von der Omeissen, und auch Herr der könig ich diente gern*, Straßburg (Johann Grüninger) 1516, fol. 28v.

44 Vgl. Ebd., fol. 9r.

45 Desiderius Erasmus an Justus Jonas, Löwen, 10. Mai 1521, In: *Opus epistolarum Des. Erasmi Roterodami denuo recognitum et auctum*, hg. v. P.S. Allen und A.S. Allen, 12. Bde., Oxford 1906-1946, Bd. 4, S. 490, Z. 154-160, Nr. 1202 (im Original Latein).

46 Thomas A. Brady, jr.: *Turning Swiss: Cities and Empire, 1450-1550*, Cambridge 1981, S. 9.

KAPITEL 2

1 *Ordnung des gemeinen Almusens auf Michaelis [29. September] anno 1523 angefangen*, in: Otto Winckelmann: *Das Fürsorgewesen der Stadt Straßburg vor und nach der Reformation bis zum Ausgang des sechzehnten Jahrhunderts: Ein Beitrag zur deutschen Kultur- und Wirtschaftsgeschichte*, 2 Teile, Leipzig 1922 (=Quellen und Forschungen zur Reformationsgeschichte, Bd. 5), Teil 2, S. 97, Nr. 43.

2 Siehe Guy P. Marchal: *Bellum justum contra judicium belli. Zur Interpretation von Jakob Wimphelings antieidgenössischer Streitschrift ›Soliloquium pro Pace Christianorum et pro Helvetiis ut respicant‹ (1505)*, in: *Gesellschaft und Gesellschaften, Festschrift zum 65. Geburtstag von Professor Dr. Ulrich Im Hof*, hg. v. Nicolai Bernard und Quirinus Reichen, Bern 1982, S. 114-137.

3 Sebastian Brant: *Bischoff Wilhelm von Hoensteins waal und einritt. Anno 1506 et 1507* in: *Code historique et diplomatique de la Ville de Strasbourg*, a.a.O., Bd. 1, T. 2, S. 258.

4 Ebd. (»Das ist es, was er sagte, aber es ist nicht das, was er dachte.«)

5 Ebd., S. 247.

6 Ebd., S. 249.

7 Ebd., S. 251.

8 Ebd., S. 285.

9 Ebd., S. 277.

10 Ebd., S. 279.

11 *Quellen zur Geschichte des Bauernkrieges*, hg. v. Günther Franz, a.a.O., S. 69.

12 Sebastian Brant: *Bischoff Wilhelm von Hoensteins waal und einritt*, a.a.O., S. 286.

13 Ebd., S. 287.

14 Ebd., S. 285.

15 Ebd., S. 291 f.

16 Ebd., S. 294 f.

17 Ebd., S. 296.

18 Berler, Matern[us]: *Chronik*, in: *Code historique et diplomatique de la Ville de Strasbourg*, a.a.O., Bd. 1, T. 2, S. 110 f.

19 Vgl. Ebd., S. 113 f.

20 Ebd., T. 2, S. 115.

21 Daniel Specklin: *Les Collectanées*, a.a.O., Nr. 2190.

22 Richard Newald: *Elsässische Charakterköpfe aus dem Zeitalter des Humanismus: Johann Geiler von Kaisersberg, Jakob Wimpheling, Sebastian Brant, Thomas Murner, Matthias Ringman*, in: ders.: *Probleme und Gestalten des deutschen Humanismus*, Berlin 1963, S. 339.
23 Johann Geiler von Kaysersberg: *Die Emeis*, a.a.O., fol. 9r.
24 Ebd.
25 Peter Schott: *Works of Peter Schott (1460-1490)*, hg. v. Murray A. Cowie und Marian L. Cowie, 2 Bde., Chapel Hill, N.C. 1963-1971 (=University of North Carolina Studies in the Germanic Languages and Literatures, Bde. 41 und 71), Bd. 1, S. 266.
26 Francis Rapp: *Préréforme et humanisme. Strasbourg et l'Empire (1482-1520)*, in: *Histoire de Strasbourg des origines à nos jours*, hg. v. Georges Livet und Francis Rapp, 3. Bde., Straßburg 1981, Bd. 2, S. 205 (im Original französisch).

KAPITEL 3

1 Jakob Wimpheling: *Opera selecta*, Bd. 1: J*akob Wimphelings Adolescentia*, hg. v. Otto Herding, München 1965, S. 31 f. Später, möglicherweise nach seiner Umsiedlung nach Straßburg, fügte Wimpheling eine weitere Widmung hinzu: »Für Jakob Sturm und seine Brüder« (im Original Latein).
2 Jakob Wimpheling: *Opera selecta*, Bd. 3: *Briefwechsel*, hg. v. Otto Herding und Dieter Mertens, München 1990, T. 1., S. 372 f., Nr. 119.
3 Jakob Wimpheling: *De integritate libellus*, Straßburg (Knobloch) 1506, Kap. 1, S. A.iiir (im Original Latein).
4 Ebd., Kap. 29, S. E.ir.
5 Joseph Anton Riegger: *Amoenitates literariae friburgenses*, 3 Teile, Ulm 1775-1776, S. 210 (im Original Latein).
6 Ebd., S. 424. Das Dokument stammt aus dem Jahre 1513.
7 Daniel Specklin: *Les Collectanées*, a.a.O., Nr. 2190.
8 Jakob Wimpheling: *Opera selecta*, Bd. 1, a.a.O., S. 364 (im Original Latein).
9 Daniel Specklin: *Les Collectanées*, a.a.O., S. 287 f., Nr. 2163. Das Todesjahr Schotts, das Specklin hier angibt, ist falsch.
10 Peter Schott: *Works of Peter Schott*, a.a.O., Bd. 1, S. 43, Nr. 36 (im Original Latein).
11 Der Begriff »mittelmäßiges Programm« stammt von Francis Rapp, *Préréforme et humanisme*, a.a.O., S. 162.
12 Jakob Wimpheling: *Opera selecta*, Bd. 1, a.a.O., S. 364 f. (im Original Latein).
13 »Denn auch des Menschen Sohn [Christus] ist nicht gekommen, daß der sich dienen lasse, sondern daß er diene ...« (Markus 10, 45). Johann Geiler von Kaysersberg: *Postille*, T. II, fol. 13, zit. nach Léon Dacheux: *Un réformateur catholique à la fin du XVe siècle: Jean Geiler de Kaysersberg, étude sur sa vie et son temps*, Paris/Straßburg 1876, S. 544, Anm. 2.
14 *Reformation Kaiser Siegmunds*, hg. v. Heinrich Koller, Stuttgart 1964, S. 100.
15 Joseph Anton Riegger: *Amoenitates literariae friburgenses*, a.a.O., S. 427; der Kommentar des Zeitgenossen ist entnommen: Hermann Gumbel: *Humanitas Alsatica: Straßburger Humanismus von Jakob Wimpheling zu*

Johann und Jakob Sturm, in: ›Elsaß-Lothringisches Jahrbuch‹ Nr. 17 (1938), S. 8.

16 Vgl. *Opus epistolarum Des. Erasmi Roterodami*, a.a.O., Bd. 2, S. 19, Nr. 305, Z. 85-87. Vgl. auch Wimpheling, *Opera selecta*, Bd. 1, S. 774 (im Original Latein).

17 Vgl. Ebd., S. 20, Nr. 305, Z. 124-130.

18 Vgl. Ebd., Bd. 9, S. 19, Nr. 2088, Z. 87-90.

19 Vgl. Ebd., Bd. 3, S. 545, Nr. 948, Z. 149 f.

20 *Epistolae obscurorum virorum*, hg. v. Francis Griffin Stokes, London 1909 u. öfter; S. 266 (im Original Latein).

21 Für dieses und die folgenden Zitate siehe: *Urkundenbuch der Universität Heidelberg*, hg. v. Eduard Winckelmann, 2 Bde., Heidelberg 1886, Bd. 1, S. 214-216, Nr. 162 v. 22. Juli 1522 (im Original Latein).

22 Ebd., S, 216 f., Nr. 163.

23 Siehe Joseph Knepper: *Jakob Wimpheling (1450-1528): Sein Leben und seine Werke*, Freiburg 1902, S. 303; s. auch S. 247, Anm. 1. Vgl. auch Jakob Wimpheling: *Opera selecta*, Bd. 3, a.a.O., S. 112.

24 J.A. Giefel: *Streit um die gefürstete Probstei Ellwangen im Zeitalter der Reformation*, in: ›Württembergische Vierteljahreshefte für Landesgeschichte‹, Nr. 7 (1884), S. 171, Anm. 2 (im Original Latein).

KAPITEL 4

1 Johannes Timannus an die Prediger zu Bremen, 18. November 1540, in: N. Spiegel: Johannes Tim[m]an[n]us Amsterodamus und die Colloquien zu Worms und Regensburg 1540, 1541, in: ›Zeitschrift für historische Theologie‹, Nr. 42 (1872), S. 42 ff. (im Original Latein).

2 Jakob Wimpheling an Wolfgang Capito, Schlettstadt, 6. September 1523, in: Wimpheling: *Opera selecta*, Bd. 3, a.a.O., S. 871 f., Nr. 353.

3 Jakob Wimpheling an Sixtus Hermann, Schlettstadt, 2. November 1524, in: *Handschriftenproben des sechzehnten Jahrhunderts nach Straßburger Originalen*, hg. v. Johannes Ficker und Otto Winckelmann, Straßburg 1902-1905, Bd. 2, S. 48.

4 Bartholomäus Sastrow: *Bartholomäi Sastrowen Herkommen, Geburt und Lauff seines gantzen Lebens...*, hg. v. Gottlieb Chr. Fr. Mohnicke, 3 Bde., Greifswald 1823 f., Bd. 2., S. 91 f.

5 PC, a.a.O., Bd. 1, S. 93, Anm. 2. Bei dem erwähnten Vetter handelte es sich um Dr. Nikolaus Wurmser.

6 Desiderius Erasmus an Paul Volz, Basel, 14. August 1518, in: *Opus epistolarum Des. Erasmi Roterodami*, a.a.O., Bd. 3, S. 376, Nr. 858, Z. 561 (im Original Latein).

7 Huldrych Zwingli: *Huldrych Zwinglis sämtliche Werke*, hg. v. Emil Egli u.a., 14 Bde., Berlin/Leipzig/Zürich 1905 ff., Bd. 9, S. 454, Z. 14 u. Bd. 14, S. 424, Z. 20 f. [im folgenden zitiert als ZW].

8 *Geschichtliche Lieder und Sprüche Württembergs*, hg. v. Karl Steiff und Gebhard Mehring, Stuttgart 1912, S. 221, Nr. 54, Strophe 6.

9 Julius Volk: *Zur Frage der Reichspolitik gegenüber dem Bauernkrieg*, in: *Staat und Persönlichkeit. Erich Brandenburg zum 60. Geburtstag dargebracht*, hg. v. Alfred Doren u.a., Leipzig 1928, S. 81 f.

10 Zu diesem und den folgenden Zitaten: Jakob Sturm, 22. April 1515, in: PC, Bd. 1, S. 196 ff., Nr. 344.

11 Alphonse Wollbrett: *Scherwiller-Châtenois et le Valle de Villé*, in: *La Guerre des Paysans 1525*, hg. v. Alphonse Wollbrett, Saverne 1975, S. 90.

12 Andreas Keller, um 1523/1524, zit. nach Heiko A. Oberman: *Masters of the Reformation: The Emergence of a New Intellectual Climate in Europe*, Cambridge 1981, S. 293, Anm. 10.

13 Vgl. Martin Bucer: *Deutsche Schriften*, hg. v. Robert Stupperich u.a., Gütersloh 1960 ff.; zu der Forderung der Prediger Bd. 2, S. 462-465, hier S. 462, Z. 8 f., und zur Reaktion des Rates ebda., S. 466 f.

14 Sturms Memorandum ist abgedruckt in: Thomas A. Brady, jr.: *›Sind also zu beiden theilen Christen, des Gott erbarm‹. Le mémoire de Jaques Sturm sur le culte publique à Strasbourg (août 1525)*, in: *Horizons européens de la Réforme en Alsace/Das Elsaß und die Reformation in Europa des 16. Jahrhunderts: Mélanges offerts à Jean Rott pour son 65e anniversaire*, hg. v. Marijn de Kroon und Marc Lienhard, Straßburg 1980, S. 73, Z. 3-6.

15 Ebd., S. 75, Z. 68-73.

16 Ebd., Z. 75-80.

17 Ebd., S. 76, Z. 92-99.

18 Ebd., Z. 109-119.

19 *Annales de Sébastien Brant*, hg. v. Léon Dacheux, in: ›Bulletin de la Société pour la Conservation des Monuments Historiques d'Alsace, Serie 2, Bd. 19 (1899), S. 147, Nr. 4701.

20 PC, Bd. 4, S. 857, Nr. 729.

21 Daniel Specklin: *Les Collectanées*, a.a.O., Nr. 2316.

22 Sturms Kommentare wurden vom brandenburgisch-anspachischen Kanzler Georg Vogler im Dezember 1529 in Schmalkalden aufgezeichnet. Sie sind abgedruckt in: Hans von Schubert: *Bekenntnisbildung und Religionspolitik 1529/39* (1524-1534), Gotha 1910, S. 169, 177 f.

23 Jakob Sturm an Peter Butz, Speyer, 15. Juli 1526, in: PC, Bd. 1, S. 263 f., Nr. 464.

24 *Briefwechsel Landgraf Philipp's des Großmüthigen von Hessen mit Bucer*, hg. v. Max Lenz, 3 Bde., Leipzig 1880-1891, Nachdruck 1965, Bd. 2, S. 450. Anm. 2 (im folgenden zitiert als BPB). Die Passage ist in PC, a.a.O., Bd. 4, S. 103, Nr. 76, ausgelassen.

25 Vgl. ZW, Bd. 14, S. 424, Z. 19-22.

26 *Elsaß*. Mit Benutzung der von Johann Adam hinterlassenen Materialsammlung, hg. v. Manfred Krebs, Hans Georg Rott, Stephen F. Nelson und Marc Lienhard, Bde. 1-4: *Stadt Straßburg 1522-52*, Gütersloh 1959-1988, Bd. 2, S. 354, Anm. 2, Z. 41.

27 PC, Bd. 2, S. 237, Nr. 259 (15. Dezember 1534).

28 Wolfgang Capito an Jakob Sturm, Straßburg, 4. März 1526, in: Wolfgang Capito: *In Habakuk prophetam V. Capitonis enarrationes*, Straßburg (Köpfel) 1526, fol. A.iir (im Original Latein).

29 Jakob Sturm an Peter Butz, Speyer, 15. Juli 1526, in: PC, Bd. 1, S. 264, Nr. 464.

30 *Annales de Sébastien Brant*, a.a.O., S. 147, Nr. 4701 (24. September 1526).

31 Gottesheim, Jacob von: *Les éphemerides de Jacques de Gottesheim, docteur en droit, prébendier du Grand-Choeur de la Cathédrale (1524-1543)*, hg. v. Rodolphe Reuss, in: *›Bulletin de la Société pour la Conservation des Monuments Historiques d'Alsace*, Serie 2, Bd. 19 (1899), S. 273.

32 Karl Marx: *Kritik der Hegelschen Rechtsphilosophie. Einleitung*, in: ders.: *Werke*, hg. v. Hans-Joachim Lieber, 6. Bd., Darmstadt 1971, S. 501.

33 *Reformation Kaiser Siegmunds*, a.a.O., S. 330, Z. 20-21.

KAPITEL 5

1 Hermann Baumgarten: *Geschichte Karls V.*, 3 Bde., Stuttgart 1885-1892, Bd. 2, S. 313, Anmerkung.
2 Georg Schmidt: *Der Städtetag in der Reichsverfassung: Eine Untersuchung zur korporativen Politik der Freien und Reichsstädte in der ersten Hälfte des 16. Jahrhunderts*, Wiesbaden 1984, S. 490.
3 PC, Bd. 1, S. 255, Nr. 450; siehe auch *Annales de Sébastien Brant*, a.a.O., S. 140, Nr. 4682.
4 PC, Bd. 1, S. 259, Nr. 453 (26. Juni 1526).
5 *Neue und vollständigere Sammlung der Reichs-Abschiede*, hg. v. Johann Jakob Schmauss, 4 Bde., Frankfurt a.M. 1747, Nachdruck Osnabrück 1967, Bd. 2, S. 274.
6 Walter Friedensburg: *Der Reichstag zu Speyer 1526 im Zusammenhang der politischen und kirchlichen Entwicklung Deutschlands im Reformationszeitalter*, Berlin 1887, Nachdruck Nieuwkoop 1970, S. 560.
7 Die Münze ist abgebildet in *Bildnisse der Straßburger Reformation*, hg. v. Johannes Ficker, Straßburg 1914, Tafel 1.
8 PC, Bd. 1, S. 280 ff., Nrr. 491-494.
9 Ebd., S. 285 f., Nr. 501.
10 Ebd., S. 296 ff., Nr. 525.
11 Vgl. ebd., S. 306.
12 *Annales de Sébastien Brant*, a.a.O., S. 154, Nr. 4734.
13 Rudolf Dellsperger: *Zehn Jahre bernischer Reformationsgeschichte (1522-1532). Eine Einführung*, in: *450 Jahre Berner Reformation: Beiträge zur Geschichte der Berner Reformation und zu Nikolaus Manuel*, hg. v. Historischen Verein des Kantons Bern, Bern 1980, S. 47.
14 Vgl. *Aktensammlung zur Geschichte der Basler Reformation*, hg. v. Emil Dürr und Paul Roth, 6 Bde., Basel 1921-1950, Bd. 3, S. 185, Nr. 263.
15 Dellsperger: *Zehn Jahre bernischer Reformationsgeschichte*, a.a.O., S. 45.
16 Fridolin Ryff: *Die Chronik des Fridolin Ryff 1514-1541 mit der Fortsetzung des Peter Ryff 1543-1585*, hg. v. Wilhelm Vischer und Alfred Stern, Leipzig 1872, S. 73.
17 *Aktensammlung zur Geschichte der Basler Reformation*, a.a.O., S. 248 f., Nr. 348.
18 Vgl. Ryff, *Die Chronik des Fridolin Ryff*, a.a.O., S. 101 f.
19 Heinrich Bullinger: *Reformationsgeschichte nach dem Autographon herausgegeben*, hg. v. Johann Jakob Hottinger und H.H. Vögeli, 3 Bde., Frauenfeld 1838-1840, Nachdruck 1985, Bd. 2, S. 183.
20 *Annales de Sébastien Brant*, a.a.O., S. 171, Nr. 4794.
21 PC, Bd. 1, S. 321, Nr. 559 (im Original Latein).
22 *Annales de Sébastien Brant*, a.a.O., S. 166 f., Nr. 4779; PC, Bd. 1, S. 326.
23 Specklin: *Les Collectanées*, a.a.O., S. 341, Nr. 2302.
24 Jakob Trausch: *Straßburgische Chronik*, in: Jakob Trausch und Johann Wencker: *Les chroniques strasbourgeois*, hg. v. Léon Dacheux, in: ›*Bulletin de la Société pour la Conservation des Monuments Historiques d'Alsace*‹, Serie 2, Bd. 15 (1892), S. 38, Nr. 2682 (im Original französisch).
25 Johann Bartholomäus Riederer: *Nachrichten zur Kirchen-, Gelehrten- und Büchergeschichte*, 4 Bde., Nürnberg 1764-1768, Bd. 2, S. 216 ff.
26 Vgl. *Deutsche Reichstagsakten, jüngere Reihe. Deutsche Reichstagsakten unter Kaiser Karl V.*, hg. von der Historischen Kommission bei der Bayerischen Akademie der Wissenschaften, Bd. 7: hg. v. Johannes Kühn, Gotha 1935, Nachdruck 1963, S. 820.

27 Philipp Melanchthon: *Opera quae supersunt omnia*, hg. v. Carl Gottlieb Brettschneider u.a., 29 Bde., Halle 1834-1860, Nachdruck 1963, Bd. 1, S. 1099, Nr. 637.
28 Bucer, *Deutsche Schriften*, a.a.O., Bd. 3, S. 335.
29 ZW, Bd. 10, Nr. 910.
30 PC, Bd. 1, S. 382, Nr. 632.
31 *Das Marburger Religionsgespräch 1529. Versuch einer Rekonstruction*, hg. v. Walter Köhler, Leipzig 1929, S. 127 f.
32 *Amtliche Sammlung der älteren eidgenössischen Abschiede*, hg. v. Johannes Stricker, Brügg/Zürich 1876, Bd. 4, T. 1b, S. 384, Nr. 196.
33 PC, Bd. 1, S. 408, Nr. 675 (30. Oktober 1529).
34 Ebd., S. 412-418, Nr. 682; vgl. auch: *Deutsche Reichstagsakten, jüngere Reihe*, a.a.O., Bd. 8, S. 389-394, Nr. 1214.
35 PC, Bd. 1, S. 419.
36 Walther Köhler: *Zwingli und Luther: Ihr Streit um das Abendmahl nach seinen politischen und religiösen Beziehungen*, 2 Bde., Leipzig 1924 und Gütersloh 1953, S. 170.
37 *Annales de Sébastien Brant*, a.a.O., S. 179, Nr. 4828.
38 PC, Bd. 1, S. 425, Nr. 689; auch in *Deutsche Reichstagsakten, jüngere Reihe*, a.a.O., Bd. 8, S. 521.
39 Vgl. Archiv des Stiftskapitels der St.-Thomaskirche, 47/I, Nr. 18; vgl auch *Annales de Sébastien Brant*, a.a.O., S. 180, Nr. 4836, und S. 182, Nr. 4843 (im Original Latein).

KAPITEL 6

1 *Deutsche Reichstagsakten, jüngere Reihe*, a.a.O., Bd. 8, S. 470.
2 Ebd., S. 1058.
3 Landgraf Philipp an Markgraf Georg von Brandenburg Anspach, Kassel, 6. März 1530, in: Hans von Schubert, *Bekenntnisbildung*, a.a.O., S. 216.
4 WA B, Bd. 6, S. 56, Z. 11-13, und S. 57, Z. 21-23.
5 *Jakob Sturms Entwurf zur Straßburger reformatorischen Verantwortung für den Augsburger Reichstag 1530*, hg. v. Johannes Ficker, in: ›Elsaß-Lothringisches Jahrbuch‹, Nr. 19 (1941), S. 152.
6 PC, Bd. 1, 455 f. Nr. 741.
7 Ebd., S. 458 f., Nr. 746.
8 Vgl. Friedrich Dobel: *Memmingen im Reformationszeitalter*, 5 Bde., Augsburg 1877-1878, Bd. 4, S. 37 ff.
9 Ebd., S. 88 f.
10 PC, Bd. 1, S. 529 f. Von der Antwort Sturms liegen zwei Versionen vor.
11 Dobel: *Memmingen im Reformationszeitalter*, a.a.O., Bd. 4, S. 91.
12 ZW, Bd. 10, S. 604 (im Original Latein; Hervorhebungen vom Autor).
13 Specklin: *Les Collectanées*, a.a.O., S. 346, Nr. 2318.
14 Dobel: *Memmingen im Reformationszeitalter*, a.a.O., Bd. 4, S. 64.
15 Franz Bernhard von Bucholtz: *Geschichte der Regierung Ferdinands des Ersten*, 9 Bde., Wien 1831-1838, Nachdruck Graz 1968-1971, Bd. 9, S. 23.
16 *Urkundenbuch zu der Geschichte des Reichstages zu Augsburg im Jahre 1530*, hg. v. Karl Eduard Förstemann, 2 Bde., Halle 1833-1835, Bd. 2, S. 727.

17 Ebd., S. 728.
18 PC, Bd. 1, S. 517 f.
19 Ebd., S. 535 f., Nr. 830.
20 *Die Beschlüsse der oberdeutschen schmalkaldischen Städtetage*, hg. v. Ekkehard Fabian, 3 Bde., Tübingen 1959-1960, Bd. 1, S. 57.
21 Ebd.
22 PC, Bd. 1, S. 541, Nr. 838.
23 *Die Schmalkaldische[n] Bundesabschiede 1530-1536*, hg. v. Ekkehard Fabian, 2 Bde., Tübingen 1958, Bd. 1, S. 12.
24 Ebd., S. 14.
25 PC, Bd. 1, S. 569.
26 Ebd., Bd. 2, S. 7 f., Nr. 10.
27 Ebd.
28 Ebd., S. 7.
29 PC, Bd. 2, S. 16, Nr. 19.
30 Vgl. ZW, Bd. 11, S. 339, Nr. 1168.
31 Vgl. *An ein ersamen rat und frumme burgerschaft zu Straßburg*, Predigt des Münsterpredigers Dr. Caspar Hedio vom 6. Januar 1533, in: Winckelmann, *Das Fürsorgewesen der Stadt Straßburg*, a.a.O., Teil 2, S. 168, Nr. 118.
32 Vgl. *Straßburgische Archiv-Chronik*, in: in: *Code historique et diplomatique de la Ville de Strasbourg*, hg.v. Louis Schneegans, 2 Bde., Straßburg 1843-1848, Bd. 2, S. 218 f.
33 Karl Brandi: *Kaiser Karl V.: Werden und Schicksal einer Persönlichkeit und eines Weltreiches*, Bd. 2, München 1941; S. 280 (Luther); Paula Sutter Fichtner: *Ferdinand I of Austria: The Politics of Dynasticism in the Age of the Reformation*, Boulder, Co. 1982, S. 89 (Ferdinand).
34 Bucholtz: *Geschichte der Regierung Ferdinands des Ersten*, a.a.O., Bd. 9, S. 28 (Instruktionen des Kaisers für die Kurfürsten von Mainz und der Pfalz; im Original französisch).
35 Ebd., S. 29 (Karl V.); PC, Bd. 2, S. 108, Nr. 136 (Sturm).
36 Vgl. PC, Bd. 2, S. 113, Nr. 139; und Ambrosius Blaurer: *Briefwechsel mit Thomas Blaurer, 1509-1548*, hg. v. Traugott Schiess, 3 Bde., Freiburg 1908-1912, S. 336 f., Nr. 278 (im Original Latein).
37 PC, Bd. 2, S. 118, Nr. 140.
38 Ebd., S. 158.
39 Ebd., S. 159, Nr. 155.
40 Johannes Reuchlin an Willibald Pirckheimer, Stuttgart, 8. November 1519, in: Johannes Reuchlin: *Reuchlins Briefwechsel*, hg. v. Ludwig Geiger, Tübingen 1875, S. 319, Nr. 285.
41 Hans-Erich Feine: *Die Territorialbildung der Habsburger im deutschen Südwesten, vornehmlich im Mittelalter* in: ›Zeitschrift der Savigny-Stiftung für Rechtsgeschichte‹, Germanistische Abteilung, Nr. 67 (1950), S. 294, Anm. 277.
42 Jakob Wille: *Philipp der Großmüthige von Hessen und die Restitution Ulrichs von Wirtemberg 1526-1535*, Tübingen 1882, S. 101, Anm. 5.
43 PC, Bd. 2, S. 262, Nr. 287.
44 Ebd., S. 200, Nr. 204.
45 *Ausgewählte Urkunden zur württembergischen Geschichte*, hg. v. Eugen Schneider, Stuttgart 1911, S. 97 f.
46 PC, Bd. 2, S. 219, Nr. 237.
47 Ebd.

48 Ebd., S. 221, Nr. 239.
49 Ebd.
50 Ebd., S. 222.
51 Wille: *Philipp der Großmüthige von Hessen*, a.a.O., S. 225.
52 PC, Bd. 2, S. 244, Nr. 265.
53 Ebd., S. 245.
54 Martin Brecht: *Luthers Beziehung zu den Oberdeutschen und Schweizern von 1530/1531 bis 1546*, in: *Leben und Werk Martin Luthers von 1526 bis 1546: Festgabe zu seinem 500. Geburtstag*, hg. v. Helmar Junghans, 2 Bde., Göttingen 1983, S. 500.
55 Sigrid Jahns: *Frankfurt, Reformation und Schmalkaldischer Bund: Die Reformations-, Reichs- und Bündnispolitik der Reichsstadt Frankfurt am Main 1525-1536*, Frankfurt/M. 1976, S. 223.
56 PC, Bd. 2, S. 234, Nr. 254.
57 Ebd., S. 679.

KAPITEL 7

1 Ekkehart Fabian: *Die Entstehung des Schmalkaldischen Bundes und seiner Verfassung 1524/29-1531/35: Brück, Philipp von Hessen und Jakob Sturm*, 2. Auflage, Tübingen 1962, S. 358 f.
2 PC, Bd. 2, S. 508, Nr. 536.
3 Ebd., S. 371, Nr. 381.
4 Ebd., S. 627, Nr. 635.
5 Ebd., Bd. 4, S. 71 f., Nr. 53.
6 Ebd., Bd. 2, S. 442, Nr. 464.
7 Ebd., S. 443, Nr. 464.
8 Ebd., Bd. 3, S. 467 f., Nr. 443.
9 Ebd., S. 472 f., Nr. 446.
10 Jakob Trausch: *Straßburgische Chronik*, a.a.O., S. 38, Nr. 2682 (im Original französisch).
11 *Der Röm. key.- u. königlichen Maiesten, auch des Heil. Röm. Reichs geistl. und weltl. Stände, Churfürsten, Fürsten Handlungen und Ausschreiben, Sendbrieff, Klag und Supplikationsschriften von den Ursachen des teutschen Krieges keyser Carls des Fünften wider de schmalkaldischen Bundesoberste Church- und Fürsten, Sachsen und Hessen und Mitverwandte anno 1546 u. 47*, hg. v. Friedrich Hortleder, 2 Bde., Frankfurt am Main 1645, Bd. 1, S. 1813.
12 PC, Bd. 3, S. 474, Nr. 448.
13 *Papiers d'état du Cardinal de Granvelle d'après les manuscrits de la bibliothèque de Besançon*, hg. v. Charles Weiss, 9. Bde., Paris 1841-1852, Bd. 3, S. 365 (im Original französisch).
14 Victor-Louis Bourrilly: *Jean Sleidan et le Cardinal du Bellay. Premier séjour de Jean Sleidan en France (1533-1540)*, in: ›Bulletin de la Societé pour l'Histoire du Protestantisme Français‹, Nr. 50 (1901), S. 227, Anm. 2 (im Original französisch).
15 PC, Bd. 3, S. 474, Nr. 448.
16 Gabriele Schlütter-Schindler: *Der Schmalkaldische Bund und das Problem der causa religionis*, Frankfurt am Main/Bern/New York 1986, S. 61 f.
17 *Urkunden und Akten der Reformationsprozesse am Reichskammergericht,*

am kaiserlichen Hofgericht zu Rottweil und an anderen Gerichten, hg. v. Ekkehart Fabian, Tübingen 1961, S. 211, Nr. 76. Siehe auch PC, Bd. 2, S. 202, Nr. 209.

18 Wiesflecker: *Kaiser Maximilian*, a.a.O., Bd. 5, S. 156.

19 Friedrich Roth: *Zur Kirchengüterfrage in der Zeit von 1538 bis 1540. Die Gutachten Martin Bucers und der Augsburger Prädikanten Wolfgang Musculus und Bonifacius Wolfat über die Verwendung der Kirchengüter*, in: ›Archiv für Reformationsgeschichte‹, Nr. 1 (1903/1905); S. 304.

20 Kurt Körber: *Kirchengüterfrage und Schmalkaldischer Bund*, Leipzig 1913 (=Schriften des Vereins für Reformationsgeschichte, 30. Jg., Nr. 111/112), S. 182.

21 PC, Bd. 3, S. 35 f.

22 Diese Bewertung basiert auf der mittelalterlichen Vorstellung vom besseren (*melior*), wichtigeren (*valeor*) und gesunderen (*sanior*) Teil. PC, Bd. 1, S. 310 f., Nr. 298.

23 PC, Bd. 3, S. 332, Nr. 317.

24 Ebd., S. 311, S. 298.

25 Martin Luther: *Luthers Werke. Kritische Gesamtausgabe*, 87 Bde., Weimar 1883-1890; T. 4: *Briefe*, Bd. 10, S. 191.

26 PC, Bd. 3, S. 675 f., Anm. 5.

27 Ebd., S. 676.

28 Ebd., S. 677.

29 Ebd.

30 Ebd., Bd. 4, S. 7 f., Nr. 9.

31 Ebd.

32 Ebd., S. 22 f., Nr. 23.

33 Ebd.

34 Ebd., S. 82, Nr. 62.

35 Ebd., S. 24, Nr. 23.

36 BPB, Bd. 2, S. 96, Nr. 145.

37 Jakob Sturm an Martin Bucer [Worms], 2. Mai 1545, in: Baumgarten, Hrsg., *Sleidans Briefwechsel*, Straßburg 1881, S. 47, Nr. 23.

38 Peter Burke, The Renaissance Sense of the Past, London 1969, S. 124.

39 Heinrich Walther an Bernhard Meyer, Straßburg, 29.11.1555, in: Baumgarten, Hrsg., *Sleidans Briefwechsel,* S. 309, Nr. 162.

40 Johann Sleidan an Herzog Johann Friedrich von Sachsen, Straßburg 24.6.1553, ebd., S. 262, Nr. 127.

41 Johann Sleidan und Michael Beuther, *Ordentliche Beschreibung vnd verzeychniss allerley fürsamer händel, so sich in glaubens vnd anderen weltlichen sahcen der regierung der grossmächtigen keyser Carl's dises namen des Fünften, Ferdinandi des Ersten, maximiliani vnd rudolphi der Anderen, inn vnd ausserhalb des Heyligen römischen reichs teutscher nation biss auff das tausent fünff hundert vier vnd achzigsten jar, zugetragen vnd verlauffen haven, durch JohannemSleidanum vnd Michaelem Beutherum*, Straßburg 1597, S 1597, S. 85 (Buch IV. Dieser Brief scheint verloren gegangen zu sein; er wäre sonst aufgenommen in: *Politische Correspondenz der Stadt Straßburg im Zeitalter der Reformation*, hrsg. v. Hans Virck, Otto Winckelmann und Harry Gerber, 5 Bde., Straßburg 1882-1898, Heidelberg 1928, 193, Bd. 1, S. 97. Die Zitate aus Sleidans Geschichtswerk stammen aus einer deutschen Fassung, die von Michael Beuther fortgesetzt wurde. Die Erstausgabe war *De Statu religionis et republicae Carolo V. Caesare commentarii*, Straßburg 1555).

42 Johann Sleidan an den Senat von Augsburg, Straßburg 19.5.1555, ebd., S. 275-276, Nr. 275.

43 Sleidan und Beuther, *Ordentliche Beschreibung*, S. 86 (Buch IV). Siehe Baumgarten, Hrsg., *Sleidans Briefwechsel*, S. 257, Nr. 124 (Ende Oktober 1552): »Quid regimentum tunc temporis egerit cum illis, audiam ex dignitate tua, quum vacuerit.«

44 Sleidan an Beuther, *Ordentliche Beschreibung*, S. 464 (Buch XIX): Diser war eyn geharnischter Reichstag«, womit er nicht auf den Krieg, sondern auf die kaiserlichen Garnisonen in und in der Nähe der Stadt anspielte.

45 Ebd., S. 468 (Buch XIX).

46 Ebd.

47 Ebd., S. 501 (Buch XX).

48 Baumgarten, Hrsg., *Sleidans Briefwechsel*, S. 309, Nr. 162.

KAPITEL 8

1 Übers. nach Abd-ar-Rahman Ibn Muhammad Ibn Khaldûn: *The Muqaddimah: An Introduction to History*, Princeton 1967, S. 125.

2 PC, Bd. 2, S. 237, Nr. 259 (15. Dezember 1534).

3 Caspar Hedio: *Radts Predigt*, C.4v-D.1r, zit. nach *Elsaß*, a.a.O., Bd. 2, S. 263, Z. 20-28.

4 Ebd., S. 204, Z. 8 f.

5 PC, Bd. 1, S. 263 f., Nr. 464.

6 *Elsaß*, a.a.O., Bd. 2, S. 354, Z. 41.

7 Ebd., Bd. 1, S. 351, Nr. 277, Z. 12 ff.

8 Ebd., S. 352, Z. 38-41.

9 Ebda, S. 357, Z. 25 f. und S. 358, Z. 3 f.

10 Ebd., S. 355, Nr. 280, und S. 358 ff., Nr. 286.

11 Ebd., S. 549, Z. 4-9.

12 Ebd., S. 575, Nr. 348, Z. 20 ff.

13 Ebd., S. 577, Anm. 1, Z. 40.

14 Ebd., Z. 30 ff. (im Original z. T. Latein).

15 Ebd., Bd. 2, S. 36, Z. 7 ff., Z. 13 ff. und Z. 15 ff.

16 Ebd., S. 43, Z. 35.

17 Ebd., S. 44, Z. 1-7.

18 Ebd., S. 63, Z. 17 f.

19 Ebd., S. 65, Z. 15 ff.

20 Ebd., S. 178, Z. 27 ff.

21 Ebd., S. 205, Z. 10.

22 Ebd., S. 272, Z. 14 und Z. 23 ff.

23 Ebd., S. 286, Z. 18 ff.

24 Ebd., S. 36, Z. 13 ff.

25 Ebd., S. 354, Z. 2 f. und Anm. 1, Z. 36 f.

26 Ebd., Z. 10-21.

27 Ebd., Z. 28-31.

28 Ebd., S. 355, Z. 19 ff.

29 Ebd., S. 422 f.

30 Thomas A. Brady, jr.: ›*Sind also zu beiden theilen Christen, des Gott erbarm*‹. *Le mémoire de Jacques Sturm*…, a.a.O., S. 76, Z. 98 f.

31 *Elsaß*, a.a.O., Bd. 2, S. 348, Z. 39, bis S. 349, Z. 11.

32 Ebd., S. 204, Z. 8 f.

33 Heinrich Gresbeck: *Bericht von der Wiedertaufe in Münster*, in: *Berichte der Augenzeugen über das münsterische Wiedertäuferreich*, hg. v. C.A. Cornelius, Münster 1853, Nachdruck 1965 und 1983, S. 22 f.

34 Übers. nach *Original Letters Relating to the English Reformation*, hg. v. Hastings Robinson, 2 Bde., Cambridge 1846-1847 (Nachdruck New York 1968), Bd. 1, Nr. 115.

35 Das vollständige Verspaar lautet: »Doctrina vacuis est urbs Straburgia mater, / Doctis atque bonis esse noverca solet.« Es ist oftmals zitiert worden, hier nach Ernst-Wilhelm Kohls: *Die Schule bei Martin Bucer in ihrem Verhältnis zu Kirche und Obrigkeit*, Heidelberg 1963, S. 40.

36 Martin Bucer: *Deutsche Schriften*, a.a.O., Bd. 3, S. 354 f.

37 Wilhelm Kohls: *Die Schule bei Martin Bucer*, a.a.O., S. 216, Anm. 1.

38 Ambrosius Blaurer: *Briefwechsel mit Thomas Blaurer*, a.a.O., Bd. 1, S. 424, Nr. 363.

39 Martin Bucer: *Deutsche Schriften*, a.a.O., Bd. 7, S. 525.

40 Ebd., S. 533 f.

41 *Rathslag und Bedacht der Schulherrn und etlicher Gelerten allhie Einer gemeyner schulen zun Predigern fürzenemen. Anno 1538*, in: Carl Engel: *Das Schulwesen in Straßburg vor der Gründung des Protestantischen Gymnasiums, 1538*, Straßburg 1886, S. 72.

42 Archiv des Stiftskapitels der St. Thomaskirche zu Straßburg, Bd. 198, fol. 100v.

KAPITEL 9

1 PC, Bd. 2, S. 521, Nr. 545, und S. 530, Nr. 554.

2 Für den gesamten Absatz: *Die Verhandlungen des Schmalkaldischen Bundes vom 14.-18. Febr. 1539 in Frankfurt a.M.*, hg. v. Otto Meinardus, in: ›Forschungen zur Deutschen Geschichte‹, Nr. 22 (1882); S. 641 f. und S. 651 f.

3 BPB, Bd. 1, S. 75, Nr. 24, und S. 85, Nr. 26.

4 Ebd., Bd. 3, S. 28, und PC, Bd. 2, S. 533, Nr. 556.

5 PC, Bd. 3, S. 49, Nr. 33.

6 BPB, Bd. 1, S. 157 f., Anm. 8.

7 Ebd., S. 162, Nr. 61.

8 PC, Bd. 3, S. 120, Nr. 127.

9 BPB, Bd. 1, S. 188 f., Nr. 73.

10 PC, Bd. 3, Nr. 109.

11 *Urkundliche Quellen zur hessischen Reformationsgeschichte*, hg. v. Günther Franz, 4 Bde., Marburg 1915 ff., Bd. 2, S. 341, Nr. 420.

12 BPB, Bd. 1, S. 273.

13 Ebd., S. 275.

14 Ebd., S. 281.

15 Ebd., S. 291.

16 PC, Bd. 3, S. 158, Nr. 166.

17 Johannes Timannus an die Prediger zu Bremen, 18. November 1540, in: *N. Spiegel: Johannes Tim[m]an[n]us Amsterodamus und die Colloquien zu Worms und Regensburg 1540, 1541*, in: ›Zeitschrift für historische Theologie‹, Nr. 42 (1872), S. 42 ff. (im Original Latein; den letzten Satz jedoch hat Timannus in seinem eigenen, norddeutschen Dialekt formuliert:

»Wen gy nicht werden in mynem geloven sterven, so werdt gy in den düvel hen varen.«).

18 PC, Bd. 3, S. 716.
19 Ebd.
20 Ebd., S. 717.
21 BPB, Bd. 1, S. 266, Nr. 96.
22 Ebd., Bd. 2, S. 65, Nr. 135, und S. 81, Nr. 140.
23 PC, Bd. 3, S. 181, Nr. 190.
24 *Die Vorbereitung der Religionsgespräche von Worms und Regensburg 1540/41*, hg. v. Wilhelm H. Neuser, Neukirchen-Vluyn 1974, S. 219 (im Original Latein).
25 BPB, Bd. 3, S. 28.
26 Kurfürst Johann Friedrich an seine nach Regensburg entsandten Räte, Liebenwerda, den 26. Juli 1541. Staatsarchiv Weimar, Reg. E, 48r-50r, Nr. 99, Bd. III, fol. 236r.
27 BPB, Bd. 3, S. 130.
28 Ebd., S. 134.
29 Ebd., S. 129.
30 Friedrich Roth: *Zur Geschichte des Reichstages in Regensburg im Jahr 1541. Die Korrespondenz der Augsburger Gesandten Wolfgang Rehlinger, Simprich Hoser und Dr. Konrad Hel mit dem Rathe, den Geheimen und dem Bürgermeister Herwart nebst Briefen von Dr. Gereon Sailer und Wolfgang Musculus an den letzteren*, in: ›Archiv für Reformationsgeschichte‹, Nr. 4 (1906/1907), S. 276, Nr. 114.
31 Karl Brandi: *Kaiser Karl V.*, a.a.O., Bd. 1, S. 409.
32 *Nuntiaturberichte aus Deutschland nebst ergänzenden Aktenstücken*, Abt. I, 12 Bde., Gotha 1892-1910, Bd. 8, S. 733.
33 Georg Schmidt: *Der Städtetag in der Reichsverfassung*, a.a.O., S. 278.
34 BPB, Bd. 2, S. 43, Anm. 2.
35 Georg Schmidt: *Der Städtetag in der Reichsverfassung*, a.a.O., S. 401.
36 PC, Bd. 2, S. 508, Nr. 536.
37 Ebd., Bd. 3, S. 222, Nr. 216.
38 BPB, Bd. 2, S. 62, Anm. 5.
39 Ebd., S. 61, Nr. 134.
40 PC, Bd. 3, S. 280 f. Nr. 269.
41 Ebd., Bd. 2, S. 611, Nr. 616.
42 Ebd., Bd. 3, S. 350, Nr. 331.
43 Eberhard Isenmann: *Reichsstadt und Reich an der Wende vom späten Mittelalter zur frühen Neuzeit*, in: *Mittel und Wege früher Verfassungspolitik*, hg. v. Josef Engel, Stuttgart 1979, S. 161, Anm. 481.
44 Jacob Sturm: *Außzug aller gehaltener Reichs Tage und Summarie, dabey beschrieben wie und waß uff einem jeden gehandelt worden vom Jahre 1427 biß ad annum 1517 inclusive*, hg. v. Jakob Wencker, in: Philipp Knipschildt: *Tractatus politico-juridicus de juribus et privilegiis civitatum imperialium*, 3. Auflage, Straßburg 1740, S. 13.
45 Eberhard Isenmann: *Reichsstadt und Reich*, a.a.O., S. 152 f.
46 PC, Bd. 3, S. 473, Nr. 446.
47 Ebd., S. 467 f., Nr. 443.
48 Ebd., S. 476, Nr. 451.
49 Ebd., S. 536, Nr. 506.
50 Ebd., S. 543, Nr. 515.

1 PC, Bd. 2, S. 549, Nr. 571.
2 Ebd., S. 555, Nr. 573.
3 Vgl. BPB, Bd. 1, S. 411 f.
4 PC, Bd. 3, S. 4, Nr. 4.
5 Ebd., S. 13 f., Nr. 11.
6 BPB, Bd. 1, S. 150, Nr. 56.
7 Georg Mentz: *Johann Friedrich der Großmüthige 1503-1554*, 3 Bde., Jena 1903-1908, Bd. 3, S. 492, Nr. 46.
8 Conrad Varrentrapp: *Herman von Wied und sein Reformationsversuch in Köln. Ein Beitrag zur deutschen Reformationsgeschichte*, Leipzig 1878, Abtlg. 1, S. 208.
9 Martin Bucer an Nikolaus Pruckner, 24. Januar 1542; Straßburg, National- und Universitätsbibliothek, *Thesaurus Baumianus*, Bd. 13, S. 151.
10 Conrad Varrentrapp: *Herman von Wied*, a.a.O., Abtlg. 2, S. 109 f.; Philipps Anwort: Ebd., S. 111, Anm. 1.
11 PC, Bd. 3, S. 568, Nr. 540.
12 Martin Luther: *Luthers Werke. Kritische Gesamtausgabe*, 87 Bde., Weimar 1883-1890, Bd. 51, S. 561, Z. 25 ff.
13 Luther an Anton Lauterbach, Wittenberg, 27. August 1542, ebd., Bd. 10, S. 135 f. (im Original Latein).
14 Vgl. PC, Bd. 3, S. 135 ff., Nr. 148, und S. 156, Nr. 165.
15 BPB, Bd. 2, S. 43, Anm. 2.
16 Ebd., S. 56, Anm. 2.
17 Ebd., S. 64, Nr. 134.
18 Vgl. PC, Bd. 3, S. 275, Nr. 265.
19 BPB, Bd. 2, S. 96, Nr. 145.
20 PC, Bd. 3, S. 340, Nr. 327.
21 Ebd., S. 346 f. (und für den gesamten Absatz).
22 Ebd., S. 420, Nr. 394.
23 BPB, Bd. 2, S. 195, Nr. 178, und S. 200, Nr. 179.
24 Ebd., S. 213 ff., Nr. 183 (und für den Rest des Absatzes).
25 Vgl. PC, Bd. 3, S. 460 f., Nr. 437.
26 BPB, Bd. 2, S. 252, Anm. 4.
27 Ebd., S. 253.
28 PC, Bd. 3, S. 455, Nr. 432.
29 Ebd., S. 462, Nr. 437.
30 Ebd., S. 463, Nr. 493.
31 Ebd., S. 468 f., Nr. 443.
32 *Aus dem Briefwechsel Gereon Sailers mit den Augsburger Bürgermeistern Georg Herwart und Simprecht Hoser (April – Juni 1544)*, hg. v. Friedrich Roth, in: ›Archiv für Reformationsgeschichte‹, Bd 1 (1903/04), S. 144.
33 BPB, Bd. 2, S. 258.
34 Ebd.
35 Ebd., S. 263, Nr. 194.
36 PC, Bd. 3, S. 559 f., Nr. 526.
37 Ebd., S. 588, Nr. 560.
38 Ebd., S. 644 f., Nr. 606 (für diesen und den folgenden Absatz).
39 Ebd., S. 658, Nr. 620.
40 Ebd., Bd. 4, S. 446, Nr. 422.

KAPITEL 11

1 Vgl. Miriam Usher Chrisman: *Strasbourg and the Reform: A Study in the Process of Change*, New Haven 1967, S. 94.
2 *Annales de Sébastien Brant*, a.a.O., S. 205, Nr. 4963.
3 PC, Bd. 3, S. 601, Nr. 572.
4 BPB, Bd. 3, S. 318.
5 Vgl. PC, Bd. 3, S. 675, Anm. 5, und Thomas A., Brady, Jr.: *Ruling Class, Regime and Reformation at Strasbourg, 1520-1555*, Leiden 1978, S. 254.
6 PC, Bd. 2, S. 655, Nr. 654.
7 Ebda., Bd. 3, S. 676, Nr. 642.
8 Friedrich Roth: *Augsburgs Reformationsgeschichte*, 4 Bde., München 1901-1911, S. 325 (7. Juli 1545).
9 *Die Beschlüsse der oberdeutschen schmalkaldischen Städtetage*, a.a.O., Bd. 1, S. 57.
10 PC, Bd. 3, S. 480, Nr. 454.
11 Ebda., S. 572.
12 Ebda., S. 675 f., Anm. 5.
13 Ebda., S. 698.
14 Ebda., S. 699 f.
15 Ebda., Bd. 4, S. 82, Nr. 62.
16 Ebda., S. 24, Nr. 23.
17 Ebda., S. 30, Anm. 5.
18 Ebda., S. 58, Nr. 49.
19 BPB, Bd. 2, S. 373, Nr. 220.
20 Ebda.
21 Martin Bucer: *Der Kürtzer Catechismus. Das ist Christlliche underweisung. Für die schuler und andere Kinder zu Strasbourg.* In: ders.: *Deutsche Schriften*, a.a.O., Bd. 6.3, S. 263; vgl. auch Martin Greschat: *Martin Bucer: Ein Reformator und seine Zeit*, München 1990, S. 211.
22 Martin Bucer: *Deutsche Schriften*, a.a.O., Bd. 17, S. 159, Z. 3, bis 160, Z. 3.
23 PC, Bd. 3, S. 302 f.
24 Adolf Hasenclever: *Kurfürst Friedrich II. von der Pfalz und der schmalkaldische Bundestag zu Frankfurt vom Dezember 1545. Ein Beitrag zur pfälzischen Reformationsgeschichte*, in: ›Zeitschrift für die Geschichte des Oberrheins‹, Neue Folge Nr. 18 (1903) [57. Band der ganzen Reihe], S. 76, S. 80.
25 Adolf Hasenclever: *Kurfürst Friedrich II.*, a.a.O., S. 80 f.
26 BPB, Bd. 2, S. 441, Nr. 235.

KAPITEL 12

1 PC, Bd. 4, S. 93, Anm. 1.
2 BPB, Bd. 3, S. 399.
3 Ebda., S. 404.
4 Ebda., Bd. 2, S. 450, Anm. 2.
5 PC, Bd. 4, S. 235, Nr. 208.
6 Ebda., S. 479 f., Nr. 451.
7 Ebda., S. 260.
8 Ebda., S. 398 f., Nr. 375.

9 Froben Christoph Graf von Zimmern: *Zimmerische Chronik*, hg. v. Karl August von Barack, 4 Bde., Tübingen 1881-82, Bd. 3, S. 19, Z. 28, bis S. 20, Z. 4; und ebda., S. 425, Z. 14-23.
10 PC, Bd. 4, S. 476, Anm. 5.
11 Ebda., S. 475, Anm. 2.
12 Ebda., S. 476, Anm. 5.
13 Asverus von Brandt: *Berichte und Briefe des Rats und Gesandten Herzog Albrechts von Preußen*, hg. v. Adalbert Bezzenberger, 2 Bde., Königsberg 1904, Bd. 2, S. 212, Nr. 73.
14 PC, Bd. 4, S. 478, Nr. 450.
15 Ebda., S. 489 f., Nr. 458.
16 BPB, Bd. 2, S. 494 f., Nr. 252.
17 PC, Bd. 4, S. 491 f., Nr. 460.
18 Ebda., S. 492, Nr. 460, Anm. 2.
19 Ebda., S. 495, Nr. 462.
20 Ebda.
21 *Die Verhandlungen im Schmalkaldischen Lager vor Giengen und Landgraf Philipps Rechenschaftsbericht*, hg. v. Walter Möllenberg, in: ›Zeitschrift des Vereins für hessische Geschichte und Landeskunde‹, Nr. 38 (1904), S. 34.
22 PC, Bd. 4, S. 497, Nr. 463.
23 Landgraf Philipp an Kurfürst Johann Friedrich, Stuttgart, den 27. November 1547. Staatsarchiv Weimar, Reg. I., S. 190-193, J, Nr. 1, fol. 58r.
24 PC, Bd. 4, S. 508, Nr. 474.
25 Ebda., S. 556 ff., Nrr. 514 u. 515 (für diesen und den folgenden Absatz).
26 Sebald Büheler: *La chronique strasbourgeoise (Straßburgische Chronik)*, hg. v. Léon Dacheux, in: ›*Bulletin de la Société pour la Conservation des Monuments Historiques d'Alsace*‹, Serie 2, Bd. 13 (1888), S. 90, Nr. 302.
27 Vgl. Archives Municipales de Strasbourg, Procès-Verbaux des Vingt-et-Un (=XXI), 1546, fol. 644r, 648v-639r und 653r [im folgenden zitiert als AMS, XXI, mit der jeweiligen Jahreszahl].
28 Vgl. Ebda., 1547, fol. 22r.
29 PC, Bd. 4, S. 585 f, Nr. 542.
30 Ebda., S. 588, Nr. 545.
31 Ebda., S. 656, Nr. 586, Anm. 8.
32 Vgl. Thomas A. Brady, Jr.: *Ruling Class, Regime and Reformation at Strasbourg*, a.a.O., S. 271.
33 AMS, XXI, 1547, fol. 41r, 63v, 64r, 65r; hier zitiert nach PC, Bd. 4, S. 656, Nr. 586, Anm. 7.
34 Ebda., S. 604 f., Nr. 555.
35 Ebda., S. 625-633, Nr. 569 (und für den gesamten Absatz).
36 Ebda., S. 649, Nr. 580.
37 BPB, Bd. 2, S. 490, Nr. 250.
38 Ebda., S. 490 ff.
39 Ebda., S. 498, Nr. 253.
40 Vgl. PC, Bd. 4, S. 668 f., Nr. 593, Anm. 10.
41 BPB, Bd. 2, S. 493, Nr. 251.
42 PC, Bd. 4, S. 686, Nr. 610.
43 Ebda., Bd. 4, S. 692, Nr. 614.
44 Vgl. AMS, XXI, 1547, fol. 363v.
45 Vgl. ebda., fol. 4v.
46 Vgl. ebda., fol. 345r-v.

1 PC, Bd. 4, S. 731, Nr. 650.
2 Ebda., S. 732.
3 Harry Gerber: *Jakob Sturms Anteil an den Religionsverhandlungen des Augsburger ›geharnischten‹ Reichstags von 1547/48*, in: ›Elsaß-Lothringisches Jahrbuch‹, Nr. 8 (1929), S. 169, Anm. 4.; auch in PC, Bd. 4, S. 777, Nr. 680.
4 Harry Gerber: *Jakob Sturm*, a.a.O., S. 175.
5 *Acta reformationis catholicae Ecclesiam Germaniae concernantia saeculi XVI. Die Reformationsverhandlungen des deutschen Episkopats von 1520 bis 1570*, hg. v. Georg Pfeilschifter, 6 Bde., Regensburg 1959-1974, Bd. 5, S. 210, Z. 36-42; vgl. auch PC, Bd. 4, S. 857, Nr. 729.
6 Für diesen und die folgenden Absätze: PC, Bd. 4, S. 859-867, Nr. 729; vgl. auch *Acta reformationis*, a.a.O., Bd. 5, S. 226 f.
7 PC, Bd. 4, S. 897, Nr. 743.
8 Ebda.
9 Marin Bucer: *Deutsche Schriften*, a.a.O., Bd. 17, S. 347; dazu vgl. auch PC, Bd. 4, S. 918 f., Anm. 7.
10 PC, Bd. 4, S. 1014, Nr. 791.
11 Thomas A. Brady, jr.: *›Sind also zu beiden theilen Christen‹*, a.a.O., S. 76.
12 PC, Bd. 4, S. 1014 f., Nr. 791.
13 Ebda., S. 1015 ff.
14 Ebda., S. 1017.
15 Ebda., S. 1025, Nr. 795.
16 Martin Bucer, *Deutsche Schriften*, a.a.O., Bd. 17, S. 443, Z. 13 f.
17 Ebda., S. 467, Z. 24-28.
18 Ebda., S. 132, Z. 23, bis S. 133, Z. 2; vgl. auch *Elsaß*., a.a.O., Bd. 4, S. 250, Nrr. 1603-1605.
19 PC, Bd. 4, S. 1034, Nr. 799.
20 Martin Bucer an Johann Calvin, Straßburg, 10. Juli 1548; in: Ioannis Calvini Opera XIII, Braunschweig 1875, Nachdruck 1964. Corpus Reformatorum, Bd. 41, S. 5 f. (=Thesaurus Epistolicus Calvinianus IV) (im Original Latein).
21 Johann Friese: *Neue Vaterländische Geschichte der Stadt Straßburg bis 1791*, 4 Bde., 1. Aufl. 1791-1793, 6 Bde., 2. Auflage Straßburg 1792-1801; Bd. 2, S. 275.
22 Ebda., S. 275 f.
23 AMS, XXI, 1548, fol. 411v-412r.
24 PC, Bd. 4, S. 1043, Nr. 804 (im Original Französisch).
25 Vgl. Thomas A. Brady, Jr.: *Ruling Class, Regime and Reformation*, a.a.O., S. 280.
26 Daniel Specklin: *Les Collectanées*, a.a.O., S. 363 f., Nr. 2387.
27 AMS, XXI, 1548, fol. 434v.
28 PC, Bd. 4, S. 1059, Nr. 816, Anm. 1.
29 Für diesen und die folgenden Absätze: PC, Bd. 4, S. 1059-1063, Nr. 816.
30 AMS, XXI, 1548, fol. 431r.
31 Ebda., fol. 432r.
32 Für diesen und die folgenden Absätze: PC, Bd. 4, S. 1065-1068, Nr. 818.
33 AMS, XXI, 1548, fol. 440v.
34 PC, Bd. 4, S. 1085 f., Nr. 829.
35 Roland H. Bainton: *Katherine Zell*, in: ›Medievalia et Humanistica‹, Neue Serie, Nr. 1 (1970); S. 25 f., Anm. 40.

36 Jacques V. Pollet: *Martin Bucer. Études sur la correspondance avec de nombreux textes inédites*, 2 Bde., Paris 1958-62, Bd. 1, S. 256, Nr. 38, Z. 1 (im Original Latein).
37 Jean Rott: *Un recueil de correspondances strasbourgeoises du XVIe siècle à la Bibliothèque de Copenhague (Ms Thott 497,2o)*, in: ›Bulletin philologique et historique (jusqu'en 1610) du Comité des travaux historiques et scientifiques 1968‹ (1971), Bd. 2, S. 809, Nr. 10 (im Original Latein).
38 Ebda., S. 814 (im Original Latein).

KAPITEL 14

1 PC, Bd. 4, S. 1016, Nr. 791.
2 Ebda., Bd. 3, S. 570, Nr. 542; vgl. auch BPB, Bd. 2, S. 342, Anm. 2.
3 PC, Bd. 3, S. 604, Nr. 574 (und für den Rest des Absatzes).
4 Ebda., S. 111, Nr. 72.
5 *Briefwechsel des Herzogs Christoph von Wirtemberg*, hg. v. Viktor Ernst, 4 Bde., Stuttgart 1899-1907, Bd. 1, S. 155, Nr. 165.
6 PC, Bd. 5, S. 169, Nr. 114.
7 Ebda., S. 111, Nr. 72.
8 Ebda., S. 219, Nr. 153.
9 Ebda., S. 252, Nr. 173.
10 Ebda., S. 308, Nr. 223.
11 PC, Bd. 4, S. 76, Nr. 56.
12 Ebda., Bd. 5, S. 296, Nr. 214.
13 Ebda.
14 *Sleidans Briefwechsel*, hg. v. Hermann Baumgarten, Straßburg 1881, S. 242, Nr. 116 (im Original Latein).
15 PC, Bd. 5, S. 306, Nr. 222, Anm. 1.
16 Ebda., Bd. 3, S. 511, Nr. 479, Anm. 3.
17 Ebda., Bd. 5, S. 320, Nr. 234.
18 Ebda., S. 321.
19 Ebda., S. 326.
20 Alkunin Holländer: *Straßburgs Politik im Jahre 1552*, in: ›Zeitschrift für die Geschichte des Oberrheins‹, Neue Serie, Nr. 9 (1894), S. 32.
21 Ebda., Anm. 3 (im Original Französisch).
22 Archives du Chapître de St.-Thomas de Strasbourg, Nr. 198, fol. 99v-100r.
23 AMS, XXI, 1553, 30. Oktober 1553.
24 Cornelius Friedleben an Dr. C. F. Curio, Weimar, 21. November 1553. Archives Municipales de Strasbourg, AA 601, fol. 94r-v.
25 Johannes Sleidanus an Johann Calvin, Straßburg, 28. Dezember 1553; in: *Corpus Reformatorum*, Bd. 42, S. 719, Nr. 1881.
26 PC, Bd. 5, S. 481, Nr. 386.

KAPITEL 15

1 PC, Bd. 5, S. 504, Nr. 404.

1 Johann Gottlieb Fichte, *Politische Fragmente aus den Jahren 1807 und 1813*, in: *Sämtliche Werke*, hg. v. I.H. Fichte, Bd. 7, Teil 3, 2, Berlin 1846, S. 609, zitiert von Werner Schuffenhauer und Klaus Steiner, Hrsg., *Martin Luther in der deutschen bürgerlichen Philosophie 1517-1845. Eine Textsammlung*, Berlin 1983, S. 271.

2 Thomas Nipperdey, *Deutsche Geschichte 1800-1860. Bürgerwelt und starker Staat*, München 1983, S. 11.

3 Charles Tilly, *War Making and State Making as Organized Crime*, in: *Bringing the State Back In*, hg. v. Peter B. Evans, Dietrich Rueschemyer und Theda Skocpol, Cambridge 1985, S. 169.

SIGLEN

AMS, XXI:
Archives Municipales de Strasbourg, Procès-Verbaux des Vingt-et-Un (=XXI), mit dem jeweiligen Jahresband.

BPB:
Briefwechsel Landgraf Philipp's des Großmüthigen von Hessen mit Bucer, hg. v. Max Lenz, 3 Bde., Leipzig 1880-1891, Nachdruck 1965

PC:
Politische Correspondenz der Stadt Straßburg im Zeitalter der Reformation, hg. v. Hans Virck, Otto Winckelmann, Harry Gerber und Walter Friedensburg, 5 Bde., Straßburg 1882-1899 und Heidelberg 1928-1933 (=Urkunden und Akten der Stadt Straßburg, II. Abteilung)

ZW:
Zwingli, Huldrych: *Huldrych Zwinglis sämtliche Werke*, hg. v. Emil Egli u.a., 14 Bde., Berlin/Leipzig/Zürich 1905 ff.

LITERATURVERZEICHNIS

Acta reformationis catholicae Ecclesiam Germaniae concernantia saeculi XVI. Die Reformationsverhandlungen des deutschen Episkopats von 1520 bis 1570, hg. v. Georg Pfeilschifter, 6 Bde., Regensburg 1959-1974

Aktensammlung zur Geschichte der Basler Reformation, hg. v. Emil Dürr und Paul Roth, 6 Bde., Basel 1921-1950

Amtliche Sammlung der älteren eidgenössischen Abschiede, hg. v. Johannes Stricker, Brügg/Zürich 1876

An die Versammlung gemeiner Bauernschaft. Eine revolutionäre Flugschrift aus dem Deutschen Bauernkrieg (1525), hg. v. Siegfried Hoyer und Bernd Rüdiger, Leipzig 1975

Annales de Sébastien Brant, hg. v. Léon Dacheux, in: ›Bulletin de la Société pour la Conservation des Monuments Historiques d'Alsace, Serie 2, Bd. 19 (1899)

Aus dem Briefwechsel Gereon Sailers mit den Augsburger Bürgermeistern Georg Herwart und Simprecht Hoser (April – Juni 1544), hg. v. Friedrich Roth, in: ›Archiv für Reformationsgeschichte‹, Bd. 1 (1903/04)

Ausgewählte Urkunden zur württembergischen Geschichte, hg. v. Eugen Schneider, Stuttgart 1911

Bainton, Roland H.: *Katherine Zell*, in: ›Medievalia et Humanistica‹, Neue Serie, Nr. 1 (1970)

Baumgarten, Hermann: *Geschichte Karls V.*, 3 Bde., Stuttgart 1885-1892

Benecke, Gerhard: *Maximilian I, 1459-1519: An Analytical Biography*, London 1982

Berler, Matern[us]: *Chronik*, in: *Code historique et diplomatique de la Ville de Strasbourg*, hg. v. Louis Schneegans, 2 Bde., Straßburg 1843-1848

Berlichingen, Götz von: *Mein Fehd und Handlungen*, hg. v. Helgard Ulmschneider, Sigmaringen 1981 (=Forschungen aus Württembergisch Franken, Bd. 17)

Die Beschlüsse der oberdeutschen schmalkaldischen Städtetage, hg. v. Ekkehard Fabian, 3 Bde., Tübingen 1959-1960

Bildnisse der Straßburger Reformation, hg. v. Johannes Ficker, Straßburg 1914 (=Quellen und Forschungen zur Kirchen- und Kulturgeschichte von Elsaß und Lothringen, Bd. 1)

Blaschke, Karlheinz: *Sachsen im Zeitalter der Reformation*, Gütersloh 1970 (=Schriften des Vereins für Reformationsgeschichte, Nr. 185, Jg. 1975/76)

Blaurer, Ambrosius: *Briefwechsel mit Thomas Blaurer, 1509-1548*, hg. v. Traugott Schiess, 3 Bde., Freiburg 1908-1912

Bourrilly, Victor-Louis: *Jean Sleidan et le Cardinal du Bellay. Premier séjour de Jean Sleidan en France (1533-1540)*, in: ›Bulletin de la Societé pour l'Histoire du Protestantisme Français‹, Nr. 50 (1901)

Brady, Thomas A., jr.: *›Sind also zu beiden theilen Christen, des Gott erbarm‹.*

Le mémoire de Jaques Sturm sur le culte publique à Strasbourg (août 1525), in: *Horizons européens de la Réforme en Alsace/Das Elsaß und die Reformation in Europa des 16. Jahrhunderts: Mélanges offerts à Jean Rott pour son 65e anniversaire*, hg. v. Marijn de Kroon und Marc Lienhard, Straßburg 1980

Brady, Thomas A., jr.: *Princes' Reformation vs. Urban Liberty. Strasbourg and the Restauration of Duke Ulrich in Württemberg, 1534*, in: *Städtische Gesellschaft und Reformation*, hg. v. Ingrid Bátori, Stuttgart 1980

Brady, Thomas A., jr.: *Ruling Class, Regime and Reformation at Strasbourg, 1520-1555*, Leiden 1978

Brady, Thomas A., Jr.: *Turning Swiss: Cities and Empire, 1450-1550*, Cambridge 1981

Brandi, Karl: *Kaiser Karl V.: Werden und Schicksal einer Persönlichkeit und eines Weltreiches*, Bd. 1 München 1937; Bd. 2 München 1941

Brandt, Asverus von: *Berichte und Briefe des Rats und Gesandten Herzog Albrechts von Preußen*, hg. v. Adalbert Bezzenberger, Königsberg 1904

Brant, Sebastian: *Bischoff Wilhelm von Hoensteins waal und einritt. Anno 1506 et 1507* in: *Code historique et diplomatique de la Ville de Strasbourg*, hg. v. Louis Schneegans, 2 Bde., Straßburg 1843-1848

Brecht, Martin: *Luthers Beziehung zu den Oberdeutschen und Schweizern von 1530/1531 bis 1546*, in: *Leben und Werk Martin Luthers von 1526 bis 1546: Festgabe zu seinem 500. Geburtstag*, hg. v. Helmar Junghans, 2 Bde., Göttingen 1983

Briefwechsel des Herzogs Christoph von Wirtemberg, hg. v. Viktor Ernst, 4 Bde., Stuttgart 1899-1907

Briefwechsel Landgraf Philipp's des Großmüthigen von Hessen mit Bucer, hg. v. Max Lenz, 3 Bde., Leipzig 1880-1891, Nachdruck 1965

Bringing the State Back In, hrsg. v. Peter B. Evans, Dietrich Rueschemyer und Theda Skocpol, Cambridge 1985

Bucer, Martin: *Deutsche Schriften*, hg. v. Robert Stupperich u.a., Gütersloh 1960 ff.

Bucholtz, Franz Bernhard von: *Geschichte der Regierung Ferdinands des Ersten*, 9 Bde., Wien 1831-1838, Nachdruck Graz 1968-1971

Büheler, Sebald: *La chronique strasbourgeoise (Straßburgische Chronik)*, hg. v. Léon Dacheux, in: ›Bulletin de la Société pour la Conservation des Monuments Historiques d'Alsace, Serie 2, Bd. 13 (1888)

Bullinger, Heinrich: *Reformationsgeschichte nach dem Autographon herausgegeben*, hg. v. Johann Jakob Hottinger und H. H. Vögeli, 3 Bde., Frauenfeld 1838-1840, Nachdruck 1985

Burger, Heinz Otto: *Renaissance, Humanismus, Reformation. Deutsche Literatur im europäischen Kontext*, Bad Homburg/Berlin/Zürich 1969

Burke, Peter: *Die Renaissance in Italien*, Berlin 1984

Burke, Peter: The Renaissance Sense of the Past, London 1969

Calvin, Johannes: *Ioannis Calvini Opera*, Braunschweig 1875; Nachdruck 1964

Capito, Wolfgang: *In Habakuk prophetam V. Capitones enarrationes*, Straßburg 1526

Chrisman, Miriam Usher: *Strasbourg and the Reform: A Study in the Process of Change*, New Haven 1967

Die Correspondenz des schwäbischen Bundeshauptmanns Ulrich Artzt von Augsburg a. d. J. 1524 und 1525, in: ›Zeitschrift des Historischen Vereins für Schwaben und Neuburg‹, Nr. 6 (1879); Nr. 10 (1883)

Dacheux, Léon: *Un réformateur catholique à la fin du XVe siècle: Jean Geiler de Kaysersberg, étude sur sa vie et son temps*, Paris/Straßburg 1876

Dellsperger, Rudolf: *Zehn Jahre bernischer Reformationsgeschichte (1522-1532). Eine Einführung*, in: *450 Jahre Berner Reformation: Beiträge zur Geschichte der Berner Reformation und zu Nikolaus Manuel*, hg. v. Historischen Verein des Kantons Bern, Bern 1980

Die Deutsche Neurose. Über die beschädigte Identität der Deutschen, hg. v. Anton Peisl und Armin Mohler, Frankfurt am Main 1980

Deutsche Reichstagsakten, mittlere Reihe, hg. von der Historischen Kommission bei der Bayerischen Akademie der Wissenschaften, Göttingen 1972 ff.

Deutsche Reichstagsakten, jüngere Reihe. Deutsche Reichstagsakten unter Kaiser Karl V., hg. von der Historischen Kommission bei der Bayerischen Akademie der Wissenschaften, Bd. 7: hg. v. Johannes Kühn, Gotha 1935, Nachdruck 1963; Bd. 8: hg. v. Wolfgang Steglich, Göttingen 1970-1971

Dickens, A. G.: *The German Nation and Martin Luther*, London 1974

Dobel, Friedrich: *Memmingen im Reformationszeitalter*, 5 Bde., Augsburg 1877-1878

Edwards, Mark U., jr.: *Luthers Last Battles: Politics and Polemics, 1531-46*, Ithaca 1983

Elsaß. Mit Benutzung der von Johann Adam hinterlassenen Materialsammlung hg. v. Manfred Krebs, Hans Georg Rott, Stephen F. Nelson und Marc Lienhard, Bde. 1-4: *Stadt Straßburg 1522-52*, Gütersloh 1959-1988 (=Quellen zur Geschichte der Täufer, Bde. 7, 8, 15 und 16; =Quellen und Forschungen zur Reformationsgeschichte, Bde. 26, 27, 53, 54)

Engel, Carl: *Das Schulwesen in Straßburg vor der Gründung des Protestantischen Gymnasiums, 1538*, Straßburg 1886

Epistolae obscurorum virorum, hg. v. Francis Griffin Stokes, London 1909 u. öfter

Erasmus von Rotterdam: *Opus epistolarum Des. Erasmi Roterodami denuo recognitum et auctum*, hg. v. P.S. Allen und A.S. Allen, 12 Bde., Oxford 1906-1946

Fabian, Ekkehart: *Die Entstehung des Schmalkaldischen Bundes und seiner Verfassung 1524/29-1531/35: Brück, Philipp von Hessen und Jakob Sturm*, 2. Auflage, Tübingen 1962

Feine, Hans-Erich: *Die Territorialbildung der Habsburger im deutschen Südwesten, vornehmlich im Mittelalter*, in: ›Zeitschrift der Savigny-Stiftung für Rechtsgeschichte‹, Germanistische Abteilung, Nr. 67 (1950)

Friedensburg, Walter: *Der Reichstag zu Speyer 1526 im Zusammenhang der politischen und kirchlichen Entwicklung Deutschlands im Reformationszeitalter*, Berlin 1887, Nachdruck Nieuwkoop 1970

Friese, Johann: *Neue Vaterländische Geschichte der Stadt Straßburg bis 1791*, 4 Bde., 1. Aufl. 1791-1793; 6 Bde., 2. Auflage Straßburg 1792-1801

Geiler von Kaysersberg, Johann: *Die Emeis: Dis ist das buch von der Omeissen, und auch Herr der könig ich diente gern*, Straßburg 1516

Gerber, Harry: *Jakob Sturms Anteil an den Religionsverhandlungen des Augsburger ›geharnischten‹ Reichstags von 1547/48*, in: ›Elsaß-Lothringisches Jahrbuch‹, Nr. 8 (1929)

Geschichtliche Lieder und Sprüche Württembergs, hg. v. Karl Steiff und Gebhard Mehring, Stuttgart 1912

Giefel, J.A.: *Streit um die gefürstete Probstei Ellwangen im Zeitalter der Reformation*, in: ›Württembergische Vierteljahreshefte für Landesgeschichte‹, Nr. 7 (1884)

Gottesheim, Jacob von: *Les éphemerides de Jacques de Gottesheim, docteur en droit, prébendier du Grand-Choer de la Cathédrale (1524-1543)*, hg. v. Rodolphe Reuss, in: ›Bulletin de la Société pour la Conservation des Monuments Historiques d'Alsace, Serie 2, Bd. 19 (1899)

Gresbeck, Heinrich: *Bericht von der Wiedertaufe in Münster*, in: *Berichte der Augenzeugen über das münsterische Wiedertäuferreich*, hg. v. C.A. Cornelius, Münster 1853, Nachdruck 1965 und 1983

Greschat, Martin: *Martin Bucer: Ein Reformator und seine Zeit*, München 1990

Guicciardini, Francesco: *The History of Italy*, New York 1969

Gumbel, Hermann: *Humanitas Alsatica: Straßburger Humanismus von Jakob Wimpheling zu Johann und Jakob Sturm*, in: ›Elsaß-Lothringisches Jahrbuch‹, Nr. 17 (1938)

Handschriftenproben des sechzehnten Jahrhunderts nach Straßburger Originalen, hg. v. Johannes Ficker und Otto Winckelmann, Straßburg 1902-1905

Hasenclever, Adolf: *Kurfürst Friedrich II. von der Pfalz und der schmalkaldische Bundestag zu Frankfurt vom Dezember 1545. Ein Beitrag zur pfälzischen Reformationsgeschichte*, in: ›Zeitschrift für die Geschichte des Oberrheins‹, Neue Folge Nr 18 (1903) [der ganzen Reihe 57. Band]

Die historischen Volkslieder der Deutschen, hg. v. Rochus Freiherr von Liliencron, 5 Bde., Leipzig 1865-1896

Holländer, Alkuin: *Straßburgs Politik im Jahre 1552*, in: ›Zeitschrift für die Geschichte des Oberrheins‹, Neue Serie, Nr. 9 (1894)

Ibn Khaldûn, Abd-ar-Rahman Ibn Muhammad: *The Muqaddimah: An Introduction to History*, Princeton 1967

Imperial Cities and the Reformation: Three Essays, hg. v. H. C. Erik Midelfort und Mark U. Edwards jr., Philadelphia 1972

Irsigler, Franz und Lassotta, Arnold: *Bettler und Gaukler, Dirnen und Henker*, Köln 1984

Isenmann, Eberhard: *Reichsstadt und Reich an der Wende vom späten Mittelalter zur frühen Neuzeit*, in: *Mittel und Wege früher Verfassungspolitik*, hg. v. Josef Engel, Stuttgart 1979

Jacob, Walter: *Politische Führungsschicht und Reformation. Untersuchungen zur Reformation in Zürich 1519-1528*, Diss. Zürich 1969

Jahns, Sigrid: *Frankfurt, Reformation und Schmalkaldischer Bund: Die Reformations-, Reichs- und Bündnispolitik der Reichsstadt Frankfurt am Main 1525-1536*, Frankfurt/M. 1976

Jakob Sturms Entwurf zur Straßburger reformatorischen Verantwortung für den Augsburger Reichstag 1530, hg. v. Johannes Ficker, in: ›Elsaß-Lothringisches Jahrbuch‹, Nr. 19 (1941)

Knepper, Joseph: *Jakob Wimpheling (1450-1528): Sein Leben und seine Werke*, Freiburg 1902, Nachdruck 1965

Köhler, Walther: *Zwingli und Luther: Ihr Streit um das Abendmahl nach seinen politischen und religiösen Beziehungen*, 2 Bde., Leipzig 1924 und Gütersloh 1953

Kohls, Ernst-Wilhelm: *Die Schule bei Martin Bucer in ihrem Verhältnis zu Kirche und Obrigkeit*, Heidelberg 1963

Körber, Kurt: *Kirchengüterfrage und schmalkaldischer Bund*, Leipzig 1913 (=Schriften des Vereins für Reformationsgeschichte, 30. Jg., Nr. 111/112)

Krieger, Leonhard: *Ranke: The Meaning of History*, Chicago 1970

Laffan, R.G.D.: *The Empire under Maximilian I*, in: *The New Cambridge Modern History*, Bd. 1: *The Renaissance, 1493-1520*, hg. v. G.R. Potter, Cambridge 1957

Lenz, Max: »Martin Luther«, in: *Kleine historische Schriften*, Bd. 2, München/Berlin 1910

Leopold von Ranke and the Shaping of the Historical Discipline, hg. v. Georg G. Iggers und James Powell, Syracuse 1990

Lhotsky, Alphons: *Was heißt ›Haus Österreich‹?*, in: ›Anzeiger der philosophisch-historischen Klasse der österreichischen Akademie der Wissenschaften‹, Nr. 11 (1956)

Martin Luther in der deutschen bürgerlichen Philosophie 1517-1881. Eine Textsammlung, hrsg. von Werner Schuffenhauer und Klaus Steiner, Berlin 1983

Luther und der deutsche Geist, Sammlung gemeinverständlicher Vorträge aus dem Gebiet der Theologie und Religionsgeschichte, Nr. 170, Tübingen 1934

Luther, Martin: *D. Martin Luthers Gesammelte Werke. Tischreden*, Bd. 4, Weimar 1916

Luther, Martin: *Luthers Werke. Kritische Gesamtausgabe*, 87 Bde., Weimar 1883-1890

Lutz, Heinrich: *Das Ringen um deutsche Einheit und kirchliche Erneuerung. Von Maximilian I. bis zum Westfälischen Frieden 1490 bis 1648*, Berlin/Frankfurt 1987

Machiavelli, Niccolò: *Der Fürst*, Stuttgart 1955

Machiavelli, Niccolò: *Tutte le opere*, Florenz 1971

Das Marburger Religionsgespräch 1529. Versuch einer Rekonstruction, hg. v. Walter Köhler, Leipzig 1929

Marchal, Guy P.: *Bellum justum contra judicium belli. Zur Interpretation von Jakob Wimphelings antieidgenössischer Streitschrift ›Soliloquium pro Pace Christianorum et pro Helvetiis ut respiscant‹ (1505)*, in: *Gesellschaft und Gesellschaften, Festschrift zum 65. Geburtstag von Professor Dr. Ulrich Im Hof*, hg. v. Nicolai Bernard und Quirinus Reichen, Bern 1982

Marcks, Erich: *Martin Luther und Deutschland.* Eine Reformationsrede im Kriegsjahr 1917, Leipzig 1917

Marx, Karl: *Kritik der Hegelschen Rechtsphilosophie. Einleitung*, in: ders.: *Werke*, hg. v. Hans-Joachim Lieber, 6 Bde., Darmstadt 1971

Meinecke, Friedrich: *Weltbürgertum und Nationalstaat*, München/Berlin 1928

Melanchthon, Philipp: *Opera quae supersunt omnia*, hg. v. Carl Gottlieb Brettschneider u.a., 29 Bde., Halle 1834-1860, Nachdruck 1963

Melanchthon, Philipp: *Werke in Auswahl*, Gütersloh 1951 ff.

Mentz, Georg: *Johann Friedrich der Großmüthige 1503-1554*, 3 Bde., Jena 1903-1908

Neue und vollständigere Sammlung der Reichs-Abschiede, hg. v. Johann Jakob Schmauss, 4 Bde., Frankfurt a.M. 1747, Nachdruck Osnabrück 1967

Newald, Richard: *Elsässische Charakterköpfe aus dem Zeitalter des Humanismus: Johann Geiler von Kaisersberg, Jakob Wimpheling, Sebastian Brant, Thomas Murner, Matthias Ringman*, in: ders.: *Probleme und Gestalten des deutschen Humanismus*, Berlin 1963

Nipperdey, Thomas: *Deutsche Geschichte 1800-1860. Bürgerwelt und starker Staat*, München 1983

Nuntiaturberichte aus Deutschland nebst ergänzenden Aktenstücken, Abt. I, 12 Bde., Gotha 1892-1910, Nachdruck Frankfurt a.M. 1968

Oberman, Heiko A.: *Masters of the Reformation: The Emergence of a New Intellectual Climate in Europe*, Cambridge 1981

Ordentliche Beschreibung vnd verzeychniss allerley fürsamer händel, so sich in glaubens vnd anderen weltlichen sahcen der regierung der grossmächtigen keyser Carl's dises namen des Fünften, Ferdinandi des Ersten, maximiliani vnd rudolphi der Anderen, inn vnd ausserhalb des Heyligen römischen reichs teutscher nation biss auff das tausent fünff hundert vier vnd achzigsten jar, zugetragen vnd verlauffen haven, durch Johannem Sleidanum vnd Michaelem Beutherum, Straßburg 1597

Original Letters Relating to the English Reformation, hg. v. Hastings Robinson, 2 Bde., Cambridge 1846-1847, Nachdruck New York 1968

Papiers d'état du Cardinal de Granvelle d'après les manuscrits de la bibliothèque de Besançon, hg. v. Charles Weiss, 9 Bde., Paris 1841-1852

Politics and Society in Reformation Europe: Essays for Sir Geoffrey Elton on his Sixty-fifth Birthday, hg. v. E. I. Kouri and Tom Scott, London 1987

Politische Correspondenz der Stadt Straßburg im Zeitalter der Reformation, hg. v. Hans Virck, Otto Winckelmann, Harry Gerber und Walter Friedensburg, 5 Bde., Straßburg 1882-1899 und Heidelberg 1928-1933 (=Urkunden und Akten der Stadt Straßburg, II. Abteilung)

Pollet, Jacques V.: *Martin Bucer. Études sur la correspondance avec de nombreux textes inédites,* 2 Bde., Paris 1958-62

Quellen zur Geschichte des Bauernkrieges, hg. v. Günther Franz, Darmstadt 1963

Quellensammlung für fränkische Geschichte: Das kaiserliche Buch des Markgrafen Albrecht Achilles. Kurfürstliche Periode 1470-1486, hg. v. Julius von Minutoli, o.O. 1850, Nachdruck Osnabrück 1984

Ranke, Leopold von: *Deutsche Geschichte im Zeitalter der Reformation,* Köln 1956

Rapp, Francis: *Préréforme et humanisme. Strasbourg et l'Empire (1482-1520),* in: *Histoire de Strasbourg des origines à nos jours,* hg. v. Georges Livet und Francis Rapp, 3 Bde., Straßburg 1981

Reformation Kaiser Siegmunds, hg. v. Heinrich Koller, Stuttgart 1964 (=Monumenta Germaniae historica/Staatsschriften des späteren Mittelalters, Bd. 6)

Reuchlin, Johannes: *Reuchlins Briefwechsel,* hg. v. Ludwig Geiger, Tübingen 1875 (=Bibliothek des literarischen Vereins in Stuttgart, Bd. 126); Nachdruck Hildesheim 1962

Riederer, Johann Bartholomäus: *Nachrichten zur Kirchen-, Gelehrten- und Büchergeschichte,* 4 Bde., Nürnberg 1764-1768

Riegger, Joseph Anton: *Amoenitates literariae friburgenses,* 3 Teile, Ulm 1775-1776

Roth, Friedrich: *Augsburgs Reformationsgeschichte,* 4 Bde., München 1901-1911

Roth, Friedrich: *Zur Geschichte des Reichstages in Regensburg im Jahr 1541. Die Korrespondenz der Augsburger Gesandten Wolfgang Rehlinger, Simprich Hoser und Dr. Konrad Hel mit dem Rathe, den Geheimen und dem Bürgermeister Herwart nebst Briefen von Dr. Gereon Sailer und Wolfgang Musculus an den letzteren,* in: ›Archiv für Reformationsgeschichte‹, Nr. 2 (1904/1905)

Roth, Friedrich: *Zur Kirchengüterfrage in der Zeit von 1538 bis 1540. Die Gutachten Martin Bucers und der Augsburger Prädikanten Wolfgang Musculus und Bonifacius Wolfat über die Verwendung der Kirchengüter,* in: ›Archiv für Reformationsgeschichte‹, Nr. 1 (1903/1905)

Rott, Jean: *Un recueil de correspondances strasbourgeoises du XVIe siècle à la Bibliothèque de Copenhague (Ms Thott 497,2o)*, in: ›Bulletin philologique et historique (jusqu'en 1610) du Comité des travaux historiques et scientifiques 1968‹ (1971)

Ryff, Fridolin: *Die Chronik des Fridolin Ryff 1514-1541 mit der Fortsetzung des Peter Ryff 1543-1585*, hg. v. Wilhelm Vischer und Alfred Stern, Leipzig 1872

Sastrow, Bartholomäus: *Bartholomäi Sastrowen Herkommen, Geburt und Lauff seines gantzen Lebens ...*, hg. v. Gottlieb Chr. Fr. Mohnicke, 3 Bde., Greifswald 1823 f.

Scherwiller-Châtenois et le Valle de Villé, in: *La Guerre des Paysans 1525*, hg. v. Alphonse Wollbrett, Saverne 1975

Scheurl, Christoph: *Epistel über die Verfassung der Reichsstadt Nürnberg*, in: *Die Chroniken der fränkischen Städte. Nürnberg*, Bd. 5 (= *Chroniken der deutschen Städte*, Bd. 11), Leipzig 1874, Nachdruck Göttingen 1961

Schilling, Heinz: *Aufbruch und Krise. Deutschland 1517-1648*, Berlin 1988

Schlütter-Schindler, Gabriele: *Der Schmalkaldische Bund und das Problem der causa religionis*, Frankfurt am Main/Bern/New York 1986

Die Schmalkaldischen Bundesabschiede 1530-1536, hg. v. Ekkehard Fabian, 2 Bde., Tübingen 1958

Schmidt, Georg: *Der Städtetag in der Reichsverfassung: Eine Untersuchung zur korporativen Politik der Freien und Reichsstädte in der ersten Hälfte des 16. Jahrhunderts*, Wiesbaden 1984

Schott, Peter: *Works of Peter Schott (1460-1490)*, hg. v. Murray A. Cowie und Marian L. Cowie, 2 Bde., Chapel Hill, N.C. 1963-1971 (=University of North Carolina Studies in the Germanic Languages and Literatures, Bde. 41 und 71)

Schubert, Hans von: *Bekenntnisbildung und Religionspolitik 1529/39 (1524-1534)*, Gotha 1910

Scribner, Bob [R.W.]: *Antiklerikalismus in Deutschland um 1500*, in: *Europa 1500. Integrationsprozesse im Widerstreit: Staaten, Regionen, Personenverbände, Christenheit*, hg. v. Ferdinand Seibt und Winfried Eberhard, Stuttgart 1987

Sleidans Briefwechsel, hg. v. Hermann Baumgarten, Straßburg 1881

Specklin, Daniel: *Les Collectanées*, hg. v. Rodolphe Reuss, in: ›Bulletin de la Société pour la Conservation des Monuments Historiques d'Alsace, Serie 2, Bd. 14 (1889)

Spiegel, N.: *Johannes Tim[m]an[n]us Amsterodamus und die Colloquien zu Worms und Regensburg 1540, 1541*, in: ›Zeitschrift für historische Theologie‹, Nr. 42 (1872)

Strieder, Jakob: *Studien zur Geschichte kapitalistischer Organisationsformen. Monopole, Kartelle und Aktiengesellschaften im Mittelalter und zu Beginn der Neuzeit*, München/Leipzig 1914

Sturm, Jacob: *Außzug aller gehaltener Reichs Tage und Summarie, dabey beschrieben wie und waß uff einem jeden gehandelt worden vom Jahre 1427 biß ad annum 1517 inclusive*, hg. v. Jakob Wencker, in: Philipp Knipschildt: *Tractatus politico-juridicus de juribus et privilegiis civitatum imperialium*, 3. Auflage, Straßburg 1740

Sutter Fichtner, Paula: *Ferdinand I. Wider Türken und Glaubensspaltung*, Graz/Wien/Köln 1986

Trausch, Jakob: *Straßburgische Chronik*, in: Jakob Trausch und Johann Wencker: *Les chroniques strasbourgeois*, hg. v. Léon Dacheux, in: ›Bulle-

tin de la Société pour la Conservation des Monuments Historiques d'Alsace, Serie 2, Bd. 15 (1892)
Treitschke, Heinrich von: »Luther und die deutsche Nation«, in: *Historische und politische Aufsätze*, Bd. 4, Leipzig 1897
Troeltsch, Ernst: *Die Bedeutung des Protestantismus für die Entstehung der modernen Welt*, München/Berlin 1906.
Urkunden und Akten der Reformationsprozesse am Reichskammergericht, am kaiserlichen Hofgericht zu Rottweil und an anderen Gerichten, hg. v. Ekkehart Fabian, Tübingen 1961
Urkundenbuch der Universität Heidelberg, hg. v. Eduard Winckelmann, 2 Bde., Heidelberg 1886
Urkundenbuch zu der Geschichte des Reichstages zu Augsburg im Jahre 1530, hg. v. Karl Eduard Förstemann, 2 Bde., Halle 1833-1835, Nachdruck Osnabrück 1966
Urkundliche Quellen zur hessischen Reformationsgeschichte, hg. v. Günther Franz, 4 Bde., Marburg 1915 ff.
Varrentrapp, Conrad: *Herman von Wied und sein Reformationsversuch in Köln. Ein Beitrag zur deutschen Reformationsgeschichte*, Leipzig 1878
Die Verhandlungen des Schmalkaldischen Bundes vom 14.-18. Febr. 1539 in Frankfurt a.M., hg. v. Otto Meinardus, in: ›Forschungen zur Deutschen Geschichte‹, Nr. 22 (1882)
Die Verhandlungen im Schmalkaldischen Lager vor Giengen und Landgraf Philipps Rechenschaftsbericht, hg. v. Walter Möllenberg, in: ›Zeitschrift des Vereins für hessische Geschichte und Landeskunde‹, Nr. 38 (1904)
Volk, Julius: *Zur Frage der Reichspolitik gegenüber dem Bauernkrieg*, in: *Staat und Persönlichkeit. Erich Brandenburg zum 60. Geburtstag dargebracht*, hg. v. Alfred Doren u.a., Leipzig 1928
Die Vorbereitung der Religionsgespräche von Worms und Regensburg 1540/41, hg. v. Wilhelm H. Neuser, Neukirchen-Vluyn 1974
Walter, Mack: *German Home Towns: Community, State, and General Estate, 1648-1871*, Ithaca 1971
Das Widerstandsrecht als Problem der deutschen Protestanten 1523-1546, hg. v. Heinz Scheible, Gütersloh 1969
Wiesflecker, Hermann: *Kaiser Maximilian I. – Das Reich, Österreich und Europa an der Wende zur Neuzeit*, 5 Bde., München 1971-1986
Wille, Jakob: *Philipp der Großmüthige von Hessen und die Restitution Ulrichs von Wirtemberg 1526-1535*, Tübingen 1882
Wimpheling, Jakob: *De integritate libellus*, Straßburg 1506
Wimpheling, Jakob: *Opera selecta*, Bd. 1: *Jakob Wimphelings Adolescentia*, hg. v. Otto Herding, München 1965
Wimpheling, Jakob: *Opera selecta*, Bd. 3: *Briefwechsel*, hg. v. Otto Herding und Dieter Mertens, München 1990
Winckelmann, Otto: *Das Fürsorgewesen der Stadt Straßburg vor und nach der Reformation bis zum Ausgang des sechzehnten Jahrhunderts: Ein Beitrag zur deutschen Kultur- und Wirtschaftsgeschichte*, 2 Bde., Leipzig 1922 (= Quellen und Forschungen zur Reformationsgeschichte, Bd. 5)
Zimmern, Froben Christoph Graf von: *Zimmerische Chronik*, hg. v. Karl August von Barack, 4 Bde., Tübingen 1881-82
Zwingli, Huldrych: *Huldrych Zwinglis sämtliche Werke*, hg. v. Emil Egli u.a., 14 Bde., Berlin/Leipzig/Zürich 1905 ff.

PERSONENREGISTER

Die Deutsche Bibliothek – CIP-Einheitsaufnahme

Thomas Brady:
Zwischen Gott und Mammon:
Protestantische Politik und deutsche Reformation/
Thomas Brady [Aus dem Amerik. von Matthias Vogel]
1. Auflage, Berlin: Siedler, 1996
ISBN 3-88680-536-0

Aus dem Amerikanischen von Matthias Vogel, Köln.

Der Siedler Verlag ist ein Unternehmen
der Verlagsgruppe Bertelsmann.

Lektorat: Christoph Selzer, Heidelberg
Register: Matthias Vogel, Köln
Karten: Ditta Ahmadi und Peter Trampusch, Berlin
Schutzumschlag: Brigitte und Hans Peter Willberg, Eppstein
Satz: Bongé + Partner, Berlin
Druck und Buchbinder: Wiener Verlag, Himberg
Printed in Austria 1996
ISBN 3-88680-536-0
Erste Auflage